Mario Stürzl

MOUNTAINBIKEN ALPENCROSS LIGHT

15 leichte Mountainbiketouren
quer durch die Alpen

BRUCKMANN

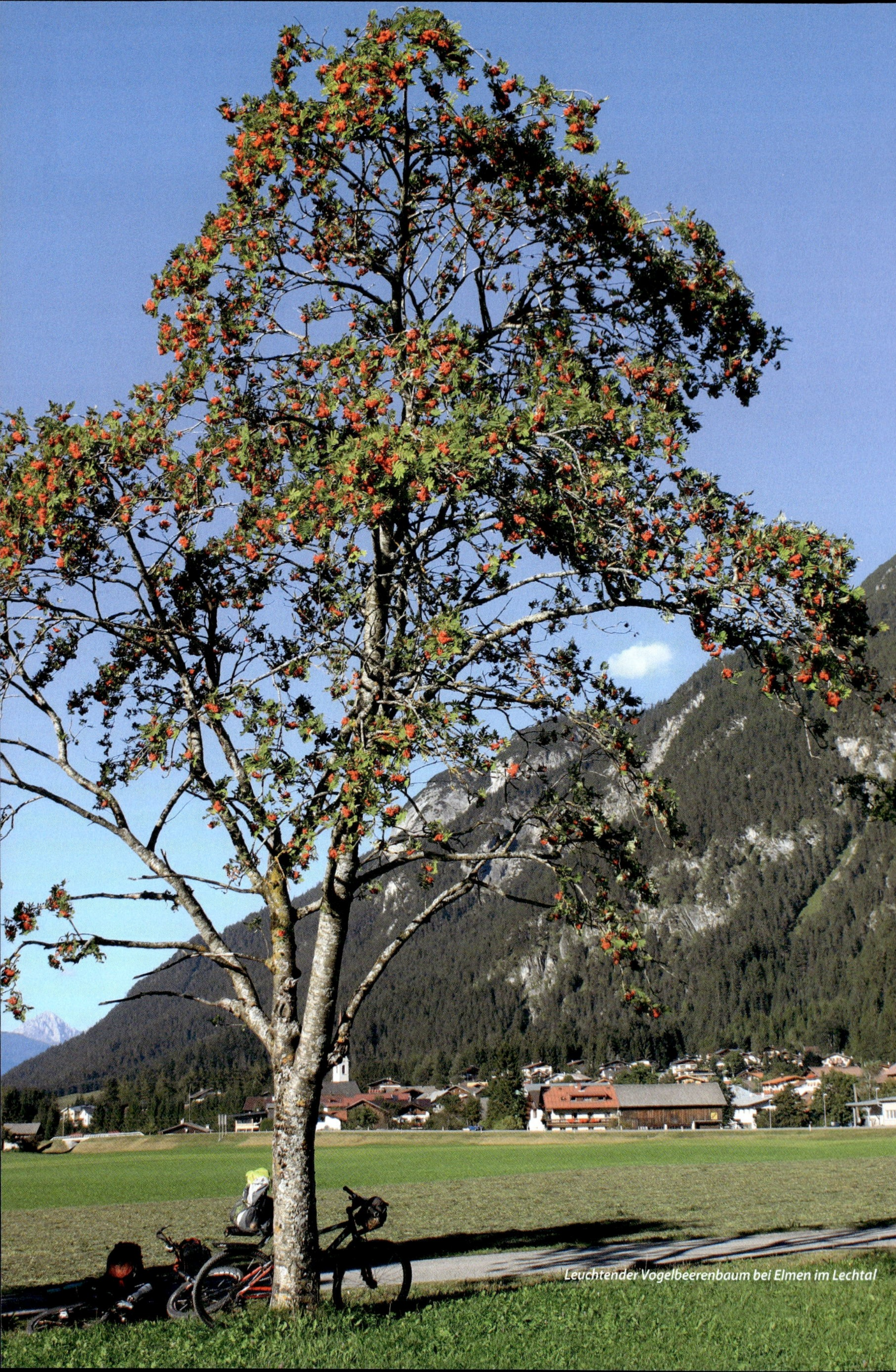

Leuchtender Vogelbeerenbaum bei Elmen im Lechtal

Inhaltsverzeichnis

Alpencross für Genussbiker 4

Wissenswertes zur Vorbereitung 6
Allgemeines zur Tourenplanung 6
Der Transport 6
Das Bike 8
Ausrüstung und Bekleidung 8
Karten und GPS 11

Die Touren 12

1 Von Lindau nach Locarno 12
Auf der Graubündenroute
zum Lago Maggiore: die Schweiztour
239 km 1969 Hm 4 Tage

2 Vom Bodensee zum Comer See 24
Über den Albulapass ins Veltlin:
Bernina Express
331 km 4212 Hm 6 Tage

3 Von Bregenz nach Bozen 36
Über die Silvretta-Hochalpenstraße
in den Vinschgau: die Einsteigertour
288 km 1988 Hm 4 Tage

4 Vom Bodensee zum Tegernsee 48
Durchs Paznauntal und Inntal:
der Fünf-Seen-Cross
338 km 2594 Hm 5 Tage

5 Von Füssen zum Gardasee 60
Auf den Spuren der Römer:
Via Claudia Augusta
371 km 2828 Hm 5–6 Tage

6 Von Füssen zum Gardasee 72
Über Stilfser Joch und Gaviapass:
Transalp Challenge
419 km 6620 Hm 6–8 Tage

7 Von Garmisch zum Comer See 84
Entlang des Inns: Engadin light
296 km 3286 Hm 5 Tage

8 Von Mittenwald zum Gardasee 94
Übers Timmelsjoch: der Ötztal-Trail
300 km 4116 Hm 5 Tage

9 Von Landeck zum Ledrosee 106
Durchs Val Mora:
die Fünf-Pässe-Powertour
326 km 6488 Hm 7 Tage

10 Von Matrei zum Gardasee 118
Sella Ronda Light: der Dolomitencross
382 km 4677 Hm 6 Tage

11 Vom Tegernsee zum Kalterer See 132
Durchs Zillertal und über die
Seiser Alm: die Panoramatour
342 km 6088 Hm 6–7 Tage

12 Kiefersfelden – Krimml – Kiefersfelden 146
Um den Kaiser, die Kitzbüheler Alpen
und den Rofan: Kitzbüheler Alpen Ronda
316 km 3991 Hm 5 Tage

13 Von Kufstein zum Gardasee 158
Durch Inntal, Wipptal, Eisacktal
und Etschtal: die Cappuccino-Tour
328 km 1717 Hm 4–5 Tage

14 Von Matrei zum Millstätter See 168
Von Matrei am Brenner über
Matrei in Osttirol nach Spittal:
die West-Ost-Traverse
331 km 2781 Hm 4–5 Tage

15 Von Brixen nach Bassano 176
Über Cortina und Belluno:
Berge und Kultur
293 km 3529 Hm 5 Tage

Baukasten 188
Register 190
Impressum 192

Alpencross für Genussbiker

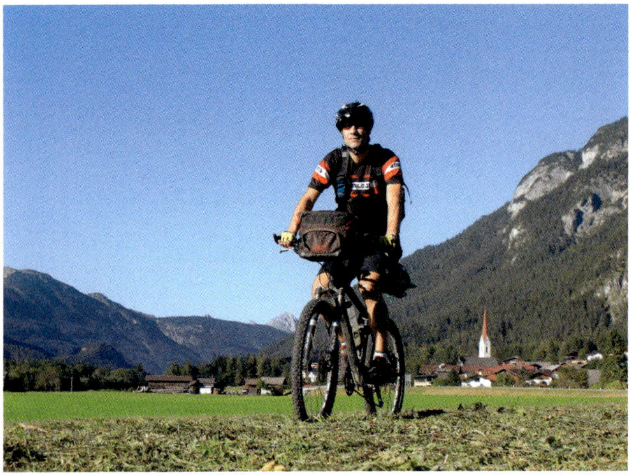

Bei Elmen im Lechtal

Mit dem Fahrrad über die Alpen? Das ist doch nur etwas für super durchtrainierte Radler, denen es nichts ausmacht, sich eine Woche lang täglich 2000 Höhenmeter die Berge hinaufzuquälen. Für Biker, die eine über die Jahre perfektionierte Fahrtechnik vorweisen können und ihr Mountainbike gerne auch mal mehr tragen und schieben, als es zu fahren. Genau so dachte ich auch in der Vergangenheit. Dass es auch anders gehen kann, will dieses Buch zeigen. Ich habe immer wieder Radler getroffen, die davon träumten, auch einmal mit dem Mountainbike über die Berge zu radeln – wenn es doch nur Routen gäbe, die auch von einem durchschnittlich trainierten Genussbiker bewältigt werden können. Das heißt konkret: bei denen die zu überwindenden Höhenmeter überschaubar sind, man sein Radl nur möglichst kurz schieben muss und die keine ausgefeilte Fahrtechnik voraussetzen. Und die gibt es! Diesen Mountainbikern ist das vorliegende Buch gewidmet.

Die Routen sind so gewählt, dass bei der Mehrheit der Tagesetappen maximal um die 1000 Höhenmeter bewältigt werden müssen – mit nur drei Ausnahmen zwischen 1200 und 1400 Höhenmetern. Um dies zu erreichen, wird auf manchen Strecken auch technische Unterstützung in Anspruch genommen. Mithilfe von Bus und Seilbahn lassen sich somit auch Ziele erreichen, die sonst nur ambitionierten Bikern vorbehalten wären. Dies bietet ganz neue Perspektiven bei der Zusammenstellung neuer Routen. Denn es ist nicht entscheidend, ob man sich jeden Meter der Tour selbst erradelt oder bei der einen oder anderen Teilstrecke auf ein wenig Unterstützung zurückgreift. Entscheidend ist das Gesamtpaket und dass man sich überhaupt auf das Abenteuer Alpenüberquerung einlässt.

Die meisten hier vorgestellten Routen nutzen vorhandene Fahrradwege wie z. B. den Inn-, Etsch- oder Tauernradweg oder folgen speziellen Routen wie der Via Claudia Augusta, der Via Bavarica Tyrolensis oder der Graubündenroute. Damit bewegt man sich meist auf separaten asphaltierten Radwegen oder Schotterstrecken. Passagen auf schmalen Pfaden sind so kurz wie möglich gehalten. Trotz sorgfältiger Routenauswahl lässt es sich bei einer Alpenüberquerung jedoch nicht immer vermeiden, ab und zu aus dem Sattel zu steigen und seinen Drahtesel ein Stückchen zu schieben. Allerdings wurden diese Schiebepassagen auf ein absolutes Minimum reduziert. Die einzige Ausnahme bildet der Anstieg zum Pfitscher Joch, wo man sein Bike je nach Fahrkönnen schon etwas länger schieben muss. Doch lässt sich das Rad dort relativ gut schieben, da das Gelände nicht steil ist und der Weg oft über Steinplatten führt. Für die Schiebepassage entschädigen aber der traumhafte Schlegeisstausee, ein herrliches Panorama und eine tolle Abfahrt ins Pfitschtal.

Natürlich muss man sich auch auf den hier beschriebenen Routen anstrengen. Ganz ohne Kondition und Schweiß lassen sich die Berge nun einmal nicht durch- oder überqueren. Eine gewisse Grundkondition ist somit schon Voraussetzung, auch wenn einige Touren vorgestellt werden, die selbst mit wenig Kraftausdauer gefahren werden können. Für die anspruchsvolleren Touren im Buch, bei denen zum Teil auch relativ steile Auf- bzw. Abfahrten auf Forstwegen oder auf grobem Schotter bewältigt werden müssen, ist das einigermaßen sichere Beherrschen des Bikes ein zusätzliches Kriterium. Dennoch sind alle Strecken für den trainierten Durchschnitts-Mountainbiker fahrbar. Man sollte jedoch nicht unterschätzen, dass man mehrere Tage hintereinander im Sattel sitzt, was sowohl Beine als auch Sitzfleisch ziemlich belasten kann. Und wer sich einmal bei einer steilen Passage während der Abfahrt nicht sicher fühlt, steigt lieber kurz ab und schiebt sein Rad für ein paar Meter bergab. Auf vielen Routen liegen Pässe oder längere Teilstrecken auf über 2000 Meter Seehöhe. Dies kann sich durchaus auf Kraft- und Ausdauerleistung auswirken.

Nachdem in den letzten Jahren auch immer mehr E-Biker mit dem Mountainbike in den Bergen unterwegs sind, wurde die 3. Auflage dieses Buches um entsprechende Zusatzinfos ergänzt. So gibt es für Teilabschnitte, die eigentlich als Busfahrt geplant waren, eine Alternativroute zum Selberradeln, wenn das E-Bike nicht in öffentlichen Bussen mitgenommen werden kann und die Fahrt auf der Straße nicht empfehlenswert ist. Die Auswirkungen auf Höhenmeter und Streckenlänge werden dann angegeben. Die zeitliche Streckeneinteilung, Höhenprofil und Kartendarstellung auf Basis ohne E-Bike und mit Hilfsmitteln wird aber beibehalten. Hier müssen E-Biker selbst die entsprechenden Anpassungen vornehmen.

In den einzelnen Etappen werden auch unterwegs Ladestopps für die Akkus angegeben. Einfach in einem Café bzw. Restaurant fragen und mit einer Einkehr verbinden.

Ebenfalls mussten in der 3. Auflage drei Touren etwas umgeplant werden: Bei Tour 3 und 4 wurde die Fahrt durch den Vermuntstollen durch einen Bustransport ersetzt und bei Tour 8 der Linienbus zum Gampenpass durch einen Bikeshuttle, der nur einmal in der Früh fährt. Dadurch verschob sich die Etappeneinteilung zwischen Oetz und Meran.

Mit dem vorliegenden Buch wird auch der Forderung nach kürzeren Alpenüber- und durchquerungen Rechnung getragen. Denn ein Alpencross muss nicht zwingend schon im Voralpenland starten und erst am Gardasee enden. Deshalb starten einige Touren auch erst direkt vor dem Alpenhauptkamm oder enden weit vor dem Gardasee. Andere verlaufen auf sehr einfachen Strecken, die ein schnelles Vorwärtskommen ermöglichen. So gibt es Touren, bei denen man schon nach vier Tagen am Ziel ankommt. Und nicht jeder Transalp muss in Nord-Süd-Richtung führen, sondern darf genauso von West nach Ost verlaufen. Auch eine fünftägige Rundtour wurde mit aufgenommen, bei der der oft umständliche Rücktransport zum Ausgangspunkt entfällt. Entscheidend für eine Tour durch die Alpen ist nicht unbedingt die Überquerung, sondern die Tatsache, dass auf der Route einer oder mehrere Gebirgszüge über ein paar Tage zumindest durchfahren oder umrundet werden.

Für die Recherche zu diesem Buch bin ich viel und lange in den Alpen unterwegs gewesen. Alle hier vorgestellten Strecken bin ich selbst abgefahren und habe die aktuelle Wegführung und die Gegebenheiten ins Buch aufgenommen. Dennoch können sich aufgrund von Wegrenovierungsarbeiten oder neuen Streckenführungen immer wieder Änderungen oder Abweichungen ergeben. Ich habe unterwegs viele überwältigende Momente erlebt, interessante Menschen getroffen, aber auch anstrengende Phasen durchgemacht. Mehrmaliges Verfahren, kleinere Verletzungen und Reparaturen oder häufige Wechsel zwischen Sonne, Regen und Gegenwind verlangen manchmal eine große Portion Geduld und Humor. Aber auch all das gehört zum Abenteuer Alpenüberquerung dazu.

Ich wünsche allen Lesern viel Freude bei der Lektüre dieses Buches und hoffe damit beitragen zu können, dass sich viele davon ihren persönlichen Traum einer Tour quer durch die Alpen verwirklichen können.

Aschau im Chiemgau, Herbst 2020

Anstrengung und Genuss: Der Autor hat die Alpen bei der Recherche zu diesem Buch intensiv erlebt.

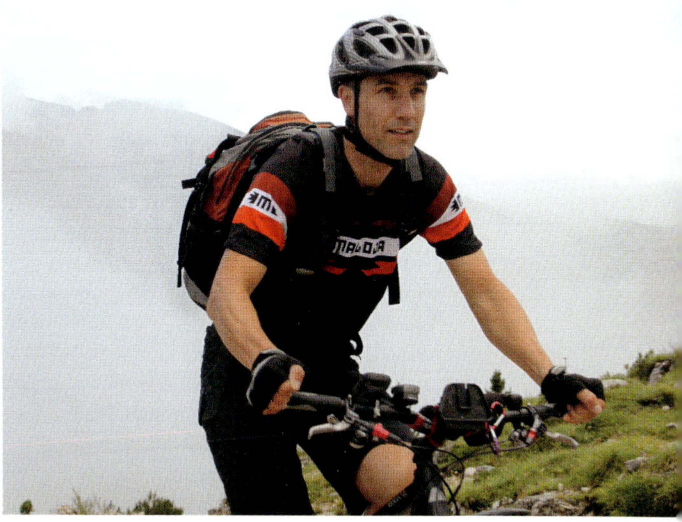

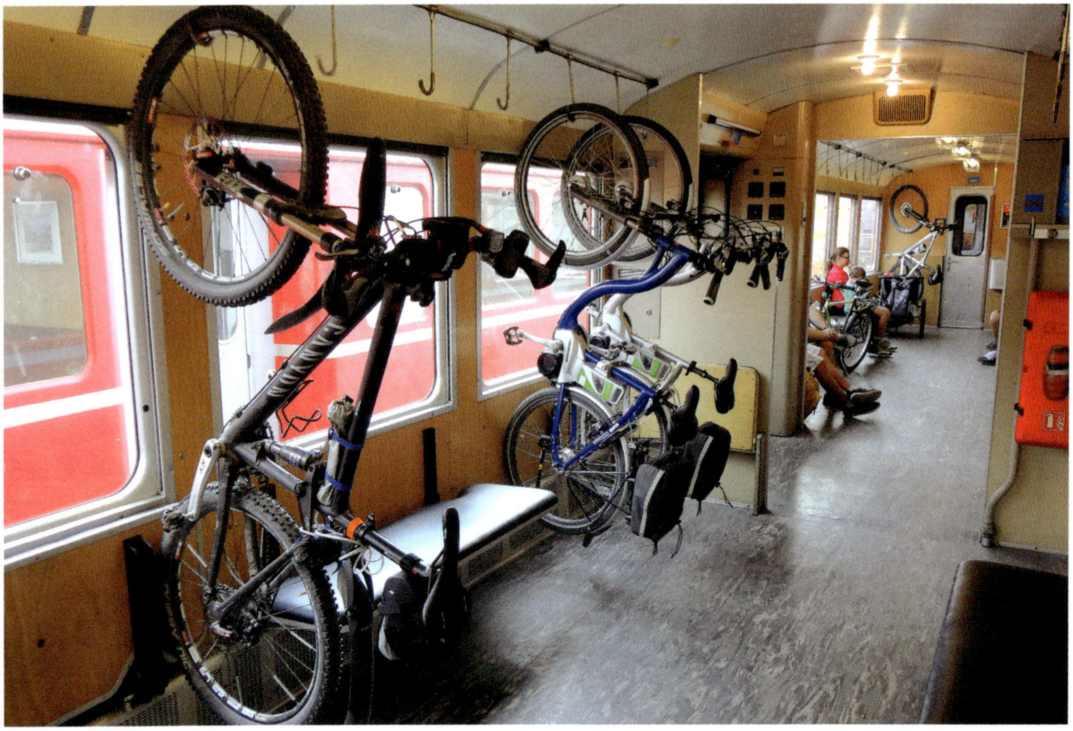

Großzügiges Radabteil in der Schweizer Bundesbahn

Allgemeines zur Tourenplanung

Damit das Abenteuer Alpencross zu einem unvergesslichen Erlebnis wird, ist eine gute Vorbereitung im Vorfeld das A und O. Neben der passenden Ausrüstung gehört dazu natürlich auch eine dezidierte Planung der Route.

Die Etappenaufteilung der in diesem Buch vorgestellten Touren ist lediglich als Vorschlag zu sehen. Selbstverständlich können die Etappen auch anders aufgeteilt werden. Die einzelnen Touren bieten als Anhaltspunkt dazu die Kilometer und Höhenmeter der Teilstrecken der jeweiligen Tagesetappen sowie Infos und Links zu Unterkünften, Touristeninformationen oder Orten entlang der Strecke. Je nach Kondition oder Vorliebe lassen sich die Touren entsprechend verkürzen oder verlängern.

Die Routen können auch miteinander kombiniert oder völlig neu zusammengestellt werden. Eine gute Hilfe dazu ist das Baukastensystem im Anhang. Damit lässt sich z. B. eine Route von Kufstein zum Comer See für Tourenbiker mit wenig Kondition zusammenstellen, die dem Innradweg folgt und keine langen Anstiege beinhaltet.

Als gute Übersichtskarte bietet sich »Alpenländer« von freytag & berndt im Maßstab 1:500 000 an. Für die Detailplanung sind dann die Wanderkarten von Kompass hilfreich und für die Schweiz ergänzend von Kümmerly + Frey.

Natürlich gilt es bei der Planung auch ein paar länderspezifische Eigenheiten zu berücksichtigen: zum Beispiel die Tatsache, dass die Schweiz allgemein sehr teuer ist oder dass in der Zeit der Ferragosto um den 15. August, einem der wichtigsten Feiertage Italiens, sehr viele Italiener in die Berge und ans Meer fahren. In dieser Zeit muss damit gerechnet werden, dass viele Pensionen, Hotels, Restaurants und Campingplätze ausgebucht sind.

Der Transport

Der Transport von Fahrrädern in öffentlichen Verkehrsmitteln wird von den Ländern unterschiedlich gut gelöst. Die Schweiz ist in dieser Hinsicht vorbildlich: Die meisten Regionalzüge haben spezielle Großraumwaggons mit zahlreichen Möglichkeiten, Räder an der Decke aufzuhängen. Die meisten öffentlichen

Busse, die sogenannten Postautos, haben am Heck einen Fahrradträger, an dem man bis zu fünf Räder befestigen kann. Eine Anmeldung ist weder nötig noch möglich. Informationen und Fahrpläne unter www.postauto.ch.

Auch in Österreich gibt es viele Busse – dort heißen sie Postbus –, die mit Heckträgern ausgestattet sind. Allerdings gibt es hier regionale Unterschiede bzw. kommen solche Busse nicht auf allen Linien oder zu allen Uhrzeiten zum Einsatz. Bei Bussen, die keinen Heckträger haben, kann man sein Fahrrad manchmal ins Gepäckfach unter dem Fahrgastraum legen oder mit in den Bus nehmen. Für bestimmte Strecken wie den Fernpass oder nach Nauders werden teilweise auch extra Fahrradanhänger mitgeführt. Mehr Informationen und Fahrpläne unter www.postbus.at.

In Deutschland und Österreich gibt es in den Regionalzügen Stellplätze im Eingangsbereich an beiden Zugenden, in Italien meist Hängeplätze an nur einem Zugende. Für alle drei Länder gilt, dass man sein Fahrrad ohne Reservierung mitnehmen kann. In den Fernzügen ist eine Vorabreservierung allerdings grundsätzlich erforderlich.

Bei den italienischen Bussen ist es sehr unterschiedlich. In manchen Gebieten haben die Busse Heckträger, oft muss man das Rad aber im Gepäck- oder Innenraum befördern. Dafür dann Werkzeug bereithalten, um ggfs. Lenker zu drehen und Pedale abzuschrauben. Auf sehr wenigen Linien ist die Mitnahme des Fahrrads jedoch gar nicht möglich. Eine Mitnahmegarantie gibt es allerdings in keinem Land. Bei den Schweizer Postbussen ist der Transport von E-Bikes am Heckträger in der Regel erlaubt, in Österreich und Italien dagegen meist nur auf Linien mit Fahrradanhängern.

Je nach Saison und Ferienlage können die Stellplätze auf den Hauptstrecken sehr voll werden. An Samstagen sind oft die Zufahrtsstrecken zu den Ausgangsorten der hier beschriebenen Alpenüberquerungen betroffen. Gerade nach Garmisch-Partenkirchen und Tegernsee quellen dann die Abteile über, da hier noch die Münchner Tagesradler hinzukommen. In Italien sind die Züge von Rovereto zum Brenner an manchen Tagen (v. a. an Wochenenden) so voll, dass man nicht mitgenommen werden kann und eventuell erst die nächste oder übernächste Verbindung erwischt. Dies ist bei der Planung zu berücksichtigen. Leider sind die wenigen Fahrradstellplätze der Fernverkehrszüge, die ohne Umsteigen von Rovereto bis München fahren, meist schon Monate im Voraus ausgebucht. So bleibt nur das mehrmalige Umsteigen mit Regionalzügen, das bisweilen etwas an den Nerven zehren kann.

Auf der Seite des Südtiroler Verkehrsverbundes www.sii.bz.it kann man sich alle Verbindungen für Bus und Bahn innerhalb Südtirols anzeigen lassen. Will man sich den Rückreisestress erleichtern, lässt man sich entweder vom Partner oder Freunden am Zielort abholen, oder man nimmt einen der privaten Anbieter in Anspruch, die sich darauf spezialisiert haben. Teilweise kann man hier auch kurzfristig freie Plätze bekommen.

www.viaclaudia.org verbindet Venedig, Gardasee und mehrere Orte in Bayern und dazwischen. www.bikeshuttle.it und www.bikeshuttle-gardasee.com bieten zusätzlich eine Restplatzbörse und teilweise Gepäcktransport. Daneben gibt es noch www.sport-shuttle.de, www.fahrtwind.de, www.prenner.it, www.fahrservice-sued.de und www.jokobikereisen.de. Preisbeispiel Riva-Garmisch ab 80 Euro aufwärts. www.gardabikeshuttle.com bietet regionale Transporte rund um den nördlichen Gardasee an.

Zeiten zu den Linienbussen von und nach Riva/Torbole, nach Rovereto oder anderen Zielen in der Region findet man unter www.gardasee.de/anreise-an-den-gardasee/fahrplaene.html,www.gardatrentino.it/de/Bus-Fahrpläne-Gardasee, www.ttesercizio.it (Trentino Transporti) oder an den Bushaltestellen vor Ort. Ab Rovereto verkehren dann Regional- und Fernzüge, Infos dazu unter www.trenitalia.com. Man kann auch mit dem Rad von Torbole nach Rovereto fahren. Die Strecke ist bei Tour 5 beschrieben, allerdings in Richtung Torbole. Sie ist gut ausgeschildert. Die GPS-Daten dazu sind im Track Tour 5 Tag 5 enthalten. Aufgrund wechselnder Öffnungszeiten von Seilbahnen und alpinen Passstraßen bzw. sich ändernden Abfahrtszeiten bei Bus und Bahn, diese unbedingt vorher abklä-

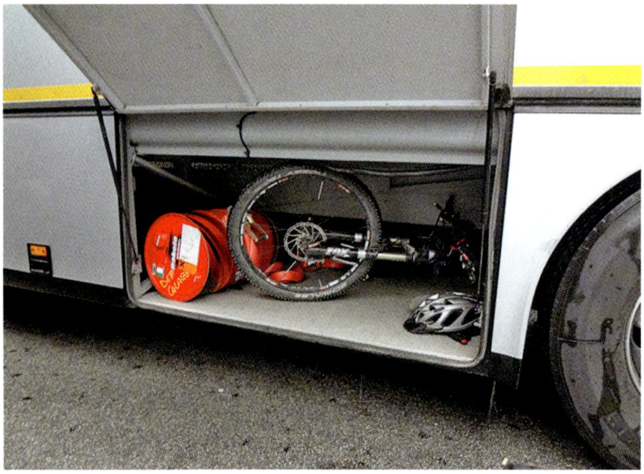

In Österreich und Italien reist das Bike im öffentlichen Bus mitunter auch im Laderaum mit.

ren, damit man unterwegs keine unangenehmen Überraschungen erlebt.

Das Bike

Für die meisten der hier beschriebenen Touren reicht ein normales Mountainbike völlig aus, da viel auf Asphalt gefahren wird, die Steigungen der Forstwege meist mäßig sind und es keinen großen Anteil an Pfaden gibt. Die Touren 1, 13 und 14 können auch mit einem Trekkingrad bewältigt werden, da sie die geringsten Anforderungen an das Material stellen. Auch andere Touren haben lange Passagen, die mit dem Trekkingrad bewältigt werden können, aber eben auch einige Passagen, bei denen ein MTB empfehlenswert ist.

Die Touren 2, 9 und 10 haben teils steile und lange Anstiege, grobe Schotterpassagen oder steile Abfahrten. Eine kleine Übersetzung, ein guter Federweg und ein robustes Bike sind hier von Vorteil.

Der menschliche Körper ist auf den langen Strecken und den vielen Stunden im Sattel großen Belastungen ausgesetzt. Um diese zu reduzieren, ist es wichtig, die ergonomisch richtige Sitzposition zu finden. Es empfiehlt sich daher, sein Fahrrad mit ergonomischem Zubehör zu optimieren. Insbesondere dem richtigen Sattel kommt entscheidende Bedeutung zu. Es gibt nichts Schlimmeres, als sich während der Tour wund zu reiben oder vor Druckschmerzen nicht mehr sitzen zu können.

Die Frage, ob Klick- oder normale Pedale, ist eher von untergeordneter Bedeutung und mehr Überzeugungssache. Die Vorteile der Klickpedale kommen v. a. bei langen Anstiegen zum Tragen, da man nicht nur drücken, sondern auch ziehen kann. Außerdem hat man bei einer ruppigen Abfahrt stets einen festen Stand. Aber nicht jeder Radler kann sich mit der Technik des Ein- und Ausklickens anfreunden und befürchtet (nicht ganz zu Unrecht), im Notfall nicht schnell genug aus dem Pedal zu kommen.

Ausrüstung und Bekleidung

Auf Tour ist eines der zentralen Elemente der Schutz des Körpers vor Nässe und Kälte. Baumwolle saugt sich voll, trocknet langsam und ist für große Touren nicht geeignet. Gute Funktionsbekleidung ist daher das A und O. Eine gepolsterte Radhose schont zudem das Gesäß und ist Gold wert. Keinesfalls sollte man ohne sie auf eine lange Tour gehen. Gute Funktionsbekleidung trocknet schnell und ist auch leicht.

Gut passende Radschuhe gehören ebenso dazu – egal, ob für Klick- oder normale Pedale. Sport- oder Freizeitschuhe sind nicht geeignet, da die Fußmuskulatur schneller ermüdet und keine effektive Kraftübertragung aufs Pedal erfolgt. Das schaffen nur die relativ starren Sohlen der Radschuhe. Es gibt extra Tourenmodelle, mit denen man auch gut gehen kann. Neue Schuhe sollten unbedingt vorher gut eingefahren werden.

CHECKLISTE BIKE-ZUBEHÖR:

- Pannenset (Flickzeug, Reifenheber, Ersatzschlauch)
- Kleine Luftpumpe (auf passendes Ventil achten)
- Inbusschlüssel für die benötigten Größen oder Mini-Tool
- Trinkflasche (eine Trinkblase bedeutet Zusatzgewicht und belastet nur unnötig den Rücken)
- Smartphone mit digitaler Karte oder GPS-Gerät
- Bremsbeläge
- Etwas Kettenöl
- Etwas Tape und Kabelbinder
- Kleine Zange
- Ersatzschrauben für die Cleats der Schuhplatten bei Klickpedalen (billig, leicht, klein, aber unverzichtbar, wenn eine Schraube verloren geht)

Das ist das Nötigste. Alles andere kann man auch unterwegs in den zahlreichen Fahrradgeschäften kaufen bzw. richten lassen.

Ein gut sitzender, nicht zu großer Rucksack mit Regenhülle erledigt den Gepäcktransport. 30 Liter sind in der Regel vollkommen ausreichend. Er darf nicht zu lang sein, sonst stößt er am Helm an. Gepäckträger mit Radltaschen sind für viele MTB-Touren nicht geeignet, weil sie zu einer ungünstigen Gewichtsverschiebung führen. Das Bike verliert dadurch im Gelände oder bei steilen Abfahrten an Fahrstabilität. Ein Klemmgepäckträger an der Sattelstütze mit nicht allzu viel Gewicht wirkt sich dagegen nicht so stark aus und kann den Rucksack und damit den Rücken etwas entlasten. Alternativ bietet eine Satteltasche genügend Platz für Werkzeug, Ersatzteile und Pannenset.

Nicht vergessen sollte man, dass das Wetter über 2000 Meter Seehöhe selbst im Sommer durchaus winterlich werden kann. In den Hochlagen der Alpen kann es nämlich jederzeit zu einem Kälteeinbruch kommen. Dies sollte bezüglich der Bekleidung für Körper, Kopf und Hände berücksichtigt werden.

Für mehr Informationen zur Ausrüstung empfehlen sich auch die diversen MTB-Magazine, die jedes Jahr aktuelle Testergebnisse und Empfehlungen zu verschiedenen Produkten herausbringen. Wichtig ist vor allem, vor der großen Tour die gesamte Ausrüstung ausgiebig zu testen. Das Gesamtgewicht des Ruck-

CHECKLISTE AUSRÜSTUNG

- Rucksack
- Erste-Hilfe-Set
- Stirn- oder Fahrradlampe für Tunneldurchfahrten
- Handy mit den nationalen und alpinen Notrufnummern
- Adressen der Unterkünfte
- Landkarten oder Ausdrucke mit eingezeichneter Route
- Waschbeutel mit kleinen Fläschchen
- Sonnencreme
- Minitube Reisewaschmittel
- Bargeld, Ausweis, EC-Karte
- Ladegerät fürs Handy
- **Bei Hüttenübernachtung:** Hüttenschlappen, kleines Handtuch oder Funktionshandtuch, fürs Schlaflager auch noch Hüttenschlafsack und Ohrenstöpsel

Bei Dauerregen unerlässlich: wasserfeste Ausrüstung

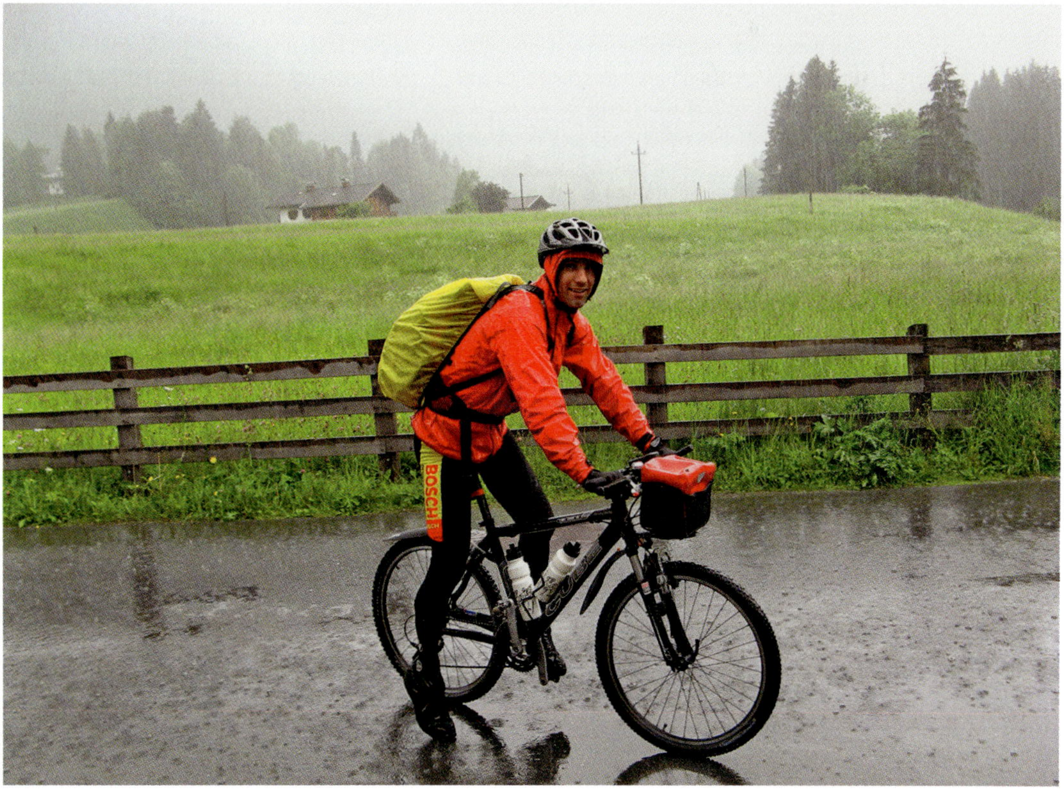

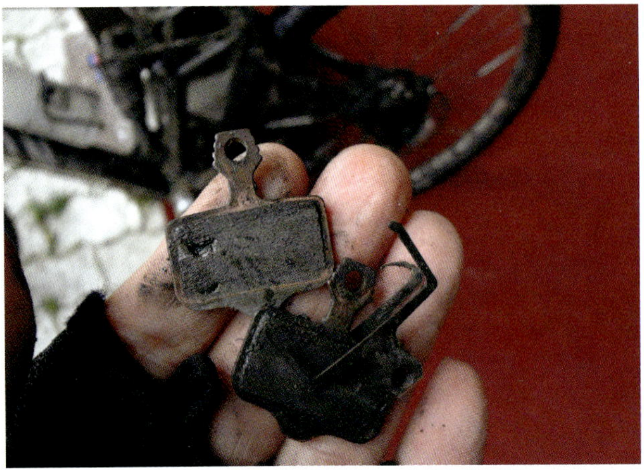

Nichts geht mehr: zerschlissene Bremsbeläge mitten auf der Tour

sacks sollte sieben Kilo nicht überschreiten. Jedes Gramm weniger weiß der Rücken zu schätzen. Einen über acht Kilo schweren Rucksack den ganzen Tag schleppen zu müssen, führt auch schon unterwegs zu Rückenbeschwerden. Am besten den Rucksack eine Woche vor dem Start probepacken und probefahren – dann kann man in Ruhe optimieren, bis alles passt.

Alpencross-Neulinge packen meist zu viel ein und bereuen dies unterwegs schnell. Grundsätzlich gilt: so viel wie nötig, so wenig wie möglich. Und ein voller Rucksack fühlt sich nach zehn Minuten im Wohnzimmer anders an als nach fünf Stunden auf Tour. Bestimmte Ausrüstungsgegenstände können in der Gruppe auch aufgeteilt werden. So muss nicht jeder Biker das komplette Werkzeugset, Erste-Hilfe-Set oder alle Landkarten mitschleppen. Bike-Hose, Trikot und Socken kann man abends in der Unterkunft im Waschbecken waschen und bis zum Morgen trocknen. Dabei gibt es einen Trick, der das Trocknen erheblich beschleunigt: Die Wäsche auswringen und auf einem großen Handtuch ausbreiten. Dann das Handtuch längs zusammenrollen. Nun zu zweit an beiden Enden fassen und diese gegeneinander drehen. Diese Methode quetscht noch einiges an Nässe heraus. Danach aufhängen.

CHECKLISTE BEKLEIDUNG

- Bike-Hose
- Trikot (plus 1 Ersatz)
- Socken (plus 1 Paar Ersatz)
- Beinlinge oder lange Radhose
- Armlinge oder langes Trikot
- Windweste
- Kurze Radhandschuhe
- Regenjacke, evtl. Regenhose und Überschuhe
- Leichte Fleece- oder Softshelljacke
- Dünne Handschuhe und Mütze, die auch unter den Helm passt
- Leichte Freizeithose für abends
- T-Shirt und Unterwäsche für abends
- Evtl. leichte Schlappen für abends
- Helm
- Sonnenbrille

Karten und GPS

Trotz Zusatznutzen und Komfort von GPS-Geräten kann man auf Landkarten (im Original oder selbst ausgedruckt) nicht komplett verzichten. Eine Landkarte bietet den besten Überblick über die zu fahrende Route und über die aktuelle Gegend. Es sind alle wichtigen Informationen eingezeichnet und eine Routenänderung ist jederzeit umsetzbar. Eine Papierkarte kann man im grellen Sonnenlicht und im Regen jederzeit gut lesen, sie hat immer Empfang, es gibt keine technischen Pannen und sie ist unabhängig von Batterien. Sinnvoll ist daher die Kombination von GPS und Karte.

Der Markt der GPS-Geräte hat sich in den letzten Jahren rasant entwickelt. Mittlerweile gibt es viele gute Geräte von verschiedenen Herstellern, auch preisgünstige Einsteigermodelle. Trotzdem kommen immer wieder neue Modelle auf den Markt. Hier eine Empfehlung abzugeben, ist daher kaum möglich. Diverse Fachzeitschriften nehmen regelmäßig aktuelle Modelle unter die Lupe, erklären Vor- und Nachteile der jeweiligen Geräte und erleichtern damit die Auswahl. Wichtige Kriterien sind u. a. die Ablesbarkeit des Displays (auch in der Sonne), die Batterielaufzeit, die Verwendung digitaler Landkarten (evtl. auch von unterschiedlichen Quellen) und die Befestigungsmöglichkeit am Fahrrad.

Aber auch die Handy-Hersteller und App-Anbieter haben aufgerüstet: Sie bieten mittlerweile die gleiche Funktionalität wie GPS-Geräte und somit erübrigt sich in manchen Fällen der

Kauf eines Gerätes extra. Allerdings kämpfen die Smartphones noch mit der mangelnden Outdoor-Tauglichkeit: die schlechtere dauerhafte Ablesbarkeit des Displays im grellen Sonnenlicht, die kürzere Batterielaufzeit und die Regenanfälligkeit.

Um die Vorteile optimal nutzen zu können, benötigt man zum GPS-Gerät noch eine spezielle Software für den PC. Eine davon ist Garmins BaseCamp, das die gängigsten Funktionen beherrscht und kostenlos heruntergeladen werden kann. Ebenfalls gut zur Tourenplanung am PC geeignet sind Anbieter wie www.komoot.de, www.alpenvereinaktiv.com oder www.kompass.at. Alle drei Anwendungen lassen sich mit ihrem digitalen Kartenmaterial auch auf dem Handy nutzen (teils kostenpflichtig). Komoot bietet sogar die Zusatzinfo über Wegtyp (z. B. Nebenstraße) und -beschaffenheit (z. B. loser Untergrund).

Der große Nutzen der digitalen Wegführung liegt in der Möglichkeit, jederzeit (Empfang vorausgesetzt) zu sehen, wo man sich gerade befindet, wo man sein sollte und wie es weitergeht. Lästiges Auspacken der Karte, Aufsuchen der aktuellen Position und Orientierung zur Weiterfahrt entfallen durch den Einsatz von GPS-Gerät oder entsprechendem Handy. Die Frage, ob es nach rechts oder links weitergeht, ist somit schnell geklärt. Und wenn man doch einmal von der vorher aufgespielten Route abkommen sollte, ist dies recht schnell erkennbar.

Darüber hinaus kann man seine abgefahrene Route danach zu Hause am PC überspielen und mit einem der oben genannten Anbieter auswerten. So kann man seine gefahrenen Kilometer und Höhenmeter leicht ablesen und ein Höhendiagramm veranschaulicht grafisch die zurückgelegte Streckenführung. Daneben gibt es außerdem die Möglichkeit, Routen in Google Earth in 3D abzufliegen.

Allerdings gibt es auch beim Einsatz von GPS-Geräten noch ein paar Schwachstellen: In engen Tälern und hohen Schluchten gibt es oft keinen oder nur schlechten Empfang. Zudem variiert die GPS-Genauigkeit unterwegs. Ein paar Dutzend Meter können es in ungünstigen Fällen schon werden. Gerade die Höhenangabe ist dafür noch anfälliger als die Längen- und Breitenposition. Nach einem Verlust des GPS-Signals (z. B. bei einer Tunneldurchfahrt) muss sich das Gerät erst wieder die Signalquelle suchen. Dabei kann es während der ersten Sekunden mitunter zu starken Fehlsignalen und fehlerhaften Positionsangaben kommen. Eine nachträgliche Überprüfung und Korrektur am PC ist daher empfehlenswert.

Deshalb sind auch die GPS-Angaben in diesem Buch nur als Richtwert zu verstehen, da die Positionsangaben im Buch leicht von selbst ermittelten Werten abweichen können. Zudem haben die GPS-Geräte unterschiedliche Algorithmen zur Aufzeichnung von Höhendifferenzen. Ein Gerät, das schon eine Höhenabweichung von zehn Zentimetern auf einer Strecke festhält, kommt am Ende des Tages auf andere Werte als ein Gerät, das erst ab einem Meter Differenz den Wert aufzeichnet.

Auch bei Wegen, die sehr eng beisammenliegen und parallel verlaufen (selbst wenn sie auf unterschiedlicher Höhe liegen), kann aufgrund der vorhandenen Ungenauigkeit nicht gleich erkennbar sein, ob man den richtigen Weg gewählt hat. Dies ist manchmal erst möglich, wenn sich die zwei Wege weiter voneinander entfernen. Auch mit GPS-Einsatz kann es also vorkommen, dass man sich doch einmal verfährt.

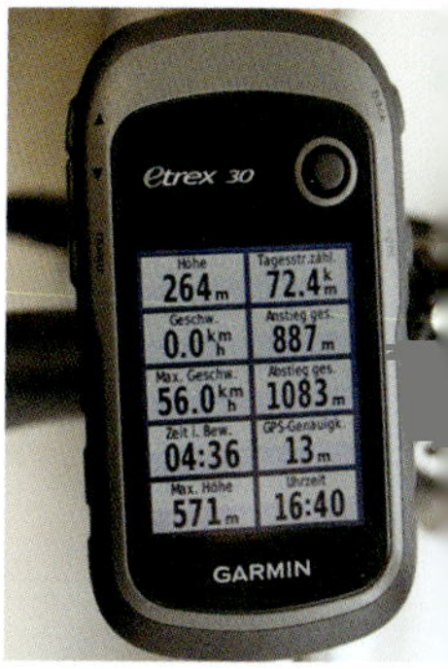

Mit einem GPS-Gerät wird die Routenfindung zum Kinderspiel.

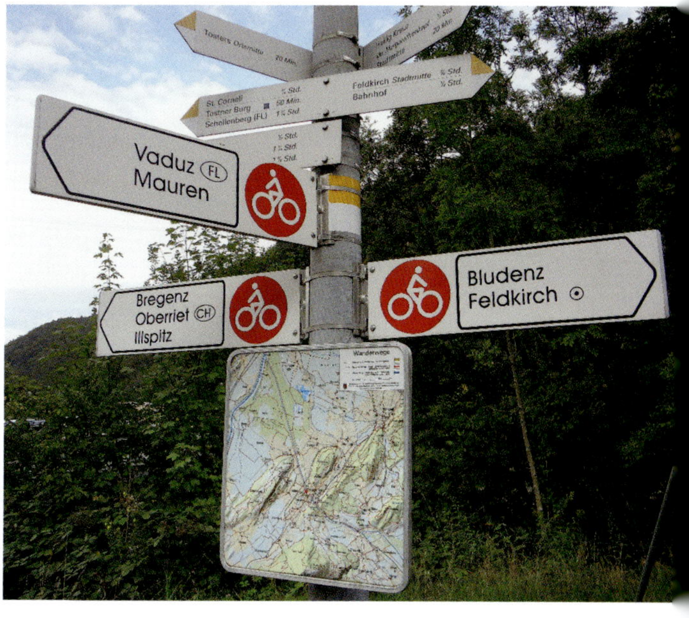

Gut sichtbare Radwegbeschilderung im Montafon

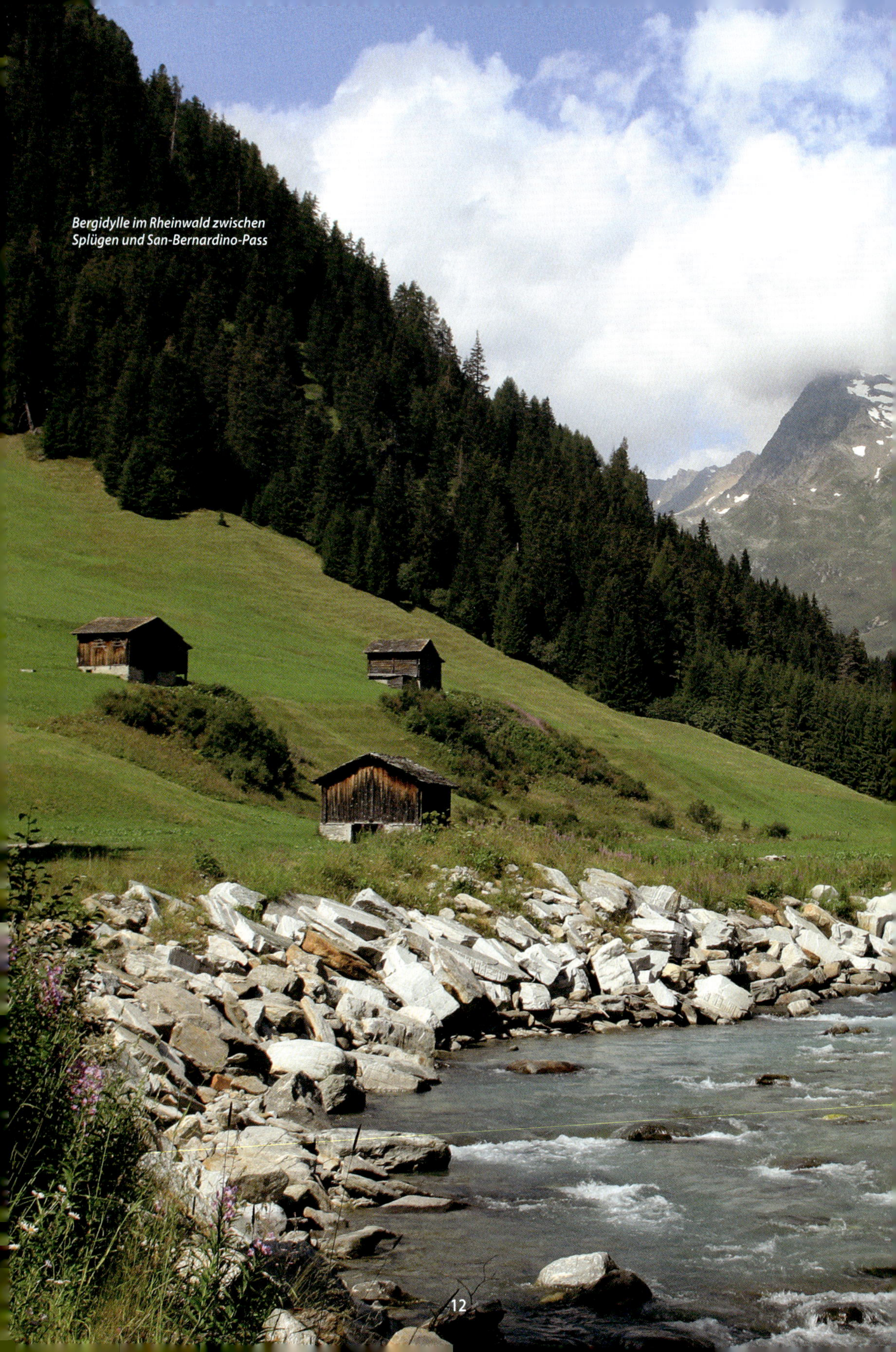
Bergidylle im Rheinwald zwischen Splügen und San-Bernardino-Pass

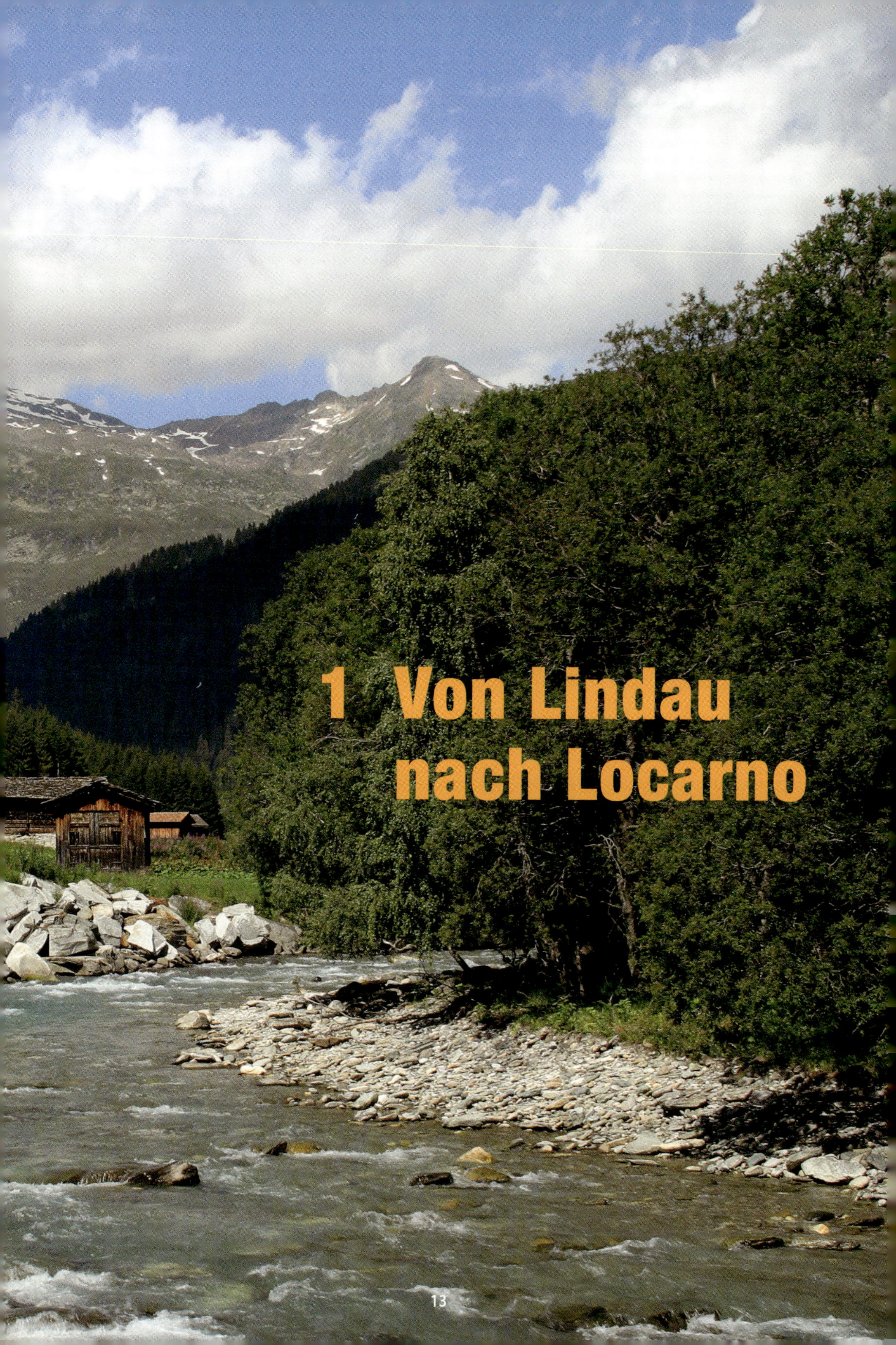

1 Von Lindau nach Locarno

1 Von Lindau nach Locarno

Auf der Graubündenroute zum Lago Maggiore: die Schweiztour

2	✪✪✪✪✪	Mit Rad: 1969 Gesamt: 2569	Mit Rad: 239 Gesamt: 257	4
Schwierigkeit	Erlebniswert	Höhenmeter (in m)	Streckenlänge (in km)	Zeit (in Tagen)

TOURENCHARAKTER

AUSGANGSPUNKT
Bahnhof Lindau am Bodensee

ENDPUNKT
Locarno am Lago Maggiore

ANFAHRT
Bahn: Von Deutschland (München/Ulm), Österreich (Feldkirch/Bregenz) und Schweiz (St. Gallen) gut erreichbar.
Auto: Von Norden über die A 7 und A 96, von Süden über die österreichische A 14. Kostenpflichtiger Parkplatz P1 Blauwiese (Tageskarte 0,50 €).

RÜCKFAHRT
Von Locarno nach Bellinzona mit der S-Bahn 20. Weiter mit Buslinie 171 nach Chur und von dort mit Regionalzügen mit Umsteigen über Feldkirch und Bregenz zurück nach Lindau. Alle Verbindungsinfos bei der Schweizer SBB, www.sbb.ch.

KONDITION
✪✪✪✪✪

FAHRTECHNIK
✪✪✪✪✪

ERLEBNISWERT
Fahrspaß: ✪✪✪✪✪ – Leichtes Einrollen am Rhein, rasante Schotterabfahrt vom Kunkelspass, ausgedehnte Abfahrt vom San-Bernardino-Pass, einige Felstunnel.
Landschaft: ✪✪✪✪✪ – Traumhafte Blicke auf Tektonikarena Sardona, spektakuläre Viamala-Schlucht, Panorama am San-Bernardino-Pass.
Kultur und Geschichte: ✪✪✪✪✪ – Altstadt von Lindau, Heidiland Bad Ragaz, Handelsroute Viamala, Zentrum von Bellinzona, evtl. Filmfestival in Locarno.

STRECKENPROFIL
Asphalt: 215 km
Schotter-/Forstweg: 24 km
Busfahrt: 17 km, 632 Hm
Leichte Tour, v. a. auf asphaltierten Radwegen und Nebenstraßen mit entspanntem Einradeln auf dem Rhein-Radweg. Gemäßigter Anstieg zum Kunkelspass, gefolgt von steiler Schotterabfahrt. Von Thusis auf alter Straße durch die Viamala-Schlucht. Lange, relativ steile Serpentinenauffahrt über Steilstufe zum San-Bernardino-Pass. Sehr lange und flotte Abfahrt vom San-Bernardino-Pass. Entspanntes Ausradeln auf dem Radweg von Bellinzona nach Locarno.

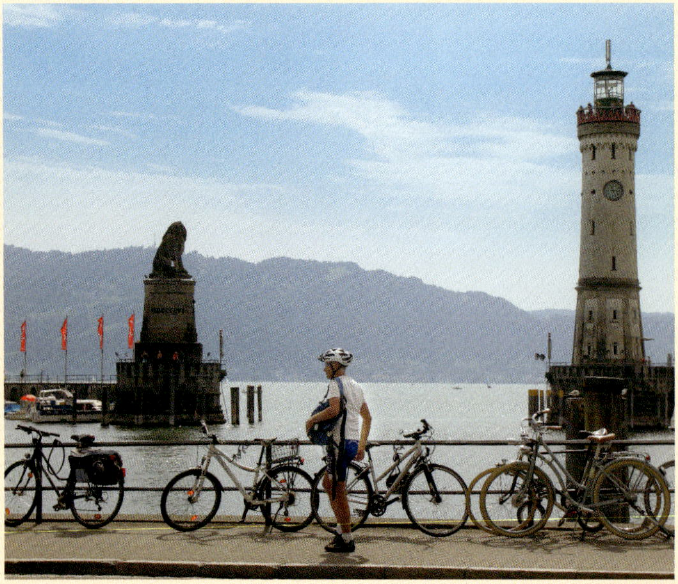

Wahrzeichen von Lindau am Bodensee: Löwe und Leuchtturm am Hafen

HÖCHSTE PUNKTE
2065 m, San-Bernardino-Pass
1357 m, Kunkelspass

NIEDRIGSTER PUNKT
200 m, Locarno

ALLGEMEINE INFOS
Lindau: Tourist-Information, Tel. +49/(0)8382/26 00 30, www.lindau.de, Bregenz: Tourist-Information, Tel. +43/(0)5574/495 90, www.bregenz.at, Vaduz: www.vaduz.li, Bad Ragaz: Tourist-Information, Tel. +41/(0)81/720 08 20, www.badragaz.ch, Vättis: www.vaettis.ch, Thusis: www.thusis.ch, Viamala-Schlucht: Eintritt, www.viamala.ch, Splügen: www.gemeinde-spluegen.ch, Bellinzona: www.bellinzonaturismo.ch, Locarno: www.ascona-locarno.com/de/, Radweg »Graubünden-Route 6«: www.veloland.ch/de/routen.html. Postbus von Zillis-Reischen nach Splügen: Postauto Linie 171 und 541 (Haltestelle vor der Post, 9.46, 10.45, 11.10, 11.46, 12.45, 13.10, 13.46, 14.45, 15.10, 15.46), www.postauto.ch

LANDKARTEN
Kümmerly + Frey Schweiz Nummern 2, 7, 13, 20, 27, 29, 33
Kompass Schweiz digital zum Selbstausdrucken

GPS/ROADBOOK
T01-E01-Lindau-Bad Ragaz.gpx
T01-E02-Bad Ragaz-Thusis.gpx
T01-E03-1-Thusis-Zillis.gpx
T01-E03-2-Busfahrt-Zillis-Spluegen.gpx
T01-E03-2-Zillis-Splügen_E-bike.gpx
T01-E03-3-Spluegen-San Bernardino.gpx
T01-E04-San Bernardino-Locarno.gpx

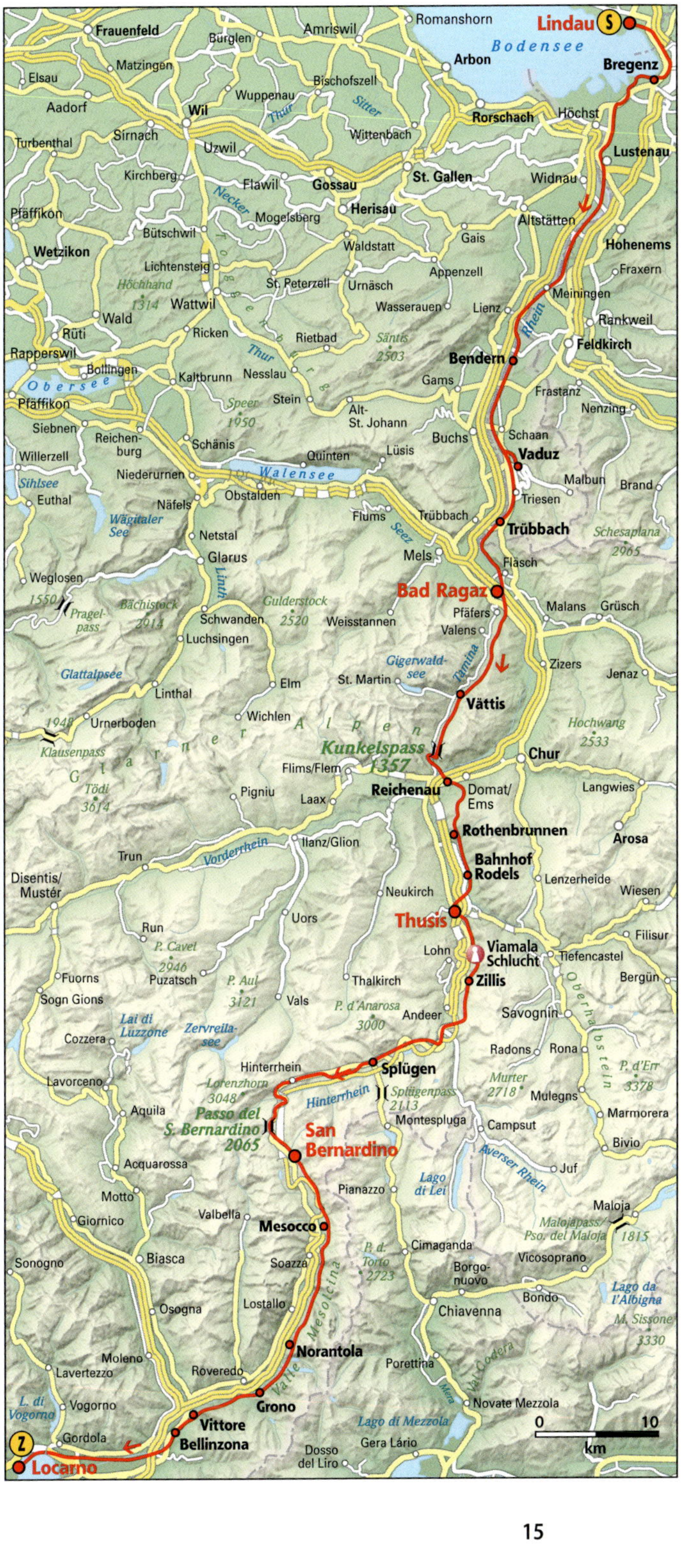
Lindau
S
Bodensee
Bregenz
Romanshorn
Arbon
Amriswil
Frauenfeld
Matzingen
Bürglen
Elsau
Aadorf
Wil
Wuppenau
Bischofszell
Rorschach
Höchst
Turbenthal
Sirnach
Uzwil
Wittenbach
Lustenau
Kirchberg
Flawil
Gossau
St. Gallen
Widnau
Pfäffikon
Herisau
Mogelsberg
Altstätten
Bütschwil
Waldstatt
Gais
Hohenems
Wetzikon
Lichtensteig
Appenzell
Fraxern
St. Peterzell
Urnäsch
Meiningen
Hörnli
Wattwil
Wasserauen
Lienz
Rankweil
Wald
Rüti
Ricken
Rietbad
Säntis 2503
Feldkirch
Rapperswil
Bollingen
Obersee
Kaltbrunn
Nesslau
Gams
Bendern
Pfäffikon
Stein
Frastanz
Nenzing
Siebnen
Speer 1950
Alt-St. Johann
Schaan
Reichenburg
Schänis
Buchs
Willerzell
Quinten
Lüsis
Vaduz
Niederurnen
Walensee
Malbun
Brand
Sihlsee
Euthal
Näfels
Obstalden
Triesen
Flums
Trübbach
Wägitaler See
Netstal
Seez
Schesaplana 2965
Mels
Glarus
Fläsch
Weglosen
Bad Ragaz
Pragelpass
Bächistock 2914
Gulderstock 2520
Pfäfers
Malans
Grüsch
Schwanden
Weisstannen
Valens
Luchsingen
Glattalpsee
Gigerwaldsee
Tamina
Zizers
Jenaz
St. Martin
Linthal
Elm
Vättis
Wichlen
Urnerboden
Hochwang 2533
Klausenpass
Kunkelspass 1357
Chur
Glarner Alpen
Flims/Flem
Tödi 3614
Pigniu
Laax
Reichenau
Domat/Ems
Langwies
Rothenbrunnen
Arosa
Vorderrhein
Ilanz/Glion
Trun
Bahnhof Rodels
Disentis/Mustér
Lenzerheide
Wiesen
Neukirch
Thusis
Uors
Run
Filisur
P. Cavel 2946
Lohn
Viamala Schlucht
Tiefencastel
Fuorns
Puzatsch
P. Aul 3121
Thalkirch
Zillis
Bergün
Sogn Gions
Vals
P. d'Anarosa 3000
Andeer
Savognin
Lai di Luzzone
Zervreilasee
Cozzera
Radons
Rona
Hinterrhein
Splügen
Lavorceno
Lorenzhorn 3048
Murter 2718
P. d'Err 3378
Splügenpass 2113
Hinterrhein
Mulegns
Aquila
Passo del S. Bernardino 2065
San Bernardino
Montespluga
Campsut
Marmorera
Acquarossa
Bivio
Averser Rhein
Juf
Motto
Pianazzo
Lago di Lei
Valbella
Giornico
Maloja
Mesocco
Malojapass/Pso. del Maloja 1815
Cimaganda
Biasca
Soazza
Vicosoprano
Sonogno
P. d. Torto 2723
Borgonuovo
Lostallo
Bondo
Lago da l'Albigna
Osogna
Chiavenna
M. Sissone 3330
Moleno
Norantola
Lavertezzo
Porettina
Roveredo
Grono
Novate Mezzola
Vogorno
Vittore
Lago di Mezzola
Gordola
Bellinzona
Gera Lário
Dosso del Liro
Z
Locarno
0
10
km

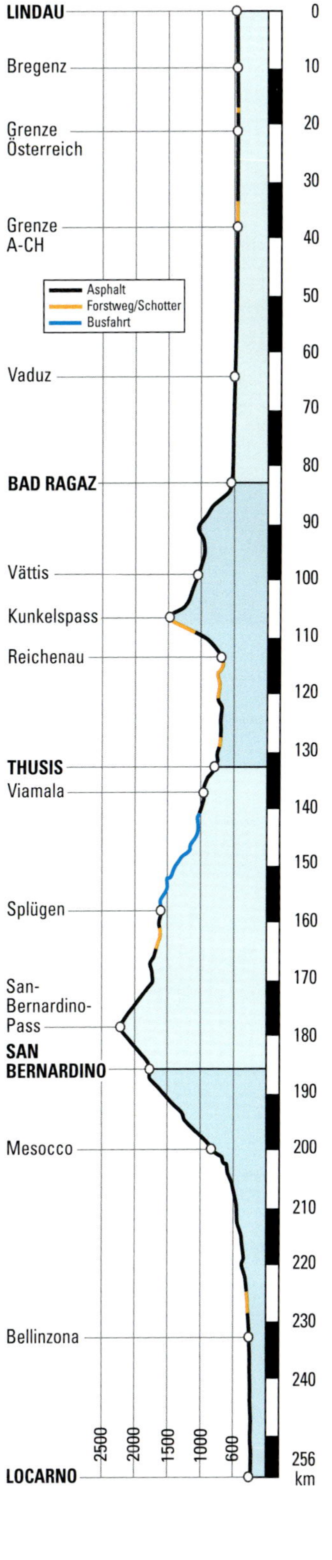
LINDAU
Bregenz
Grenze Österreich
Grenze A-CH
Asphalt
Forstweg/Schotter
Busfahrt
Vaduz
BAD RAGAZ
Vättis
Kunkelspass
Reichenau
THUSIS
Viamala
Splügen
San-Bernardino-Pass
SAN BERNARDINO
Mesocco
Bellinzona
LOCARNO
2500
2000
1500
1000
600
0
10
20
30
40
50
60
70
80
90
100
110
120
130
140
150
160
170
180
190
200
210
220
230
240
256 km

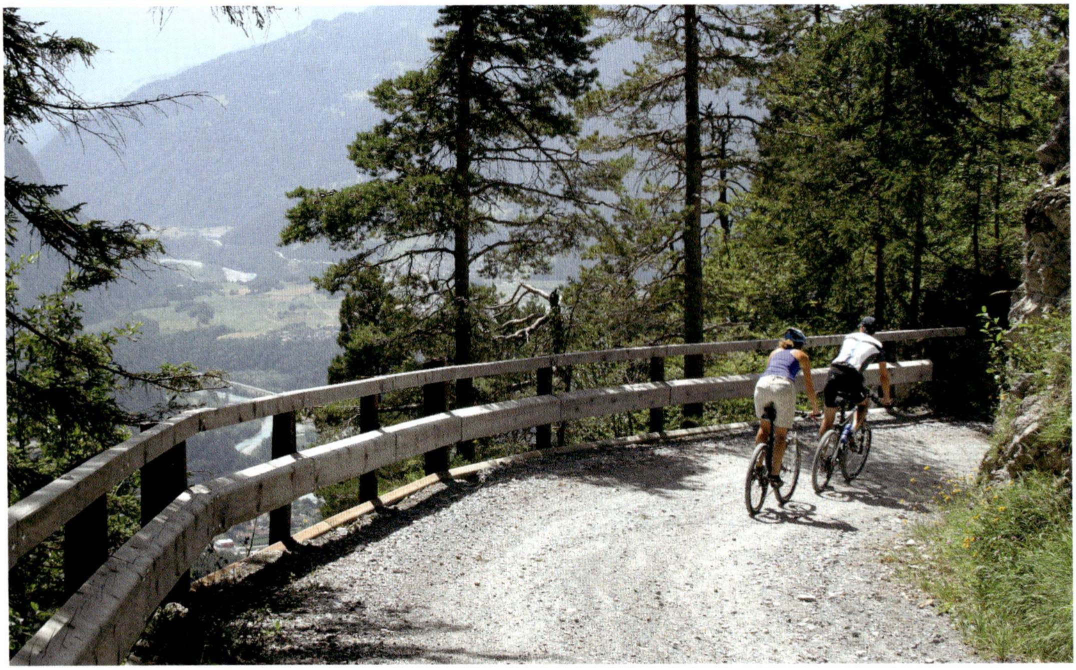

Rasante Abfahrt auf Schotter kurz nach dem Kunkelspass

Diese Tour ist aufgebaut wie ein guter Deutschaufsatz: eine gemütliche Einleitung flach am Rhein entlang, ein etwas schweißtreibender Hauptteil über den Kunkelspass, danach spektakulär weiter durch die Viamala-Schlucht und über den San-Bernardino-Pass, bevor ein entspannter Schlussteil hinab ins Tessin führt.

Tag 1
Von Lindau aus den Rhein entlang

ÜBERNACHTUNG

Bad Ragaz: Hotel Garni Ursalina,www.ursalinaragaz.ch

TEILSTRECKEN

Lindau–Buchs: 59 km, 106 Hm
Buchs–Bad Ragaz: 24,5 km, 60 Hm
83,5 Kilometer
166 Höhenmeter bergauf
67 Höhenmeter bergab
Ladestopp: viele Orte

Fast alle Alpenüberquerungen führen auf ihrem Weg in den Süden über österreichisches Terrain und enden an einem markanten Ort in Norditalien. Diese Route verläuft bis auf ihr Anfangsstück durchgängig auf Schweizer Boden. Wir starten in Lindau am Ostufer des Bodensees und passieren auf dem asphaltierten Radweg nach Bregenz schon bald die deutsch-österreichische Grenze. In Bregenz kommen wir an der größten Seebühne der Welt vorbei, wo im Rahmen der Festspiele herausragende Stücke der Operngeschichte gespielt werden. Schon bald erreichen wir den Rhein, der uns für die nächsten 65 Kilometer begleiten wird. Es geht durch weitläufige Auenlandschaften und vorbei an Kiesbänken, die an warmen Tagen zu einer kleinen Abkühlung einladen. Auf Höhe von Eschen wechseln wir das Rheinufer und führen unseren Weg durch das Fürstentum Liechtenstein fort, dem flächenmäßig sechstkleinsten Staat der Welt. Hier lohnt ein kurzer Abstecher in die Hauptstadt Vaduz, über der erhaben das Schloss Vaduz thront – Wahrzeichen der Gemeinde und Sitz des Fürstenhauses. Nach einigen Kilometern verlassen wir das Fürstentum und erreichen kurz darauf Bad Ragaz, wo Johanna Spyri um 1880 die weltberühmte Heidi-Geschichte verfasste. Dank seiner Thermalquelle stieg Bad Ragaz zum Weltkurort auf. Wer Zeit hat und sich etwas Gutes tun möchte, der sollte sich hier noch eine angenehme Wellness-Behandlung gönnen.

ROUTENBESCHREIBUNG
T01-E01-Lindau-Bad Ragaz.gpx

WP | km | Hm

1 | 0,0 | 410 | Bahnhof Lindau. Nördlich bis zur Zwanzigerstraße. Dort die Altstadt umfahren.

2 | 1,2 | 415 | Über die Seebrücke zum Festland. Dann rechts der ausgeschilderten BR (= Bike-Route) ufernah nach Bregenz folgen.

3 | 9,2 | 405 | Bahnhof Bregenz. Weiter Richtung Westen der ausgeschilderten BR Richtung Schweiz nach. Kurz danach am Festspielhaus vorbei und weiter den Strandweg entlang.

4 | 14,2 | 410 | Wir überqueren die Bregenzer Ach auf einer Brücke für Radfahrer und Fußgänger.

5 | 18,9 | 406 | Wir stoßen auf die Rheinstraße und biegen rechts ab. Kurz danach geht es über die Rheinbrücke. An der anderen Uferseite links abbiegen auf BR Nr. 2 Rhein-Route Richtung Buchs.

6 | 22,5 | 411 | Unbemerkt überqueren wir die Grenze von Österreich in die Schweiz.

7 | 33,7 | 416 | Die BR führt nun direkt auf dem Rheindamm weiter. Richtung Buchs bzw. Sargans halten.

8 | 54,1 | 448 | Wir wechseln auf Höhe von Bendern auf die andere Uferseite und fahren weiter den Rheindamm entlang.

9 | 62,7 | 467 | Wir verlassen nun den Rhein-Radweg und machen einen Abstecher ins nahe gelegene Vaduz.

10 | 63,9 | 464 | Vaduz.

11 | 74,7 | 485 | Wir wechseln auf Höhe von Trübbach abermals die Uferseite über eine kleine Brücke.

12 | 82,5 | 499 | Wir biegen rechts vom Rhein-Radweg ab in den Fläscherweg. Dann links über die Gleise und am Bahnhof vorbei ins Zentrum von Bad Ragaz.

Links: Licht am Ende des Tunnels: Felsdurchquerung nach dem Kunkelspass

Rechts: Türkis glitzert der Hinterrhein bei Bonaduz.

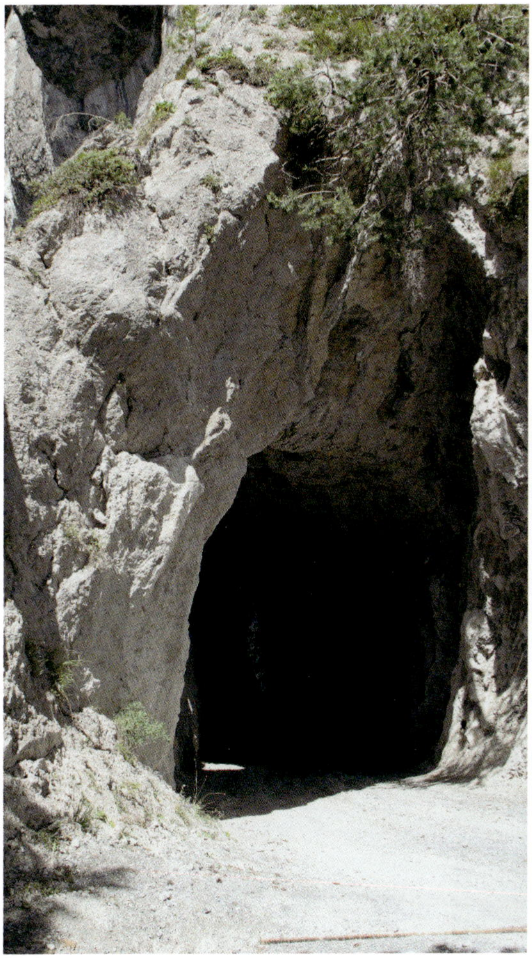

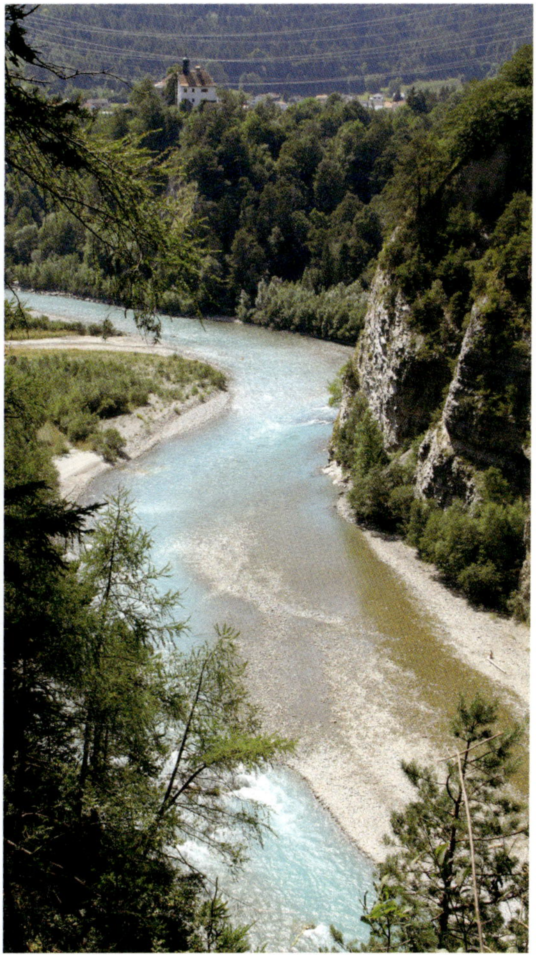

Schöne Einkehrmöglichkeit mit Ausblick am Kunkelspass im Taminatal

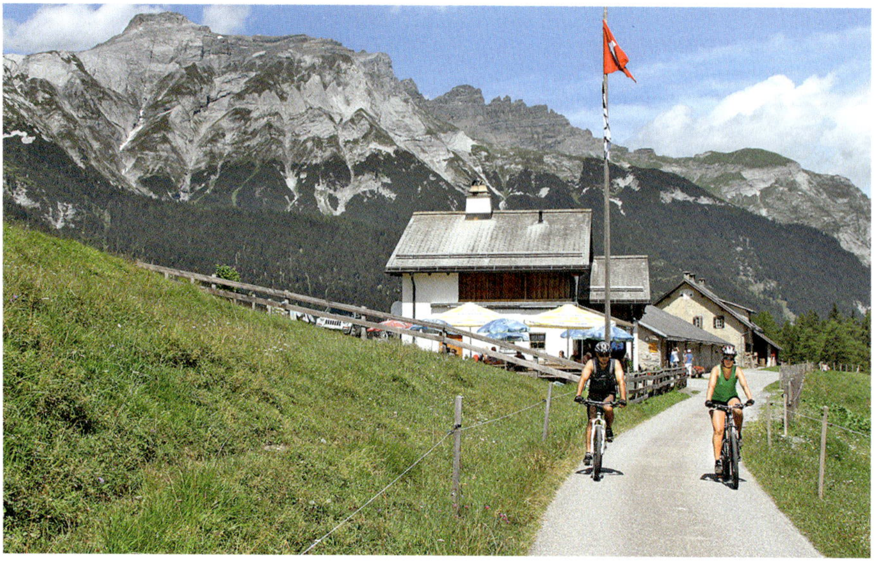

Tag 2
Über den Kunkelspass nach Graubünden

EINKEHR/ÜBERNACHTUNG

Kunkelspass: Gasthaus Überuf, www.kunkelspass.ch.
Thusis: B&B Gyger, www.gyger-thusis.ch. Herzlich, günstig, guter Kaffee.

TEILSTRECKEN

Bad Ragaz–Reichenau: 29,5 km, 957 Hm
Reichenau–Thusis: 19,5 km, 234 Hm
49 Kilometer
1191 Höhenmeter bergauf
977 Höhenmeter bergab
Ladestopp: Kunkelspass, Tamins

Nachdem gestern nur wenige Höhenmeter angefallen sind, geht es heute mit der Auffahrt zum Kunkelspass schon etwas sportlicher zur Sache. Von Bad Ragaz starten wir gleich relativ steil. Wir kommen am Stausee Mapragg vorbei und folgen dem Flüsschen Tamina bis nach Vättis. In stetiger Steigung führt uns die Bikeroute bis zum Gasthaus Überuf am Kunkelspass, wo wir auf der Terrasse unsere Brotzeit und das beeindruckende Panorama genießen. Schautafeln erklären den Taminser Bergsturz vor 9000 Jahren und

In echt nur selten zu sehen: Steinbockskulptur im Taminatal

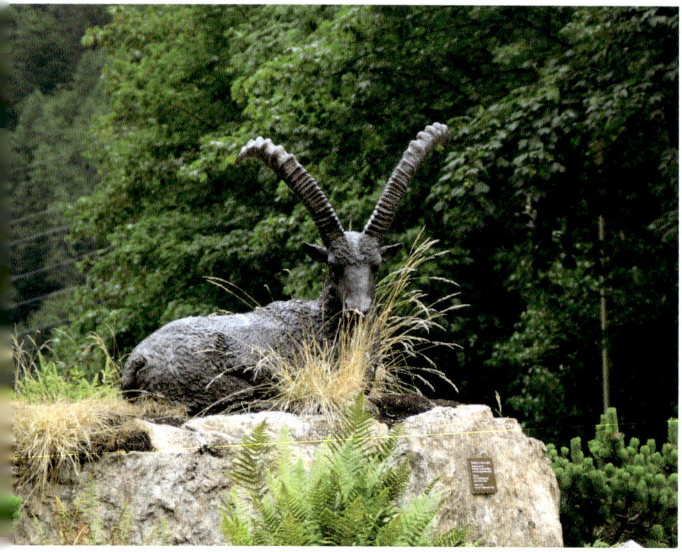

TEKTONIKARENA SARDONA

Die Gebirgslandschaft rund um den Piz Sardona veranschaulicht auf einzigartige Weise, wie sich Gebirge bilden und verändern. So entstanden die Alpen aus dem Zusammenstoß der Afrikanischen mit der Europäischen Kontinentalplatte. Die geologischen Vorgänge im Erdinneren sind in der Tektonikarena Sardona auch für den Laien an der Erdoberfläche deutlich sichtbar: Überschiebungsbahnen, Verfaltungen und Brüche, hervorgebracht durch die Hebung der Alpen und die Erosion des Gesteins. Hier lassen sich die vor Jahrmillionen in der Erdkruste abgelaufenen Gesteinsbewegungen eindrücklich rekonstruieren.

die benachbarte Tektonikarena Sardona, die seit 2008 zum UNESCO-Welterbe gehört.
Vom Kunkelspass folgt eine steile Abfahrt nach Tamins, die vorausschauendes Fahren erfordert. Im benachbarten Örtchen Reichenau lassen wir dann am Zusammenfluss von Vorderrhein und Hinterrhein unsere Bremsscheiben ausglühen. Ab Rothenbrunnen stoßen wir erstmals auf die hellblauen Schilder der Graubünden-Route 6, der wir bis Bellinzona folgen werden. Auf einem breiten Höhenweg geht es mit schönen Ausblicken auf den unterhalb liegenden Hinterrhein und schließlich über Felder und Wiesen nach Thusis.

ROUTENBESCHREIBUNG
T01-E02-Bad Ragaz-Thusis.gpx

WP | km | Hm

1 | 0,0 | 500 | Bad Ragaz. Wir fahren am Kronenplatz vorbei und überqueren das Flüsschen Tamina. Von dort weiter in die Pfäferserstraße und dann steil bergauf in 3 Serpentinen auf Teerstraße bis Pfäfers. Wer sich den Anstieg sparen möchte, kann auch bis maximal Vättis mit dem Postbus Nr. 451 fahren.

2 | 6,1 | 920 | Oberhalb der Taminaschlucht Richtung Vättis. Danach über Vadura leicht bergab bis zum Mapragg-Stausee. Kurz danach durch eine offene kurze Galerie und einen kurzen unbeleuchteten Tunnel.

3 | 15,1 | 949 | Vättis. Wir verlassen die Strecke entlang des Flüsschens Tamina und folgen nun dem Görbsbach auf schmalen Teersträßchen. Ausgeschilderte BR 482 Kunkels Trail. Vorbei an Unter Kunkels und Ober Kunkels.

4 | 22,6 | 1361 | Kunkelspass. Zuletzt etwas steiler auf vorübergehend unbefestigtem Fahrweg.

5 | 23,5 | 1270 | 200 m langer Felstunnel mit natürlichem Lichteinfall. Steiler Schotterweg ab dem Kunkelspass.

6 | 28,3 | 623 | Zusammenfluss von Vorder- und Hinterrhein in Tamins–Reichenau. Dazu Bundesstraße B 19 unterqueren und auf der Reichenauerstraße auf ausgeschilderter BR Richtung Chur und Bahnhof weiterfahren. Rheinbrücke überqueren, dann links abbiegen und am Bahnhof vorbei.

7 | 30,6 | 617 | 500 m nach dem Bahnhof rechts über die Gleise am beschrankten Bahnübergang, dann gleich links gelber Wanderwegbeschilderung Richtung Feldis auf Schotterweg folgen.

8 | 31,8 | 670 | An der Gabelung rechts leicht bergauf halten.

9 | 32,7 | 700 | Schild Plong Urtgiclera. BR nach rechts Richtung Rothenbrunnen folgen.

10 | 38,8 | 637 | In Rothenbrunnen rechts in die Straße Pro Graund Richtung Thusis abbiegen und der blau-weißen Beschilderung Graubünden-Route 6 folgen.

11 | 42,6 | 658 | Rechts in die Bahnhofstraße abbiegen und Nationalstraße A 13 und Rhein überqueren. Danach links abbiegen und hinter dem Bahnhof Rodels vorbei. Im Verlauf Radwegunterführung. BR mündet in Thusis in die Compognastraße und vorbei an der Bahnhofrückseite.

12 | 48,7 | 723 | Ins Zentrum bzw. in die Neudorfstraße von Thusis.

Nur eine Burg von vielen in der Region: Schloss Ortenstein zwischen Bonaduz und Thusis

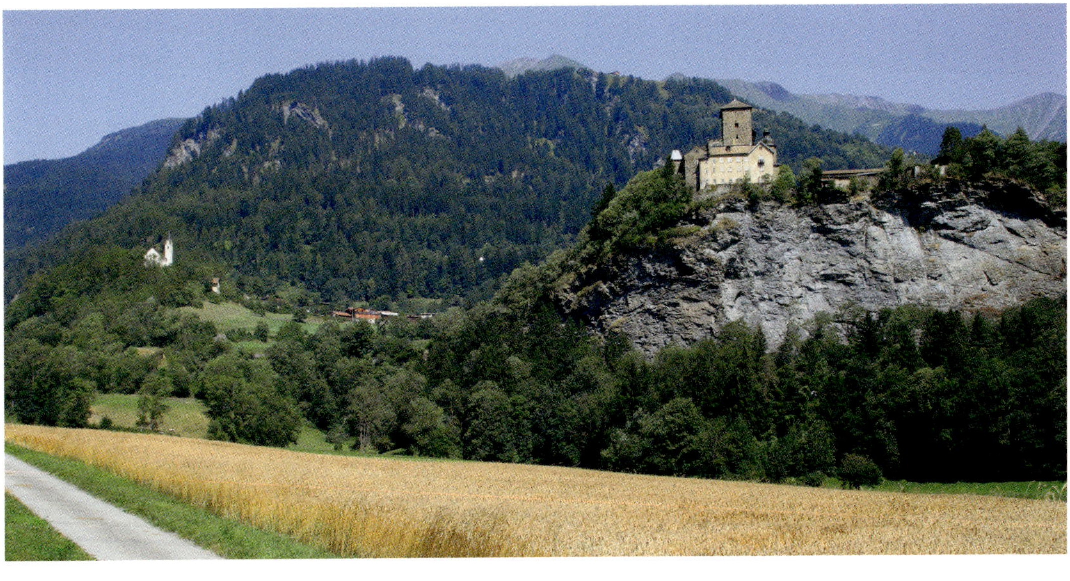

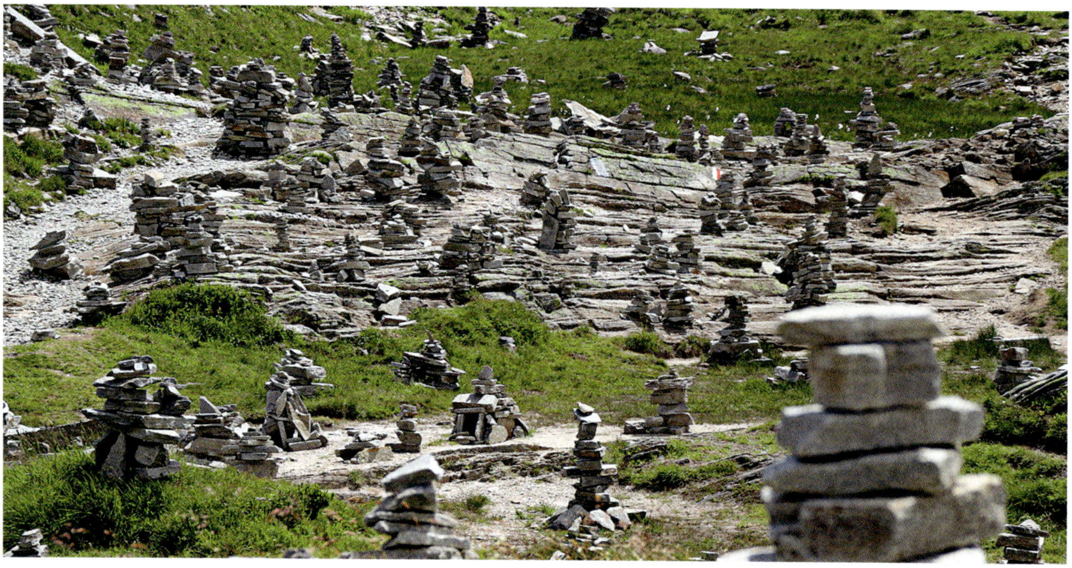

Das imposante Werk vieler Baumeister: die zahlreichen Steinmännchen am San-Bernardino-Pass

Tag 3
Über den San-Bernardino-Pass nach San Bernardino

ÜBERNACHTUNG

San Bernardino: Hotel Bellevue, www.bellevue-san-bernardino.ch.
familiär, Radlkeller.

TEILSTRECKEN

Thusis–Nufenen: 15 km, 461 Hm
Nufenen–San Bernardino: 20 km, 567 Hm
35 Kilometer (ohne Bus)
1028 Höhenmeter bergauf
645 Höhenmeter bergab
Bus: 18 Kilometer, 600 Höhenmeter bergauf
Ladestopp: Nufenen, Hinterrhein.

Ab Thusis folgen wir kurz dem Weitwanderweg Via Spluga und gelangen bald darauf auf die früher berüchtigte Viamala (»Schlechter Weg«), die spektakulär durch die enge Viamala-Schlucht führt. Die tief eingegrabene wilde Schlucht bildete das schwierigste natürliche Hindernis auf dem Weg von Chur zu den Alpenpässen Splügen und San Bernardino.

VIAMALA-SCHLUCHT

Mit ihren bis zu 300 Meter hohen Felswänden ist die nur wenige Meter breite, mystische Schlucht, die vor Jahrtausenden vom Gletschereis und vom Wasser des Hinterrheins in den Fels geschliffen wurde, eine beliebte Touristenattraktion. 321 Steinstufen führen hinab in die tiefe Schlucht, die beklemmend und schön zugleich ist: Das Farbenspiel des Wassers, die Strudeltöpfe und die berühmte Brücke aus dem Jahre 1739 bilden zusammen ein beeindruckendes Naturmonument.

Von Zillis bis Splügen gönnen wir uns etwas Komfort und legen die nächsten 632 Höhenmeter und 17 Kilometer mit dem Bus zurück. Von Splügen geht es dann leicht bergauf durch reizvolle Landschaften, vorbei an kleinen Orten und immer wieder entlang des mittlerweile zu einem Bach geschrumpften Hinterrheins. Kurz nach dem Ort Hinterrhein beginnt dann der schweißtreibende Anstieg zum Pass: Auf 16 Kehren windet sich die Straße stetig bergauf bis auf ein kleines Hochplateau. Am San-Bernardino-Pass angekommen, gönnen wir uns eine ausgiebige Einkehr im einzigen Gasthof und genießen tolle Ausblicke auf den Moesolasee und den hoch oben liegenden Gipfel des Rheinquellhorns. Nach einem kurzen Bremsencheck machen wir uns an die Abfahrt, die uns 460 Höhenmeter hinab nach San Bernardino führt.

ROUTENBESCHREIBUNG
T01-E03-1-Thusis-Zillis.gpx

WP | km | Hm

1 | 0,0 | 500 | Start in Thusis Richtung San-Bernardino-Pass. Am Kreisverkehr rechts in den Viamalaweg Richtung Sils und 100 m später rechts auf die alte Passstraße mit Ausschilderung Via Spluga, die kurz darauf unter der A 13 hindurchführt. Nicht der blau-weißen Beschilderung Graubünden-Route 6 folgen.

2 | 2,9 | 858 | Nach Durchquerung von zwei kurzen Felstunneln unterwegs mündet die Via Spluga hinter dem Tunnel Rongellen II wieder in die ausgebaute Strecke.

3 | 4,5 | 879 | Sehenswürdigkeit Viamala-Schlucht. Zuvor Durchfahrung eines beleuchteten, 400 m langen Tunnels und zweier kurzer halb offener Galerien.

4 | 8,1 | 950 | Nach Viamala-Schlucht weiter auf Straße flussaufwärts den Hinterrhein entlang bis zum Ort Zillis-Reischen am WP 4. Dort Weiterfahrt mit dem Postbus nach Splügen.

T01-E03-2-Busfahrt-Zillis-Spluegen.gpx

E-Bike Alternativroute statt Bus: Immer der Bike-Route GR6 folgen. Verläuft meist auf oder parallel zur Straße, beim Sufnersee aber am Südufer vorbei.

T01-E03-3-Spluegen-San Bernardino.gpx

1 | 0,0 | 1454 | Weiterfahrt mit dem Mountainbike ab Splügen talaufwärts Richtung Nufenen und San Bernardino.

2 | 2,3 | 1502 | Ab Medels nach rechts die Straße verlassen und wieder auf kleinen Sträßchen und Forstwegen ausgeschilderter BR Graubünden-Route 6 folgen.

VIAMALA

Bereits die Römer nutzten diese Route auf dem Weg zu ihren Stützpunkten im Norden. Sie wurde im Laufe der Zeit zu einer wichtigen Verbindung für den Warenverkehr zwischen Oberitalien und Bodensee. Im Mittelalter verlagerte sich der Fernverkehr immer stärker auf den Septimerpass und der Weg verfiel zusehends, was ihm den Namen Viamala einbrachte. Um dem Verfall entgegenzuwirken, wurde die Splügenroute sukzessive ausgebaut und schon bald zur wichtigsten Bündner Transitverbindung für Säumerkarawanen, Handelsreisende, Diplomaten oder frühe Touristen. In den letzten 100 Jahren wurde die Strecke durch mehrere Tunnel und Brücken erneuert und durch eine zweite Streckenführung erweitert, um dem zunehmenden Straßenverkehr gewachsen zu sein.

3 | 7,1 | 1566 | In Nufenen links abbiegen. Weiter Richtung Hinterrhein.

4 | 12,8 | 1631 | Erste Kehre am Beginn der Serpentinenauffahrt über die Steilstufe.

5 | 19,9 | 2065 | San-Bernardino-Pass (Einkehrmöglichkeit in einfachem Gasthaus). Danach kurvenreiche und rasante Abfahrt.

6 | 27,2 | 1609 | San Bernardino Ort. Etappenende.

Bergkulisse im Hinterrheinwald: Links das markante Einshorn und rechts das Chilchalphorn

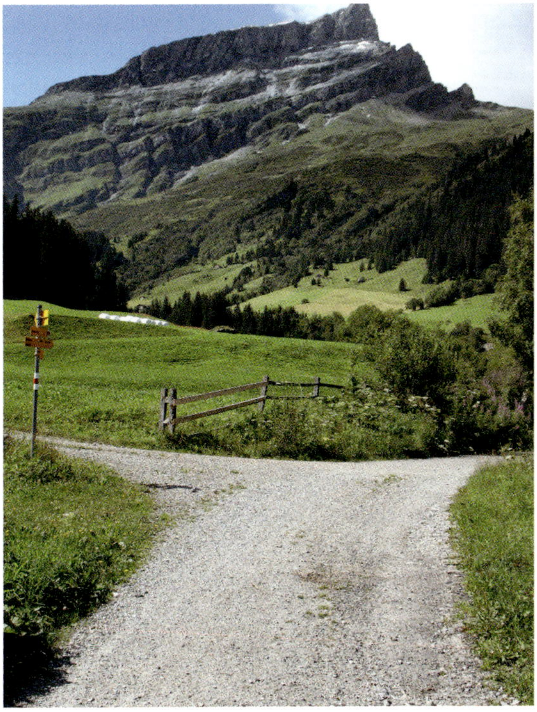

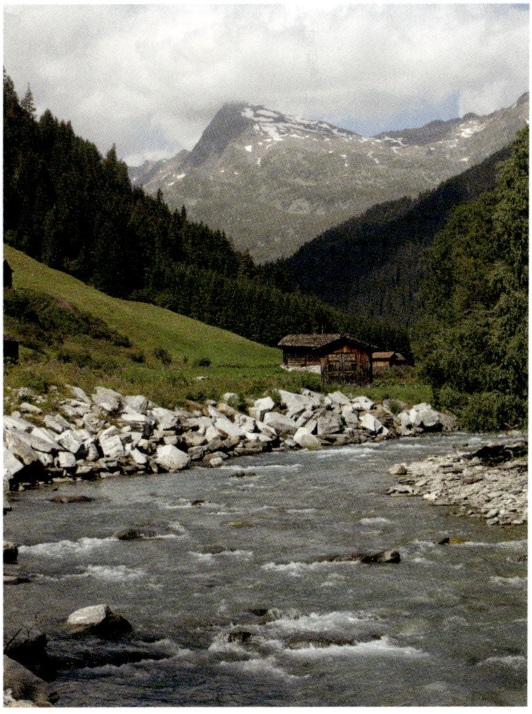

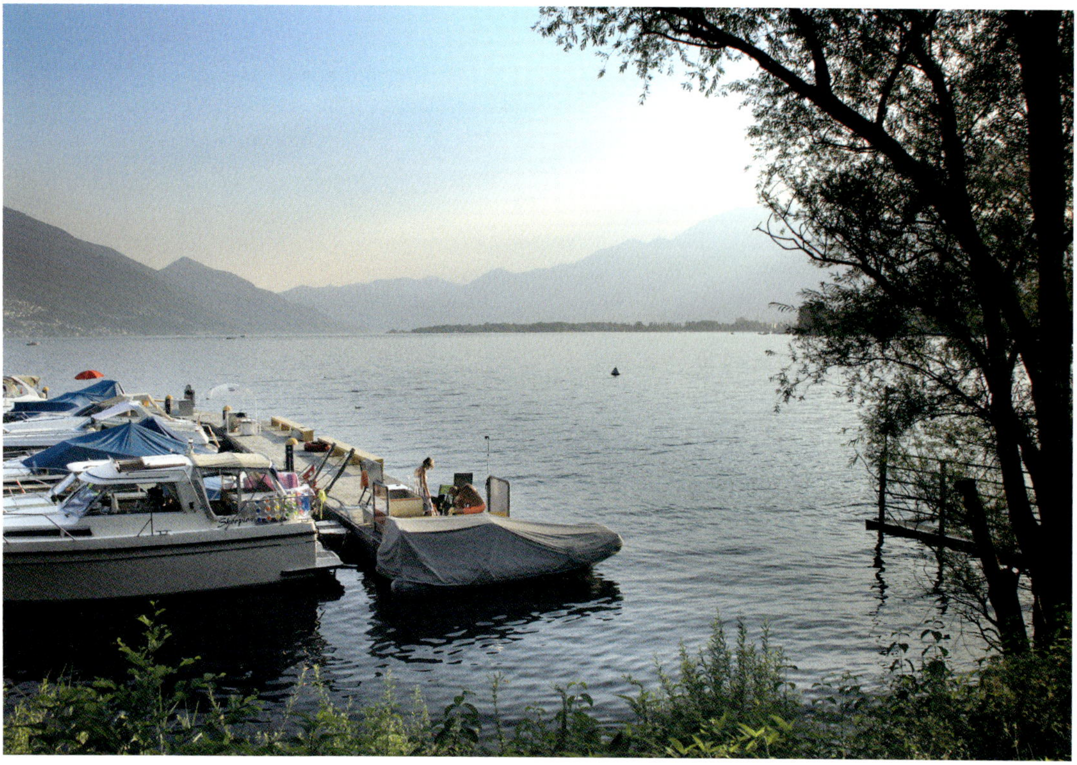

Sonnenuntergangsstimmung am Ende der Tour: der Lago Maggiore

Tag 4
Ins Tessin zum Lago Maggiore

ÜBERNACHTUNG

Locarno: EasyRooms dell'Angelo, www.dellangelo.ch. Günstig, einfach, zentral.

TEILSTRECKEN

San Bernardino–Bellinzona: 49 km, 168 Hm
Bellinzona–Locarno: 22 km, 48 Hm
71 Kilometer
216 Höhenmeter bergauf
1620 Höhenmeter bergab
Ladestopp: Grono, Bellinzona

Von San Bernardino machen wir uns zuerst an eine genussvolle und lange Abfahrt, die uns über 900 Höhenmeter hinab nach Mesocco bringt. Von Mesocco aus geht es dann mit leichtem Gefälle talauswärts entlang des Baches Moesa. Ab Soazza fahren wir fast durchgehend auf kleinen, verkehrsfreien und für Radler ausgeschilderten Sträßchen sowie guten Forstwegen. Das Tal wird langsam breiter, und wir kommen kurz vor Rovereto an mehreren alten steinernen Scheunen vorbei. In Bellinzona angekommen, laden Kiesbänke am Zusammenfluss von Moesa und Ticino zu einer kurzen Erfrischung im flachen Wasser ein. Bellinzona ist nach Lugano die zweitgrößte Stadt des Kantons Tessin und eignet sich hervorragend für einen Cappuccino-Stopp in der pittoresken Innenstadt. Schon kurz vor Bellinzona (ab Castione) ist der Streckenverlauf zum Lago Maggiore topfeben und separat für Radfahrer und Inlineskater ausgeschildert. Ab Giubiasco fahren wir die letzten Kilometer über die Magadinoebene entlang des Flusses Ticino. Kurz vor Locarno stoßen wir endlich auf den Lago Maggiore und fahren direkt am Ufer entlang. An der Fähranlegestelle schwenken wir ins Zentrum ein, um uns ein schönes Café an der Piazza Grande zum Ausklingen zu suchen. Mit fast 2300 Sonnenstunden im Jahr ist Locarno wohl die klimatisch am meisten begünstigte Stadt der Schweiz. Im August finden hier jährlich die internationalen Filmfestspiele statt, und mit etwas Glück erblickt man dann sogar den einen oder anderen Filmstar.

Rechts oben: In der Schweiz Standard – der praktische Biketransport bei öffentlichen Bussen am Heckträger

Rechts unten: Romantisch – die beleuchtete Burg in Locarno am Lago Maggiore

ROUTENBESCHREIBUNG
T01-E04-San Bernardino-Locarno.gpx

WP | km | Hm

0 | 0,0 | 1609 | San Bernardino. Weiter auf der Hauptstraße talauswärts.

1 | 14,0 | 777 | Durchfahrt durch Mesocco.

2 | 29,1 | 365 | Rechts unter A 13 hindurch Richtung Ortschaft Norantola. Dann gleich wieder links auf Nebenstraße und weiter parallel zwischen Bach Moesa und A 13. Nach 1,9 km links unter A 13 hindurch, rechts abbiegen und A 13 talauswärts rechter Hand folgen.

3 | 33,8 | 312 | An einer Kreuzung, an der es nur scharf links, links oder rechts weitergeht, rechts abbiegen und den Bach Moesa überqueren. Weiter, bis man in Grono auf die Hauptstraße kommt, dort links und im weiteren Verlauf durch Rovereto hindurch.

4 | 37,9 | 277 | Kurz nach Ortseingang von San Vittore links der BR folgen und in die Ai Filat abbiegen. Danach Bahngleise überqueren.

5 | 39,3 | 273 | Nach dem Überqueren der A 13 und der Moesa auf kleiner Brücke beginnt nun wieder eine 3,7 km lange Forststrecke.

6 | 43,9 | 243 | In Castione weiterhin der ausgeschilderten BR unter der mehrspurigen Straße Richtung Bellinzona folgen. Wenn man gleich nach der Unterführung rechts auf die kleine Brücke fährt, sieht man den Zusammenfluss von Moesa und Ticino.

7 | 46,9 | 226 | In Bellinzona links in die Viale Giuseppe Motta. Weiter über die Hauptstraße N 13 bis zum Bahnhof Bellinzona und dann rechts auf rotem Kopfsteinpflaster weiter.

8 | 48,9 | 230 | Durch verkehrsberuhigte Zone und an der Piazza Indipendenza rechts und weiter bis zur N 13. Dort links und kurz darauf wieder rechts in die Viale Stefano Franscini. An der 3. Kreuzung links in die Via Chicherio.

9 | 50,9 | 220 | Am Kreisverkehr links der BR Richtung Locarno folgen. An der N 13 rechts. Die BR nähert sich in einem Rechtsbogen dem Fluss Ticino und verläuft dann parallel auf kleiner Nebenstraße erst links und später rechts davon. Die BR-Beschilderung wechselt mehrmals. Je nachdem dann Richtung Giubiasco, Tenero oder Locarno halten bzw. der blau-weißen Beschilderung Percorso Valle Maggia folgen.

10 | 67,2 | 208 | Nach der Überquerung des Flusses Verzasco mit erstmaligem Blick auf den See nun Ankunft am Lago Maggiore an kleinem Hafen. Weiter auf BR immer am Ufer entlang.

11 | 71,2 | 206 | An der Fähranlegestelle in Locarno schräg rechts Richtung Zentrum und gleich darauf Ankunft an der zentralen Piazza Grande.

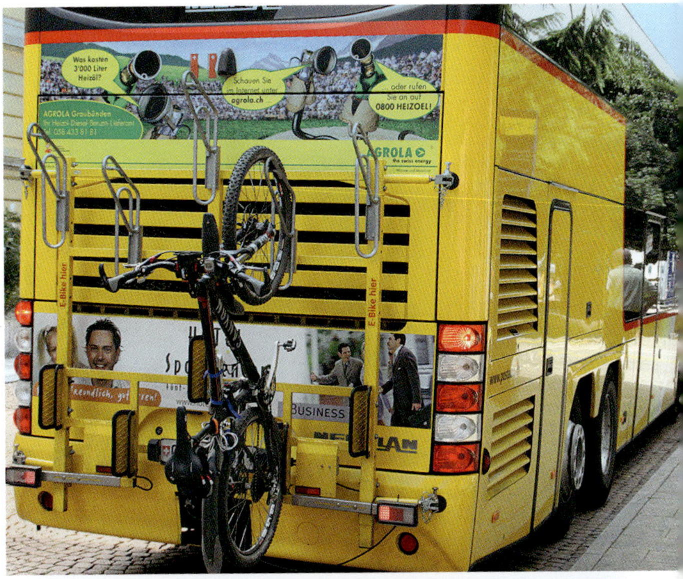

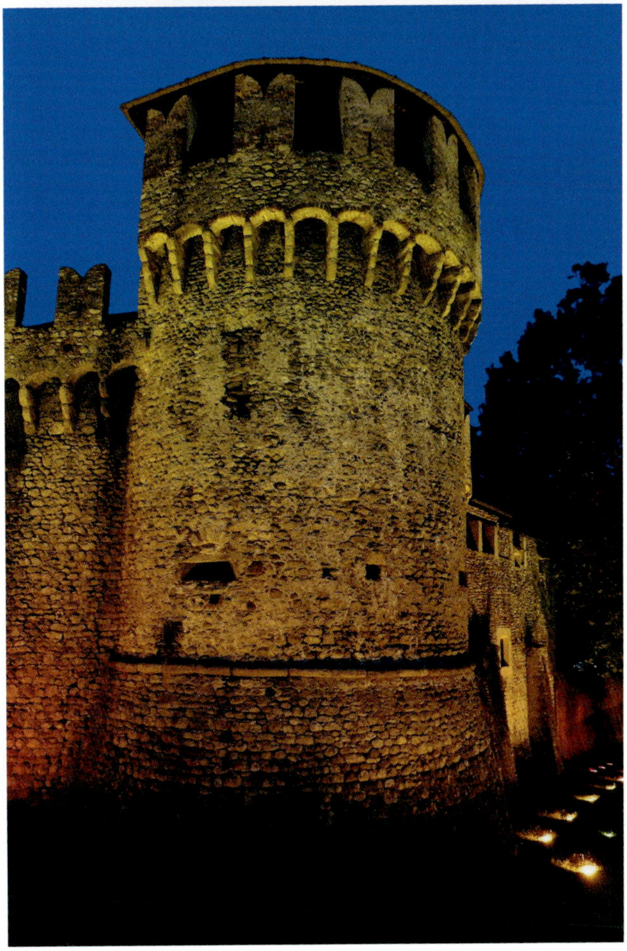

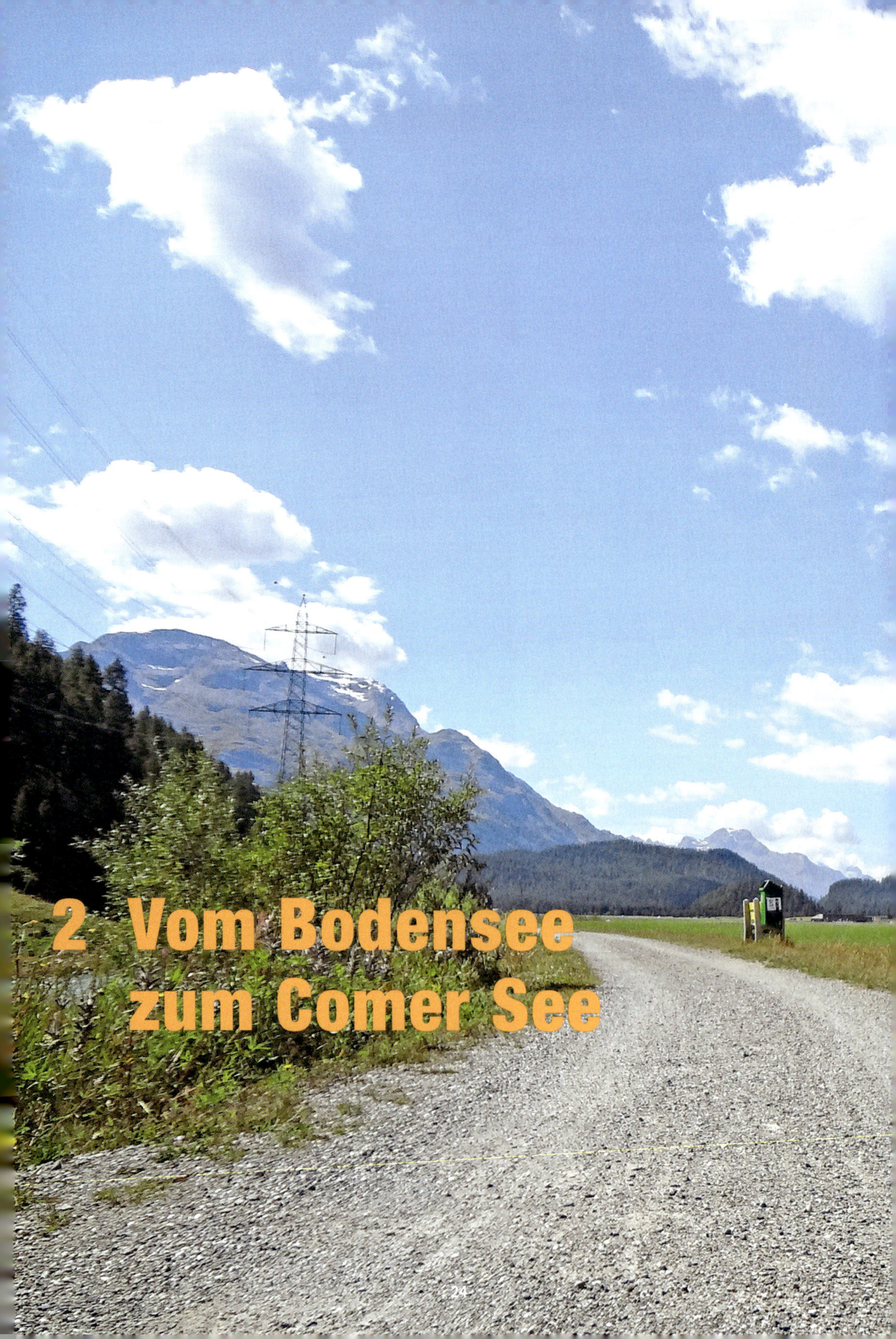

2 Vom Bodensee zum Comer See

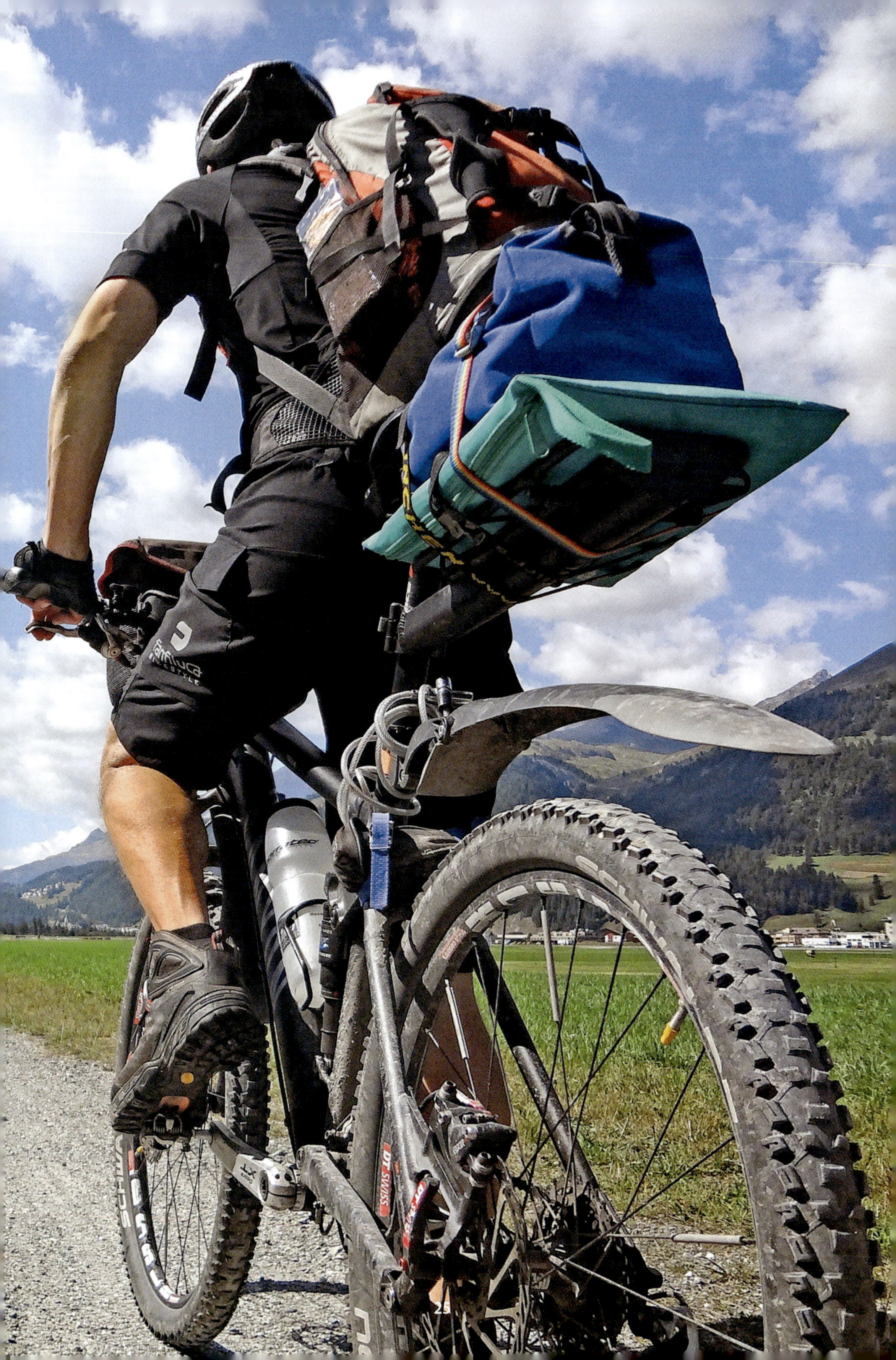

2 Vom Bodensee zum Comer See

Über den Albulapass ins Veltlin: Bernina Express

Schwierigkeit	Erlebniswert	Höhenmeter (in m)	Streckenlänge (in km)	Zeit (in Tagen)
2	3 von 5	Mit Rad: *4212* Gesamt: *4212*	Mit Rad: *331* Gesamt: *331*	*6*

TOURENCHARAKTER

AUSGANGSPUNKT
Bahnhof Lindau am Bodensee

ENDPUNKT
Colico am Comer See

ANFAHRT
Bahn: Von Deutschland (München/Ulm), Österreich (Feldkirch/Bregenz) und Schweiz (St. Gallen) gut erreichbar.
Auto: Von Norden über die A 7 und A 96, von Süden über die österreichische A 14. Kostenpflichtiger Parkplatz P1 Blauwiese (Tageskarte 0,50 €).

RÜCKFAHRT
Von Colico nach Tirano regelmäßige Verbindungen mit der regionalen Eisenbahngesellschaft Trenord (www.trenord.it). Von Tirano Zugverbindungen mit der Rhätischen Bahn (www.rhb.ch) und Schweizer Bundesbahn (www.sbb.ch) über Berninapass nach Bregenz. Oder mit der Rhätischen Bahn bis Scuol, von dort mit dem Schweizer Postauto (www.postauto.ch) zur Kajetansbrücke. Dann mit dem österreichischen Postbus (www.postbus.at) nach Landeck und weiter mit der Bahn (www.oebb.at) nach Innsbruck und München. Für die Rückfahrt sollte ein ganzer Tag eingeplant werden.

KONDITION
2 von 5

FAHRTECHNIK
1 von 5

ERLEBNISWERT
Fahrspaß: 3 von 5 – Leichtes Einrollen am Rhein, rasante Schotterabfahrt vom Kunkelspass, ausgedehnte Abfahrt von Albula- und Berninapass, schöne Schotterwege und Trails im Berninatal.
Landschaft: 3 von 5 – Traumhafte Ausblicke auf die Tektonikarena Sardona, tolles Panorama im Albula- und Berninatal.
Kultur und Geschichte: 2 von 5 – Altstadt von Lindau, Heidiland Bad Ragaz, Schienenführung des Bernina Express.

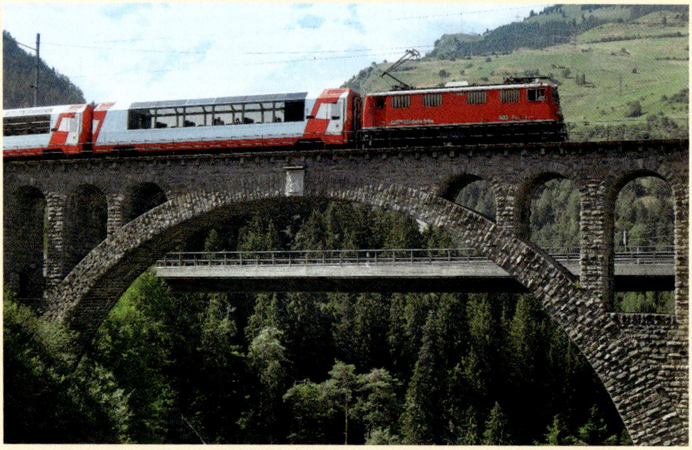

Spektaluläre Viadukte auf dem Bernina Express und der Albulalinie der Rhätischen Bahn

STRECKENPROFIL
Asphalt: 275,5 km
Schotter-/Forstweg: 47,5 km
Pfad: 8,4 km
Schieben: 3 x 5 Min.
Entspanntes Einradeln auf dem Rhein-Radweg. Gemäßigter Anstieg zum Kunkelspass, gefolgt von steiler Schotterabfahrt. Langer, teils steiler Anstieg zum Albulapass. Angenehme Schotterwege und offene Trails im Berninatal. Drei kurze Schiebestücke zwischen Morteratsch und Berninapass. Lange und flotte Abfahrt vom Berninapass. Schönes Dahinrollen durchs Veltlin auf dem Sentiero Valtellina.

HÖCHSTE PUNKTE
2328 m, Berninapass
2312 m, Albulapass
1357 m, Kunkelspass

NIEDRIGSTER PUNKT
215 m, Colico

ALLGEMEINE INFOS
Lindau: Tourist-Information, Tel. +49/(0)8382/26 00 30, www.lindau.de, Bregenz: www.bregenz.at, Vaduz: www.vaduz.li, Bad Ragaz: Tourist-Information, Tel. +41/(0)81/720 08 20, www.badragaz.ch, Vättis: www.vaettis.ch, Thusis: www.thusis.ch, Tiefencastel: www.tiefencastel.ch, Bergün: www.berguen.ch, Samedan: www.samedan.ch, Mineralbad und Spa: www.mineralbad-samedan.ch, Pontresina: www.pontresina.ch, Poschiavo: www.valposchiavo.ch, Tirano: www.tirano.org/deutsch/, Radweg »Graubünden-Route 6«: www.veloland.ch/de/routen.html. »Sentiero Valtellina«: www.valtellina.it/it/bike/cicloturismo/percorsi/sentiero-valtellina

LANDKARTEN
Kümmerly + Frey Schweiz Nummern 2, 7, 13, 28
Kompass 92, 93, 94 gedruckt oder digital für Schweiz und Italien zum Selbstausdrucken (aber dort Lücke im Veltlin)

GPS/ROADBOOK
T02-E01-Lindau-Bad Ragaz.gpx
T02-E02-Bad Ragaz-Thusis.gpx
T02-E03-Thusis-Berguen.gpx
T02-E04-Berguen-Samedan.gpx
T02-E05-Samedan-Tirano.gpx
T02-E06-Tirano-Colico.gpx

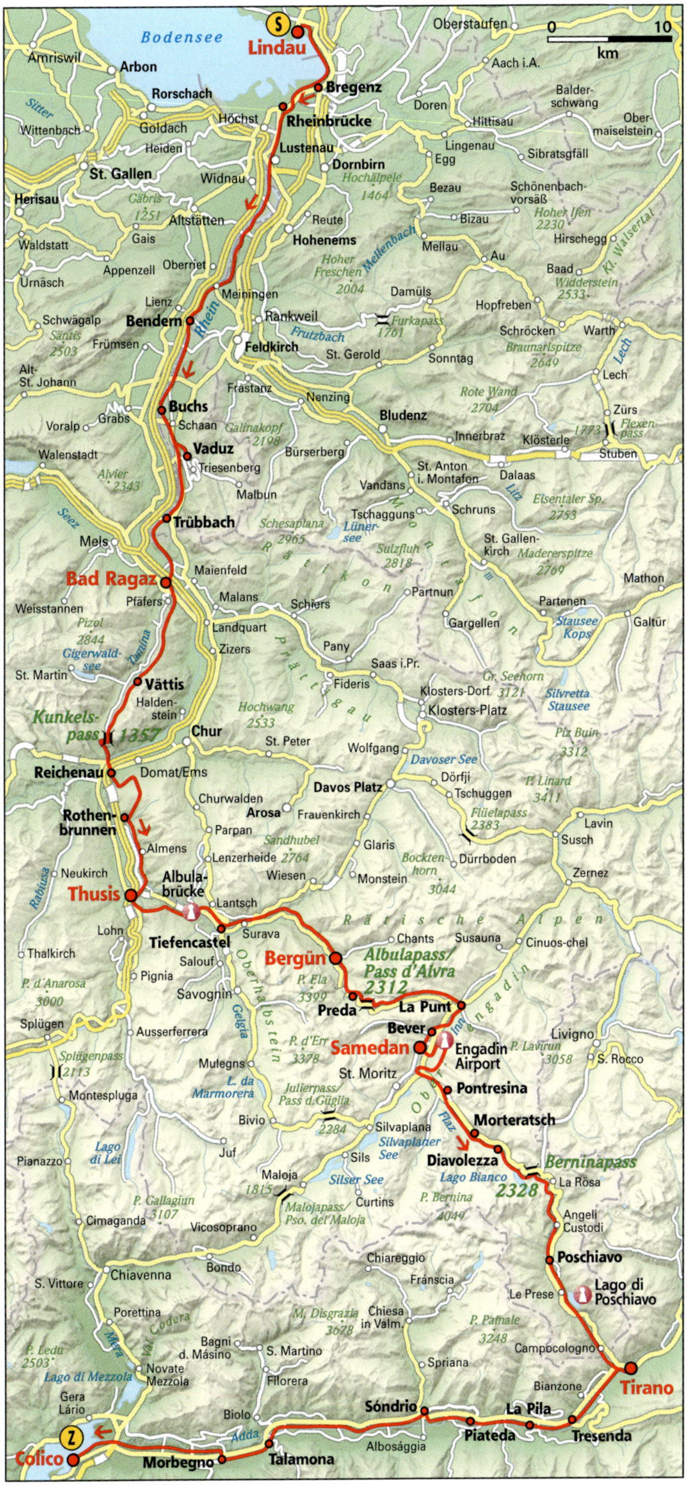
Bodensee
Lindau
S
0
10
km
Oberstaufen
Amriswil
Arbon
Bregenz
Rorschach
Rheinbrücke
Höchst
Goldach
Wittenbach
Heiden
Lustenau
Dornbirn
St. Gallen
Widnau
Herisau
Altstätten
Hohenems
Gais
Reute
Appenzell
Oberriet
Meiningen
Bendern
Rhein
Rankweil
Feldkirch
Buchs
Schaan
Vaduz
Triesenberg
Trübbach
Bad Ragaz
Maienfeld
Pfäfers
Malans
Landquart
Zizers
Vättis
Haldenstein
Kunkelspass 1357
Chur
Reichenau
Domat/Ems
Rothenbrunnen
Almens
Thusis
Albulabrücke
Lantsch
Tiefencastel
Surava
Bergün
Albulapass/ Pass d'Alvra 2312
Preda
La Punt
Bever
Samedan
Engadin Airport
St. Moritz
Pontresina
Morteratsch
Diavolezza
Berninapass 2328
La Rösa
Angeli Custodi
Poschiavo
Lago di Poschiavo
Le Prese
Campocologno
Tirano
Bianzone
Tresenda
La Pila
Piateda
Sóndrio
Talamona
Morbegno
Colico
Z
Davos Platz
Arosa
Klosters-Platz
Silvaplana
Maloja
Chiavenna
Lago di Mezzola
Adda
Rätische Alpen
Bludenz
Nenzing
Frastanz
St. Gerold
Dalaas
Schruns
Stuben
Zürs
Lech
Warth
Dornbirn
Au
Mellau
Bezau
Hittisau
Egg
Lingenau
Doren
Aach i.A.
Sibratsgfäll
Livigno
Zernez
Susch
Lavin
Chiesa in Valm.
Bivio
Savognin
Splügen
Vicosoprano
Bondo
Novate Mezzola
Gera Lário
Albosággia
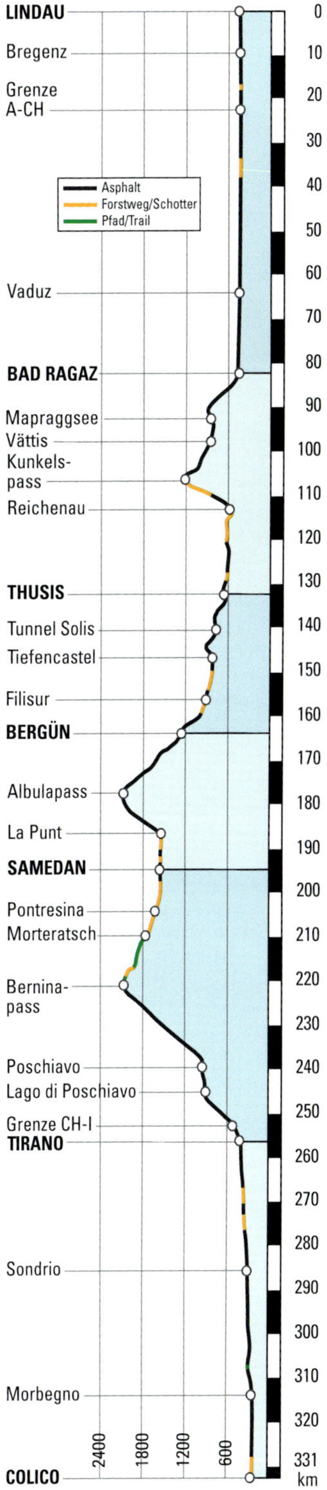
LINDAU
Bregenz
Grenze A-CH
Vaduz
BAD RAGAZ
Mapraggsee
Vättis
Kunkelspass
Reichenau
THUSIS
Tunnel Solis
Tiefencastel
Filisur
BERGÜN
Albulapass
La Punt
SAMEDAN
Pontresina
Morteratsch
Berninapass
Poschiavo
Lago di Poschiavo
Grenze CH-I
TIRANO
Sondrio
Morbegno
COLICO
Asphalt
Forstweg/Schotter
Pfad/Trail
2400
1800
1200
600
0
10
20
30
40
50
60
70
80
90
100
110
120
130
140
150
160
170
180
190
200
210
220
230
240
250
260
270
280
290
300
310
320
331
km

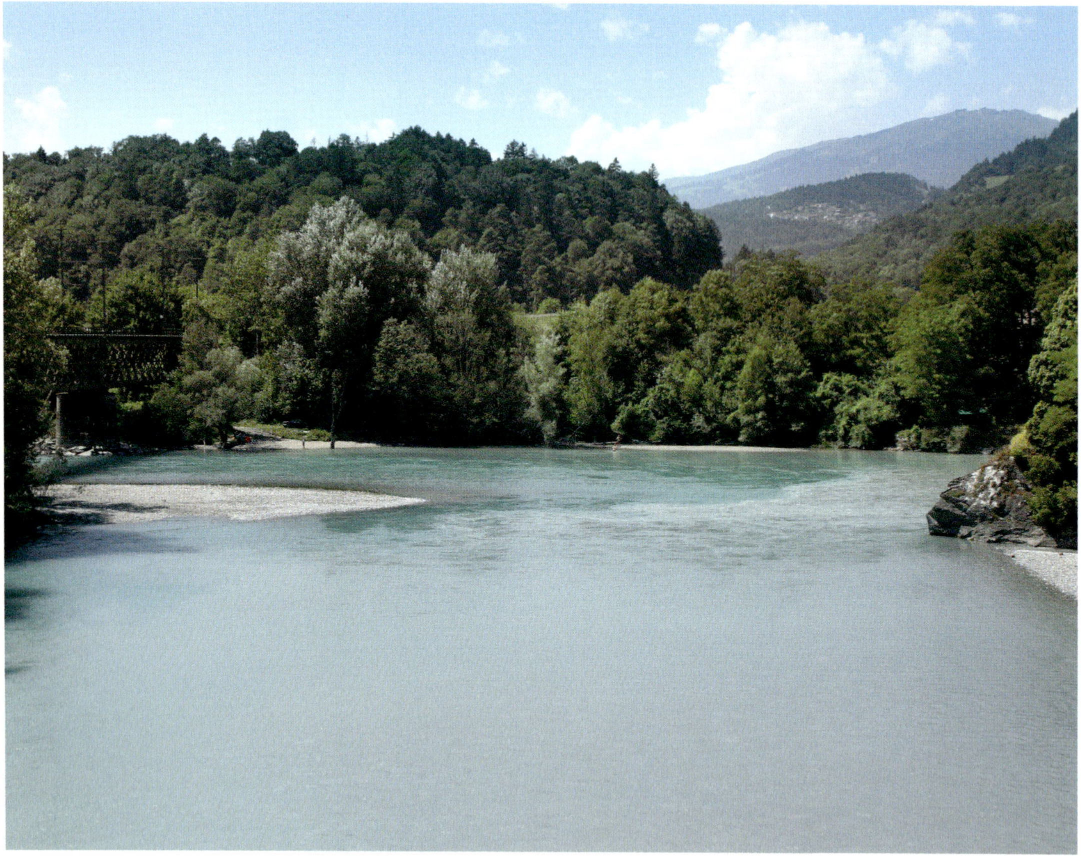

Ab jetzt vereinigt – am Zusammenfluss von Vorder- und Hinterrhein bei Reichenau

Die Schweizer haben nicht nur ihre Kräuterbonbons perfektioniert, sondern auch den Bau von Schienennetzen: Spektakulär führt der Bernina Express über tollkühne Viadukte und in endlosen Schleifen von St. Moritz über den Berninapass. Den Mountainbikern eröffnen sich dabei tolle Blicke auf die Gleisführung.

Tag 1
Von Lindau aus den Rhein entlang

ÜBERNACHTUNG

Bad Ragaz: Hotel Garni Ursalina, www.ursalinaragaz.ch

TEILSTRECKEN

Lindau–Buchs: 59 km, 106 Hm
Buchs–Bad Ragaz: 24,5 km, 60 Hm
83,5 Kilometer
166 Höhenmeter bergauf
67 Höhenmeter bergab
Ladestopp: Viele Orte

Der Verlauf dieser Etappe ist identisch mit Etappe 1 von Tour 1 (siehe Beschreibung auf S. 16).

Tag 2
Über den Kunkelspass nach Graubünden

EINKEHR-/ÜBERNACHTUNG

Kunkelspass: Gasthaus Überuf, www.kunkelspass.ch.
Thusis: B&B Gyger, www.gyger-thusis.ch. Herzlich, günstig, guter Kaffee.

TEILSTRECKEN

Bad Ragaz–Reichenau: 29,5 km, 957 Hm
Reichenau–Thusis: 19,5 km, 234 Hm
49 Kilometer
1191 Höhenmeter bergauf
977 Höhenmeter bergab
Ladestopp: Kunkelspass, Tramins

Der Verlauf dieser Etappe ist identisch mit Etappe 2 von Tour 1 (siehe Beschreibung auf S. 18).

Tag 3
Den Albulafluss entlang nach Bergün

EINKEHR/ÜBERNACHTUNG

Bergün: Hotel Weisses Kreuz, www.weisseskreuz-berguen.ch. Schöne Zimmer, leckeres Frühstück, Radlkeller, gutes Restaurant.

TEILSTRECKEN

Thusis–Tiefencastel: 15,5 km, 366 Hm
Tiefencastel–Bergün: 16,5 km, 545 Hm
32 Kilometer
911 Höhenmeter bergauf
274 Höhenmeter bergab
Ladestopp: Tiefencastel, Surava

ALBULALINIE

Mit ihren unzähligen Brücken, Tunneln und Galerien gilt die 1903 vollendete Albulalinie der Rhätischen Bahn auch heute noch als Meisterleistung in Sachen Bahntechnik und Linienführung. Seit 2008 ist die 62 Kilometer lange spektakuläre Bahnlinie von Thusis nach St. Moritz Teil des UNESCO-Welterbes. Entlang der harmonisch in die Landschaft eingebetteten Linie verläuft auch ein Wanderweg durch alpine Landschaft, der immer wieder Blicke auf die eindrucksvolle Architektur freigibt.

Die heutige Etappe führt uns fast ausschließlich bergauf, immer entlang der Albula in Schlangenlinien durch das malerische Albulatal. Wer seine Waden schonen möchte, der kann ab Thusis auch mit der Rhätischen Bahn zum Etappenziel Bergün fahren oder an verschiedenen Haltestellen unterwegs aus- oder zusteigen. Von Thusis fahren wir über Sils nach Tiefencastel. Die Bike-Route führt uns durch zwei Tunnel, denen wir leider nicht ausweichen können: den 450 Meter langen Passmaltunnel und den 1,1 Kilometer langen Solistunnel. Eine zusätzliche Beleuchtung ist hier sehr empfehlenswert! Wer die beiden Tunnel vermeiden möchte, nimmt einfach die Bahn ab Thusis bis nach Tiefencastel. Die Linie der Rhätischen Bahn über den Albulapass ist spektakulär angelegt: In endlosen Schleifen schrauben sich die roten Waggons von Thusis über 1000 Höhenmeter bis nach Preda, wo sie dann von einem sechs Kilometer langen Tunnel verschluckt werden.

Vom türkis leuchtenden Niselas-Stausee geht es nun stärker bergauf bis nach Alvaschein und von dort wieder bergab in den Talkessel nach Tiefencastel. Das verträumte Dorf ist wegen seiner Lage am Fuße von Albula- und Julierpass ein bei Passfahrern beliebter Etappenort. Nach einem kurzen Cappuccino-Stopp fahren wir gestärkt weiter und kommen unter-

Links: Der türkis leuchtende Niselas-Stausee kurz vor der Auffahrt nach Alvaschein

Rechts: Der fast haushohe Schlitten zeigt, wofür Bergün bekannt ist – die längste Nachtrodelbahn Europas.

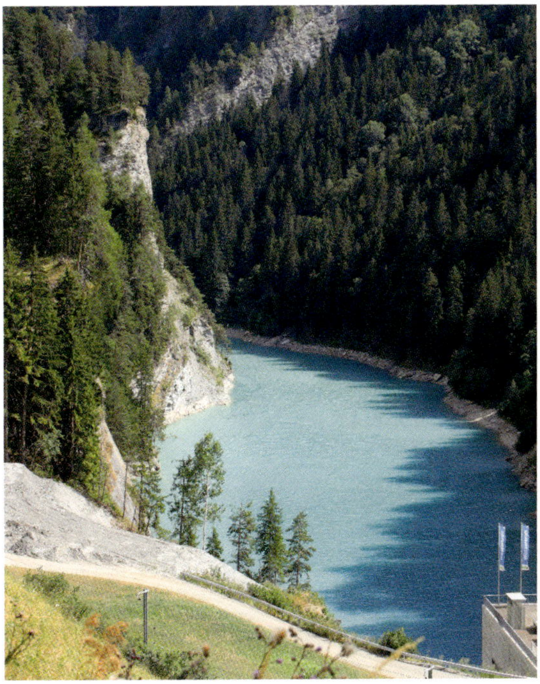

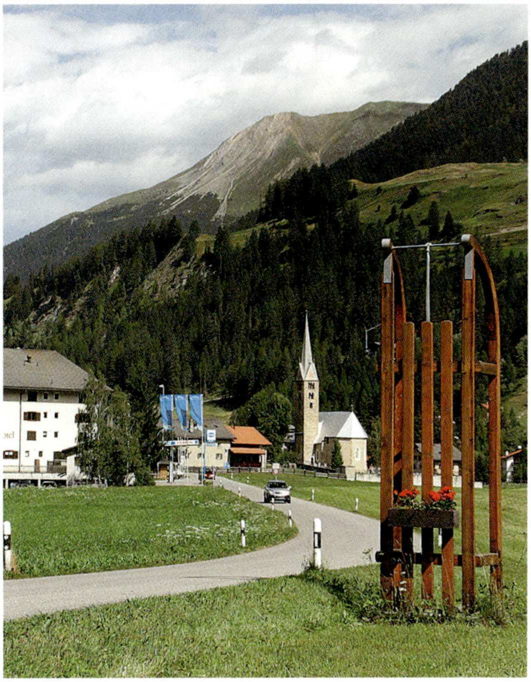

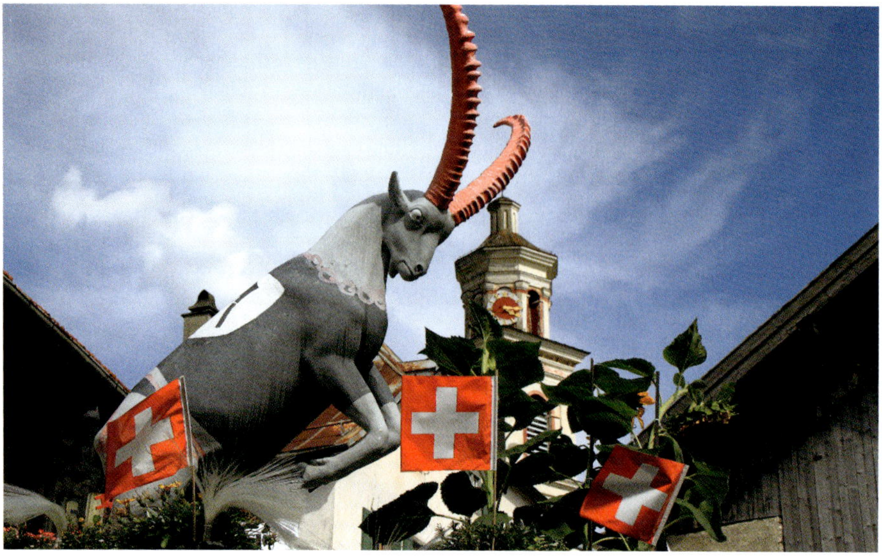

Moderne Kunst: Steinbock mit roten Hörnern in Alvaschein

halb von Filisur vorbei. Nach einigen letzten Kilometern auf Asphalt erreichen wir unser Etappenziel Bergün, ein klassisches Straßendorf mit Häusern im Engadiner Stil des 16. bis 18. Jahrhunderts. Am Ortseingang empfängt uns ein überdimensionaler Schlitten und verweist auf ein ganz besonderes Abenteuer auf Kufen, denn hier in Bergün endet die längste beleuchtete »Schlittelbahn« Europas.

ROUTENBESCHREIBUNG
T02-E03-Thusis-Berguen.gpx

WP | km | Hm

0 | 0 | 723 | In Thusis auf gleichem Wege oder über die Umgehung zurück zur Rückseite des Bahnhofs.

1 | 0,9 | 700 | An Coop Tankstelle rechts abbiegen und der BR (= Bike Route) Graubünden-Route 6 Richtung Tiefencastel folgen. Nach 200 m links von der Straße ab, am Campingplatz vorbei und nach 300 m rechts über Holzhängebrücke den Hinterrhein überqueren.

2 | 2,3 | 690 | In Sils weiter Richtung Tiefencastel halten und an der Zubringerstraße zum Bahnhof Sils vorbei.

3 | 3,8 | 809 | An der Einmündung zur L 417 links auf der Straße weiter.

4 | 6,6 | 870 | Durch den 450 m langen Tunnel Passmal und kurz darauf durch den 1,1 km langen Tunnel Solis.

5 | 9,4 | 858 | Die L 417 nach rechts verlassen und kurz darauf über eine kleine Brücke den Albulafluss überqueren. Dem weiteren Straßenverlauf Richtung Alvaschein auf ausgeschilderter BR folgen.

6 | 11,7 | 1005 | Durch die Ortschaft Alvaschein hindurch.

7 | 14,6 | 866 | In Tiefencastel am Kreisverkehr Ortsausgang links Richtung Albulapass.

8 | 17,1 | 899 | Die BR verlässt kurz vor Surava die Landstraße und folgt die nächsten 4,9 km einer Fortstraße immer dem Fluss Albula entlang.

9 | 22,0 | 963 | Kurz vor Filisur mündet die BR in ein Teersträßchen und führt parallel zur Landstraße an dem Ort vorbei.

10 | 24,0 | 998 | Die Graubünden-Route 6 verläuft nun wieder als Schotterweg entlang des Flusses Albula.

11 | 27,0 | 1091 | Die Forststraße überquert den Fluss Albula und mündet auf eine Teerstraße. Die letzten 4,4 km nach Bergün verlaufen auf Teerstraße teils spektakulär an einer Schlucht entlang.

12 | 32 | 1363 | Ankunft in Bergün.

SCHLITTENFAHREN IN BERGÜN

Von Preda nach Bergün erstreckt sich die erste beleuchtete »Schlittelbahn« der Schweiz. Mit einer Länge von sechs Kilometern ist sie gleichzeitig die längste ihrer Art in Europa. Jedes Jahr pilgern zwischen Mitte Dezember und Mitte März unzählige Rodelfans aus aller Welt nach Bergün, um dieses besondere Abenteuer auf Kufen im Wortsinn zu erfahren. Die Schlitten können am Bahnhof von Bergün ausgeliehen werden, und mit der Rhätischen Bahn geht es hinauf nach Preda.

Tag 4
Über den Albulapass ins Engadin

ÜBERNACHTUNG
Samedan: Gasthaus Zum Weissen Kreuz

TEILSTRECKEN
Bergün–Albulapass: 13,4 km, 965 Hm
Albulapass–Samedan: 17 km, 87 Hm
30,4 Kilometer
1052 Höhenmeter bergauf
694 Höhenmeter bergab
Ladestopp: Preda, Hotel Kulm

Nach einem leckeren Frühstück brechen wir in Richtung Albulapass auf. Wir folgen der schmalen Straße in Richtung Preda, die sich im Winter in die rasante »Schlittelbahn« verwandelt – zunächst mit mäßiger Steigung, dann wird es für einige Kehren etwas steiler. Der Weg hinauf zur Passhöhe führt uns an dem dunkelgrün schimmernden Palpuognasee vorbei, der auf einer markanten Talstufe am Fuße des Piz Palpuogna liegt. Vom See aus führt die Straße über eine weite Hochfläche zum Albulapass, der das Albulatal mit dem Engadin verbindet. Seit Eröffnung der Albulabahn hat die schmale Straße kaum noch Bedeutung und ist daher von November bis Juni wegen Lawinengefahr gesperrt. Hier oben auf über 2000 Metern genießen wir den berauschenden Ausblick auf die umliegenden Dreitausender der Albula-Alpen und gönnen uns eine wohlverdiente Brotzeit. Danach folgt eine entspannte Abfahrt hinunter ins Engadin. Nach neun Kilometern erreichen wir den Talort La Punt. Hier folgen wir dem Inn ins nahe gelegene Samedan. Wer seinen geschundenen Muskeln etwas Besonderes gönnen möchte, der krönt diese Etappe mit einem Besuch im Samedaner Mineralbad & Spa.

ROUTENBESCHREIBUNG
T02-E04-Berguen-Samedan.gpx

WP | km | Hm

0 | 0 | 1363 | Durch Bergün hindurch und weiter auf der Straße Richtung Albulapass.

1 | 6,4 | 1790 | Durch die Häuseransammlung Preda (Bahnhof) hindurch. 1,7 km weiter am Palpuognasee vorbei.

2 | 13,5 | 2312 | Der Albulapass liegt inmitten einer riesigen Hochfläche. Einkehrmöglichkeit am Pass. Die nächsten 9 km bis La Punt geht es nun auf einer guten Teerstraße ausschließlich bergab – zum Schluss in einigen Kehren.

3 | 22,6 | 1695 | Die Passstraße endet in La Punt (Bahnhof). Nun über die Innbrücke und dann rechts abbiegen. Ab hier der blau-weiß beschilderten BR Innradweg 65 folgen. Die nächsten 3,6 km auf offener Strecke auf einem Schotterweg flussaufwärts den Inn entlang.

4 | 27,4 | 1708 | Die BR führt durch den Ort Bever. Vom Ortsausgang sind es noch knapp 1,5 km auf einer Forststraße nach Samedan.

5 | 30,5 | 1725 | Ankunft in Samedan.

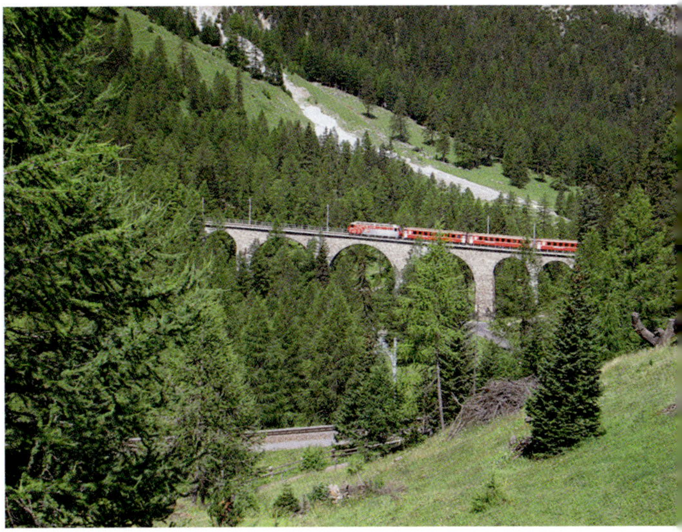

Malerisch windet sich die Rhätische Bahn auf imposanten Viadukten über die Albulaalpen ins Engadin.

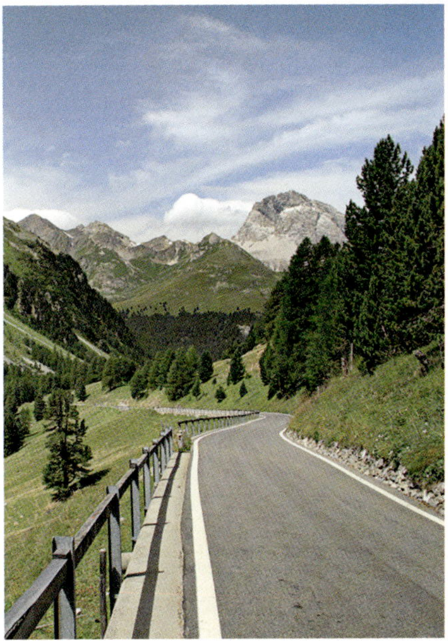

Das landschaftlich reizvolle Albulatal mit dem Palpuognasee

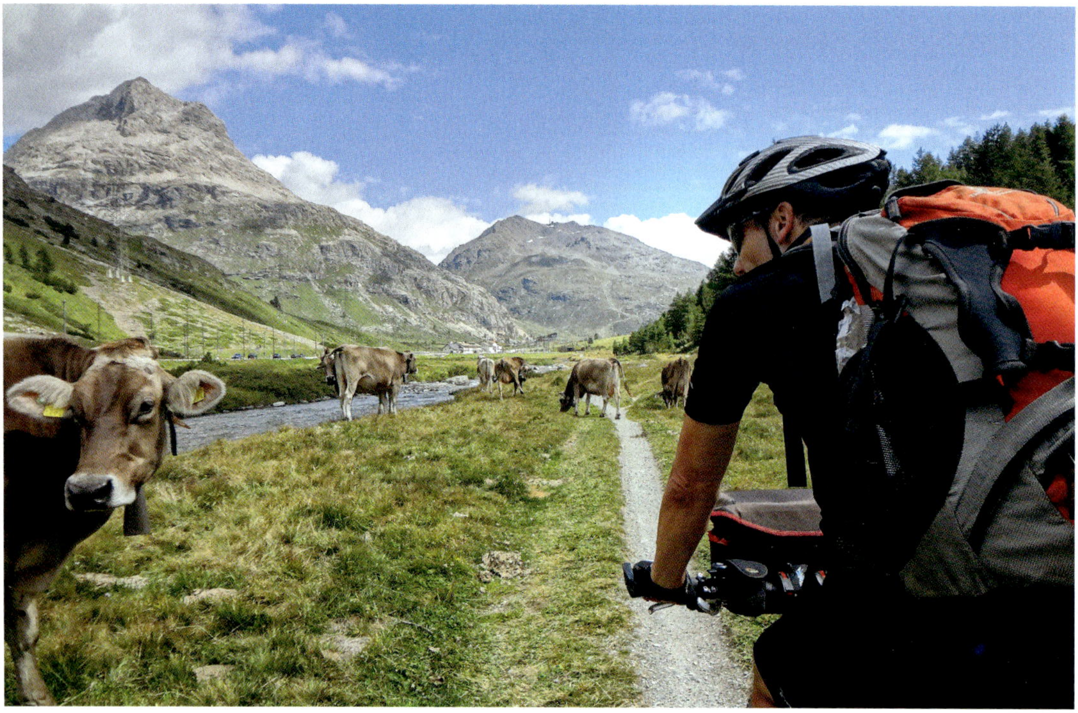

Viel schöner kann es eine Kuh kaum haben: im idyllischen Berninatal mit dem Piz Alv links

Tag 5
Über den Berninapass ins Veltlin

ÜBERNACHTUNG

Berninapass: Hotel Bernina Hospiz, www.bernina-hospiz.ch. Tirano: Hotel Corona, sehr zentral, schöne Zimmer, gutes Frühstück.

TEILSTRECKEN

Samedan–Ospizio Bernina: 26 km, 618 Hm
Berninapass–Tirano: 35 km, 99 Hm
61 Kilometer
717 Höhenmeter bergauf
2006 Höhenmeter bergab
Ladestopp: Morteratsch (Alp-Schaukäserei), Ospizio Bernina

Von Samedan verläuft die Strecke durch das Berninatal bis zur Passhöhe zumeist auf Schotter und guten Pfaden über offenes Gelände. Wir fahren zunächst am Bach Flaz entlang und folgen ab Pontresina dem Wildbach Bernina – immer entlang der Bahnlinie.

Zwischen Samedan und Tirano verkehrt der legendäre Bernina Express, der den Norden und den Süden Europas in Schlangenlinien und ohne Zahnrad verbindet.

In Morteratsch stärken wir uns im gleichnamigen Restaurant und genießen den schönen Ausblick auf den Piz Morteratsch. Nach Überwinden einer Steilstufe passieren wir die Talstation der Luftseilbahn Diavolezza, die zum gleichnamigen Gipfel führt. Kurz vor dem Pass fahren wir am Lej Nair, dem Schwarzen See, vorbei und erreichen nach 100 Metern den Lago Bianco, den Weißen See, die einen faszinierenden Kontrast bilden: Der eine sammelt sein dunkles Wasser in einer torfigen Mulde, der andere leuchtet helltürkis vom milchigen Schmelzwasser des Cambrena-Gletschers. Wir erreichen das Ospizio Bernina und bestaunen bei einer Brotzeit auf über 2000 Metern den traumhaften Ausblick auf die Berninagruppe mit bekannten Gipfeln wie dem Piz Bernina oder dem Piz Palü. Nach über 1000 Höhenmetern bergauf folgt nun eine entspannende, 34 Kilometer lange Traumabfahrt auf Teer bis nach Tirano im Veltlin. Wir durchfahren Poschiavo und passieren den türkisblauen Poschiavosee. Besonders eindrucksvoll lässt sich hier der Wandel von hochalpiner Gebirgswelt zu mediterranem Ambiente beobachten. Kurz vor Tirano erreichen wir Italien. Das historische Zentrum der Kleinstadt mit seinen zahlreichen Palazzi lädt zum Bummeln und zum Genießen von typischen Veltliner Spezialitäten ein.

ROUTENBESCHREIBUNG
T02-E05-Samedan-Tirano.gpx

WP | km | Hm

0 | 0 | 1726 | Samedan in Richtung Pontresina auf der Straße verlassen.

1 | 0,4 | 1722 | Nach Überquerung des Inns links auf Holzbrücke, um die Hauptstraße 27 zu überqueren. Dabei der Beschilderung Flugplatz bzw. BR folgen. Weiter durch das Gewerbegebiet. Am Flugplatz links halten und auf einer Nebenstraße am Flugfeld entlang.

2 | 2,9 | 1712 | Am Nordostende des Engadin Airport (Richtung La Punt) den Bach Flaz überqueren und dann rechts wieder der BR Innradweg 65 folgen. Die nächsten 6 km bis kurz vor Pontresina verlaufen nun auf einer guten Schotterstraße.

3 | 6,6 | 1729 | Wir verlassen in der Nähe des Kreisverkehrs den Innradweg 65 und folgen nach links unter der Straße hindurch der rot beschilderten BR Richtung Pontresina und Morteratsch entlang der Schienen der Rhätischen Bahn.

4 | 9,6 | 1779 | Am Bahnhof in Pontresina nach links über den Bach Richtung Hauptstraße. Kurz vor dieser dann rechts der BR auf einem Schotterweg folgen. Es geht durch ein kurzes Waldstück bis zum Bahnhof Surovas. Weiter auf gutem Schotterweg.

5 | 15,6 | 1898 | Bahnhof Morteratsch. Einkehrmöglichkeit im gleichnamigen Hotel Restaurant. Hier verlässt die BR die Schienen nach links und führt kurz darauf über einen großen Parkplatz. Nicht direkt am Parkplatzende der BR nach rechts folgen, da diese Variante ein steiles Schiebestück hat.

6 | 16,1 | 1893 | Knapp 200 m nach dem Parkplatz rechts dem Schotterweg hinauffolgen. An den vier Wegkreuzungen im weiteren Verlauf immer geradeaus halten. Der Pfad windet sich über 130 Hm durch ein Waldstück (evtl. kurze Schiebestücke) und trifft nach 800 m auf die Hauptstraße. Dort rechts 500 m der Straße entlang.

7 | 17,4 | 2025 | Nach rechts die Straße verlassen und den Berninabach überqueren. Danach gleich wieder links auf schmalem, aber gut fahrbarem Pfad leicht ansteigend auf freier Hochfläche.

8 | 20,1 | 2091 | Die ausgeschilderte BR führt an der Seilbahnstation Diavolezza vorbei, weiterhin auf gutem Pfad und relativ parallel zu Hauptstraße und Schienenführung. Im weiteren Verlauf dann zweimal unter den Schienen hindurch.

9 | 22,2 | 2130 | Nach Unterquerung der Schienen rechts halten und über die kleine Brücke. Dann nicht rechts dem Pfad bergauf folgen, sondern nach links eben auf unscheinbarem Weg weiter. Diese Wegführung ist deutlich angenehmer.

BERNINA EXPRESS

Der Bernina Express ist ein Panoramazug auf der Albula- und Berninalinie, der als höchste Bahnstrecke über die Alpen den Norden Europas mit dem Süden verbindet. Spektakulär klettert der rote Schnellzug zunächst hoch hinauf zu den Schweizer Gletschern und vom über 2000 Meter hohen Berninapass hinab zu den Palmen ins Veltlin in Italien. Auf seiner Fahrt von Chur nach Tirano meistert der Zug 55 Tunnel, 196 Brücken und Steigungen von bis zu sieben Prozent. Die Reise führt durch hochalpine Landschaften, vorbei an tosenden Bergbächen und schroffen Gipfeln.

10 | 24,1 | 2229 | Der Schotterweg mündet an den Lago Bianco. Dort links. Nach Überquerung der Schienen rechts auf den Pfad, der sich parallel zu den Schienen am Ufer entlangwindet. Dazwischen ab und zu kurze Schiebepassage.

11 | 25,9 | 2267 | Kurz vor dem Bahnhof Ospizio Bernina links auf Schotterstraße, die nach 500 m leicht bergauf auf die Hauptstraße trifft. Dort Einkehr- und Übernachtungsmöglichkeit im Ospizio Bernina.

12 | 26,8 | 2326 | 400 m nach dem Ospizio kommt der Berninapass. Nun folgt eine 34 km lange Abfahrt auf Teer bis nach Tirano.

13 | 35,9 | 1623 | Einkehrmöglichkeit in Sfazù, das nur aus zwei Häusern besteht.

14 | 44,71 | 1031 | Durch den Ort Poschiavo hindurch.

15 | 50,5 | 997 | Am Poschiavosee vorbei.

16 | 58,3 | 547 | Es geht über die Grenze von der Schweiz nach Italien. Am ersten Kreisverkehr in Tirano links Richtung Zentrum halten.

17 | 61,0 | 438 | Ankunft in Tirano.

Keine Chance: Als Biker kann man mit dem Bernina Express nicht mithalten.

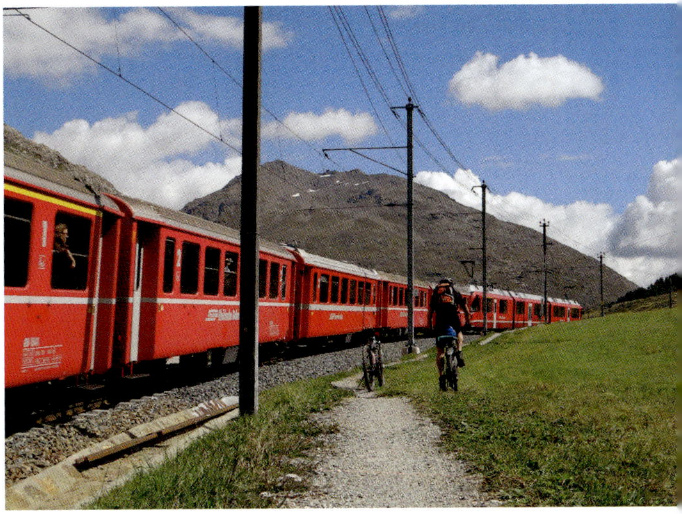

Tag 6 Durchs Veltlin an den Comer See

ÜBERNACHTUNG

Colico: B&B Belvedere, www.bnbbelvederecolico.site. Günstig, schöne Lage, gutes Frühstück.

TEILSTRECKEN

Tirano–Sondrio: 30 km, 51 Hm
Sondrio–Colico: 46 km, 128 Hm
76 Kilometer
179 Höhenmeter bergauf
396 Höhenmeter bergab
Ladestopp: Sondrio

Wir befinden uns nun in der Lombardei. Nach den Anstiegen und Pässen der letzten Tage folgt heute ein entspannter Tourenausklang, denn es geht fast nur leicht abwärts oder eben dahin. Wir folgen dem Lauf der Adda, die bei Colico in den Comer See fließt. Wir befahren den meist asphaltierten Sentiero Valtellina und überqueren dabei mehrmals den Fluss. Dabei durchqueren wir das komplette untere Veltlin, das für seinen Wein bekannt und berühmt ist und mehreren Rebsorten seinen Namen verliehen hat. Der Weg führt uns vorbei an Weinanbaugebieten, Obstplantagen und Maisfeldern. Passagen durch Wald wechseln sich ab mit Fahrabschnitten über Felder und Wiesen. Dabei kommen wir an vielen kleinen Weilern und urigen Orten vorbei. Hauptort der gleichnamigen Provinz und größter Ort des Veltlins ist Sondrio. Er liegt zwar nicht direkt auf unserem Weg, trotzdem lassen wir die Gelegenheit nicht aus, endlich einen echten italienischen Cappuccino zu trinken. Den nächsten Stopp legen wir in Morbegno ein, das mit seinen malerischen Altstadtgassen vor allem für den in Italien beliebten Bitto-Käse bekannt ist. Mit dem Rückenwind der Breva fahren wir die letzten Kilometer bis zum See. Der thermische Südwind fegt ab Mittag über den Nordteil des Sees – zur Freude von Surfern und Seglern. Am Hafen von Colico endet unsere Tour. Von hier genießen wir den schönen Ausblick auf die Ortschaften Dongo und Gravedona am gegenüberliegenden Seeufer. Entspannung bieten die schönen Strände der Bucht von Piona südlich von Colico oder das Strandbad in der Ortsmitte. Und wer noch Zeit und Schmalz in den Waden hat, unternimmt eine Wanderung auf den Monte Legnone, den mit 2610 Metern höchsten Berg am See.

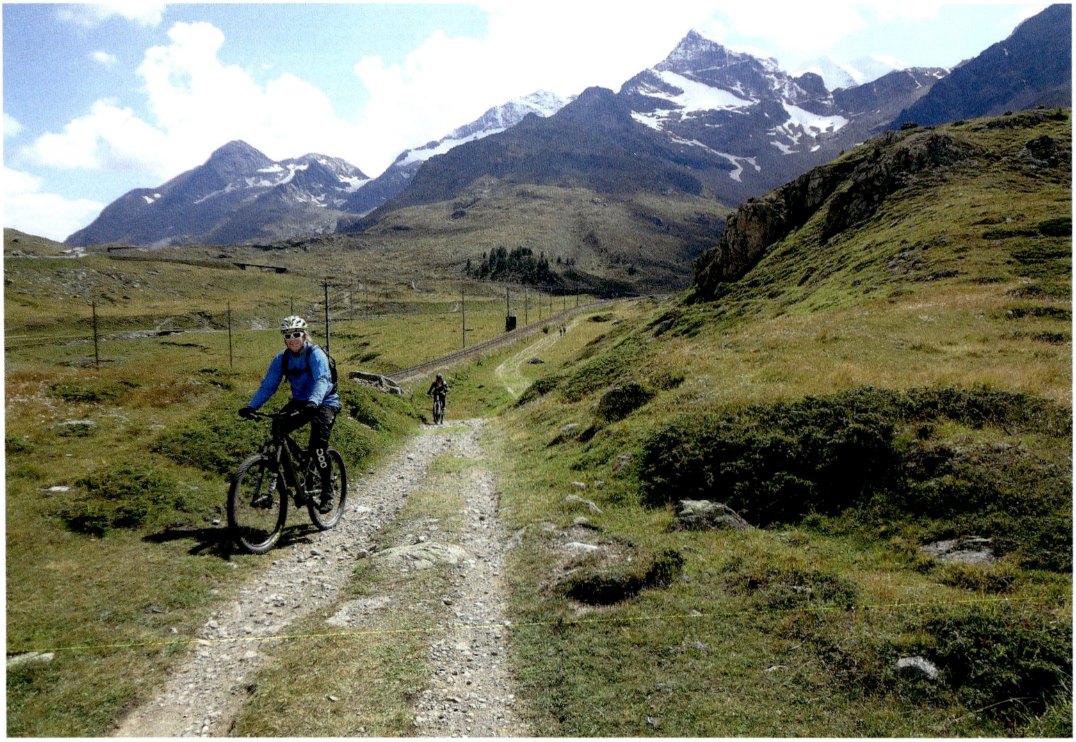

Der gut zu fahrende Pfad und Schotterweg zieht sich bis zum Berninapass hinauf. Im Hintergrund blitzt rechts der Piz Palü hervor.

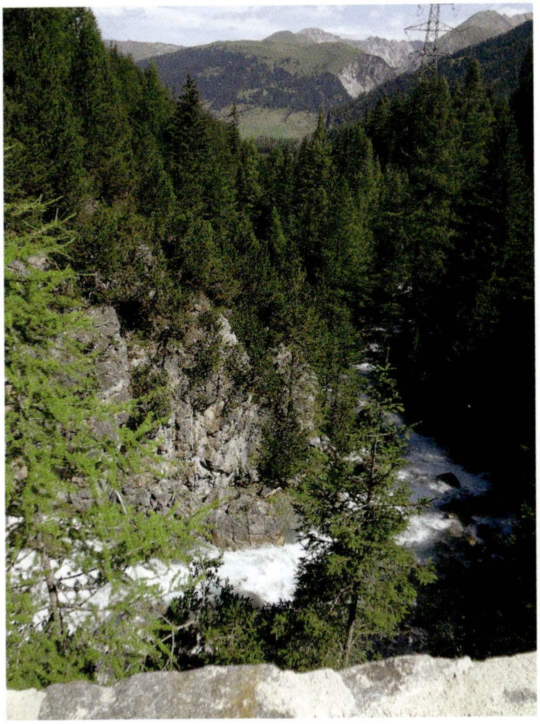

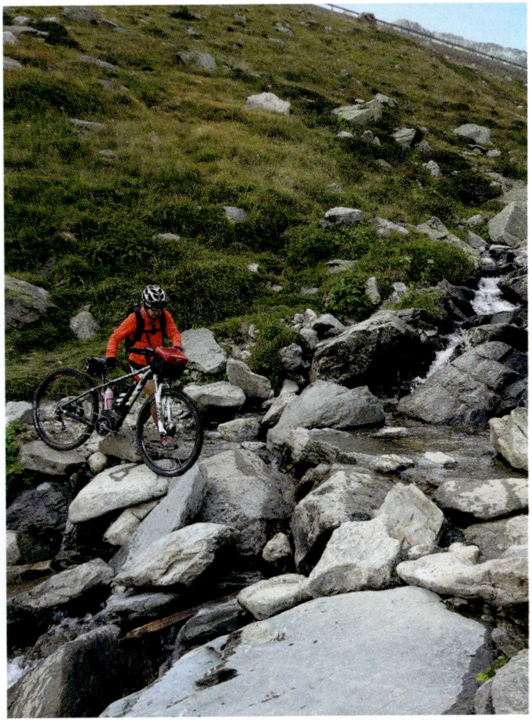

Links: Entlang des schäumenden Albulaflusses

Rechts: Nur ein paar Meter muss man sein Radl kurz vorm Berninapass über Felsen hieven.

ROUTENBESCHREIBUNG
T02-E06-Tirano-Colico.gpx

WP | km | Hm

0 | 0 | 438 | Auf gleichem Weg zurück bis zum großen Kreisverkehr und dort links Richtung Sondrio.

1 | 1,4 | 434 | Am Ortsausgang, 400 m nach dem Kreisverkehr und nach der Brücke über den Bach, schräg links abbiegen (nicht schon schräg links vor der Bachbrücke) und an einem großen Parkplatz vorbei. Von Tirano bis zum Comer See folgen wir immer dem Sentiero Valtellina, einer eigens angelegten und ausgeschilderten Radroute.

2 | 3,1 | 415 | Der Radweg stößt das erste Mal auf die Adda.

3 | 4,9 | 405 | Bei Stazzona links über die Brücke und auf der anderen Uferseite rechts weiter.

4 | 10,1 | 382 | In Tresenda unter der SS 39 hindurch und die kleine Brücke überqueren. Nach 150 m scharf links auf kleinem Weg bis fast an die Adda heran.

5 | 14,7 | 371 | Bei La Pila Überqueren der Adda und danach links der Adda entlang. Nach 100 m links von der Adda weg und wiederum 100 m später rechts in die Via Cavallari weiter. Nach 500 m schräg rechts in die Via del Piano.

6 | 24,6 | 318 | Bei Piateda erneutes Überqueren der Adda und am Nordufer entlang weiter.

7 | 30,1 | 310 | An der Brücke der Ortseinfahrt rechter Hand nach Sondrio links abbiegen und die Adda überqueren. Weiter dem Südufer entlang.

8 | 51,1 | 276 | Hier gibt es eine 2,5 km lange Lücke auf dem Sentiero Valtellina. Es gibt zwei Möglichkeiten, bis zum nächsten Ort Talamona zu kommen. Am einfachsten ist es, nach links abzubiegen und der SS 38 zu folgen. Nachteil: viel Verkehr. Schöner ist die Variante über den Ort Desco (der auch dieser GPS-Track folgt): Am WP 8 rechts abbiegen, die Adda überqueren und danach gleich scharf links. Auf schmalem Pfad bergauf bis Desco. Von dort wieder bergab auf einer Nebenstraße bis Paniga.

9 | 53,9 | 254 | An der Brücke über die Adda kommen die beiden Varianten wieder zusammen. Weiter entlang des Südufers auf der Nebenstraße.

10 | 56,4 | 237 | Am Kieswerk links und über die Strada Nuova in die Via Ganda fahren. Dieser 700 m bis zur Hauptstraße von Morbegno folgen.

11 | 59,1 | 234 | Am Kreisverkehr bei Regoledo rechts, die Gleise überqueren und dann links in die Via Liberta. Danach über Felder und der Adda entlang.

12 | 75,9 | 215 | Hafen von Colico. Etappenziel. Der GPS-Track geht noch weiter bis zum Bahnhof.

Ausblick auf die Verwallgruppe vom Vermunt-Stausee

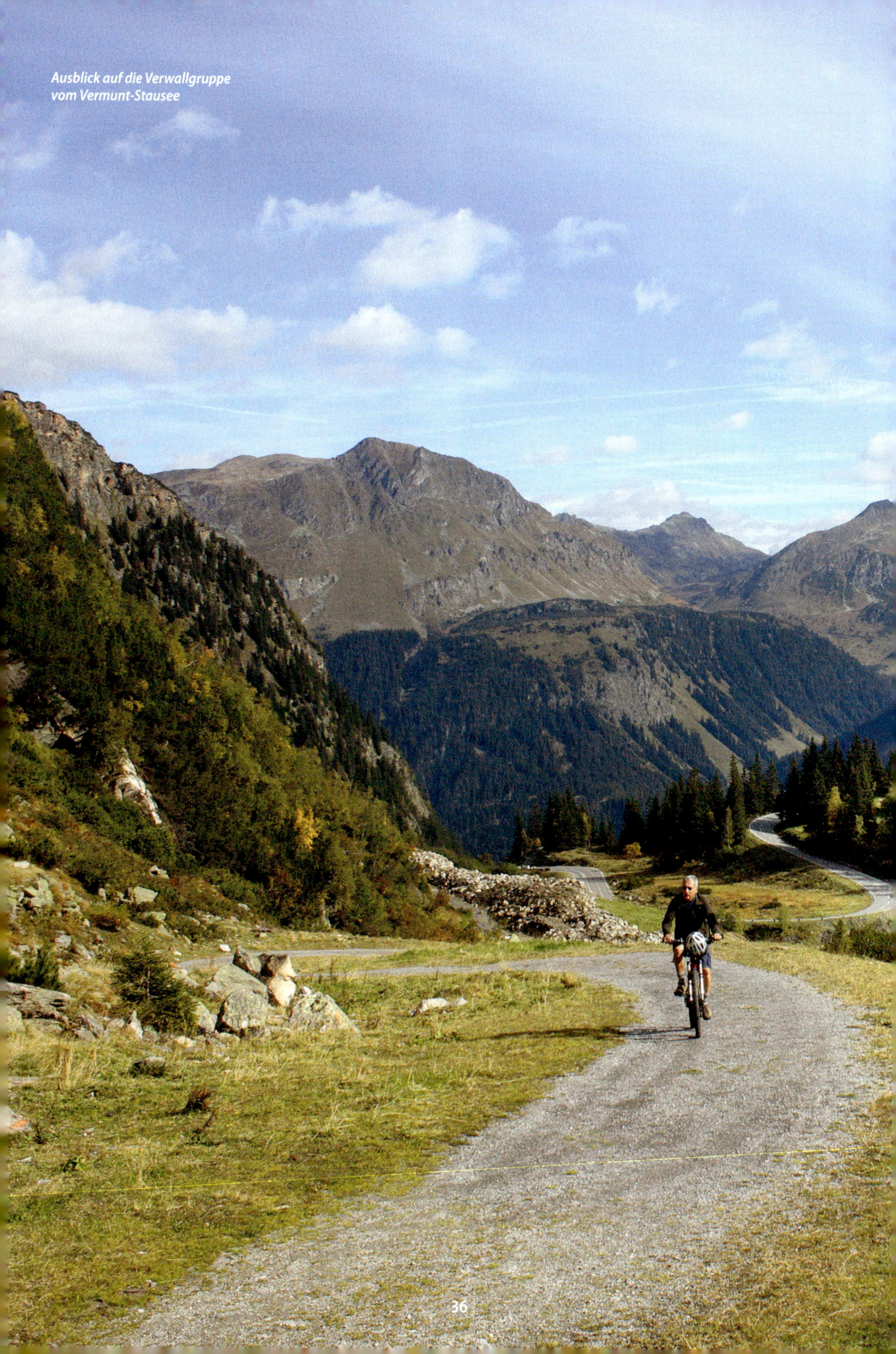

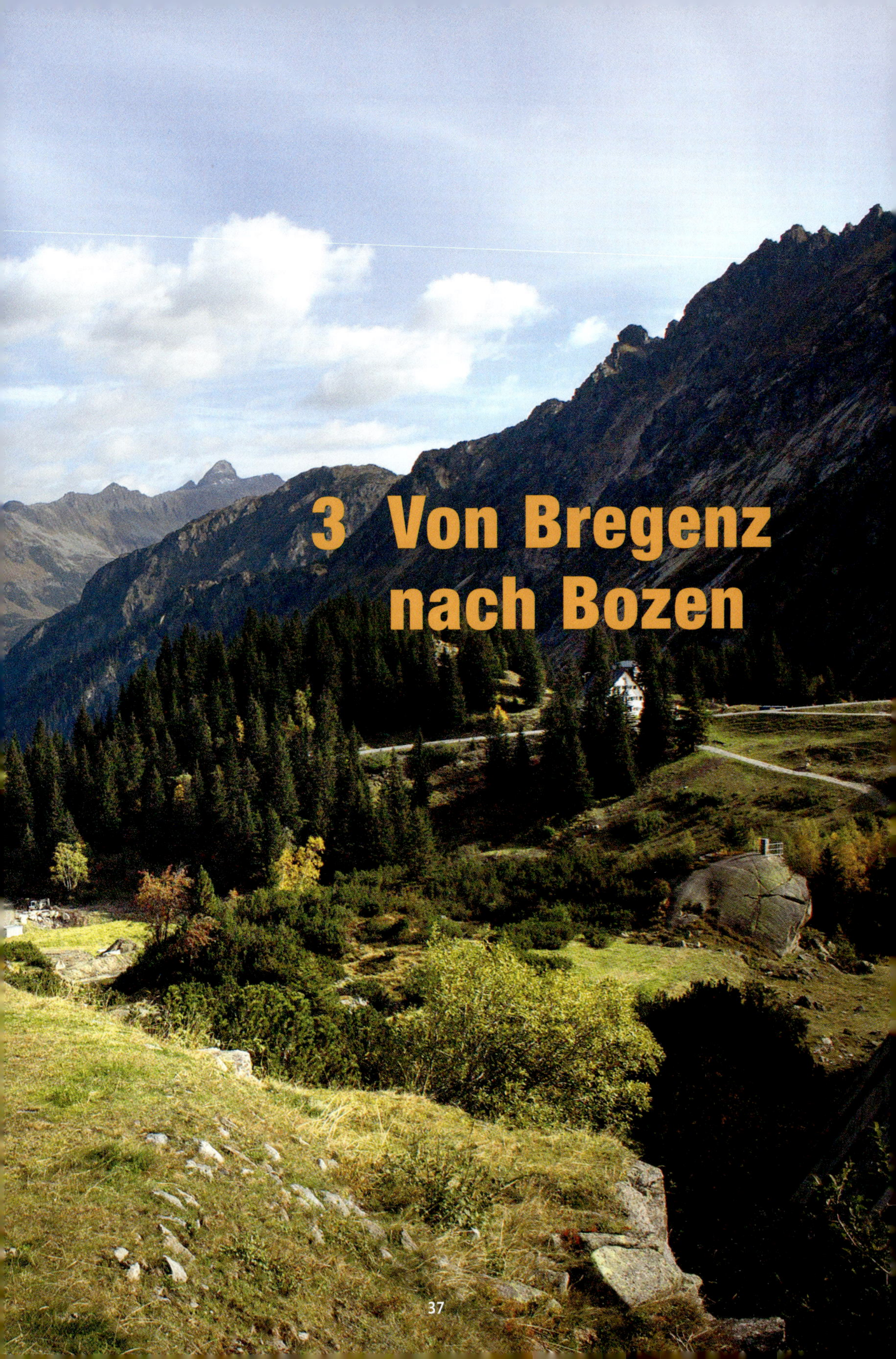

3 Von Bregenz nach Bozen

3 Von Bregenz nach Bozen

Über die Silvretta-Hochalpenstraße in den Vinschgau: die Einsteigertour

1 Schwierigkeit

Erlebniswert

Mit Rad: *1988* Gesamt: *4100* Höhenmeter (in m)

Mit Rad: *288* Gesamt: *303* Streckenlänge (in km)

4 Zeit (in Tagen)

TOURENCHARAKTER

AUSGANGSPUNKT
Bahnhof Bregenz am Bodensee

ENDPUNKT
Bozen

ANFAHRT
Bahn: Von Deutschland (München/Ulm), Österreich (Feldkirch) und Schweiz (St. Gallen) gut erreichbar.
Auto: Von Norden über die A 7 und A 96, von Süden über die österreichische A 14. Keine ausgewiesenen kostenlosen Dauerparkplätze.

RÜCKFAHRT
Von Bozen regelmäßige Verbindungen mit Regional- oder Fernzügen über den Brenner nach Innsbruck und von dort weiter zurück nach Bregenz oder nach München.

KONDITION

FAHRTECHNIK

ERLEBNISWERT
Fahrspaß: – Leichtes Einrollen am Rhein, ausgedehnte Abfahrt von der Bielerhöhe und vom Äußeren Viderjoch.
Landschaft: – Traumhafte Panoramen an der Bielerhöhe und am Äußeren Viderjoch, endlose Apfelplantagen im Vinschgau.
Kultur und Geschichte: – Auf Römerspuren auf der Via Claudia Augusta, mittelalterliche Städte im Montafon, geschichtsträchtige Orte im Vinschgau.

STRECKENPROFIL
Asphalt: 262 km
Schotter-/Forstweg: 26 km
Seilbahn: 6 km, 1422 Hm
Leichte Tour, v. a. auf asphaltierten Radwegen (Rhein-Radweg, Radweg durchs Montafon, Via Claudia Augusta) und Nebenstraßen. Rasante Abfahrt von der Bielerhöhe bis Ischgl. Lange Abfahrt auf Schotterweg vom Viderjoch (Konzentration und Vorsicht geboten!). Anstieg zur Norbertshöhe auf Asphalt mit mäßiger Steigung. Angenehm leicht bergab auf der Via Claudia Augusta vom Reschensee bis Prad. Von Martina bis Bozen verläuft die Route meist auf der Via Claudia Augusta.

HÖCHSTER PUNKT
2037 m, Bielerhöhe
2738 m, Äußeres Viderjoch

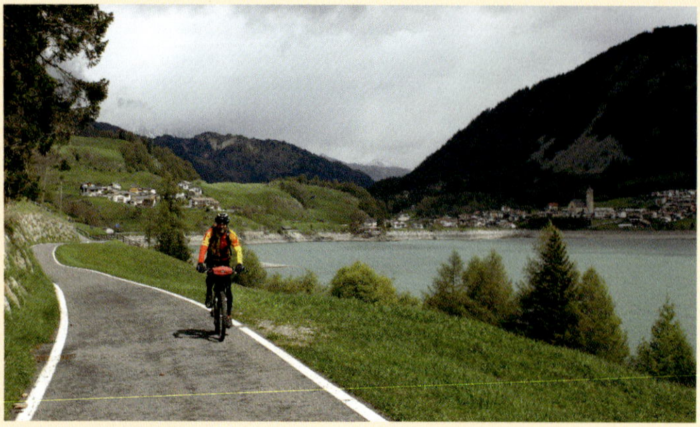

Der ausgeschilderte Radweg an der Westseite des Reschensees führt angenehm ruhig abseits der Straße entlang.

NIEDRIGSTER PUNKT
242 m, Bozen

ALLGEMEINE INFOS
Bregenz: Tourist-Information, Tel. +43/(0)5574/495 90, www.bregenz.at, Feldkirch: www.feldkirch.at, Bludenz: www.bludenz.at, Vandans: Freibad Rätikonbad (tgl. geöffnet 9–20 Uhr), Schruns: Tourismusinformation, Tel. +43/(0)5556/721 66, www.schruns.at, Aktivpark inkl. Freibad, www.aktivpark-montafon.at, (tgl. geöffnet 9–20 Uhr), Gaschurn: www.gaschurn-partenen.at, Postbus 85 zum Vermuntsee: www.montafonerbahn.at/mbs-bus/fahrplane-bus. Verkehrt halbstündlich. Maximal 4 Fahrräder hinten, keine E-Bikes, keine 29 Zoll Räder. Von Partenen zum Vermuntsee in 15 Minuten. Galtür: www.galtuer.com, Ischgl: Tourismusinformation, Tel. +43/(0)50/99 01 00, Silvretta- oder Fimbabahn: www.ischgl.com, Tel. +43/(0)5444/606), Compatsch: www.gemeindesamnaun.ch/de/, Nauders: www.nauders.com, Glurns: www.glurns.net, Prad: www.prad-am-stilfserjoch.com, Tourismusinformation, Tel. +39/0473/61 30 15, Meran: www.meran.info, Bozen: www.gemeinde.bozen.it, »Via Claudia Augusta«: www.viaclaudia.org.

LANDKARTEN
Kümmerly + Frey Schweiz Nummern 2, 7, 14
Kompass 1b, 21, 41, 42, 52, 53, 292, 699, in Papier oder digital zum Selbstausdrucken.

GPS/ROADBOOK
T03-E01-Bregenz-Schruns.gpx
T03-E02-Schruns-Ischgl.gpx
T03-E02a-Zeinisjoch.gpx
T03-E02a-Partenen-Zeinisjoch-Wirl_E-bike.gpx
T03-E03-Ischgl-Prad.gpx
T03-E04-Prad-Bozen.gpx

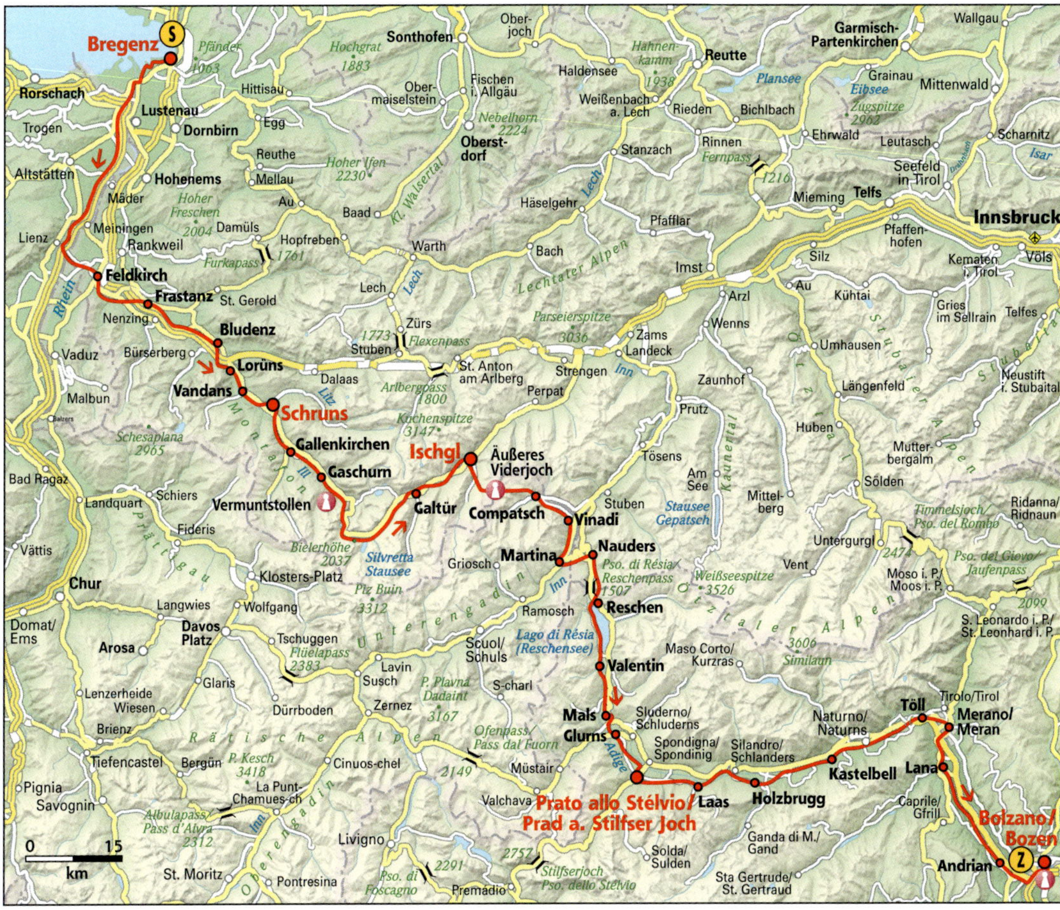

Diese Tour bietet eine Menge Erlebnisse bei minimalem Höhenmeteraufwand: vorbei an den türkis leuchtenden Stauseen in der Silvretta, über den zweithöchsten Punkt in diesem Buch, das auf 2738 Metern gelegene Äußere Viderjoch in der Samnaungruppe und durch endlose Apfelplantagen im Vinschgau.

Tag 1
Vom Bodensee ins Montafon

ÜBERNACHTUNG

Schruns: Hotel Krone, www.kroneschruns.at, sehr stilvoll, Sauna, leckere Schmankerl im Restaurant, Radlgarage.

TEILSTRECKEN

Bregenz–Feldkirch: 45 km, 105 Hm
Feldkirch–Schruns: 36 km, 273 Hm
81 Kilometer
377 Höhenmeter bergauf
99 Höhenmeter bergab
Ladestopp: Feldkirch

Damit die Etappe nicht so lang ausfällt, starten wir heute in Bregenz. Wir fahren an der größten Seebühne der Welt vorbei und erreichen nach Überqueren der Bregenzer Ach schon bald den Rhein. Auf der Rhein-Radroute Nr. 2 geht es durch weitläufige Auenlandschaften und vorbei an Kiesbänken, die an warmen Tagen zu einer kleinen Abkühlung einladen. Die ausgeschilderte Bikeroute führt durch die schmucke mittelalterliche Innenstadt von Feldkirch. Sehenswert sind hier vor allem die Stadtmauer, der Pulver- und Wasserturm sowie die mächtige, die Stadt überragende Schattenburg. Ab Feldkirch folgen wir dann dem Radwanderweg Walgau-Rheintal bis ins mittelalterliche Bludenz. Hier endet der Radwanderweg Walgau-Rheintal, und es beginnt das Montafon. Kurz nach Bludenz folgen wir dann eine Zeit lang der Silvrettastraße, die später in die Silvretta-Hochalpenstraße übergeht. Nun

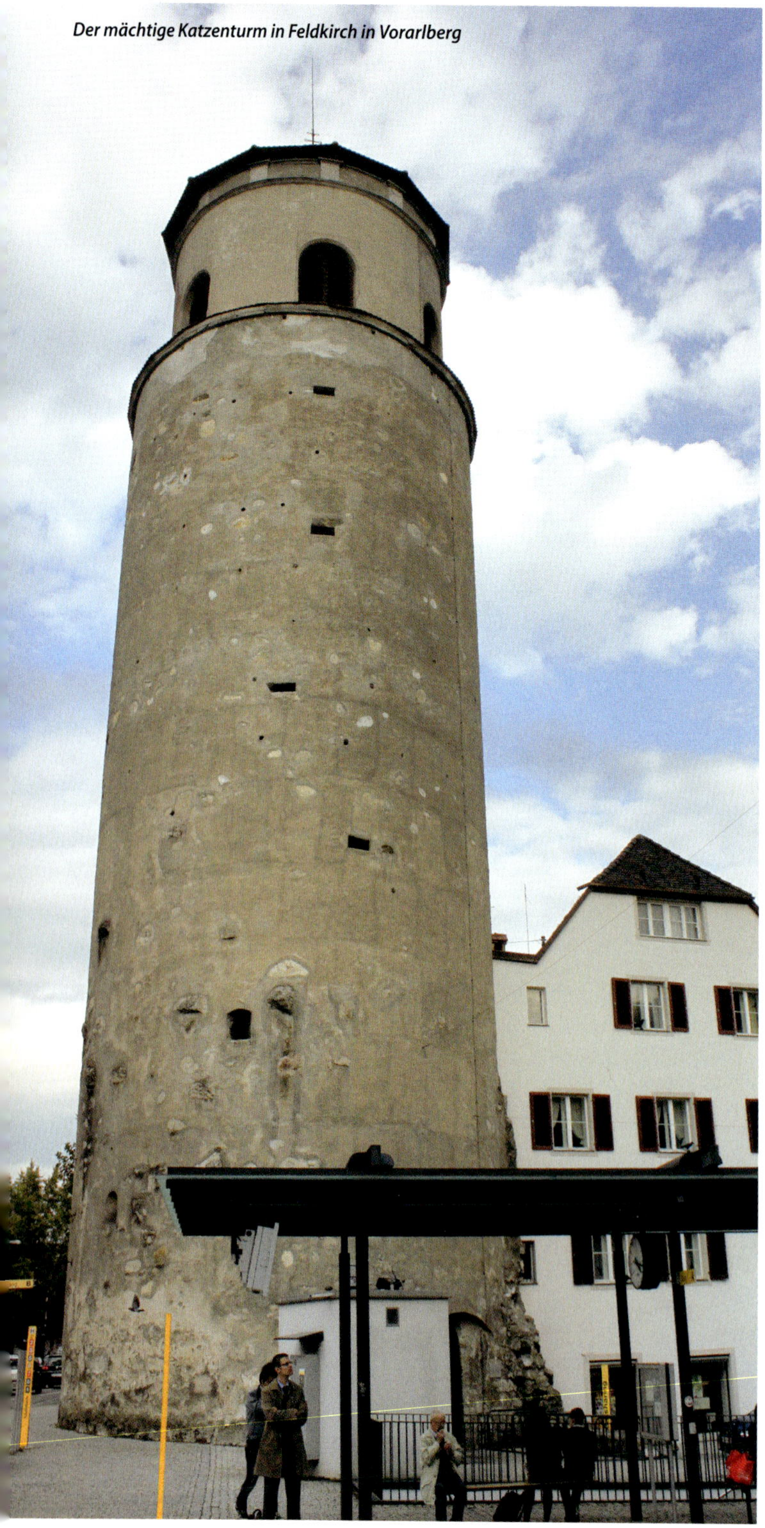

Der mächtige Katzenturm in Feldkirch in Vorarlberg

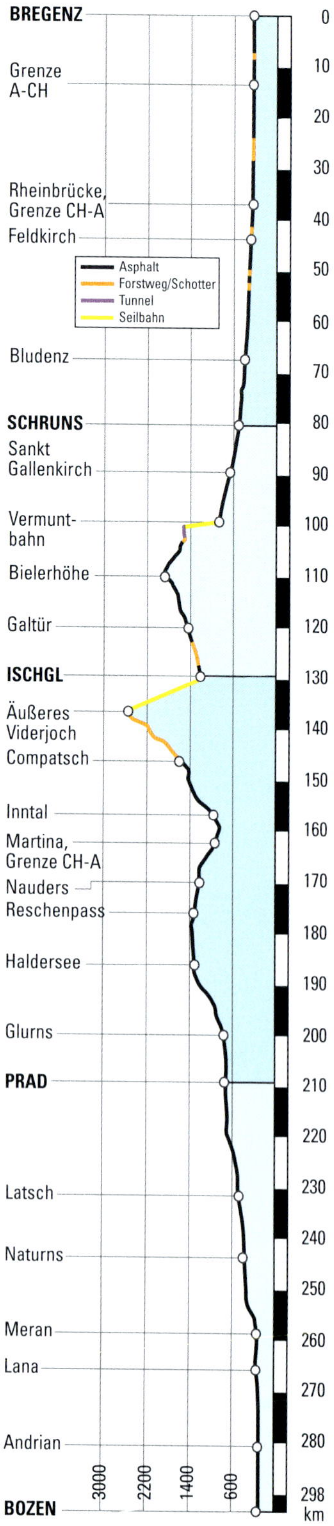

geht es immer der Ill entlang bis zum Etappenziel Schruns. Der beliebte Wintersportort ist Hauptort des Montafons in Vorarlberg. Bei schönem Wetter lohnt ein Besuch im Erlebnisbad im Aktivpark Montafon neben der Silvrettastraße.

ROUTENBESCHREIBUNG

T03-E01-Bregenz-Schruns.gpx

WP | km | Hm

0 | 0,0 | 405 | Bahnhof Bregenz. Richtung Westen der ausgeschilderten BR (= Bike-Route) Richtung Schweiz folgen. Kurz danach am Festspielhaus vorbei und weiter dem Strandweg entlang.

1 | 4,8 | 410 | Wir überqueren die Bregenzer Ach auf einer Brücke für Radfahrer und Fußgänger.

2 | 9,5 | 405 | Wir stoßen auf die Rheinstraße und biegen rechts ab. Kurz danach geht es über die Rheinbrücke. An der anderen Uferseite links abbiegen auf Rhein-Radroute Nr. 2 Richtung Buchs.

3 | 13,3 | 410 | Unbemerkt überqueren wir die Grenze von Österreich in die Schweiz.

4 | 24,3 | 417 | Die BR führt nun direkt auf dem Rheindamm weiter. Richtung Buchs bzw. Sargans halten.

5 | 35,9 | 437 | Nach einem kleinen Parkplatz auf der rechten Seite überquert der Radweg einen kleinen Werkkanal. Von hier sind es noch 800 m bis zur nächsten Straßenbrücke, die der Radweg nun unterquert. 300 m danach vom Radweg in einer Spitzkehre nach links abbiegen und 300 m zurück flussaufwärts. Der Weg mündet nun auf die Straßenbrücke, die vorher unterquert wurde. Jetzt rechts abbiegen und den Rhein überqueren. Auf der anderen Seite nun über die österreichische Grenze. Der ausgeschilderten BR Richtung Feldkirch folgen.

6 | 41,8 | 446 | Am 1. Kreisverkehr in Feldkirch geradeaus. 100 m später vor der Brücke rechts auf gutem Schotterweg entlang des Bachs.

7 | 44,4 | 457 | Die BR führt über den Marktplatz, kommt kurz zum Bach Ill und trifft dann auf die Bundesstraße. Dort rechts auf dem Radweg Richtung Bludenz weiter.

8 | 46,1 | 468 | Die BR zweigt an einem Sägewerk nach rechts ab, führt kurz in die Gegenrichtung und gleich darauf wieder nach links, um dann in einem Bogen nach Frastanz zu führen. Dort in einem Bogen parallel zur Hauptstraße und dann den Saminabach entlang.

9 | 49,2 | 473 | Unter der A 14 hindurch und dann immer mehr oder weniger der Ill entlang flussaufwärts.

10 | 65,0 | 544 | Kurz vor Bludenz überquert die BR die Ill und führt auf der anderen Uferseite weiter und hinter dem Bahnhof vorbei.

11 | 71,3 | 581 | Wir wechseln abermals die Uferseite über eine kleine Brücke parallel zu den Schienen und überqueren kurz darauf die Silvrettastraße. Die BR verläuft über Felder und an Häusern von Lorüns vorbei und trifft nach 1 km wieder auf die Silvrettastraße. 150 m später verlässt sie diese wieder und verläuft nun parallel zu ihr auf der gegenüberliegenden Uferseite.

12 | 74,3 | 627 | Auf Höhe von St. Anton im Montafon, ca. 200 m nach Überquerung eines kleinen Bachbetts, zweigt die BR links von der Straße ab zum Ufer der Ill und führt nun vorübergehend als Forstweg weiter. Wenn der Abzweig übersehen wurde, kann man im folgenden Ort Vandans in eine von vier Straßen links abbiegen, die zur Ill führen.

13 | 76,9 | 638 | Kurz nach dem Freibad in Vandans wechselt die BR die Uferseite und führt zwischen Ill und Schienen weiter.

14 | 79,7 | 661 | An der Einmündung des Litzbaches in die Ill am Ortseingang von Schruns nicht mehr der Ill folgen, sondern dem Litzbach bis zum Ortskern (ausgeschilderte BR) von Schruns.

Auf flacher Radroute durchs Montafon

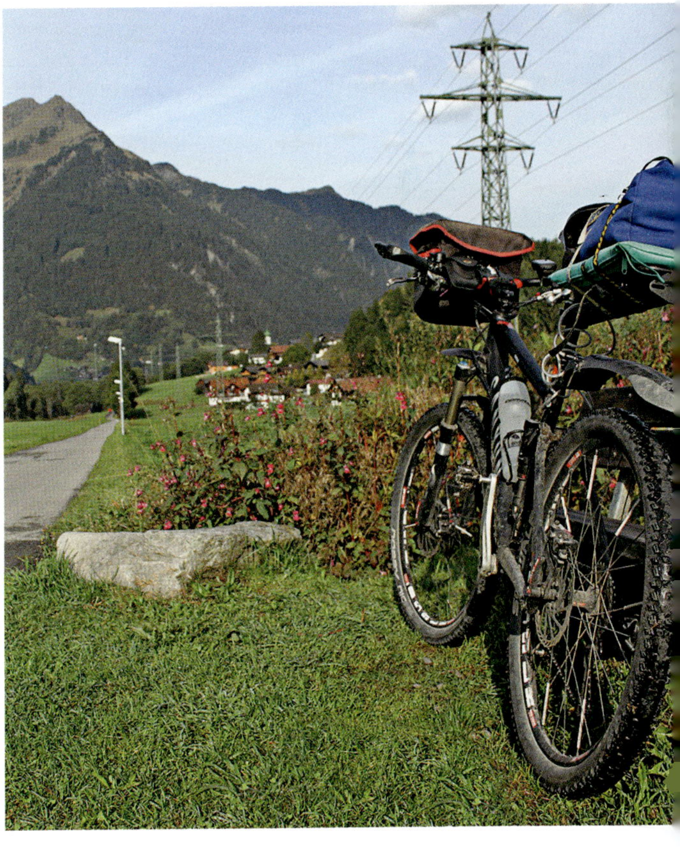

Tag 2
Über die Silvretta-Hochalpenstraße ins Paznauntal

ÜBERNACHTUNG

Ischgl: Gidis Hof, www.gidishof. Familiengeführt, zentral, ruhig, radlerfreundlich, gratis WLAN + Silvretta-card

TEILSTRECKEN

Schruns–Partenen: 19 km, 363 Hm
Haltestelle Vermuntsee-Ischgl: 26 km, 330 Hm (ohne Busfahrt)
45 Kilometer
693 Höhenmeter bergauf
726 Höhenmeter bergab, E-Bike Alternativroute: Statt mit Bus zur Bielerhöhe, mit E-Bike übers Zeinisjoch. + 500 Hm, – 2 km, blaue Linie auf der Karte.
Ladestopp: Bielerhöhe, Zeinisjoch

Wir befinden uns mitten im Herzen des Skigebiets Silvretta Montafon. Von Schruns fahren wir über St. Gallenkirch und Gaschurn nach Partenen. Hier steigen wir in die Buslinie 85, die ab Schruns das Montafon mit dem Paznauntal verbindet. Wir legen nun die nächsten knapp 700 Höhenmeter und 8,5 Kilometer bis zur Haltestelle Vermuntsee in einer Viertelstunde ganz entspannt zurück. Wer mag, kann aber auch bis zur Haltestelle Saarbrücker Hütte oder gleich bis zur Bielerhöhe mitfahren. E-Biker radeln allerdings lieber durch das idyllische Ganifertal zum Kopsstausee hinauf und über das Zeinisjoch nach Galtür ins Paznauntal hinunter. Auf dem asphaltierten, aber für Pkws gesperrten Sträßchen zum Kopssee warten zwar teils sehr steile Anstiege und zahlreiche Kehren, dafür wird man mit viel Ruhe und abgasfreier Luft belohnt.

Die Silvretta-Hochalpenstraße kann nämlich gerade an Wochenenden und in den Ferien mit allerlei motorisiertem Verkehr (auch viele Busse) sehr voll werden, und die mühsame Auffahrt über die zahlreichen Kehren wird schnell zur nervigen Geduldsprobe. Leider ist der Vermuntstollen im Sommer, nach wie vor, bis auf Weiteres gesperrt und eine Wiedereröffnung noch nicht in Sicht. Die abenteuerliche Fahrt durch den 1,5 Kilometer langen Stollen bleibt uns Radlern somit weiterhin verwehrt. Wir werfen noch einen Blick auf den schimmernden Vermuntsee, bevor wir auf der Silvretta-Hochalpenstraße die letzten 6 Kilometer und gut 300 Höhenmeter zum Silvrettasee hinaufradeln. Auch der zeitweise türkis leuchtende Kopssee ist wunderschön gelegen und bietet tolle Ausblicke auf die umliegende Bergwelt. Es lohnt sich auch, einmal rundum zu radeln oder zu wandern. Die über 20 Kilometer lange Mautstraße ist eine der beliebtesten Gebirgsstraßen der Alpen und führt in 34 Kehren mit maximal 12 Prozent Steigung von Partenen im Montafon über die Bielerhöhe nach Galtür im Tiroler Paznauntal. Sie ist aber nur in den Sommermonaten geöffnet. Von der Bielerhöhe auf 2037 Metern haben wir einen atemberaubenden Blick auf die umliegende Bergwelt, den türkis milchig leuchtenden Silvretta-Stausee und auf den Piz Buin (3212 m). Es herrscht ein ziemlicher Rummel hier oben – aber die Lage hat schon etwas Besonderes. Nach einer 20 Kilometer langen Abfahrt in traumhaftem Panorama erreichen wir Ischgl. Hier lässt es sich entweder im Freibad oder im Silvretta-Center Hallenbad (mit Saunadorf) sehr gut erholen.

Der Radweg führt an der Trisanna entlang, hier kurz vor Ischgl.

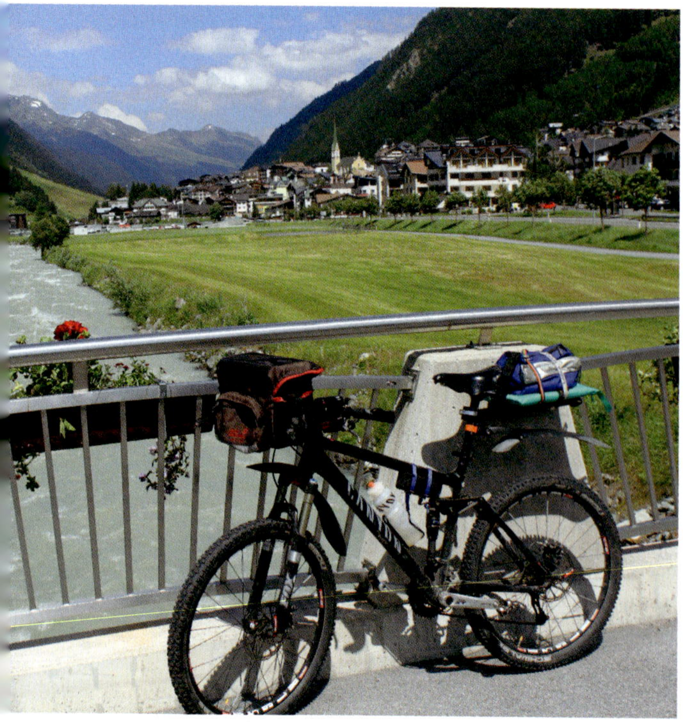

ROUTENBESCHREIBUNG
T03-E02-Schruns-Ischgl.gpx

WP | km | Hm

0 | 0 | 695 | Vom Ortszentrum auf dem Wagenweg bis zur Ill hinunter. Silvrettastraße und Ill überqueren.

1 | 0,9 | 687 | Die BR biegt dann links ab und folgt der Ill. Schöner ist es aber, der nachfolgenden Variante über die Nebenstraße zu folgen: Also nicht links nach der Illbrücke, sondern geradeaus am Aktivpark samt Freibad vorbei und dann links in einem Bogen auf der Zelfenstraße parallel zur Ill. Kurz nach dem Golfclub kommen beide Varianten wieder zusammen. Immer der BR Richtung St. Gallenkirch bzw. Gaschurn folgen.
2 | 3,4 | 718 | Die BR unterquert erst die Silvrettastraße und überquert die Ill auf einer kleinen Brücke. Dann auf der anderen Uferseite ein Teersträßchen entlang. Im weiteren Verlauf überquert die BR noch zweimal die Ill.
3 | 10,6 | 874 | Der Radweg führt parallel an St. Gallenkirch vorbei. Auf Radweg und Nebenstraße weiterhin parallel zur Silvrettastraße bis Gaschurn.
4 | 15,3 | 971 | In Gaschurn an der Seilbahn Versettla vorbei und später auf einer Nebenstraße um ein künstliches Wasserreservoir herum.
5 | 18,9 | 1042 | Bushaltestelle Partenen Zentrum.
6 | 0 | 1737 | Haltestelle Vermuntsee.
7 | 0,2 | 1744 | Am Vermuntsee.
8 | 6,4 | 2037 | Bielerhöhe und Silvretta-Stausee.
9 | 7,8 | 1908 | Kurz nach der 4. Kehre nach Beginn der Abfahrt kann man rechts auf einen Schotterweg abbiegen. Kurz danach einen kleinen Bach überqueren. Diesem 2,5 km parallel zur Silvrettastraße folgen, die dann an einer Brücke unterquert wird, und auf der anderen Bach- und Straßenseite die nächsten 2,5 km zurücklegen. Oder stattdessen einfach komplett auf der Straße bleiben und laufen lassen.
10 | 16,0 | 1615 | 300 m vor Galtür links über die kleine Brücke und dann auf dem Radweg parallel zur Trisanna weiter.
11 | 18,6 | 1552 | In Tschafein rechts über die Trisanna und auf dem Radweg auf der anderen Uferseite weiter. Linker Hand am Sägewerk vorbei, immer an der Trisanna entlang Richtung Ischgl.
12 | 23,9 | 1413 | Wir unterqueren die Silvrettastraße, die dort in einen Tunnel führt, überqueren die Trisanna und folgen nun dem Radweg linker Hand zur Trisanna. 2 km später queren wir wieder auf die andere Seite und fahren in den Ort Ischgl ein.

E-Bike Alternativroute:
T03-E02a-Zeinisjoch.gpx
WP | km | Hm
E0 | 0 | 1042 | Vom Zentrum Partenen bis zum Ortsende und weiter Richtung Bielerhöhe.
E1 | 1,9 | 1168 | In der zweiten Kehre nach der Mautstelle links abbiegen ins Ganifertal und bis zum Kopssee hinauf. Weiter zwischen Stausee und Zeinissee hindurch.
E2 | 10,5 | 1835 | Links und auf schmalem Sträßchen ins Paznauntal hinunter.
E3 | 13,1 | 1625 | Bei Wirl treffen wir wieder auf die Hauptroute und fahren links Richtung Galtür weiter. Die weiteren Kilometerangaben bis Ischgl weichen daher nun um 2 km nach unten ab.

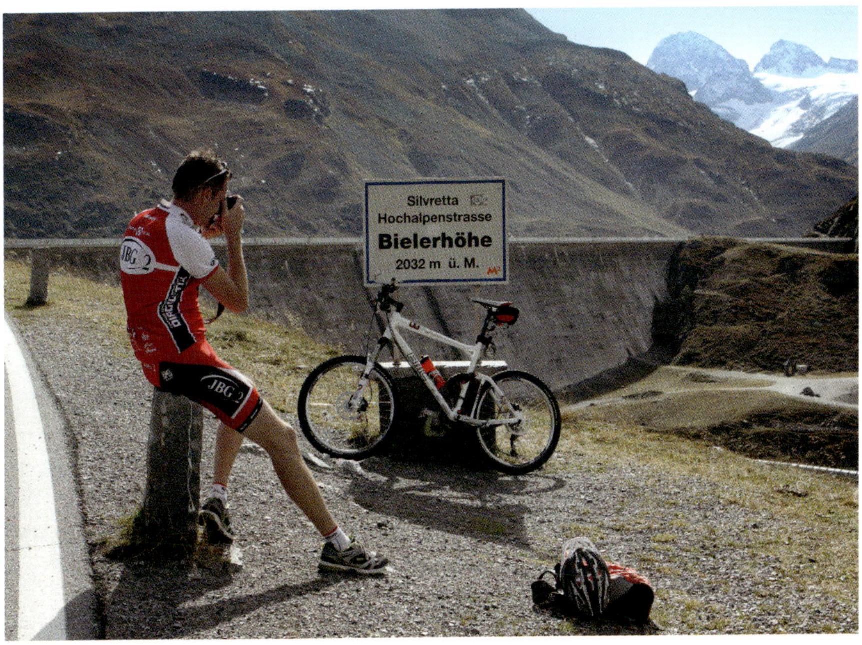

Diese Momente muss man festhalten: die Bielerhöhe am Silvretta-Stausee.

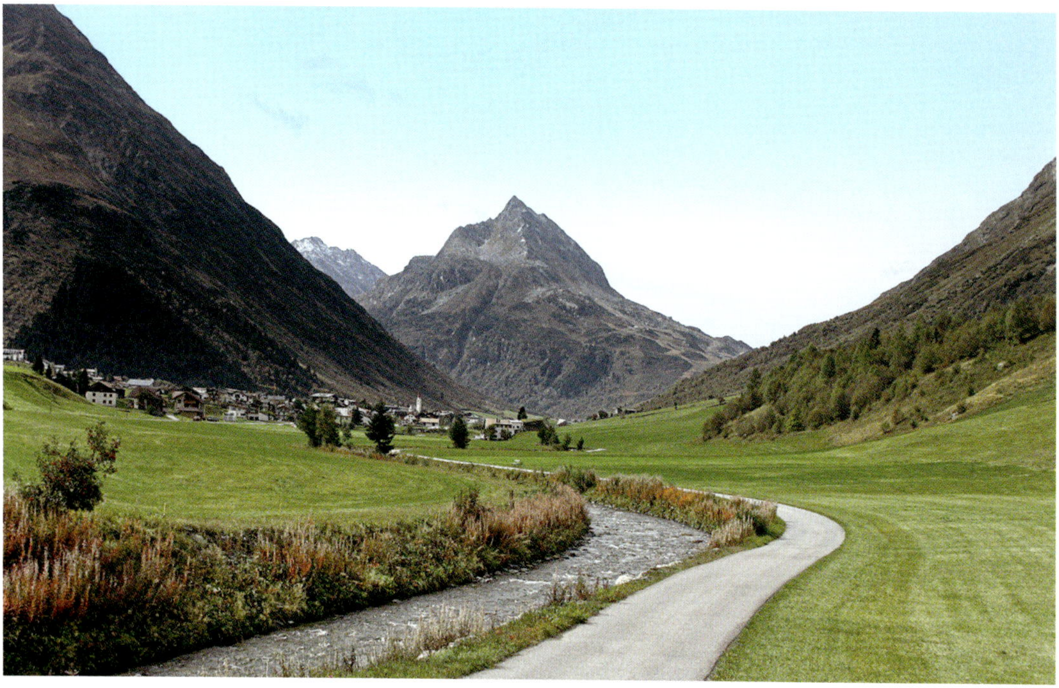

Auf dem Radweg entlang der Trisanna kurz nach Galtür geht es durch das Paznauntal hinunter.

Tag 3
Über die Samnaungruppe zum Vinschgau

ÜBERNACHTUNG

Prad: Pension Astoria, www.pension-astoria.it. Familiengeführt, zentral, ruhig, freundlich, reichhaltiges regionales Frühstück, Radlgarage.

TEILSTRECKEN

Ischgl–Nauders: 32,5 km, 486 Hm (ohne Seilbahn Ischgl–Viderjoch)
Nauders–Prad: 39,5 km, 265 Hm
72 Kilometer
751 Höhenmeter bergauf
2602 Höhenmeter bergab
Ladestopp: Nauders, Reschen

Heute geht es hoch hinaus: zum Äußeren Viderjoch in der Samnaungruppe. Aber anstelle des klassischen Überganges vom Paznaun ins Unterengadin über die Heidelberger Hütte und den Fimbapass wählen wir die gemütliche Variante: Die Seilbahnauffahrt zum Äußeren Viderjoch (E-Bike-Transport möglich) und die Abfahrt durch das Samnaungebiet. Mit der Silvrettabahn fahren wir in wenigen Minuten auf 2300 Meter zur Bergstation Idalp. Danach geht es mit der Flimjochbahn auf das 2738 Meter hohe Äußere Viderjoch. Die Aussicht auf die umliegenden Gipfel ist phänomenal: Silvretta-, Verwall-, Samnaungruppe, Ötztaler Alpen – eine Aussicht der Superlative! Eine tolle Abfahrt über 1000 Höhenmeter führt uns nach Compatsch, wo sich ein Abstecher in das 130 Höhenmeter höher gelegene Samnaun anbietet. Das Dorf ist vor allem durch die Möglichkeit des zollfreien Einkaufs eine Touristenattraktion. Ab Compatsch fahren wir durchs Spiessertal ins Unterengadin. In Martina erreichen wir den offiziellen Grenzübergang zwischen der Schweiz und Österreich.

Nach Überwinden der Norbertshöhe und einer Abfahrt nach Nauders erreichen wir schon bald Italien und kurz darauf den auf 1507 Metern liegenden Reschenpass. Kurz danach kommen wir am Reschensee vorbei, vor allem bekannt durch die herausragende Kirchturmspitze. Über grüne Wiesen und Felder fahren wir bis nach Mals und genießen die schönen Ausblicke in den oberen Vinschgau. ***Variante:*** Von Mals 14 Kilometer nach Sta Maria im Val Mustair hochfahren und dort der Tour 9 weiter folgen.

Von Glurns führt der Etschtal-Radweg romantisch an Wein- und Apfelplantagen für einige Kilometer direkt an der Etsch entlang, um dann im 90-Grad-Winkel nach Prad am Stilfser Joch abzubiegen.

ROUTENBESCHREIBUNG
T03-E03-Ischgl-Prad.gpx

WP | km | Hm

0 | 0 | 1361 | Mit der Silvretta Seilbahn von Ischgl zur Bergstation Idalp. Dort auf einem Schotterweg 200 m abwärts und dann mit der Flimjochbahn zum Äußeren Viderjoch.

1 | 0 | 2738 | Am Äußeren Viderjoch links haltend Richtung Alptrider Sattel der Bike-Beschilderung nach.

2 | 2,4 | 2423 | Links halten Richtung Alp Trida. Kurz danach bietet sich links die Möglichkeit für einen 1 km langen Flowtrail. Ab Alp Trida immer auf gutem Schotterweg der ausgeschilderten BR Richtung Compatsch folgen.

3 | 9,8 | 1712 | In Compatsch auf der Talstraße links bergab Richtung Österreich. 1,5 km danach, vor der Grenze, rechts den Bach überqueren und auf einer Nebenstraße weiter.

4 | 19,9 | 1086 | In Vinadi rechts auf die Straße 27 den Inn entlang Richtung St. Moritz der Via Claudia Augusta folgen.

5 | 25,1 | 1042 | In Martina erst über die Schweizer Grenze, dann links Richtung Reschenpass über den Inn und gleich 100 m weiter wieder nach Österreich bergauf Richtung Nauders und über die Norbertshöhe.

6 | 32,3 | 1337 | Bei Nauders von der B 185 links in den Ort abbiegen, unter der B 180 hindurch, kurz danach zweimal rechts auf die Alte Straße Richtung Reschenpass der ausgeschilderten Via Claudia Augusta folgen.

7 | 39,8 | 1501 | Am Beginn des Reschensees rechts abbiegen und der Beschilderung Radroute Meran folgen, die am Westufer entlangführt.

8 | 48,8 | 1464 | In St. Valentin links halten und der Via Claudia Augusta entlang des Westufers des Haidersees folgen. Die BR kommt danach durch Burgeis.

9 | 58,4 | 1064 | In Mals zweimal rechts Richtung Schleis halten. Von dort auf der BR parallel zur Etsch nach Glurns.

10 | 63,4 | 912 | In Glurns dem Etschtal-Radweg entlang der Etsch folgen. Dieser führt 6 km später weg von der Etsch ins nahe gelegene Prad.

11 | 72,4 | 907 | Ankunft in Prad.

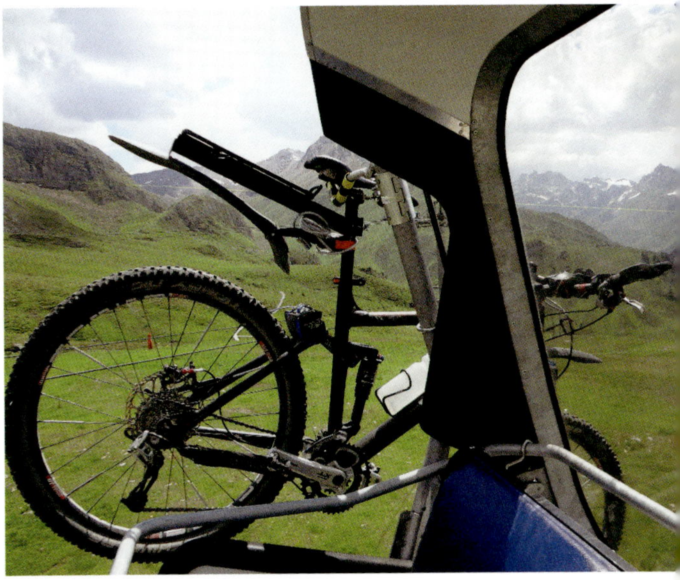

Am Haken: Im Sessellift zum Äußeren Viderjoch wird das Bike einfach neben den Sitz gehängt.

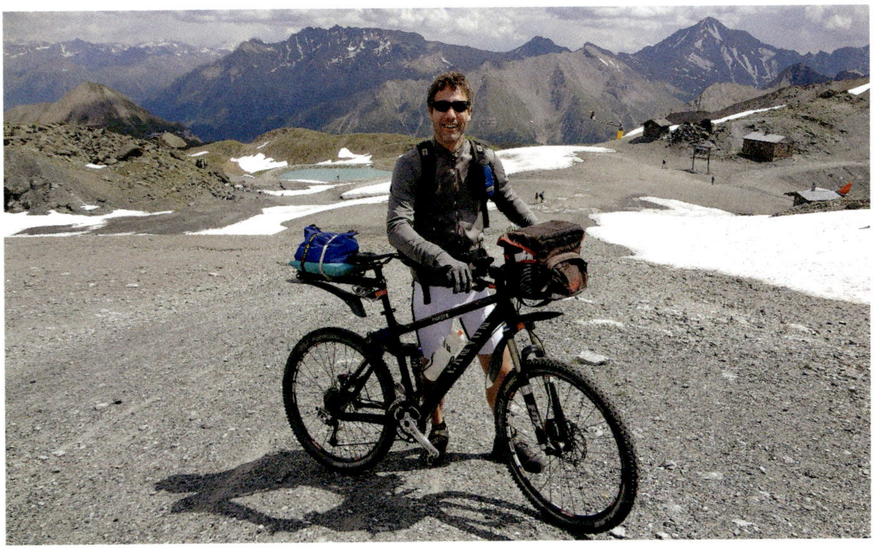

Das Traumpanorama am Äußeren Viderjoch entlockt fast jedem ein Lächeln.

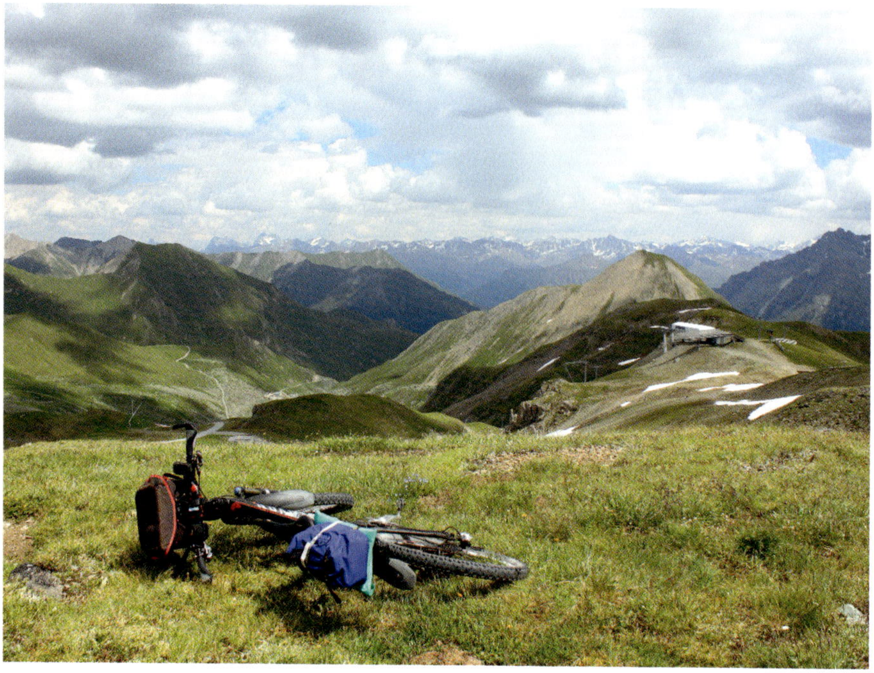

Die beeindruckende Aussicht am Äußeren Viderjoch auf Samnaun- und Silvrettagruppe, Lechtaler und Ötztaler Alpen lädt zum Verweilen ein.

Tag 4
Durch den Vinschgau nach Bozen

ÜBERNACHTUNG

Bozen: Reiseggerhof, www.reiseggerhof.it. Gemütlich, herrliches Ambiente, inmitten der Weinberge mit Ausblick über Bozen und doch zentrumsnah, Fahrraddepot.

TEILSTRECKEN

Prad–Meran: 51 km, 99 Hm
Meran–Bozen: 38 km, 102 Hm
89 Kilometer
201 Höhenmeter bergauf
865 Höhenmeter bergab
Ladestopp: Radtreff Brugg am Fischteich, Meran

VINSCHGAU

Der Vinschgau (italienisch »Val Venosta«) ist der oberste Teil des Etschtals in Südtirol und erstreckt sich vom Reschenpass südwärts bis zur Töll bei Partschins kurz vor Meran. Die Region hat ihren Namen vom Stamm der Venosten, die dort wohnten, als die Römer ihren Feldzug über die Alpen antraten. Der Vinschgau liegt zentral in den Alpen und ist von hohen Bergkämmen umgeben. Die daraus resultierende Insellage sorgt für ein mildes Klima mit wenig Niederschlag und vielen Sonnentagen. So ist der Vinschgau eines der trockensten Täler der Alpen und damit ideal für den Anbau von Äpfeln. Nicht umsonst gilt die Region als »Apfelgarten Südtirols«.

Unser letzter Tag führt uns durch den restlichen Vinschgau entlang der Vinschgaubahn bis nach Bozen – die Strecke kann somit jederzeit abgekürzt werden.

Von Prad aus geht es durch Wein- und Apfelplantagen nach Laas, das vor allem durch seinen weißen Laaser Marmor bekannt ist. Kurz darauf bietet sich am Radtreff Fischteich Brugg eine Einkehr an – sehr romantisch an einem kleinen See gelegen mit leckerem Kuchen. Bereits vor Schlanders beginnt der weitläufige Apfelgarten Südtirols. Um den niederschlagsarmen Vinschgau zu bewässern, haben die Bauern ab dem 13. Jahrhundert lange künstliche Wasserkanäle – sogenannte Waale – angelegt. Mittlerweile werden die Apfelplantagen beregnet, doch die Pfade entlang der Kanäle, die sogenannten Waalwege, sind heute bei Touristen beliebte Wanderwege. Wir fahren weiter nach Naturns, das am Eingang zum Schnalstal und direkt unterhalb der Texelgruppe liegt. Am Taleingang thront Schloss Juval, das sich im Privatbesitz der Südtiroler Bergsteigerlegende Reinhold Messner befindet. Von dort geht es weiter ins mediterrane Meran. Der Kurort ist mit seiner mittelalterlichen Altstadt ein beliebter Urlaubsort. Be-

reits zu Beginn des 20. Jahrhunderts kam der Adel hierher zur Kur oder Sommerfrische. Die Weiterfahrt führt uns vorbei an Marling und Lana (hier befindet sich das Südtiroler Obstbaumuseum).
Kurz vor Bozen kommen wir unterhalb von Schloss Sigmundskron vorbei, dessen Ruine heute das vierte Bergmuseum von Reinhold Messner beherbergt. Das letzte Stück bis ins Zentrum von Bozen fahren wir entlang des Eisacks. Ein Aperol Spritz an der Piazza Walther von der Vogelweide hat besonderes Flair und sorgt für einen würdigen Ausgang dieser Tour.

ROUTENBESCHREIBUNG
T03-E04-Prad-Bozen.gpx

WP | km | Hm

0 | 0 | 907 | In Prad wieder auf der Via Claudia Augusta bzw. auf der ausgeschilderten BR Richtung Meran.

1 | 9,0 | 865 | An der Brücke über die Etsch nicht in den Ort Laas fahren, sondern daran vorbei. Weiter auf Schotter durch ein Waldstück. An Schlanders vorbeifahren und immer der Beschilderung Via Claudia Augusta bzw. Etschtal-Radweg folgen.

2 | 17,0 | 695 | Bei Holzbrugg aufpassen: Nicht links an der Etsch weiter Richtung Goldrain, sondern rechts Richtung Morter und von dort über Latsch in einem Bogen zur Etsch zurück. Dort noch kurz vor den Gleisen rechts Richtung Marein abbiegen.

3 | 28,2 | 569 | Nach dem Passieren von Kastelbell kommt die BR wieder an die Etsch und überquert diese. Weiter auf der anderen Seite für die nächsten 2 km. Danach wieder die Etsch überqueren und dann etwas versetzt davon bis Naturns weiter.

4 | 35,0 | 535 | Ab Naturns verläuft die BR direkt auf der Etschdamm-Promenade.

5 | 43,9 | 505 | Kurz nach Töll an der Staustufe links der BR auf der Straße Richtung Algund folgen. 1 km später von der Via Claudia Augusta nach rechts abbiegen und in 7 engen Kehren flott bergab dem Etschtal-Radweg bzw. der Beschilderung Radroute Meran folgen. Weiter an der Etsch entlang.
Variante: Nicht auf dem Etschtal-Radweg nach Meran, sondern der Via Claudia Augusta weiter folgen und über Algund und Mühlbach nach Meran. Diese kommt hinter dem Bahnhof raus.

6 | 49,5 | 298 | Die BR unterquert die SS 38 und führt die letzten 1,5 km entlang der Passer bis zur Hauptpromenade in Meran. Stadtauswärts folgen wir dann nicht der Via Claudia Augusta, sondern wieder an der Passer zurück, aber wegen der Einbahnstraße auf der anderen Uferseite bis zur SS 38 und dann links unterhalb der SS 38 auf dem Radweg weiter.

7 | 53,1 | 309 | Von der SS 38 weg einer linksseitigen S-Kurve (Luis-Zuegg-Straße) folgen, auf dieser bleiben und rechts die SS 38 und die Etsch überqueren. Auf der Straße nach Marling, wo wir wieder auf die Via Claudia Augusta stoßen. Weiter auf SS 238 (nicht SS 38) über Tscherms Richtung Lana.

8 | 58,2 | 314 | Am Kreisverkehr am Ortseingang Lana links und nach 100 m rechts, am Parkplatz vorbei, am Bach entlang bis ins Ortszentrum. Von der Maria-Hilf-Straße rechts in die Kapuzinerstraße. Ein paar 100 m vor Nals links auf die Südtiroler Weinstraße. Auf dieser in einem Bogen um Nals herum und weiter nach Andrian.

9 | 73,6 | 263 | Am Ortseingang von Andrian links auf ein Teersträßchen. Nicht durch den Ortskern fahren. Gut 1,5 km später bei Terlan die Etsch überqueren. Dort vereinigt sich die Via Claudia Augusta wieder mit dem Etschtal-Radweg und führt links der Etsch Richtung Bozen weiter.

10 | 82,6 | 242 | Kurz nach dem Bahnhof Ponte d'Adige an einer T-Kreuzung links in die Sigmundskroner Straße und dann zweimal rechts (Kohlererstraße), um ein Firmengelände zu umfahren und wieder zur Etsch zu kommen.

11 | 84,7 | 242 | Wo Etsch und Eisack bis auf 25 m zusammenkommen, links über eine Brücke und weiter auf der BR bzw. der Via Claudia Augusta in nördlicher Richtung der Etsch flussaufwärts folgen.

12 | 89,0 | 263 | 100 m vor der Eisenbahnbrücke über die Eisack links zum Bahnhof oder ins Zentrum von Bozen.

Pflichtstopp für viele Alpenüberquerer im Vinschgau: der Gasthof zum grünen Baum in Glurns

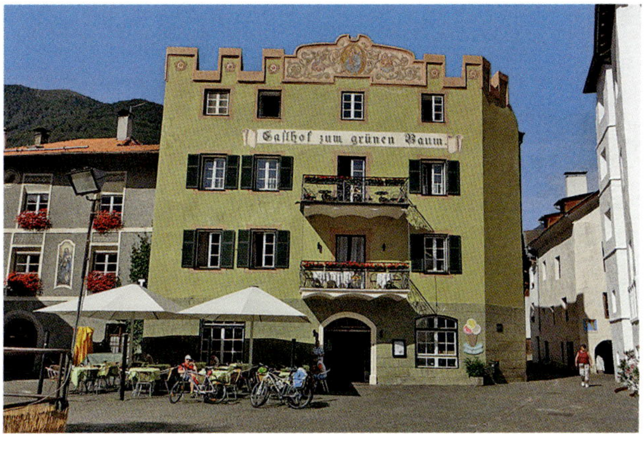

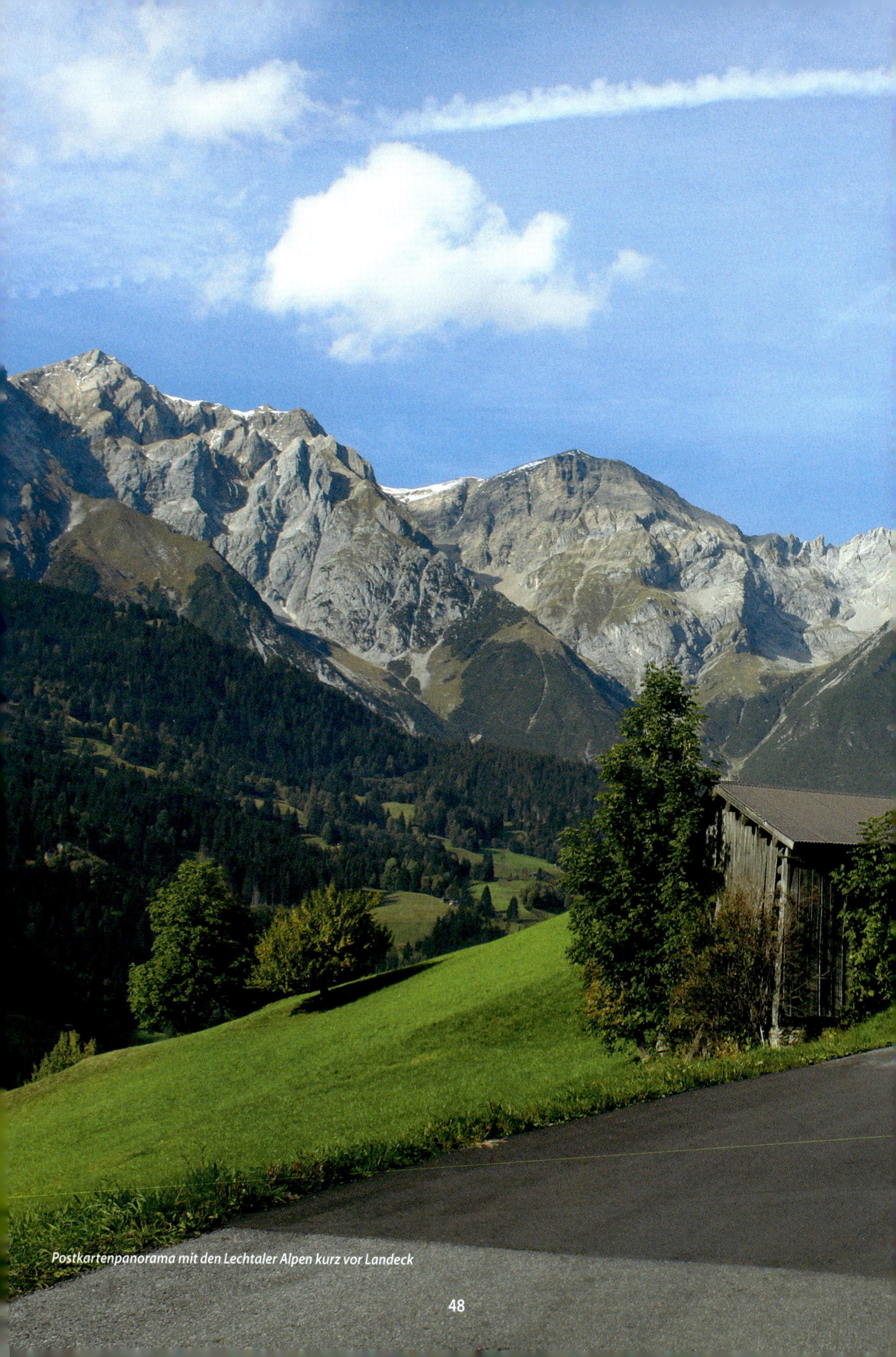

Postkartenpanorama mit den Lechtaler Alpen kurz vor Landeck

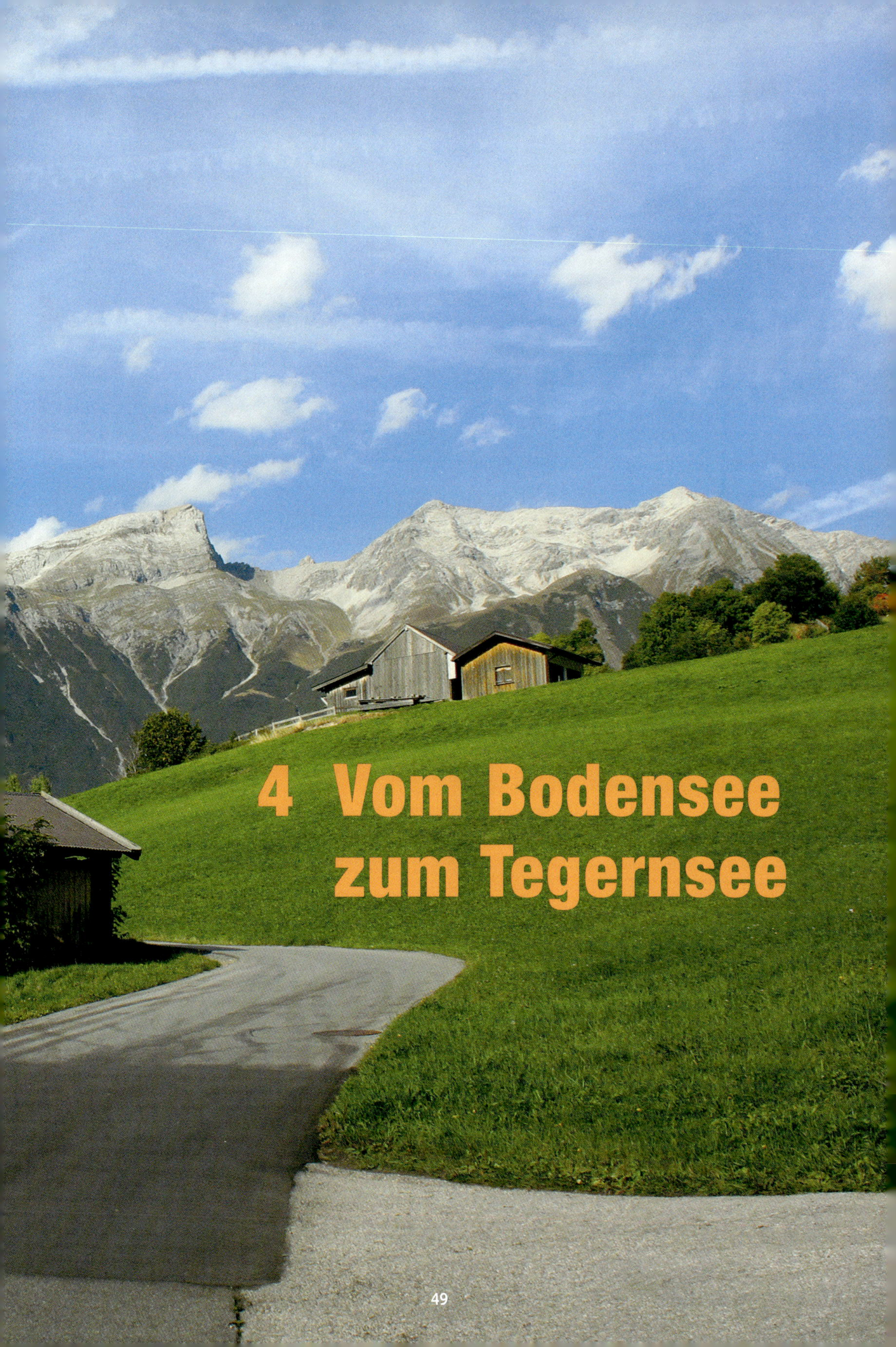

4 Vom Bodensee zum Tegernsee

4 Vom Bodensee zum Tegernsee

Durchs Paznauntal und Inntal: der Fünf-Seen-Cross

Schwierigkeit	Erlebniswert	Höhenmeter (in m)	Streckenlänge (in km)	Zeit (in Tagen)
1	☆☆☆☆☆	Mit Rad: *2594* Gesamt: *3288*	Mit Rad: *338* Gesamt: *347*	5

TOURENCHARAKTER

AUSGANGSPUNKT
Bahnhof Bregenz am Bodensee

ENDPUNKT
Gemeinde Tegernsee am Tegernsee

ANFAHRT
Bahn: Von Deutschland (München/Ulm), Österreich (Feldkirch) und Schweiz (St. Gallen) gut erreichbar.
Auto: Von Norden über die A 7 und A 96, von Süden über die österreichische A 14. Keine ausgewiesenen kostenlosen Dauerparkplätze.

RÜCKFAHRT
Mit der BOB (www.bayerischeoberland-bahn.de) nach München und dann mit der DB entweder über Kempten zurück nach Bregenz oder zum Heimatort.

KONDITION
☆☆☆☆☆

FAHRTECHNIK
☆☆☆☆☆

ERLEBNISWERT
Fahrspaß: ☆☆☆☆☆ – Leichtes Einrollen am Rhein, ausgedehnte Abfahrt von der Bielerhöhe bis Ischgl, mehrere schöne Trailabschnitte zwischen Kappl und See im Paznaun, schöne Forstwege vom Achensee zum Tegernsee.
Landschaft: ☆☆☆☆☆ – Traumhafte Panoramen an der Bielerhöhe, wildromantisches Paznaun, malerisches Inntal, tolle Lage des Achensees.
Kultur und Geschichte: ☆☆☆☆☆ – Mittelalterliche Städte im Montafon, rätoromanische Orte im Inntal, geschichtsträchtige Kulturstadt Innsbruck, Kristallwelten Wattens, Silberbergwerk Schwaz.

STRECKENPROFIL
Asphalt: 279 km
Schotter-/Forstweg: 54 km
Pfad: 5 km
Schieben: 3 x 5 Min.
Busfahrt: 8,5 km, 690 Hm
Leichte Tour, v. a. auf asphaltierten Radwegen (Rhein-Radweg, Innradweg, Via Claudia Augusta, Via Bavarica Tyrolensis) und Nebenstraßen. Rasante Abfahrt von der Bielerhöhe bis Ischgl. Mehrere schöne Trailabschnitte zwischen Kappl und See im Paznaun, teilweise schmal, aber gut fahrbar. Schöne Forstwege vom Achensee zum Tegernsee. Große Stufe zum Achensee hinauf, letztes Drittel Schotterweg. Drei kurze Schiebestücke im Paznaun und zum Achensee hinauf.

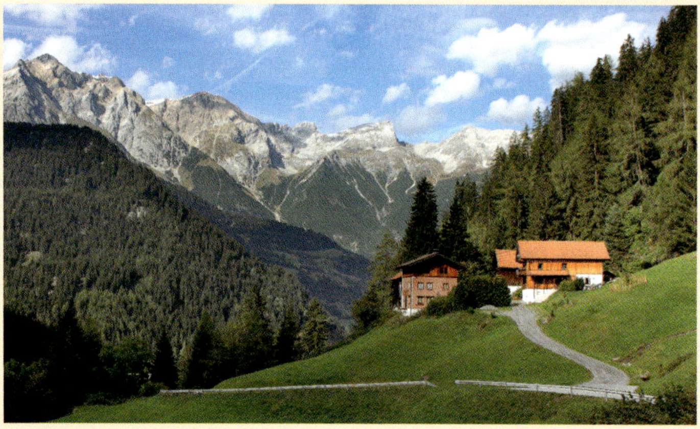

Die einsame Nebenstraße, die das Paznaun mit Landeck verbindet.

HÖCHSTER PUNKT
2037 m, Bielerhöhe

NIEDRIGSTER PUNKT
402 m, Bregenz

ALLGEMEINE INFOS
Bregenz: Tourist-Information, Tel. +43/(0)5574/495 90, www.bregenz.at, Feldkirch: www.feldkirch.at, Bludenz: www.bludenz.at, Vandans: Freibad Rätikonbad (tgl. geöffnet 9–20 Uhr), Schruns: Tourismusinformation, Tel. +43/(0)5556/721 66, www.schruns.at, Aktivpark inkl. Freibad, www.aktivpark-montafon.at, (tgl. geöffnet 9–20 Uhr), Gaschurn: www.gaschurn-partenen.at, Postbus 85 zum Vermuntsee: www.montafonerbahn.at/mbs-bus/fahrplane-bus. Verkehrt halbstündlich. Maximal 4 Fahrräder hinten, keine E-Bikes, keine 29-Zoll-Räder. Von Partenen zum Vermuntsee in 15 Minuten. Galtür: www.galtuer.com, Ischgl: Tourismusinformation, Tel. +43/(0)50/99 01 00, www.ischgl.com, See: www.see.at, Landeck: www.tourist-information,.at, Imst: www.imst.at, Telfs: www.telfs.at, Zirl: www.zirl.at, Tourismusbüro, Tel. +43/(0)5238/522 35, Innsbruck: www.innsbruck.at, Hall: www.hall-in-tirol.at, Wattens: www.wattens.com, Swarovski: www.kristallwelten.at, Tegernsee: www.tegernsee.de, Tourist-Information, Tel. +49/(0)/8022/18 01 40, www.via-bavarica-tyrolensis.com.
Bus von Wiesing/Dorf nach Maurach: Linie 8332 (tgl. 14.10, 15.10, 16.10, 17.10, 18.10 Uhr).
Dampfbahn Jenbach zum Achensee: www.achenseebahn.at, Schifffahrt Achensee: www.tirol-schiffahrt.at.

LANDKARTEN
Kompass 2, 24, 26, 35, 36, 41, 182, 292 in Papier oder digital zum Selbstausdrucken.

GPS/ROADBOOK
T04-E01-Bregenz-Schruns.gpx
T04-E02-Schruns-See.gpx
T03-E02a-Zeinisjoch.gpx
T04-E03-See-Zirl.gpx
T04-E04-Zirl-Maurach.gpx
T04-E05-Maurach-Tegernsee.gpx

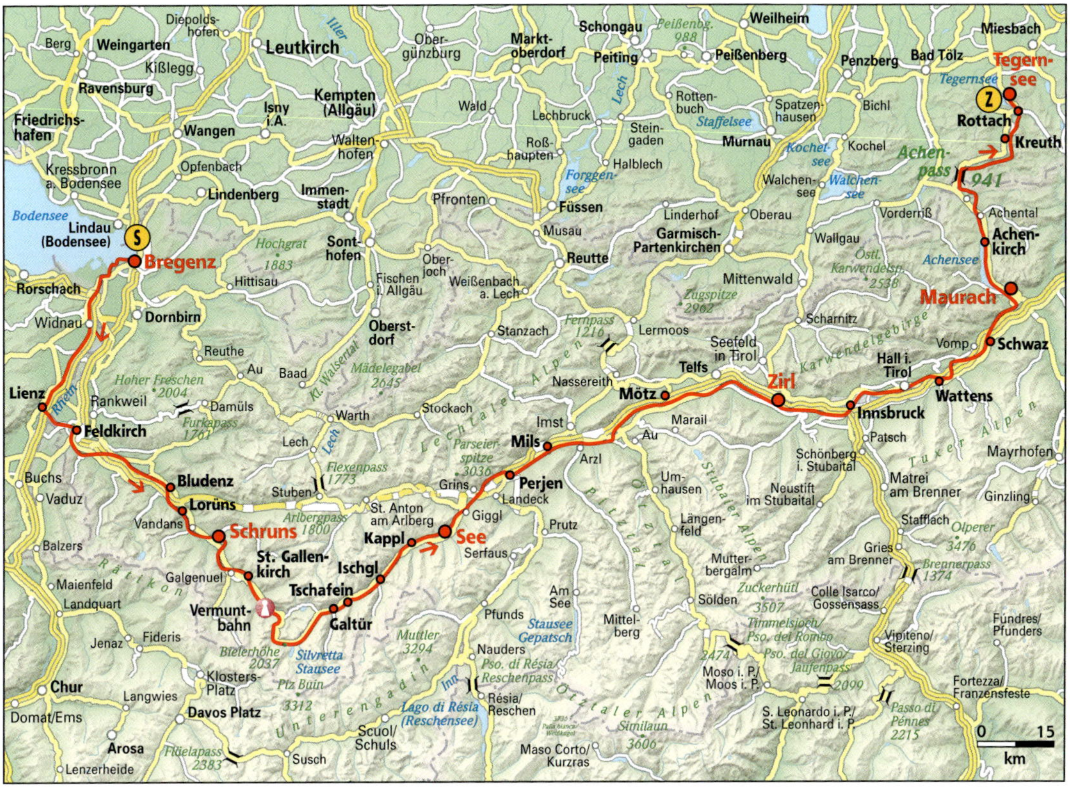

Die meisten Transalps starten im Norden und enden im Süden. Warum nicht einfach mal querdenken und von West nach Ost fahren? Der Fünf-Seen-Cross führt vom Rheintal durchs Montafon, Paznaun- und Inntal bis ins bayerische Voralpenland. Die Tour bleibt somit stets auf deutschsprachigem Boden. Start und Ziel sind jeweils an einem See.

Tag 1
Vom Bodensee ins Montafon

ÜBERNACHTUNG

Schruns: Hotel Krone, www.kroneschruns.at, Tel. +43/(0)/5556/722 55. Sehr stilvoll, Sauna, leckere Schmankerl im Restaurant, Radlgarage.

TEILSTRECKEN

Bregenz–Feldkirch: 45 km, 105 Hm
Feldkirch–Schruns: 36 km, 272 Hm
81 Kilometer
377 Höhenmeter bergauf
99 Höhenmeter bergab
Ladestopp: Feldkirch

Der Verlauf dieser Etappe ist identisch mit Etappe 1 von Tour 3 (siehe Beschreibung auf S. 39).

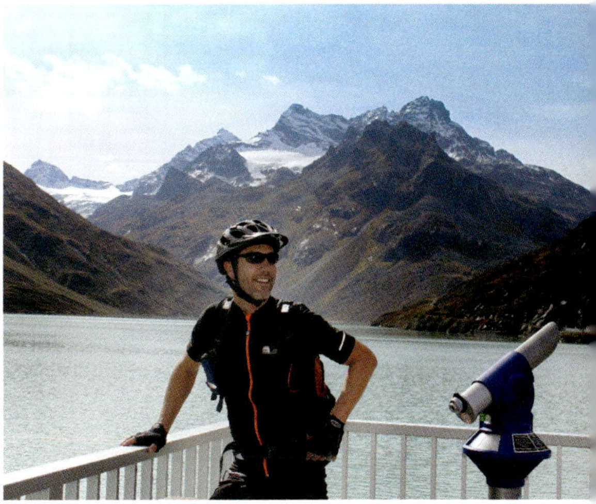

Grund zur Freude: die Silvrettagruppe über dem Silvretta-Stausee

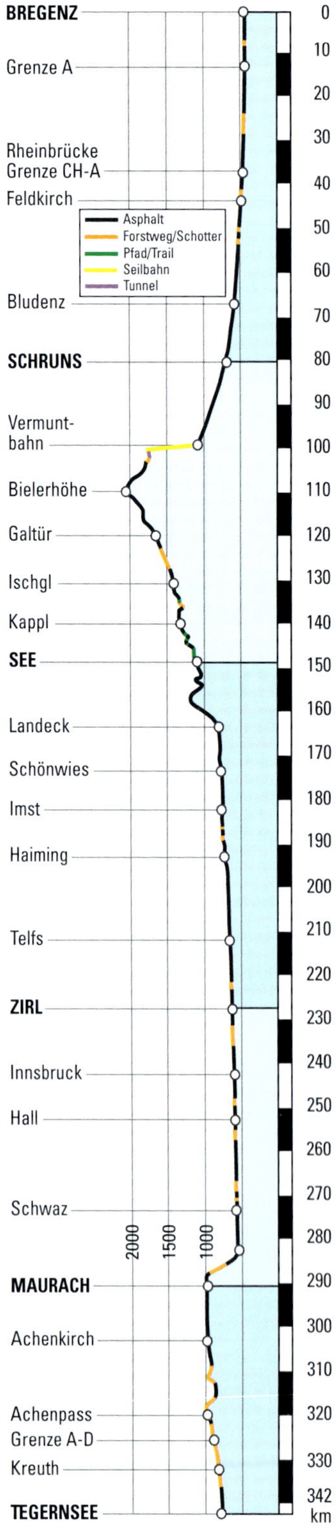

Tag 2
Über die Silvretta-Hochalpenstraße ins Paznauntal

ÜBERNACHTUNG

See: Aktivhotel Fortuna, www.hotelfortuna.at. Familiär, gepflegt, sauber, freundlich, gute Küche, Wellnessbereich.

TEILSTRECKEN

Schruns–Ischgl: 45 km, 693 Hm (ohne Bus)
Ischgl–See: 18 km, 212 Hm
63 Kilometer
905 Höhenmeter bergauf
1252 Höhenmeter bergab
E-Bike Alternativroute: Statt mit Bus zur Bielerhöhe, mit E-Bike über Zeinisjoch. + 500 Hm, – 2 km, blaue Linie auf Karte.
Ladestopp: Bielerhöhe, Zeinisjoch, Ischgl

Der Verlauf dieser Etappe ist bis Ischgl (WP12) identisch mit Etappe 2 von Tour 3 (siehe Beschreibung auf S. 42).
Von Ischgl geht es noch ein Stück bergab durch das zwischen der Silvretta-, der Verwall- und der Samnaungruppe liegende Paznaun. Das Tal läuft am Talboden sehr eng zusammen, sodass gerade noch Platz bleibt für die Sanna und die Straße. Die Sanna ist ein beliebtes Revier für anspruchsvolle Rafting-Touren und war 1996 Austragungsort der Weltmeisterschaft im Kanu-Wildwasserrennsport. Wir fahren meist oberhalb des Talbodens den Bergrücken entlang bis in den kleinen Ort Kappl, wo wir noch einen kleinen Cappuccino-Stopp einlegen. In See angekommen, relaxen wir noch ein wenig im Wasserpark im Herzen von See und lassen die umliegende Bergwelt auf uns wirken.

ROUTENBESCHREIBUNG
T04-E02-Schruns-See.gpx

WP | km | Hm

0 | 0 | 695 | Vom Ortszentrum auf dem Wagenweg bis zur Ill hinunter. Silvrettastraße und Ill überqueren.

1 | 0,9 | 687 | Die BR biegt dann links ab und folgt der Ill. Schöner ist es aber, der nachfolgenden Variante über die Nebenstraße zu folgen: Also nicht links nach der Illbrücke, sondern geradeaus am Aktivpark samt Freibad vorbei und dann links in einem Bogen auf der Zelfenstraße parallel zur Ill. Kurz nach dem Golfclub kommen beide Varianten wieder zusammen. Immer der BR Richtung St. Gallenkirch bzw. Gaschurn folgen.

2 | 3,4 | 718 | Die BR unterquert erst die Silvretta-

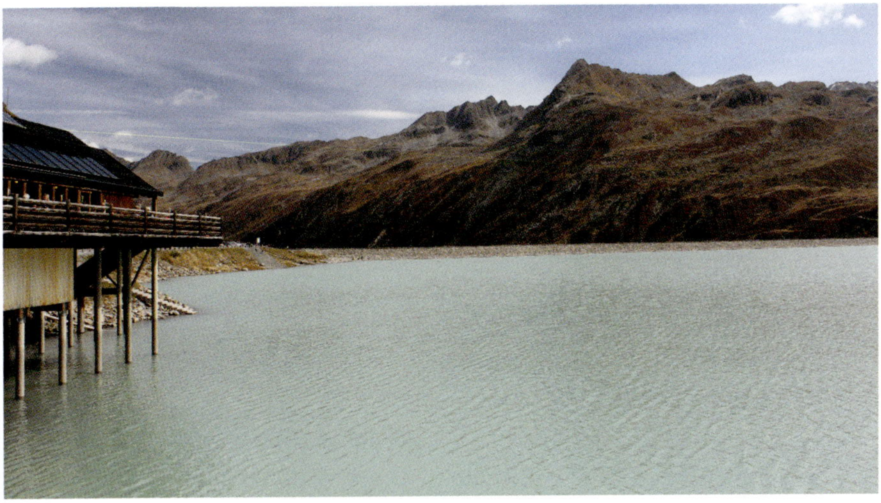

Die schöne Kulisse des Silvretta-Stausees zieht an Wochenenden zahlreiche Ausflügler an.

straße und überquert die Ill auf einer kleinen Brücke. Dann auf der anderen Uferseite ein Teersträßchen entlang. Im weiteren Verlauf überquert die BR noch zweimal die Ill, während die Silvrettastraße durch zwei Tunnel führt.

3 | 10,6 | 874 | Der Radweg führt parallel an St. Gallenkirch vorbei und kommt nun direkt am Lift Garfrescha vorbei. Auf Radweg und Nebenstraße weiterhin parallel zur Silvrettastraße an Gortipohl vorbei bis Gaschurn.

4 | 15,3 | 971 | In Gaschurn an der Seilbahn Versettla vorbei und später auf einer Nebenstraße um ein künstliches Wasserreservoir herum.

5 | 18,9 | 1042 | Bushaltestelle Partenen Zentrum.

6 | 0 | 1737 | Haltestelle Vermuntsee. Der Kilometerzähler wird hier zurückgesetzt.

7 | 0,2 | 1744 | Am Vermuntsee.

8 | 6,4 | 2037 | Bielerhöhe und Silvretta Stausee.

9 | 7,8 | 1908 | Kurz nach der 4. Kehre nach Beginn der Abfahrt kann man rechts auf einen Schotterweg abbiegen und kurz danach einen kleinen Bach überqueren. Diesem 2,5 km parallel zur Silvrettastraße folgen, die dann an einer Brücke unterquert wird, und auf der anderen Bach- und Straßenseite die nächsten 2,5 km zurücklegen. Oder stattdessen einfach komplett auf der Straße bleiben und laufen lassen.

10 | 16,0 | 1615 | 300 m vor Galtür links über die kleine Brücke und dann auf dem Radweg parallel zur Trisanna weiter.

11 | 18,6 | 1552 | In Tschafein rechts über die Trisanna und auf dem Radweg auf der anderen Uferseite weiter. Linker Hand am Sägewerk vorbei, immer an der Trisanna entlang. Immer der gelben Beschilderung nach Ischgl folgen.

12 | 23,9 | 1413 | Wir unterqueren die Silvrettastraße, die dort in einen Tunnel führt, überqueren die Trisanna und folgen nun dem Radweg linker Hand zur Trisanna. 2 km später queren wir wieder auf die andere Seite und machen einen Schlenker in den Ort. Am großen Parkplatz neben der Silvrettastraße über eine kleine Brücke über die Trisanna. Gelber Beschilderung Talweg immer Richtung Kappl am Bach entlang folgen. Teilweise ist der Abschnitt zwischen Ischgl und Kappl auch als Kappl-Ischgl Tour 741 beschildert.

13 | 28,5 | 1340 | An der kleinen Brücke, wo der Straßentunnel auf der anderen Bachseite endet, links weiter auf ein Sträßchen und auf dem Talweg leicht aufwärts. Durch kleine Weiler hindurch. Danach abwärts zur Trisanna.

14 | 30,7 | 1282 | Kurz vor der Trisannabrücke links auf einen Forstweg um den Weiler Ebene. Ab jetzt führt der Weg als Pfad für den nächsten Ki-

Neugierige Blicke im Montafon

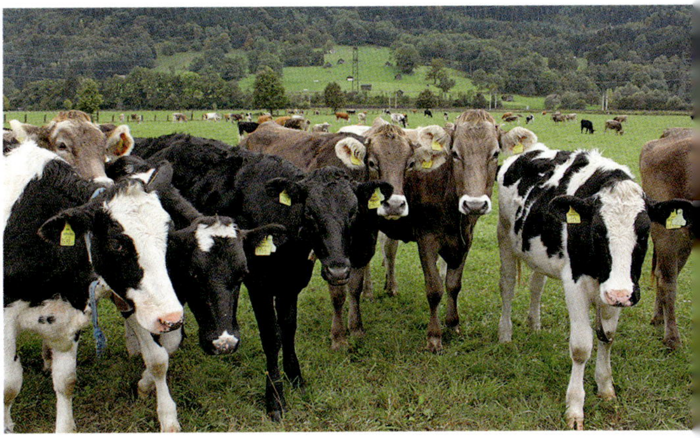

lometer etwas oberhalb parallel zur Trisanna leicht abwärts am Hang entlang weiter.

15 | 31,9 | 1268 | Am Ende des Pfades rechts auf einen Forstweg und nach 50 m links der Trisanna entlang. 800 m weiter links bergauf auf eine Nebenstraße nach Ulmich. Immer oberhalb des Talbodens.

16 | 36,3 | 1277 | In Kappl an der Hauptstraße erst links und nach 400 m rechts halten auf einer Nebenstraße und der Beschilderung des Talwanderwegs Richtung See folgen.

17 | 38,6 | 1236 | Kurz vor dem Weiler Althof rechts in die Sackgasse an einzelnem Haus vorbei. Am Ende beginnt ein schmaler Pfad über eine Wiese in den Wald (Wanderweg Nr. 2). Im Wald wird der Pfad etwas breiter und ist gut fahrbar. Nach 700 m wieder auf der Straße weiter.

18 | 39,7 | 1174 | Gut 300 m nach Beginn der Straße führt in einer S-Kurve der Pfad wieder weiter. Nach 500 m wieder auf die Straße. Nicht runter zum Talboden, sondern der Sackgasse zum Dorfende folgen. Dort kommt wieder ein 500 m langer Pfadabschnitt leicht bergab. Dann auf der Straße weiter bergab.

19 | 41,7 | 1134 | Kurz bevor die Nebenstraße zum Talboden bei Seßlebene kommt, führt in einer Rechtskurve der nächste 400-m-Pfadabschnitt geradeaus weiter. Bei Erreichen der nächsten Straße dann links bergauf und nach 100 m in der Linkskurve auf den nächsten Pfadabschnitt abzweigen. Dieser führt über die nächsten 2 km am Hang entlang. Erst leicht bergab, zum Schluss kurz bergauf, bevor es dann endgültig bergab auf der Straße in den Ort See geht.

Blick vom einsamen Radweg oberhalb der Trisanna im Paznauntal Richtung Landeck

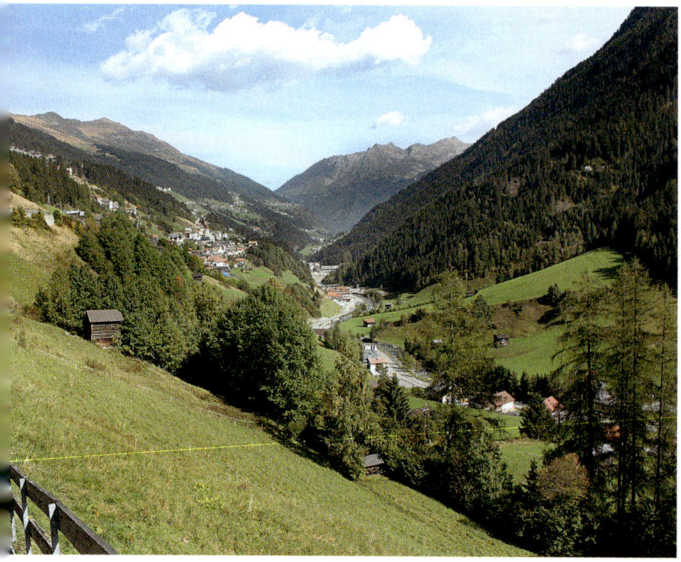

Tag 3
Vom Paznaun ins Inntal

ÜBERNACHTUNG

Zirl: Pension Margret,
www.daszirl.at. Gemütlich, familiär, regionale Produkte zum Frühstück, ruhig, große Zimmer.

TEILSTRECKEN

See–Haiming: 46 km, 456 Hm
Haiming–Zirl: 33 km, 41 Hm
79 Kilometer
497 Höhenmeter bergauf
919 Höhenmeter bergab
Ladestopp: Imst, Haiming

Von See geht es durchs restliche Paznaun. Der schönste Weg mit dem Fahrrad nach Landeck führt über eine Hügelkette, die Ausläufer des Gamsbergkopfes mit der Großgemeinde Tobadill. Von Tobadill fahren wir fast 350 Höhenmeter bergab und erreichen im Handumdrehen Landeck, wo wir auf die Via Claudia Augusta und den Innradweg stoßen. Im benachbarten Zams befindet sich die »Zammer Lochputz«, eine mystische Klamm mit einem 30 Meter hohen Wasserfall und ein beliebtes Ausflugsziel. Wir folgen entspannt dem Inn, ohne Höhenmeter bezwingen zu müssen. Die Gegend ist bekannt für Actionsportarten wie Rafting, Canyoning, Klettern und Klettersteige. Gegenüber von Imst liegt Arzl etwas oberhalb des Inns. Sehenswert ist hier die Benni Raich-Brücke über die Pitzenklamm – mit 94 Metern Höhe und einer Spannweite von 138 Metern die höchste Fußgänger-Hängebrücke Europas. Kurz darauf kommen wir an Haiming vorbei, der Hauptanlegestelle aller Rafting-Touren auf dem Inn in dieser Gegend. Eingerahmt von der Mieminger Kette im Norden und den Ötztalern und Stubaiern im Süden, fahren wir weiter, bis wir unser Etappenziel Zirl erreichen. Die ruhige Marktgemeinde liegt etwa 10 km westlich von Innsbruck, und wer sich nach etwas Großstadtflair und Kultur sehnt, fährt einfach noch ein paar Kilometer weiter.

ROUTENBESCHREIBUNG
T04-E03-See-Zirl.gpx

WP | km | Hm

0 | 0 | 1054 | Von See auf der B 188 leicht abwärts Richtung Landeck.

1 | 3,1 | 991 | Nach 3 km kommt eine offene Galerie. Nach 100 m in der Galerie zweigt rechts ein kleines

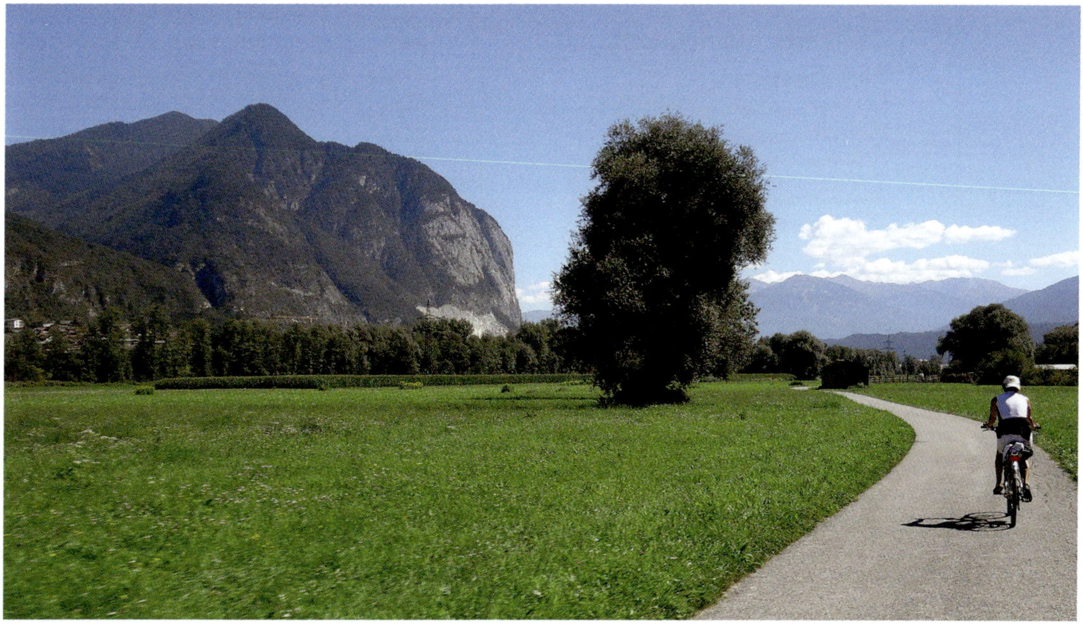

Unterwegs im Inntal kurz vor Zirl mit der Martinswand im Hintergrund

Sträßchen nach unten ab, das für den Verkehr gesperrt ist. Über die Trisanna und weiter auf der Straße erst 100 Hm bergauf und dann 100 Hm bergab.

2 | 5,8 | 980 | Bei der nächsten Kreuzung am Ende des Gefälles rechts bergauf nach Tobadill.

3 | 8,0 | 1152 | In Tobadill an der T-Kreuzung links und 200 m weiter nach der Rechtskurve geradeaus auf der L 350 und bergab bis zur B 171 in Landeck.

4 | 13,6 | 808 | An der B 171 rechts und 100 m nach dem Kreisverkehr links, kurz darauf über die Sanna und dann rechts. Weiter in die Römerstraße und durch den Ortsteil Perjen zum Inn. Ab sofort der Via Claudia Augusta und dem Innradweg folgen.

5 | 15,8 | 771 | Dem Innradweg linksseitig flussabwärts folgen. Nach 1,5 km rechts über die kleine Brücke über den Inn nach Zams.

6 | 17,7 | 767 | In Zams von der Bachgasse links auf der Innstraße dem Innradweg folgen. Nach 1,7 km unter den Schienen hindurch und diesen rechtsseitig folgen. Nach 3,8 km dann links und rechtsseitig dem Inn folgen.

7 | 24,5 | 740 | In Schönwies fast bis an die B 171, aber rechts durch den Ort fahren. Auf der B 171 über den Inn und links durch Mils. In Mils von der Dorfstraße rechts in den Unterdorf Weg. Die B 171 überqueren und auf dem Innradweg weiterfahren.

8 | 33,4 | 743 | Nicht dem Abzweig links der Via Claudia Augusta nach Imst folgen, sondern dem Innradweg weiter Richtung Innsbruck. Nach 300 m über den Inn, dann links und am Bahnhof Imst-Pitztal vorbei. Weiter den Schienen folgen.

9 | 37,5 | 723 | Unter den Schienen hindurch und über eine kleine Brücke über den Inn.

10 | 39,0 | 722 | In Roppen links der Via Claudia Augusta aufwärts folgen. Am Ortsausgang rechts halten und auf Forstweg und Pfad leicht abwärts. Nach der Kneippanlage auf asphaltiertem Radweg weiter.

11 | 46,3 | 667 | In Magerbach auf einer Nebenstraße links dem Inn entlang. Auf dieser Seite bleiben bis Mötz.

12 | 53,1 | 648 | Am Ortseingang von Mötz rechts über den Inn, unter der A 12 hindurch und am Bahnhof Mötz vorbei. Am Bahnhof Stams vorbei und rechts über die Schienen. Am Kreisverkehr links dem Innradweg auf der B 171 folgen.

13 | 59,2 | 642 | In Rietz rechts auf die L 285, gleich wieder links und kurz darauf links unter der B 171 sowie den Schienen hindurch. Links die Schienen entlang. In Telfs am Bahnhof vorbei und dann in einem Bogen den Inn entlang.

14 | 68,1 | 616 | Nach dem Kieswerk wieder die Schienen entlang.

15 | 72,3 | 609 | In Hatting in die Innstraße und wieder dem Inn in einem Bogen auf einem Forstweg folgen. Nach 2,5 km unter der A 12 hindurch und am Inn weiter.

16 | 77,9 | 602 | An der nächsten Innbrücke links und ins Zentrum von Zirl.

Tag 4
Vom Inntal zum Achensee

ÜBERNACHTUNG

Maurach am Achensee: Hotel Klingler, www.hotel-klingler.at. Persönlich, familiär, zentral, alpin-gemütliches Design, gute Küche, hausgemachtes Eis.

TEILSTRECKEN

Zirl–Wattens: 32 km, 17 Hm
Wattens–Maurach: 30 km, 473 Hm
62 Kilometer
490 Höhenmeter bergauf
156 Höhenmeter bergab
Ladestopp: Wattens, Schwaz

Von Zirl fahren wir wieder den Inn entlang bis kurz vor Innsbruck und folgen dann dem Innradweg durch die Innenstadt. Prunkvolle Bauten wie das weltbekannte »Goldene Dachl« mit seinen feuervergoldeten Kupferschindeln oder die Innsbrucker Hofburg laden hier auf eine Reise in die Vergangenheit ein. Eingerahmt von der Nordkette des Karwendels und den Tuxer Voralpen folgen wir weiter dem Inn bis ins nahe gelegene Hall in Tirol. Die mittelalterliche Stadt verfügt über eine der besterhaltenen Altstädte Österreichs und wurde im Mittelalter vor allem durch die Salzgewinnung zum bedeutendsten Wirtschaftsplatz Nordtirols. Einige Kilometer weiter erreichen wir Wattens, wo die Swarovski Kristallwelten jährlich unzählige Besucher anziehen. Wir passieren Weer und Vomperbach und erreichen die Silberstadt Schwaz, die während der Blütezeit des Bergbaus im 15. und 16. Jahrhundert die größte Bergbaumetropole Europas war. Mehr darüber erfahren Interessierte bei einer Führung durch das Schwazer Silberbergwerk. Bei Jenbach verlassen wir den Inntalradweg und zweigen nach Norden ab. Hier steht uns die einzige Steigung des heutigen Tages bevor: Bis nach Maurach am Achensee sind fast 450 schweißtreibende Höhenmeter zu überwinden. Wer sich die Auffahrt nicht mehr zutraut, hat zwei Alternativen zur Auswahl: Entweder mit dem Postbus von Jenbach oder Wiesing oder ganz nostalgisch mit der 125 Jahre alten dampfbetriebenen Zahnradbahn, der Achenseebahn, von Jenbach bis ans Südufer des Achensees.

Die zahlreichen Cafés in Innsbruck laden zu einer kleinen Stärkung ein.

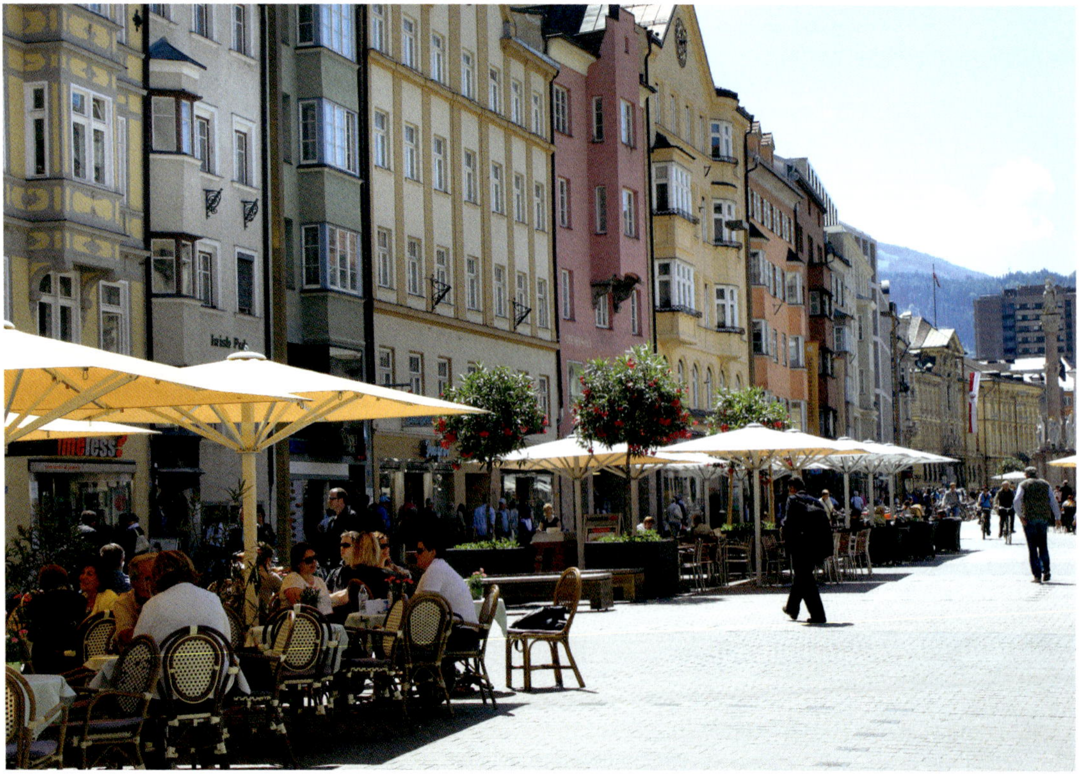

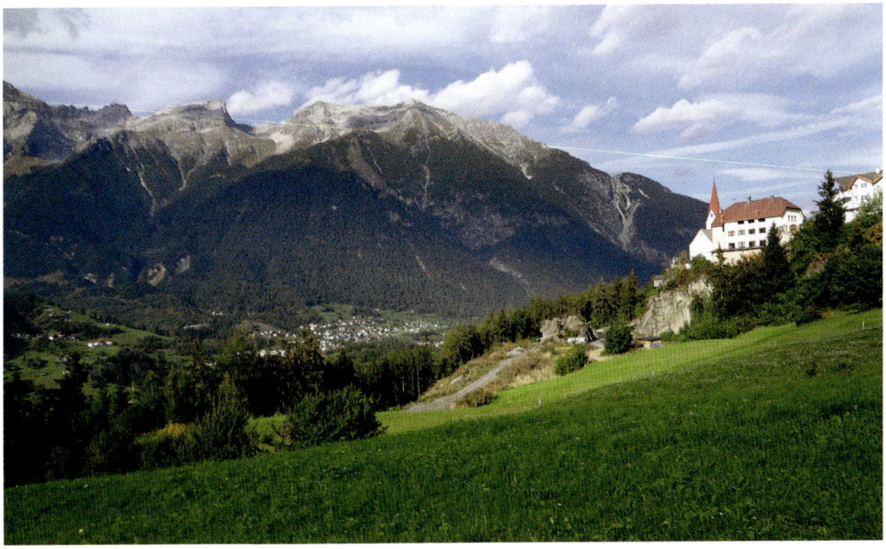

Die Gemeinde Tobadill liegt hoch über Landeck mit Blick auf die Lechtaler Alpen.

ROUTENBESCHREIBUNG
T04-E04-Zirl-Maurach.gpx

WP | km | Hm

0 | 0 | 605 | Zurück zur Innbrücke vom Vorabend. Dann links weiter auf dem Innradweg, nach Kematen auch für ein paar Kilometer auf Forstweg. Immer am Inn entlang.

1 | 14,0 | 572 | In Innsbruck am Marktgraben gute Gelegenheit zum Abstecher ins Zentrum. Danach weiter auf dem Innradweg und auf der B 171 über die Mühlauerbrücke über den Inn. Dann rechts und auf Radweg den Inn und die B 171 entlang.

2 | 24,36 | 570 | In Hall rechts über eine Holzbrücke über den Inn. Danach rechtsseitig weiter. Bei Volders rechts unter der A 12 hindurch.

3 | 31,6 | 558 | In Wattens rechts auf die Bahnhofstraße und gleich wieder links in die Neubaugasse. An der Innstraße links bis zur A 12 und dann rechts parallel zur A 12, kurz danach etwas versetzt weiter.

4 | 36,6 | 554 | Am Ortsrand von Weer links unter der A 12 hindurch, über den Inn und durch den Ort Terfens, danach weiter die Schienen entlang. Nach dem Bahnhof Pill die L 389 und einen Bach überqueren. Dann dem Altmahd Weg folgen und über Felder.

5 | 43,7 | 544 | Nach Innhöfe kurz vor Schwaz rechts abbiegen und direkt zum Inn. Dann immer linksseitig direkt am Ufer entlang.

6 | 53,6 | 531 | Nach Jenbach auf Höhe von Rotholz führt die Route nicht länger am Innradweg entlang. Der Innradweg führt rechts über eine kleine Brücke über den Inn. Unsere Route geht noch 1,3 km am Inn linksseitig entlang, unterquert die A 12 nach links und führt durch Wiesing. Der Ausschilderung Via Bavarica Tyrolensis Richtung Achensee folgen.

7 | 57,0 | 700 | Am Ortsausgang von Wiesing die B 181 unterqueren und dann ein Stück auf dem Forstweg weiter. Dann kurzer Tunnel unter der B 181. Nun beginnt ein recht steiles Stück Schotterweg bis zum höchsten Punkt.

8 | 59,5 | 973 | In Eben links über die Gleise fahren und auf Nebenstraße und Radweg bis Maurach. Ab dem Bahnhof auf Radweg neben Schienen weiter.

9 | 61,4 | 950 | Die Schienen überqueren, 150 m zurück und am Kreisverkehr ins Zentrum.

Kurz davor kommt man am Schloss Wiesberg vorbei.

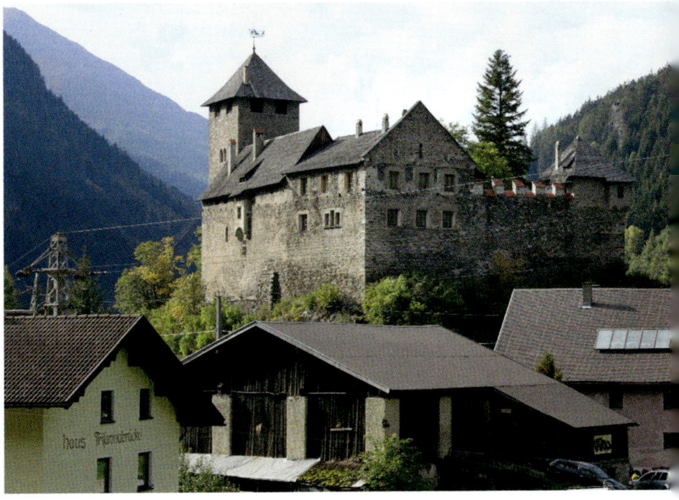

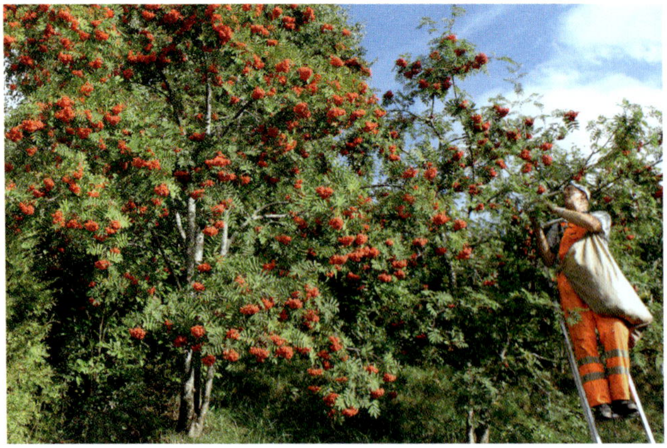

Bei der Vogelbeerenernte: Daraus wird dann ein kräftiger Schnaps gebrannt.

Tag 5
Vom Achensee zum Tegernsee

ÜBERNACHTUNG

Tegernsee: Gästehaus Sommer, www.sommer-am-tegernsee.de. Großes Frühstück, gute Küche, zentrale Lage am See, technische Hilfe möglich, Radlgarage.

TEILSTRECKEN

Maurach–Achenpass: 29 km, 251 Hm
Achenpass–Tegernsee: 23 km, 83 Hm
52 Kilometer
334 Höhenmeter bergauf
499 Höhenmeter bergab
Ladestopp: Achenkirch

Zum Baden recht frisch: der lang gezogene Achensee zwischen Rofan- und Karwendelgebirge mit dem Bärenkopf im Hintergund

Mit Erreichen des Tegernsees werden wir heute Abend unseren Fünf-Seen-Cross vollenden, nachdem wir am Bodensee gestartet sind, unterwegs den Vermunt-Stausee sowie den Silvretta-Stausee hinter uns gelassen haben und nun vom Achensee aus die Weiterfahrt antreten. Seit Wiesing fahren wir auf der Via Bavarica Tyrolensis und werden ihr nun bis an den Tegernsee folgen. Sie führt uns am Ostufer des Sees entlang durch die atemberaubende Naturkulisse unterhalb des Rofangebirges.

Man kann den See auch mit einem Schiff der Achenseeschifffahrt überqueren und das Rad zum halben Preis mitnehmen – sofern noch Platz dafür ist. Zahlreiche Top-Wellness-Hotels haben sich hier angesiedelt, in denen auch das Tiroler Steinöl zur Anwendung kommt – ein schwarzes und stark riechendes Öl, das aus Ölschiefer gewonnen wird und als Heilmittel für Beschwerden aller Art gilt. Wir überwinden die 150 Höhenmeter hinauf zum Achenpass jedoch auch ohne vorhergehendes Wellness-Programm, und danach geht es schon wieder bergab. Nun geht es sanft an dem Bach Weißach entlang bis nach Wildbad Kreuth, wo alljährlich im Januar die Klausurta-

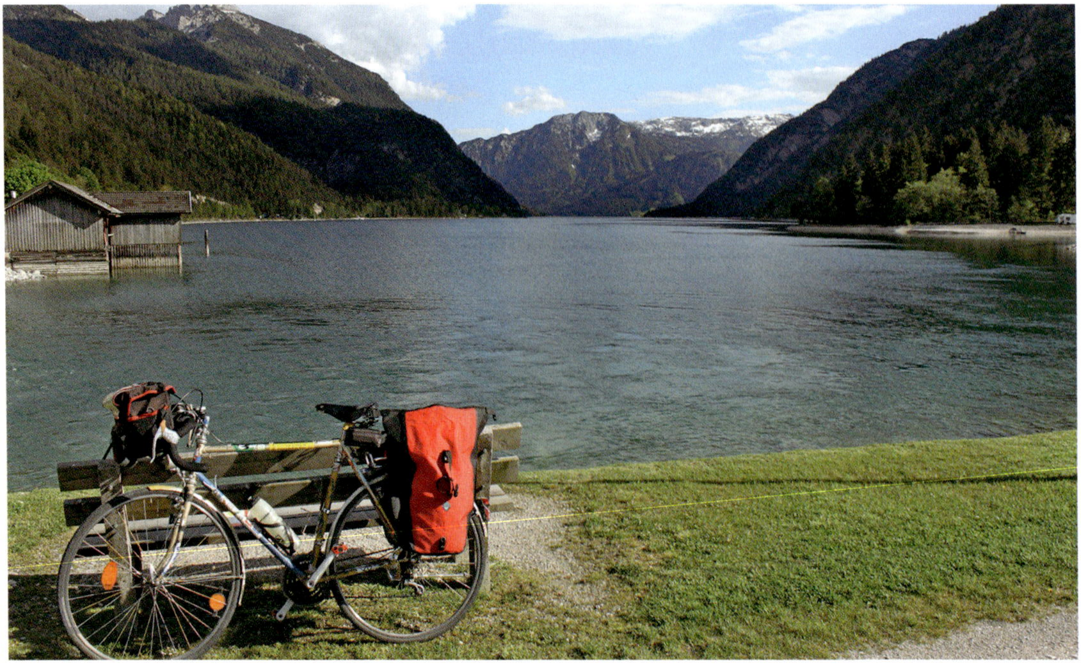

gungen der CSU-Landesgruppe stattfanden. In Rottach-Egern erreichen wir schließlich den Tegernsee und fahren am Ostufer entlang bis in den Ort Tegernsee. Unsere Tour krönen wir mit typisch bayerischen Schmankerln und dem bekannten Tegernseer Bier im Herzoglichen Bräustüberl Tegernsee direkt am See.

ROUTENBESCHREIBUNG
T04-E05-Maurach-Tegernsee.gpx

WP | km | Hm

0 | 0 | 940 | Zurück zum Kreisverkehr und wieder über die Schienen wie am Vorabend. Dann den Schienen auf dem Radweg zum See folgen.

1 | 1,6 | 947 | Am Südostende des Achensees nach rechts und auf der BR Via Bavarica Tyrolensis Richtung Achenkirch.

2 | 11,8 | 942 | Am Nordufer auf Nebenstraße parallel zur B 181 durch Achenkirch.

3 | 17,0 | 897 | Am Ortsausgang die B 181 überqueren und auf Radweg leicht abwärts. Die BR geht kurz darauf in einen Forstweg über und überwindet eine kleine Anhöhe im Wald. Der Beschilderung Via Bavarica Tyrolensis Richtung Deutschland folgen. In einem Bogen kommt man wieder zur B 181 zurück.

4 | 25,4 | 846 | Kurz vor der Einmündung in die B 307 rechts auf gutem Schotterweg durch Wald relativ steil hinauf. Nach dem höchsten Punkt bergab zum Achenpass, der an der B 307 liegt. Weiter bergab auf Forstweg parallel zur B 307.

5 | 30,1 | 907 | Beim Örtchen Glashütte unter der B 307 hindurch, durch den Ort und am Ortsausgang die B 307 wieder überqueren. Danach weiter auf Forstweg durch Wald bergab versetzt zur B 307 und parallel zum Bach Weißach Richtung Tegernsee.

6 | 38,3 | 809 | Kurz vor Wildbad Kreuth links halten und über eine kleine Brücke. An Wildbad Kreuth vorbei und dann links nach Kreuth.

7 | 41,6 | 781 | In Kreuth an T-Kreuzung nicht links über die Riedler Brücke, sondern rechts und gleich wieder links in die Weißachaustraße. Diese geht dann in einen Forstweg über.

8 | 48,2 | 747 | Nach dem Durchqueren von Rottach über Kappellenweg, Glaslstraße und Sonnenmoosstraße kommt man nun an die B 307. Dieser rechts der Beschilderung BR Tegernsee folgen. Die Via Bavarica Tyrolensis führt in zwei Varianten an beiden Seiten des Tegernsees vorbei. Nach 500 m über die Rottach und links auf kleinem Weg zum Südufer des Tegernsees. Nun am Ostufer des Sees entlang.

9 | 50,8 | 746 | Abzweig zum Herzoglich-Bayerischen Brauhaus Tegernsee. Einkehr. Tourende. Der GPS-Track geht weiter zum Bahnhof.

Direkt am See führt der Radweg Bavarica Tyrolensis entlang.

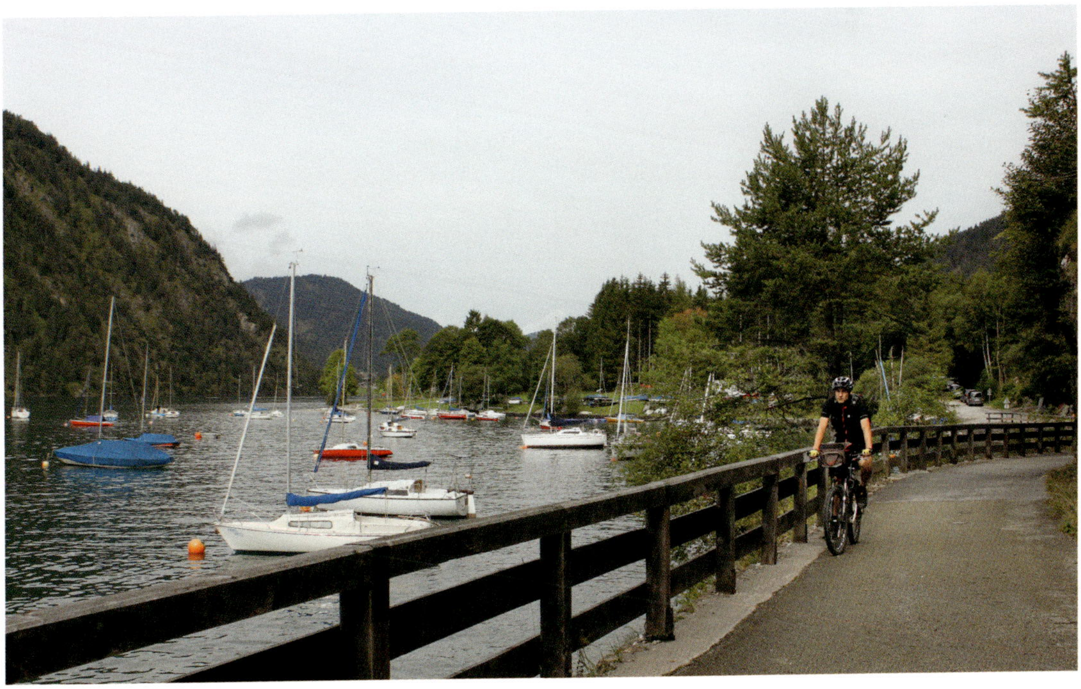

Immer wieder beeindruckend:
der Grauner Kirchturm nach der Flutung des Reschensees

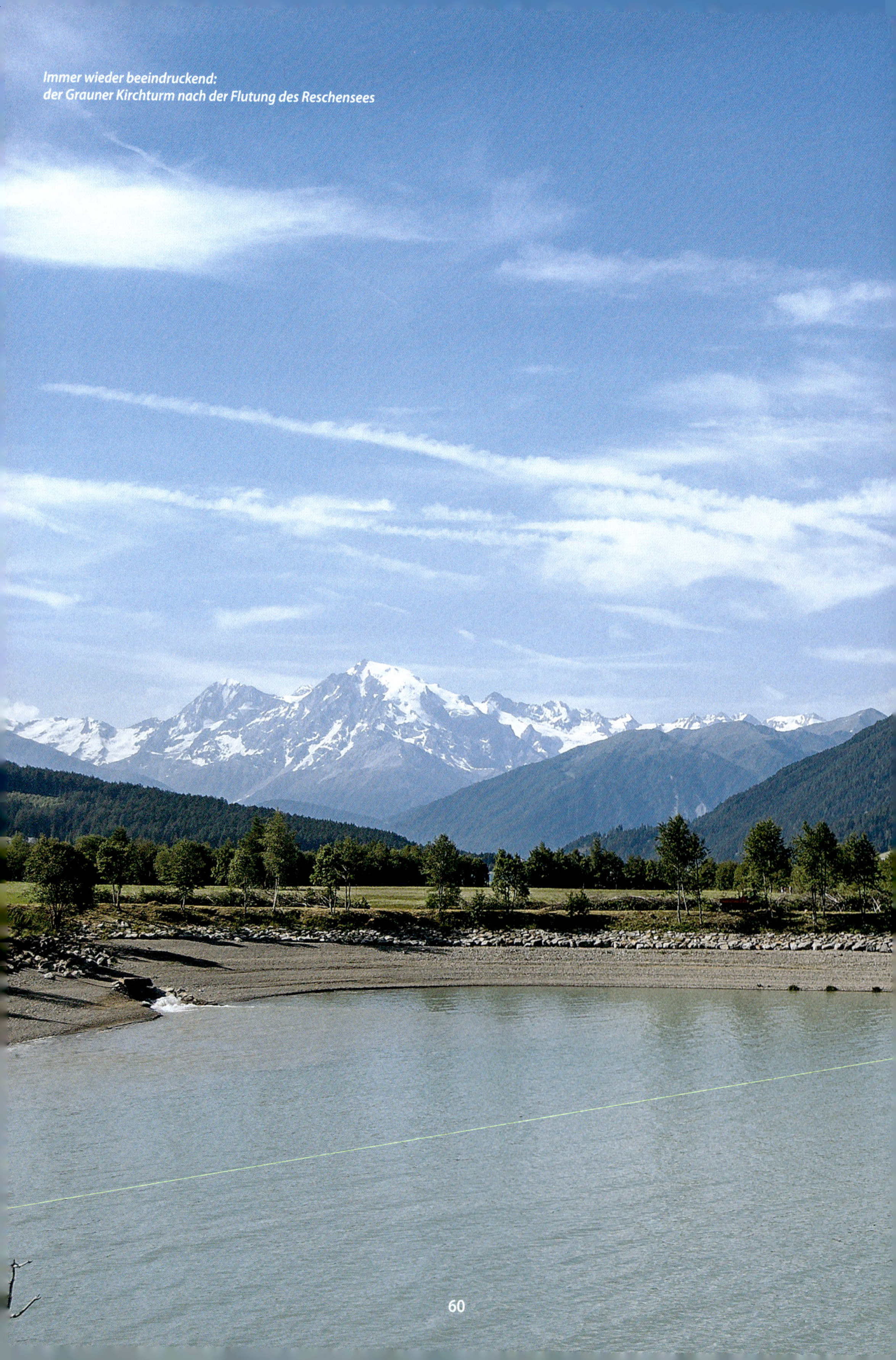

5 Von Füssen zum Gardasee

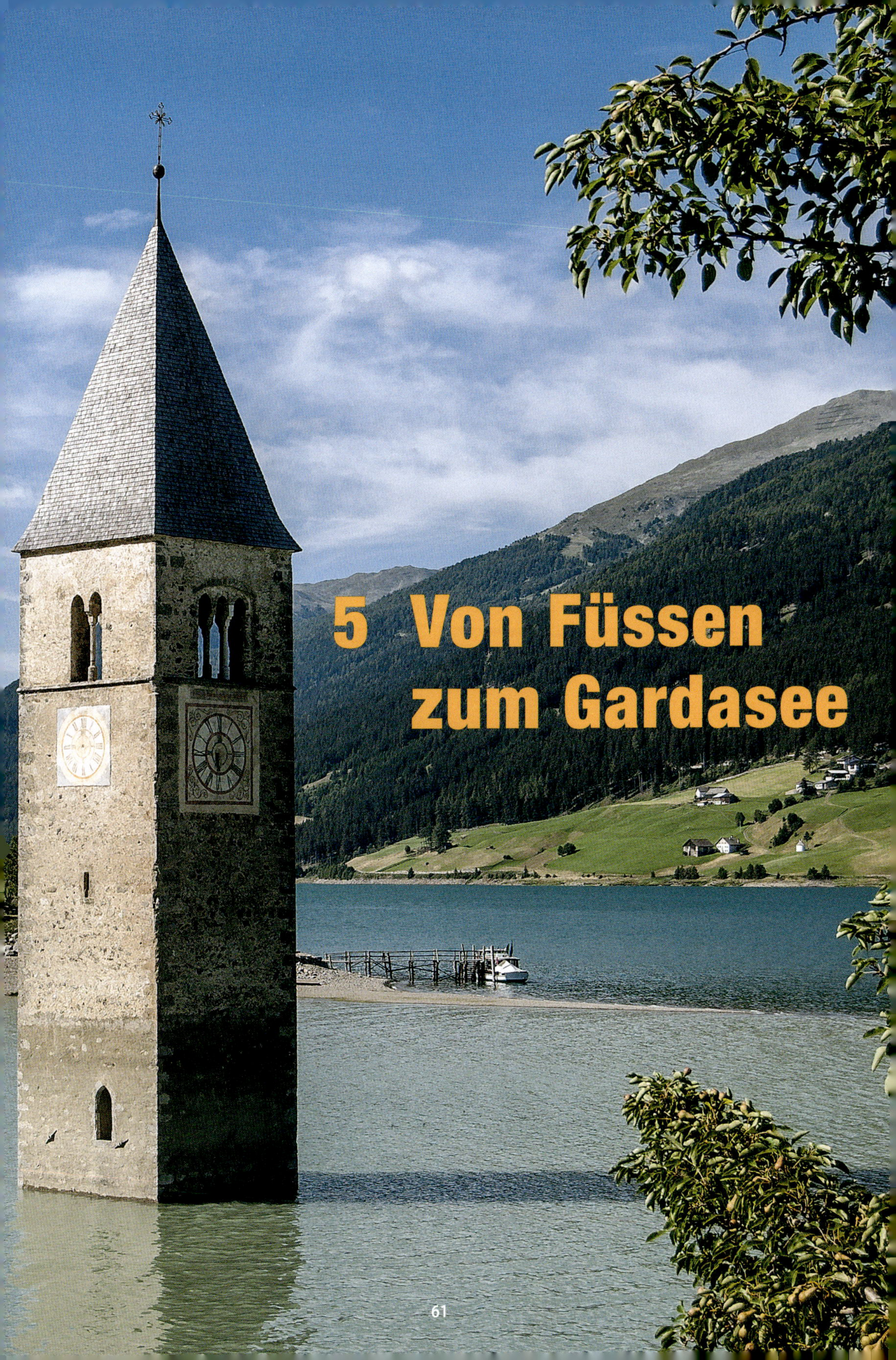

5 Von Füssen zum Gardasee

Auf den Spuren der Römer: Via Claudia Augusta

Schwierigkeit	Erlebniswert	Höhenmeter (in m)	Streckenlänge (in km)	Zeit (in Tagen)
2	✪✪✪✪✪	Mit Rad: *2828* Gesamt: *2828*	Mit Rad: *371* Gesamt: *371*	*5–6*

TOURENCHARAKTER

AUSGANGSPUNKT
Bahnhof Füssen

ENDPUNKT
Torbole am Gardasee

ANFAHRT
Bahn: Von München, Ulm und Lindau über Kempten. Von Innsbruck über Garmisch-Partenkirchen.
Auto: Von München über Landsberg und Schongau, von Ulm über die A 7 und Kempten. Von Innsbruck und Landeck über Fernpass. Parkplatz P1 am Festplatz.

RÜCKFAHRT
Von Torbole mit Rad oder Bus nach Rovereto. Ab da Verbindungen mit Regional- oder Fernzügen über Bozen, Brenner nach Innsbruck und von dort weiter über Mittenwald zurück nach Füssen oder München.

KONDITION
✪✪✪✪✪

FAHRTECHNIK
✪✪✪✪✪

ERLEBNISWERT
Fahrspaß: ✪✪✪✪✪ – Schöne Schotterauffahrt zum Fernpass, reizvolle Schotterstrecke durchs Gurgltal, lange Abfahrt vom Reschenpass bis Glurns.
Landschaft: ✪✪✪✪✪ – Malerisches Inntal, Reschensee, endlose Apfelplantagen im Vinschgau, Südtiroler Weinstraße.
Kultur und Geschichte: ✪✪✪✪✪ – Auf den Spuren der Römer auf der Via Claudia Augusta, rätoromanische Orte im Inntal, geschichtsträchtige Orte im Vinschgau, Kulturstädte Meran und Trient.

STRECKENPROFIL
Asphalt: 335 km
Schotter-/Forstweg: 35 km
Pfad: 1 km
Schieben: evtl. 2 x 10 Min.
Relativ leichte Tour, v. a. auf asphaltierten Radwegen und Nebenstraßen. Relativ anstrengender, aber nicht sehr langer Anstieg auf Schotterweg zum Fernpass (evtl. 10 Min. schieben). Relativ steile, aber kurze Schotterpassage bei Abfahrt vom Fernpass erfordert Vorsicht und Bike-Beherrschung, ebenso der Pfad danach. Dort evtl. auch 10 Min. Schiebepassage. Anstieg zur Nobertshöhe auf Asphalt mit mäßiger Steigung. Von Füssen bis Rovereto verläuft die Route meist auf der Via Claudia Augusta.

HÖCHSTE PUNKTE
1507 m, Reschenpass
1216 m, Fernpass

NIEDRIGSTER PUNKT
70 m, Torbole

ALLGEMEINE INFOS
Füssen: www.fuessen.de, Reutte: www.reutte.com, Imst: www.imst.at, Landeck: www.tourist-information.at, Ried/Prutz/Pfunds: www.tiroler-oberland.com, Nauders: www.nauders.com, Meran: www.meran.info, Kaltern: www.kaltern.com, Trient: www.trient.de, Torbole: www.torbole.com/de/, »Via Claudia Augusta«: www.viaclaudia.org.

LANDKARTEN
Kompass Wanderkarten Blatt 24, 25, 42, 52, 53, 73, 74, 75, 95, 101 in Papier oder digital zum Selbstausdrucken

GPS/ROADBOOK
T05-E01-Fuessen-Imst.gpx
T05-E02-Imst-Nauders.gpx
T05-E03-Nauders-Meran.gpx
T05-E04-Meran-Tramin.gpx
T05-E05-Tramin-Torbole.gpx

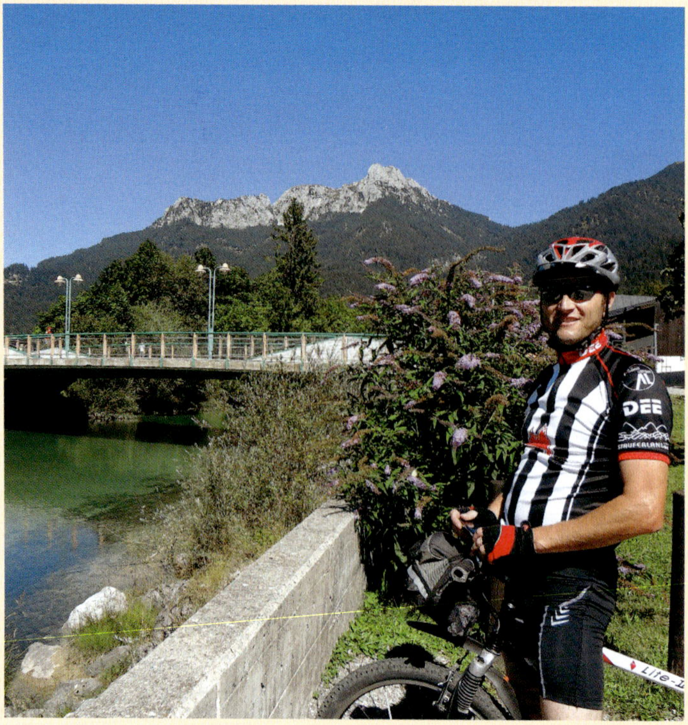

Kurze Pause am Lech mit Blick auf den Säuling

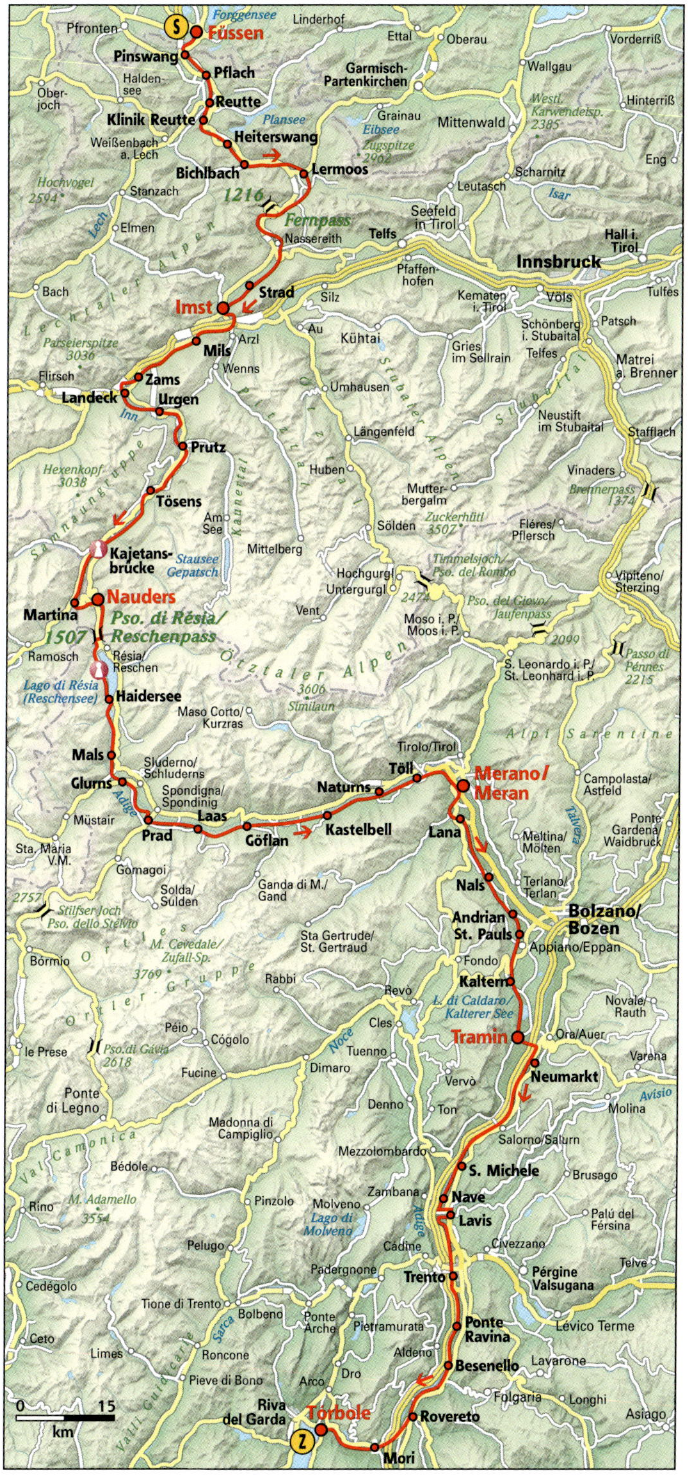
Füssen
Forggensee
Pfronten
Pinswang
Pflach
Halden-see
Ober-joch
Reutte
Klinik Reutte
Plansee
Heiterswang
Weißenbach a. Lech
Bichlbach
Lermoos
Hochvogel 2594
Stanzach
1216
Fernpass
Elmen
Lech
Nassereith
Telfs
Seefeld in Tirol
Linderhof
Ettal
Oberau
Garmisch-Partenkirchen
Grainau
Eibsee
Zugspitze 2962
Mittenwald
Wallgau
Westl. Karwendelsp. 2385
Hinterriß
Vorderriß
Eng
Scharnitz
Leutasch
Isar
Hall i. Tirol
Innsbruck
Pfaffen-hofen
Strad
Imst
Silz
Kematen i. Tirol
Völs
Tulfes
Patsch
Schönberg i. Stubaital
Bach
Lechtaler Alpen
Parseierspitze 3036
Arzl
Au
Kühtai
Gries im Sellrain
Telfes
Matrei a. Brenner
Mils
Wenns
Flirsch
Zams
Landeck
Urgen
Inn
Umhausen
Längenfeld
Neustift im Stubaital
Stafflach
Prutz
Hexenkopf 3038
Samnaungruppe
Tösens
Huben
Mutter-bergalm
Zuckerhütl 3507
Vinaders
Brennerpass 1374
Am See
Kaunertal
Sölden
Fléres/ Pflersch
Kajetans-brücke
Stausee Gepatsch
Mittelberg
Hochgurgl
Untergurgl
Timmelsjoch/ Pso. del Rombo
2474
Vipiteno/ Sterzing
Nauders
Martina
Pso. di Résia/ Reschenpass
1507
Vent
Moso i. P./ Moos i. P.
Pso. del Giovo/ Jaufenpass
2099
Ramosch
Résia/ Reschen
Ötztaler Alpen
S. Leonardo i. P./ St. Leonhard i. P.
Passo di Pénnes 2215
Lago di Résia (Reschensee)
Haidersee
3606 Similaun
Maso Corto/ Kurzras
Alpi Sarentine
Tirolo/Tirol
Mals
Töll
Merano/ Meran
Sluderno/ Schluderns
Glurns
Naturns
Campolasta/ Astfeld
Spondigna/ Spondinig
Adige
Müstair
Prad
Laas
Kastelbell
Lana
Talvera
Ponte Gardena/ Waidbruck
Göflan
Meltina/ Mölten
Sta. Maria V.M.
Gomagoi
Nals
Terlano/ Terlan
Solda/ Sulden
Ganda di M./ Gand
2757
Stilfser Joch Pso. dello Stelvio
Andrian
St. Pauls
Bolzano/ Bozen
Appiano/Eppan
M. Cevedale/ Zufall-Sp.
Sta Gertrude/ St. Gertraud
Bórmio
3769
Ortler-Gruppe
Fondo
Rabbi
Kaltern
Revò
L. di Caldaro/ Kalterer See
Novale/ Rauth
Péio
Cles
Tramin
Ora/Auer
le Prese
Pso. di Gávia 2618
Cógolo
Noce
Tuenno
Varena
Fucine
Dimaro
Neumarkt
Vervò
Avisio
Ponte di Legno
Denno
Ton
Molina
Madonna di Campiglio
Salorno/Salurn
Val Camonica
Mezzolombardo
Bédole
S. Michele
Zambana
Brusago
Rino
M. Adamello 3554
Pinzolo
Molveno
Nave
Palú del Férsina
Lago di Molveno
Lavis
Pelugo
Cádine
Civezzano
Padergnone
Telve
Cedégolo
Trento
Pérgine Valsugana
Tione di Trento
Bolbeno
Ponte Arche
Sarca
Ceto
Pietramurata
Ponte Ravina
Lévico Terme
Limes
Roncone
Aldeno
Lavarone
Pieve di Bono
Besenello
Arco
Dro
Folgaria
Longhi
Riva del Garda
Torbole
Rovereto
Asiago
Mori
0
15
km
S
Z

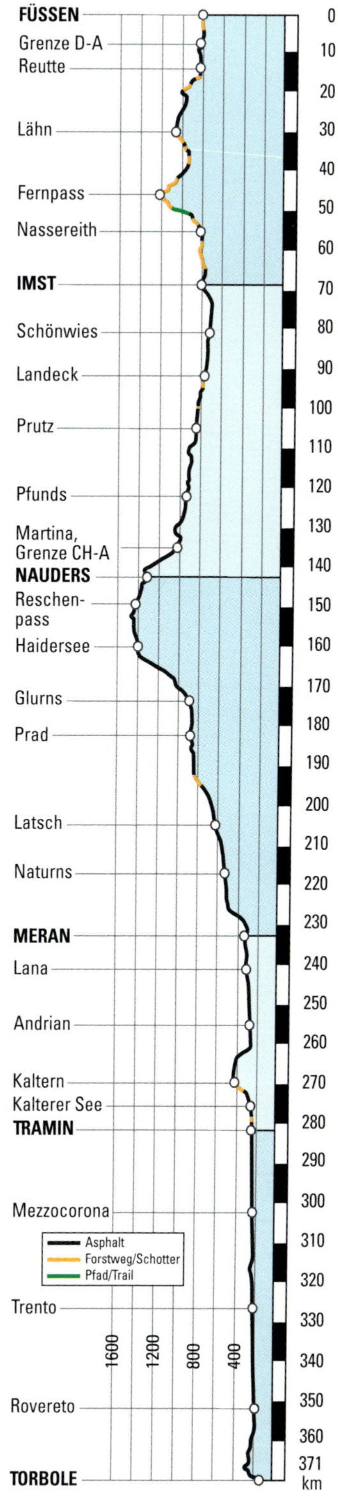
FÜSSEN
Grenze D-A
Reutte
Lähn
Fernpass
Nassereith
IMST
Schönwies
Landeck
Prutz
Pfunds
Martina, Grenze CH-A
NAUDERS
Reschen-pass
Haidersee
Glurns
Prad
Latsch
Naturns
MERAN
Lana
Andrian
Kaltern
Kalterer See
TRAMIN
Mezzocorona
Trento
Rovereto
TORBOLE
Asphalt
Forstweg/Schotter
Pfad/Trail
1600
1200
800
400
0
10
20
30
40
50
60
70
80
90
100
110
120
130
140
150
160
170
180
190
200
210
220
230
240
250
260
270
280
290
300
310
320
330
340
350
360
371
km

Start an der Lechbrücke in Füssen

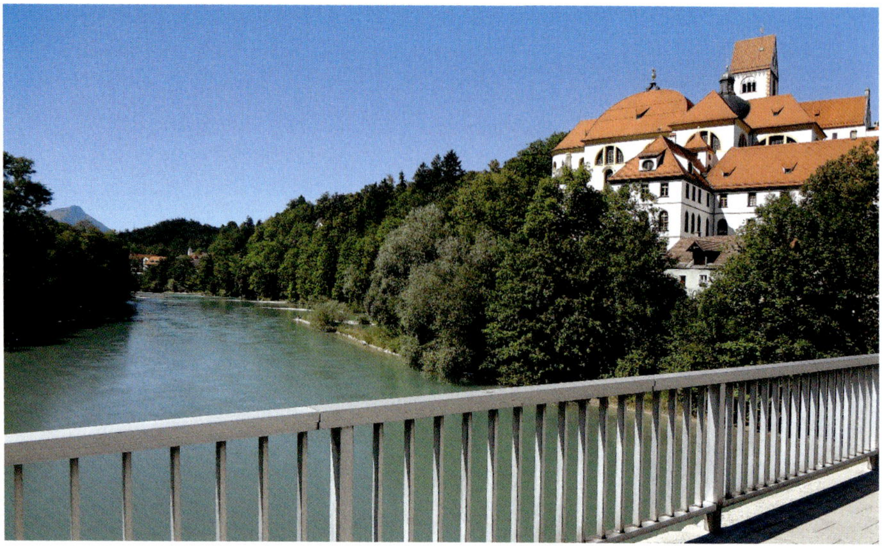

Die Via Claudia Augusta ist die leichteste Alpenüberquerung für Radfahrer. Trotzdem kann diese Route mit einigen Highlights aufwarten: Malerische Städtchen, der sonnenverwöhnte Vinschgau, die Kurstadt Meran und die Südtiroler Weinstraße sind einige von ihnen.

Tag 1
Von Füssen über den Fernpass

ÜBERNACHTUNG

Füssen: Hotel Fürstenhof, www.fuerstenhof-fuessen.de. Freundlicher Familienbetrieb, zentrale Lage, gutes Frühstück, bequeme Zimmer, Radlgarage.

Imst: Gästehaus Walch, www.pension-imst.at. Familiär, nette Besitzer, sauber, großes Frühstück, WLAN, Radlgarage.

TEILSTRECKEN

Füssen–Lermoos: 35 km, 443 Hm
Lermoos–Nassereith: 21 km, 352 Hm
Nassereith–Imst: 12 km, 104 Hm
68 Kilometer
899 Höhenmeter bergauf
890 Höhenmeter bergab
Ladestopp: Lermoos, Schloss Fernsteinsee

VIA CLAUDIA AUGUSTA

Die Via Claudia Augusta war eine der wichtigsten Römerstraßen, die den süddeutschen Raum mit Norditalien verband. Sie führte von der Donau über die Alpen und die Ebenen des Po bis an die Adria. Die Straße wurde ursprünglich von Drusus, dem Sohn Kaiser Augustus', im Jahre 15 v. Chr. angelegt und im Jahre 47 n. Chr. von dessen Sohn Claudius ausgebaut. Mit dem Ausbau der »Via Raetia« über den Brennerpass verlor die Via Claudia Augusta ihre Bedeutung als führende Römerstraße. Heute ist sie als Themenstraße vor allem für kulturell und kulinarisch interessierte Wanderer und Radfahrer interessant.

Wir starten unsere Tour in Füssen im Allgäu und folgen der alten Römerstraße, der Via Claudia Augusta.
Es geht vorbei an der Lechklamm mit dem eindrucksvollen Lechfall und dann entlang des Lechs bis nach Reutte. Südlich von Reutte führt unsere Route an der Burgenwelt Ehrenberg vorbei. Einst galt sie als uneinnehmbares Bollwerk und war wichtigste Zollstation zwischen der nördlichen und südlichen Handelsroute. Bis nach Heiterwang wird es etwas schweißtreibender, denn das Tal zwischen dem Ammergauer Gebirge und den Lechtaler Alpen liegt ein gutes Stück über dem Lechtal. Bei Hitze lockt der Heiterwanger See zu einer kurzen Abkühlung. In Lermoos folgen wir der Via Claudia Augusta durch den ebenen Talkessel zwischen Wettersteingebirge, Mieminger Kette und Lechtaler Alpen. Nach Biberwier erreichen wir die Fernpassstraße mit einem tollen Blick auf die Zugspitze. Von dort ist es nicht weit zum

smaragdgrünen Weißensee, der durch einen Bergsturz vor 10 000 Jahren entstanden ist. Durch lichten Wald schlängelt sich der Forstweg nach oben zur Passhöhe. Nach einer anstrengenden Auffahrt erreichen wir den Fernpass auf 1216 Metern. Eine stellenweise anspruchsvolle Abfahrt (evtl. mit kurzen Schiebestücken) führt uns schließlich zum malerischen Fernsteinsee. Wer die Auffahrt zum Fernpass scheut, kann auch den Shuttlebus-Transport für Radler zwischen Biberwier und Nassereith nutzen, der auch am Fernpass hält (Infos hierzu unter www.viaclaudia.org). Kurz darauf erreichen wir Nassereith. Wir fahren weiter das malerische Gurgltal hinab bis nach Imst.

ROUTENBESCHREIBUNG
T05-E01-Fuessen-Imst.gpx

WP | km | Hm

0 | 0,0 | 800 | Vom Bahnhof Füssen durch die Fußgängerzone und über den Lech. Dort rechts auf der Via Claudia Augusta der B 17 folgen.

1 | 1,3 | 821 | Lechfall. Weiter auf Via Claudia Augusta neben der B 17 und über die Grenze nach Österreich. Dort auf Schotter weiter.

2 | 4,6 | 812 | Unter der Straße hindurch und weiter am Lech entlang auf BR (= Bike-Route) Richtung Reutte. Danach durch Unter- bzw. Oberpinswang.

3 | 11,3 | 833 | In Pflach kurz auf die Hauptstraße und dann rechts weiter auf der BR auf einer Nebenstraße zwischen Lech und der L 69.

4 | 14,3 | 853 | In Reutte am Kreisverkehr geradeaus auf die B 198, nach 600 m rechts in die Ehrenbergstraße. Am Ortsende auf Radweg.

5 | 16,3 | 864 | 400 m vor dem Krankenhaus Reutte links auf einem Forstweg bergauf und kurze Zeit darauf an der Ehrenberger Klause vorbei. Danach auf Schotter der BR nach in zwei Steilstufen Richtung Heiterwang.

6 | 21,4 | 990 | In Heiterwang rechts auf eine Nebenstraße und parallel zur B 179 weiter.

7 | 23,5 | 1022 | Die BR führt unter der B 179 durch. Danach weiter bis Bahnhof Bichlbach-Almkopfbahn. Dort rechts und auf einer Nebenstraße an der B 179 nach Bichlbach.

8 | 26,3 | 1079 | In Bichlbach an der Kirche links und über Kirch- und Sämerhof zurück an die B 179. Dort auf Radweg der Via Claudia Augusta parallel zur B 179 rechtsseitig erst auf Asphalt, dann auf Schotter folgen. Ab Lähn dann auch abwärts bis Lermoos.

9 | 33,0 | 1015 | 300 m vor dem Lermooser Tunnel links unter der B 179 durch. Gleich darauf wieder rechts auf der B 187 weiter. Nach 500 m links unter den Schienen hindurch, dann rechts auf Forstweg hinter dem Bahnhof Lermoos vorbei.

10 | 34,8 | 989 | Am Ende des Forstweges rechts über die Schienen und über den Scheibenweg über die B 187 links in den Loisachweg und dem Bach über Felder folgen.

11 | 36,4 | 971 | Vor der kleinen Brücke über die Loisach rechts auf dem Forstweg weiter die Loisach entlang.

12 | 38,7 | 846 | Über die Straße und am Campingplatz vorbei nach Biberwier. Im Ort links und auf dem Radweg der Fernpassstraße folgen.

13 | 42,0 | 1088 | Am Weißensee links auf die ausgeschilderte BR Via Claudia Augusta Richtung Fernpass und am Südufer des Sees vorbei auf Schotterweg. Anfangs steile Passage und kurzes Schieben nötig, danach ist der Forstweg bergauf etwas einfacher zu fahren. 300 m nach dem See der BR rechts Richtung Fernpassstraße folgen.

14 | 45,9 | 1273 | Am Fernpass rechts der Via Claudia Augusta auf weiterhin gutem Schotterweg nun abwärts Richtung Fernstein folgen.

Klein aber fein: die Lechklamm bei Füssen

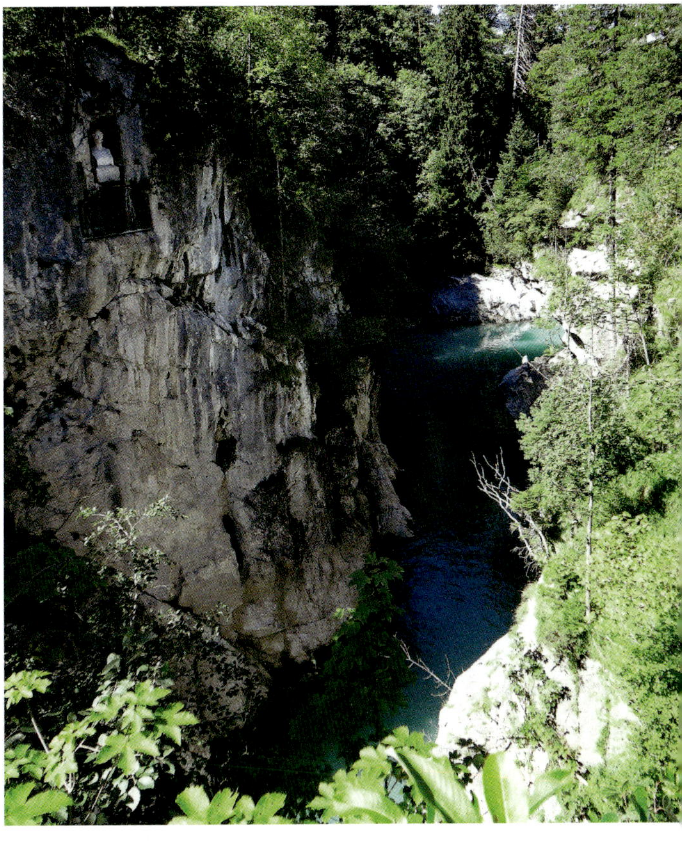

15 | 48,1 | 1174 | An der B 179 erst 100 m passaufwärts, dann überqueren und links auf den Via-Claudia-Augusta-Wanderweg, nach 150 m links auf dem Via-Claudia-Augusta-Radweg leicht bergauf. Der Beschilderung Fernstein und Nassereith folgen. Nach 300 m zweigt links die BR ab, und der Weg schlängelt sich weiter abwärts, zunächst auf grobem Schotter, danach als Waldweg. Steiles Abfahrtsstück auf der Schotterpassage. Besser kurz schieben. Kurz danach schmaler und grober Pfad. Kurze Schiebestücke vor, an und nach einer Holzbrücke am Felsen.

16 | 50,7 | 966 | Am Schloss Fernstein oberhalb des Fernsteinsees durch Torbogen und weiter auf Straße bis zur B 179, diese überqueren und auf anderer Seite leicht versetzt zur B 179 auf Schotter bis kurz vor Ortseingang Nassereith. Auf der Straße weiter.

17 | 55,9 | 846 | Am Ortsausgang der Via Claudia Augusta geradeaus parallel zur B 189 folgen. Bei Unterführung die Seite wechseln.

18 | 57,9 | 833 | In einer Linkskurve bei einem Kieswerk rechts auf Schotter der Via Claudia Augusta in ein Waldstück folgen.

19 | 62,9 | 819 | In Strad kann man der Via Claudia Augusta geradeaus nach Tarrenz folgen. Diese Route folgt der Variante nach links an der Kneippanlage vorbei. Bei der Knappenwelt über kleine Brücke, links und Radweg durch Wiesen folgen, bei den ersten Häusern links über den Bach und wieder links auf Nebenstraße weiter.

20 | 67,8 | 810 | Am Ortseingang von Imst rechts von der BR abzweigen, unter der B 189 hindurch und auf dem Bigerweg zur Hauptstraße, dann links ins Zentrum.

Die beeindruckende Kajetansbrücke über dem Inntalradweg kurz vor der Schweizer Grenze

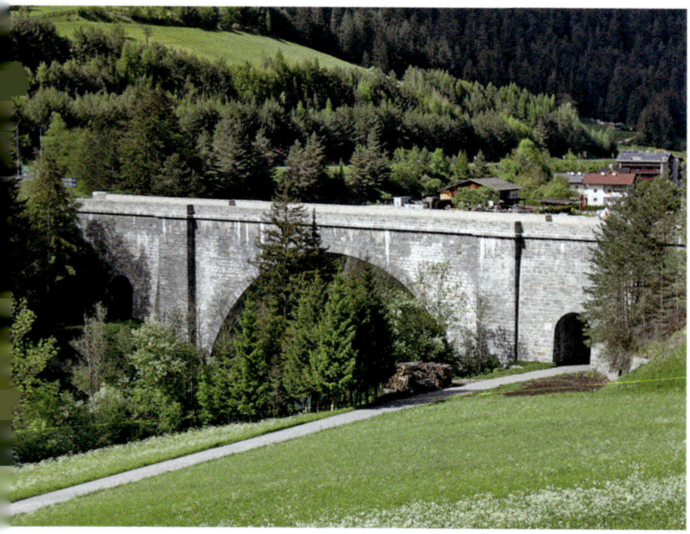

Tag 2
Am Inn entlang bis Nauders

ÜBERNACHTUNG

Nauders: Haus Brigitte, www.alpenroseapart.com/haus-brigitte.html. Reichhaltiges Frühstück aus eigener Landwirtschaft, ruhig, familiär, radlerfreundlich, Balkon mit toller Aussicht, Liegewiese.

TEILSTRECKEN

Imst–Prutz: 37 km, 257 Hm
Prutz–Nauders: 38 km, 764 Hm
75 Kilometer
1021 Höhenmeter bergauf
493 Höhenmeter bergab
Ladestopp: Ried (Rieder Badesee), Tösens (Gasthof Wilder Mann)

Von Imst geht es auf der Via Claudia Augusta durchs Inntal bis nach Landeck in Tirol. Seine zentrale Lage am Kreuzungspunkt des oberen Inntals, des Paznauntals, des Stanzertals und der Fernpassstrecke machte die Stadt schon immer zu einem wichtigen Verkehrsknotenpunkt.

Wir folgen dem Innradweg in Richtung Pfunds und wechseln mehrmals die Flussseite, unter anderem auch über die Pontlatzer Brücke zwischen Fließ und Prutz. Die Engstelle bei der Brücke bot im Spanischen Erbfolgekrieg (1703) und bei den Napoleonischen Kriegen (1809) einen Hinterhalt für die Verteidiger gegen bayerische Truppen. In Pfunds gönnen wir uns einen letzten Cappuccino, da es bis Nauders keine Einkehrmöglichkeit mehr geben wird. Der Ortskern ist mit seinen rätoromanischen Häusern und Fassadenmalereien im Engadiner Stil sehr sehenswert. Kurz darauf kommen wir an die Kajetansbrücke (ursprünglich die größte freitragende Holzbrücke Tirols) und fahren über Vinadi nach Martina, dem offiziellen Grenzübergang zwischen der Schweiz und Österreich.

Nach Überqueren der Norbertshöhe erreichen wir schließlich Nauders, das geografisch schon zum Vinschgau gehört. Wer die Etappe etwas entschärfen möchte, nutzt einfach den Shuttlebus-Transport zwischen Landeck und Nauders (Infos hierzu unter www.viaclaudia.org).

ROUTENBESCHREIBUNG
T05-E02-Imst-Nauders.gpx

WP | km | Hm

0 | 0 | 817 | Wieder zurück zur Via Claudia Augusta wie am Vorabend oder über Kugelgasse und

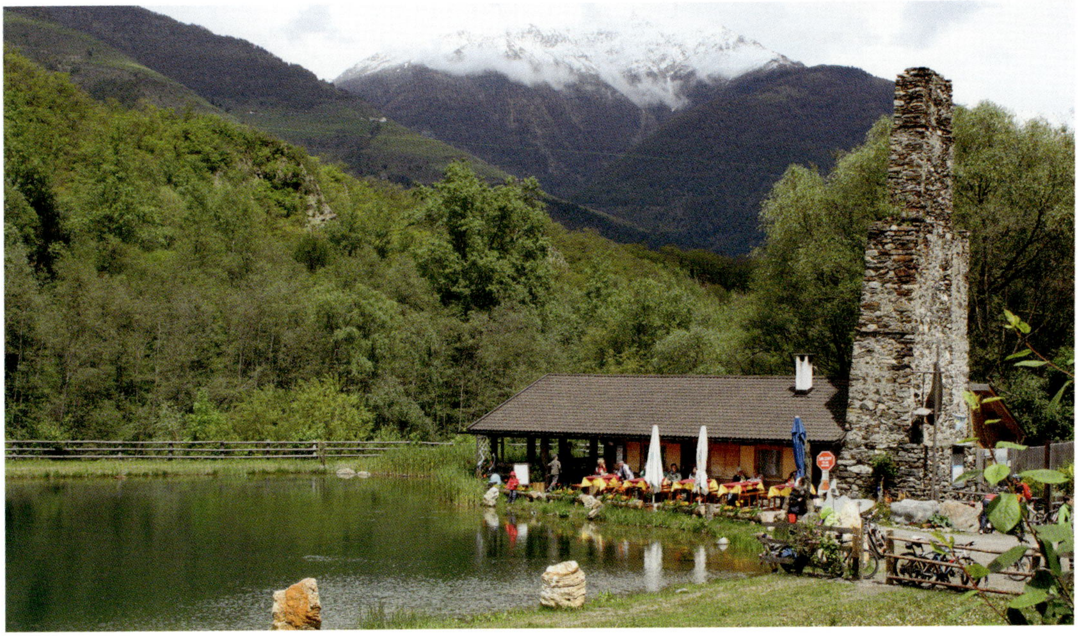

Einkehren und genießen – das ist das Motto beim Radtreff Fischteich Brugg zwischen Prad und Meran.

über B 189 zur Via Claudia Augusta. Weiter Richtung Sportzentrum, Beschilderung Innradweg folgen.

1 | 3,9 | 724 | Am Innradweg diesem rechts Richtung Landeck parallel zur A 12 und dem Inn flussaufwärts folgen.

2 | 10,8 | 735 | Der Innradweg führt durch Mils und dann auf der B 171 über den Inn. Danach durch Schönwies und Richtung Landeck.

3 | 19,7 | 767 | In Zams rechts in die Bachgasse, dann über eine kleine Brücke über den Inn und links auf dem Uferradweg weiter.

4 | 23,1 | 778 | Am Ende des Ortsteils Perjen links über die kleine Brücke über die Sanna und gleich wieder links auf Radweg erst die Sanna entlang und nach 100 m rechts am Inn weiter. Über die Straßenbrücke zum Kreisverkehr und rechts auf der Malserstraße durchs Zentrum bis zum Inn.

5 | 24,5 | 787 | Am Ortsausgang rechts über eine Holzbrücke. Dann der Via Claudia Augusta bzw. dem Innradweg Richtung Pfunds folgen. Zwischendurch auf Schotter durch Waldpassagen.

6 | 28,8 | 826 | Im Weiler Urgen links über eine überdachte Holzbrücke und die Straße entlang weiter. Nach 2 km am Innknick wieder über eine Brücke und gleich am Holzlager links.

7 | 32,3 | 861 | 1,2 km nach der letzten Brücke nun den Inn an einer Staustufe überqueren und linksseitig weiter. Noch mal 1,2 km weiter über Pontlatzer Brücke und auf der Via Claudia Augusta nun rechtsseitig weiter.

8 | 37,1 | 865 | Links über die Innbrücke in den Ort Prutz. Weiter auf einer Via Claudia Augusta-Variante und dem Innradweg Richtung Pfunds. Auf Nebenstrecke über Ried nach Tösens.

9 | 46,5 | 927 | Am Ortsausgang Tösens rechts auf Nebenstraße weiter und nach 300 m den Inn überqueren.

10 | 50,1 | 941 | Kurz nach dem Weiler Stein auf Höhe des Kieswerks auf anderer Innseite über kleine Innbrücke und dann linksseitig auf Nebenstrecke weiter bis Pfunds. Nach Pfunds weiter auf Innradweg linksseitig Richtung Nauders bzw. St. Moritz.

11 | 57,3 | 976 | Unter Kajetansbrücke hindurch und in einem Bogen auf die B 180 zurück und oben über die Brücke. Auf anderer Innseite auf der B 184 der Via Claudia Augusta bzw. dem Innradweg folgen.

12 | 60,0 | 1014 | Möglichkeit zum Abstecher links auf dem Forstweg zur Brücke Altfinstermünz und über Pfad zur Straße zurück. Ansonsten weiter am Abzweig nach Samnaun vorbei bis Martina.

13 | 67,2 | 1042 | In Martina erst über die Schweizer Grenze, dann links Richtung Reschenpass über den Inn und gleich 100 m weiter wieder nach Österreich bergauf Richtung Nauders. Nach der Norbertshöhe abwärts nach Nauders.

14 | 74,4 | 1337 | Bei Nauders von der B 185 links in den Ort abbiegen, unter der B 180 hindurch ins Zentrum.

Tag 3
Durch den Vinschgau nach Meran

ÜBERNACHTUNG

Meran: Hotel Westend, www.westend.it. Leckeres Frühstück, geschichtsträchtig, günstig, gute Lage.

TEILSTRECKEN

Nauders–Prad: 40 km, 265 Hm
Prad–Meran: 50 km, 99 Hm
90 Kilometer
364 Höhenmeter bergauf
1399 Höhenmeter bergab
Ladestopp: Prad, Radtreff Brugg am Fischteich

Die Beschreibung dieser Etappe ist ab Nauders identisch mit Etappe 3 und 4 von Tour 3 (siehe S. 44).

ROUTENBESCHREIBUNG

T05-E03-Nauders-Meran.gpx

WP | km | Hm

0 | 0 | 1345 | Auf die Alte Straße und Richtung Reschenpass der ausgeschilderten BR Via Claudia Augusta folgen.

1 | 7,2 | 1501 | Am Beginn des Reschensees rechts abbiegen und der Beschilderung Radroute Meran folgen, die am Westufer entlangführt.

2 | 16,2 | 1464 | In St. Valentin links und auf Via Claudia Augusta entlang des Westufers des Haidersees. BR kommt danach durch Burgeis.

3 | 25,7 | 1064 | In Mals zweimal rechts Richtung Schleis halten. Von dort auf BR parallel zur Etsch nach Glurns.

4 | 30,7 | 912 | In Glurns dem Etschtal-Radweg entlang der Etsch folgen. Dieser führt dann 6 km später ins nahe gelegene Prad.

5 | 39,7 | 907 | In Prad an der Hauptstraße links und gleich wieder rechts auf der Via Claudia Augusta bzw. ausgeschilderter BR Richtung Laas und Meran an der Etsch entlang.

6 | 48,7 | 865 | An der Brücke über die Etsch nicht in den Ort Laas fahren, sondern daran vorbei. Weiter auf Schotter durch ein Waldstück und vorbei am Radtreff Brugg. An Schlanders vorbei und immer Via Claudia Augusta bzw. Etschtal-Radweg folgen.

7 | 54,2 | 722 | In Göflan vor Schlanders durch Bahnunterführung, dann links und gleich wieder rechts in den Angerwiesenweg.

8 | 56,6 | 695 | Bei Holzbrugg rechts Richtung Morter und von dort über Latsch in einem Bogen zur Etsch zurück. Am Ortsausgang von Latsch kurz vor den Gleisen rechts Richtung Marein.

9 | 67,8 | 569 | Nach dem Passieren von Kastelbell kommt die BR wieder an die Etsch und überquert diese. Weiter auf der anderen Seite für die nächsten 2 km. Danach wieder die Etsch überqueren und dann etwas versetzt davon bis Naturns weiter.

10 | 74,6 | 535 | Ab Ortseingang bei Naturns verläuft die BR direkt auf der Etschdamm-Promenade.

11 | 83,5 | 505 | Kurz nach Töll an Staustufe links der BR auf Straße Richtung Algund folgen. 1 km später von der Via Claudia Augusta nach rechts abbiegen und in 7 engen Kehren flott bergab dem Etschtal-Radweg bzw. Beschilderung Radroute Meran folgen. Variante: Nicht auf dem Etschtal-Radweg die 7 Kehren bergab nach Meran, sondern geradeaus der Via Claudia Augusta weiter folgen und über Algund und Mühlbach nach Meran. Diese kommt dann hinter dem Bahnhof raus.

12 | 89,1 | 298 | Die BR unterquert die SS 38 und führt die letzten 1,5 km entlang der Passer bis zur Hauptpromenade in Meran.

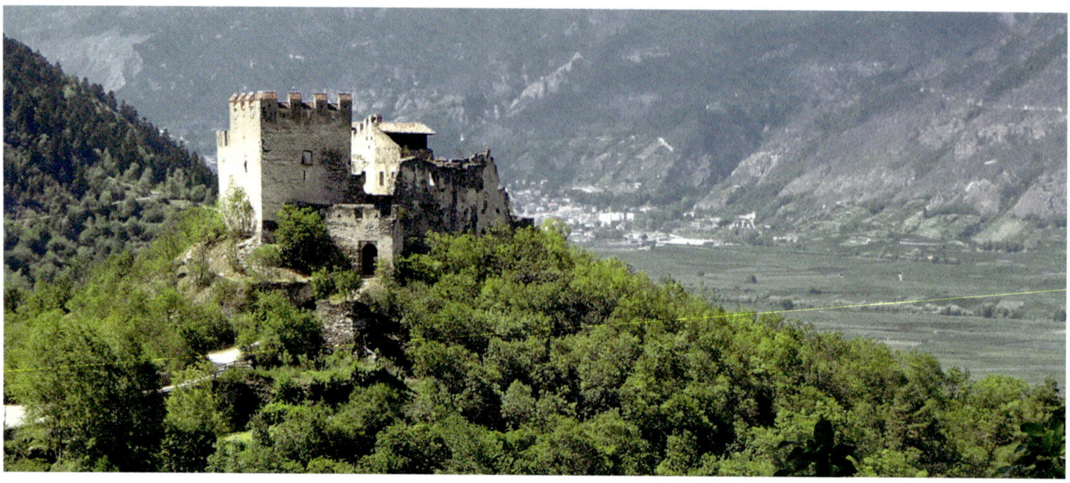

Thront über den Apfelplantagen im Vinschgau: Die Burgruine Obermontani am Eingang ins Martelltal

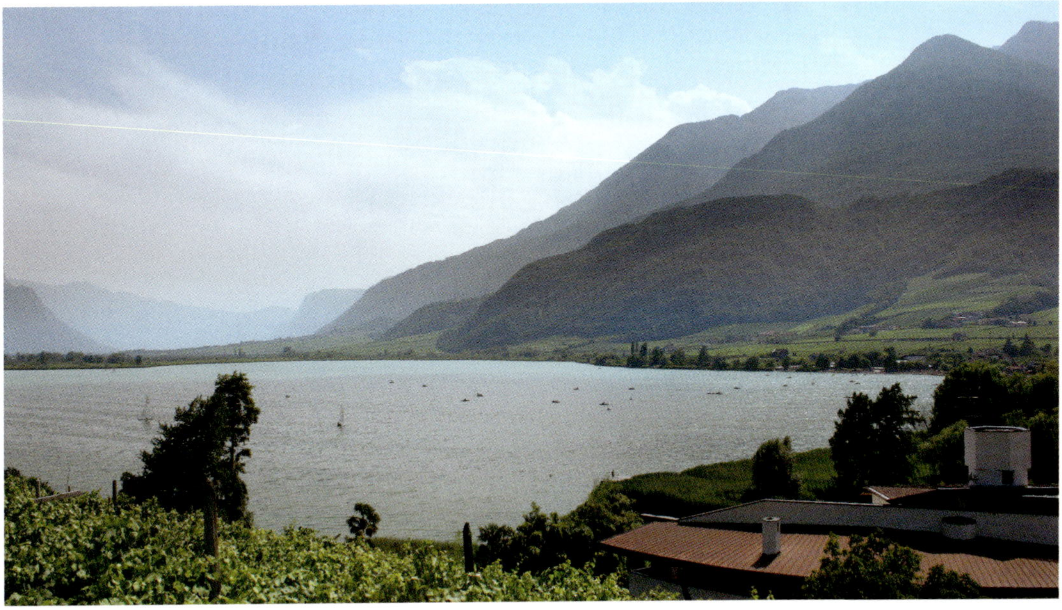

Lädt zum Erfrischungsbad ein: der Kalterer See unterhalb von Kaltern.

Tag 4
Auf der Südtiroler Weinstraße zum Kalterer See

ÜBERNACHTUNG

Tramin: B&B Tirolerin, www.tirolerin.it.
Umfangreiches regionales Frühstücksbuffet, zentrale Lage, familiär, sauber, Radlgarage, Pool.

TEILSTRECKEN

Meran–St. Pauls: 30,5 km, 219 Hm
St. Pauls–Tramin: 18,5 km, 128 Hm
49 Kilometer
347 Höhenmeter bergauf
419 Höhenmeter bergab
Ladestopp: Gemeinde Eppan

Auf der Weiterfahrt geht es vorbei an Marling und Lana (hier befindet sich das Südtiroler Obstbaumuseum).

Danach führt die beschriebene Route idyllisch durch endlose Apfelplantagen. Nach dem Örtchen Unterrain verlassen wir die lang gestreckte Tiefebene und erreichen nach einer kleinen Stufe die Weinorte St. Pauls und St. Michael. Nahe des Ortsausgangs von St. Michael liegen die sogenannten Eislöcher, aus denen eisige Winde strömen. Infolge des kühlen Klimas gedeihen hier auf etwa 500 Metern Pflanzen, die sonst nur im Hochgebirge vorkommen. Nach St. Michael führt die Via Claudia Augusta malerisch und mit schönen Ausblicken am Lavasontal entlang. So erreichen wir in einem Bogen zwischen Feldern einen der bekanntesten Weinorte: Kaltern am See. Er beherbergt das Südtiroler Weinmuseum, das dem »Kalterer« Wein und der Weinstraße gewidmet ist. Ab Kaltern führt der Seewanderweg durch Weinbauplantagen und fällt fast 200 Höhenmeter bis zum Kalterer See hinab. Er ist nur rund fünf Meter tief und mit einer Wassertemperatur von bis zu 28 °C im Sommer mit der wärmste Badesee der Alpen. Von hier ist es nur noch ein Katzensprung bis nach Tramin an der Weinstraße, unserem heutigen Etappenziel. Es ist vor allem für seinen Gewürztraminer bekannt, von dem wir heute Abend noch ausgiebig probieren werden.

ROUTENBESCHREIBUNG
T05-E04-Meran-Tramin.gpx

WP | km | Hm

0 | 0 | 330 | Stadtauswärts an der Passer zurück, aber wegen Einbahnstraße auf der anderen Uferseite und dann unterhalb der SS 38 entlang.

1 | 2,1 | 309 | Von der SS 38 weg einer linksseitigen S-Kurve (Luis-Zuegg-Straße) folgen, auf dieser bleiben und rechts die SS 38 und die Etsch überqueren. Auf Straße nach Marling, wo wir wieder auf die Via Claudia Augusta stoßen. Weiter über Tscherms.

2 | 7,1 | 312 | Am Kreisverkehr am Ortseingang bei

Lana links und nach 100 m rechts, an großem Parkplatz vorbei immer am Bach entlang bis ins Ortszentrum.

3 | 8,5 | 318 | In Lana von der Maria-Hilf-Straße rechts in die Kapuzinerstraße.

4 | 17,7 | 266 | Ein paar 100 m vor Nals links auf die Südtiroler Weinstraße. Auf dieser in einem Bogen um Nals herum und weiter nach Andrian.

5 | 23,1 | 263 | In Andrian links Richtung SS 38. 10 m vor der SS 38 bzw. Etsch rechts der Südtiroler Weinstraße bis Unterrain folgen.

6 | 27,9 | 258 | 500 m nach Unterrain rechts bergauf Richtung Kaltern halten und weiter nach St. Pauls bzw. St. Michael.

7 | 33,5 | 424 | Kurz nach St. Michael die SS 42 unterqueren und in einem Bogen zwischen Feldern nach Kaltern zurück zur Weinstraße.

8 | 37,4 | 414 | Am Ortsausgang von Kaltern links bergab durch Weinbau dem Wanderweg zum Kalterer See folgen. Vereinigt sich kurz darauf wieder mit Via Claudia Augusta.

9 | 41,5 | 248 | In Kreith am Hotel Leuchtenburg rechts auf kleinem Weg zum See hinunter und auf ausgeschilderter Strecke um das Nordufer bis zum Seezugang am Lido.

10 | 42,9 | 228 | Seebad Lido am Kalterer See. Danach links über den Parkplatz und auf dem Radweg am Campingplatz vorbei. An der Südtiroler Weinstraße in Fahrtrichtung weiter. 350 m weiter von der Straße nach rechts auf dem Forstweg abbiegen und nach 400 m wieder auf die Weinstraße.

11 | 45,6 | 225 | 600 m weiter an der Einmündung der Straße von Neumarkt geradeaus weiter der Beschilderung BR Tramin nach. 1,1 km weiter geradeaus, weiter auf Nebenstraße Richtung Söll abbiegen. Ein kleines Stück bergauf und geradeaus nach Tramin.

12 | 48,2 | 258 | Tramin. Etappenende.

Bestens ausgeschilderte Radwege in Südtirol

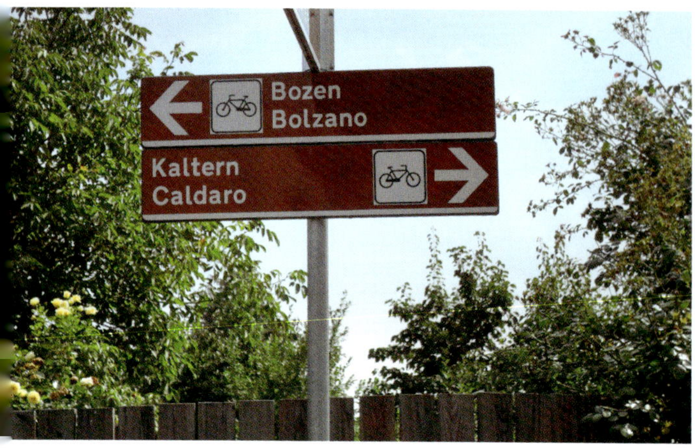

Tag 5
Von der Etsch zum Gardasee

ÜBERNACHTUNG

Torbole: Villa Emma, www.villa-emma.com. Günstig, gutes Essen, eigene Pizzeria mit Terrasse, ruhige Lage, 300 m vom Zentrum und See.

TEILSTRECKEN

Tramin–Trient: 45 km, 55 Hm
Trient–Torbole: 44 km, 142 Hm
89 Kilometer
197 Höhenmeter bergauf
390 Höhenmeter bergab
Ladestopp: Trient

Heute Morgen steckt uns noch der Gewürztraminer vom Vorabend in den Knochen. Doch der Gedanke, am Abend den Gardasee zu erreichen, beflügelt uns sehr – außerdem geht es heute fast nur bergab: Zuerst ein kurzes Stück durch Weinbau- und Apfelplantagen bis über die Brennerautobahn und die Etsch in Richtung Neumarkt. Von dort folgen wir der Etsch vorbei an Trient (ital. Trento) bis nach Rovereto. In der Konzilstadt Trient sollte man auf jeden Fall eine Pause einlegen, um die zahlreichen Sehenswürdigkeiten und die Gässchen der Altstadt zu erkunden. Wir bewegen uns heute fast immer auf gut ausgebauten Radwegen mit unterschiedlichen Bezeichnungen. Mal folgen wir der Via Claudia Augusta, mal dem Etsch-Radweg, später auch der Pista ciclopedonale Adige und ab Rovereto der Pista ciclopedonale Garda.

Nach Rovereto verlassen wir die Via Claudia Augusta und folgen dem Radweg nach Mori nahe der SS 240. Kurz nach dem unscheinbaren Passo San Giovanni kommen wir durch Nago und haben endlich den ersten Blick auf den See: Unter uns liegen das Surferparadies Torbole und der Monte Brione, der sich wie eine geöffnete Muschel am Nordufer erhebt. Das letzte Stück führt uns steil bergab über die Piazza Vittorio Veneto ans Seeufer von Torbole. Wer noch Körner übrig hat, fährt über den Uferweg weiter nach Riva del Garda und lässt die Tour dort enden.

ROUTENBESCHREIBUNG
T05-E05-Tramin-Torbole.gpx

WP | km | Hm

0 | 0 | 265 | Von Tramin auf der Straße Richtung Neumarkt bzw. Autobahn.

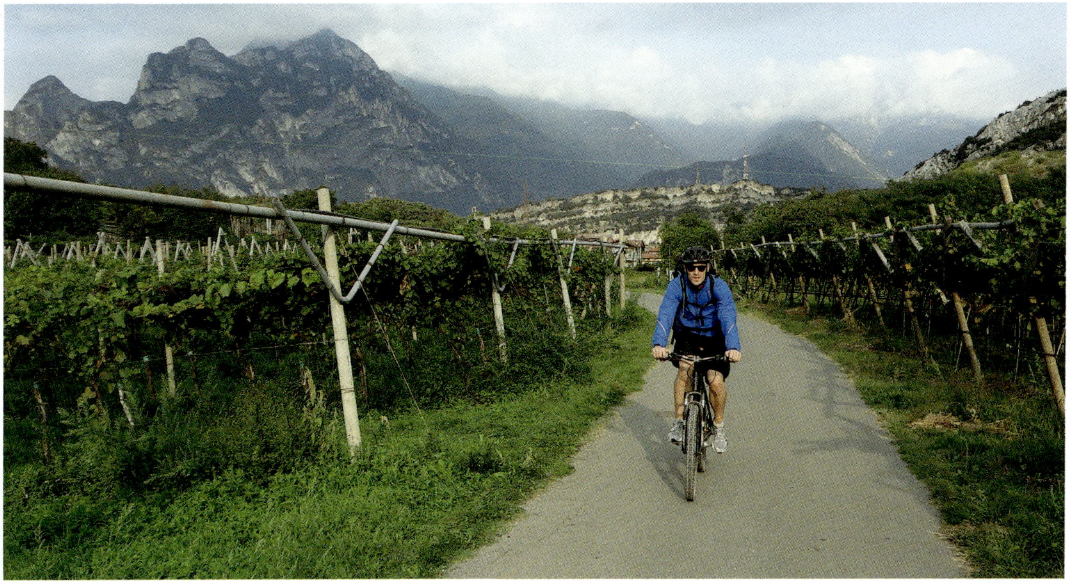

Kurz bevor der Radweg zum Gardasee hinunterführt, geht es noch durch grüne Weingärten.

1 | 4,0 | 225 | Am Bahnhof links, über die Autobahn und die Etsch. Auf anderer Etschseite rechts auf dem Radweg Richtung Trento weiter und der Via Claudia Augusta bzw. dem Etsch-Radweg folgen.

2 | 21,1 | 217 | Auf Höhe von Mezzocorona dann die Etsch überqueren und rechtsseitig weiter.

3 | 26,5 | 214 | Bei Nave San Felice Etsch überqueren. Auf anderer Seite rechts dem Etsch-Radweg folgen und nicht der Via Claudia Augusta, die ab hier weiter nach Feltre führt.

4 | 32,1 | 210 | Auf Höhe von Lavis führt die BR weg von der Etsch, überquert den Bach Avisio und führt dann wieder zur Etsch zurück.

5 | 44,5 | 205 | Am Kreisverkehr an der Brücke San Lorenzo in Trento Abzweig nach links ins nah gelegene Zentrum. Genauer Wegverlauf und zurück siehe WP 05 bei Tour 13, Etappe 4, S. 167.

6 | 48,0 | 207 | An der Brücke Ponte Ravina überquert die BR die Etsch und führt rechtsseitig weiter. 4 km weiter geht es wieder auf die andere Seite zurück und linksseitig Richtung Rovereto. Der Radweg nennt sich mitunter auch »Pista ciclopedonale Adige« oder auch »Via Claudia Augusta Ciclopista del Sole«.

7 | 60,0 | 193 | Auf Höhe Besenello wechselt der Radweg wieder für 2,5 km die Uferseite.

8 | 71,3 | 180 | Bei Rovereto entfernt sich die BR von der Etsch, überquert ein Bachbett und führt wieder zur Etsch zurück. Der Radweg nennt sich zwischen Rovereto und Gardasee »Pista Ciclopedonale Garda«.

9 | 74,9 | 175 | An einer Staustufe überquert die BR die Etsch und einen Kanal. 500 m weiter zweigt die BR vom Kanal ab, führt zur SS 240 und durch den Ort Mori.

10 | 33,5 | 207 | Die BR biegt in Mori nach links in die Via Paolo Orsi ab, unterquert die Umgehungsstraße, kommt nach 2,5 km wieder zur SS 240 und folgt dieser neben der Straße.

11 | 84,9 | 279 | 200 m nach dem unscheinbaren Passo San Giovanni unterquert die BR die SS 240 und führt in den Ort Nago.

12 | 87,3 | 209 | In einer Linkskurve in der Via Europa erster Blickkontakt mit dem Gardasee. Die BR geht nun steil nach unten, zum Schluss auf Kopfsteinpflaster und über die Piazza Vittorio Veneto.

13 | 89,0 | 73 | Ankunft an der Seepromenade in Torbole.

Endlich am Ziel: Auf den letzten Metern von Nago hinunter nach Torbole abseits der Hauptstraße

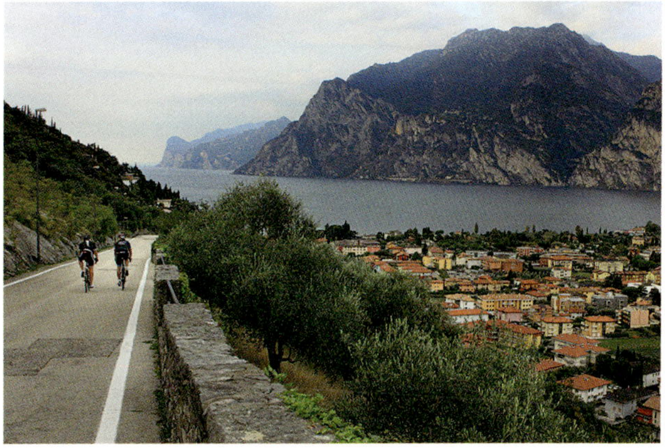

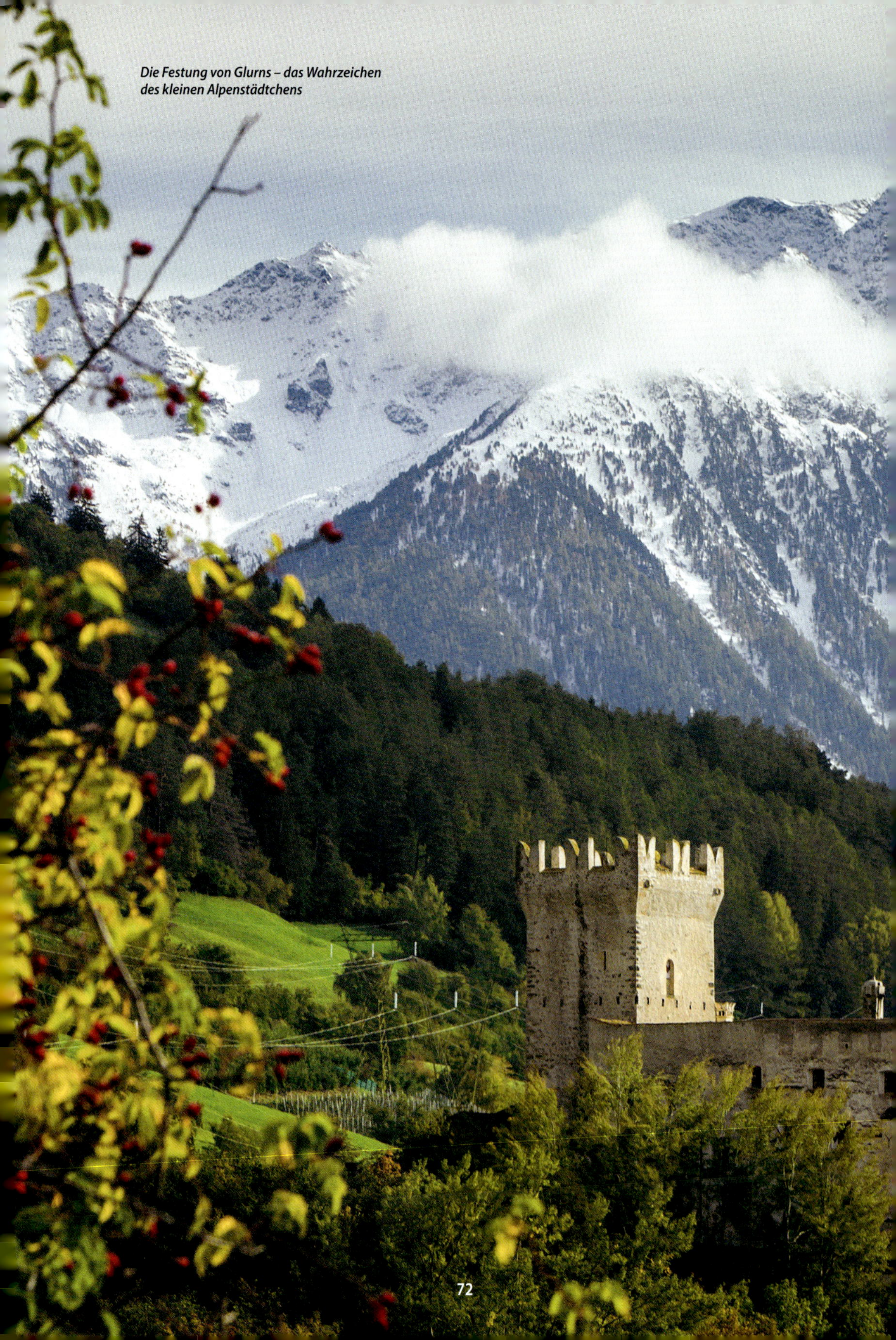

Die Festung von Glurns – das Wahrzeichen des kleinen Alpenstädtchens

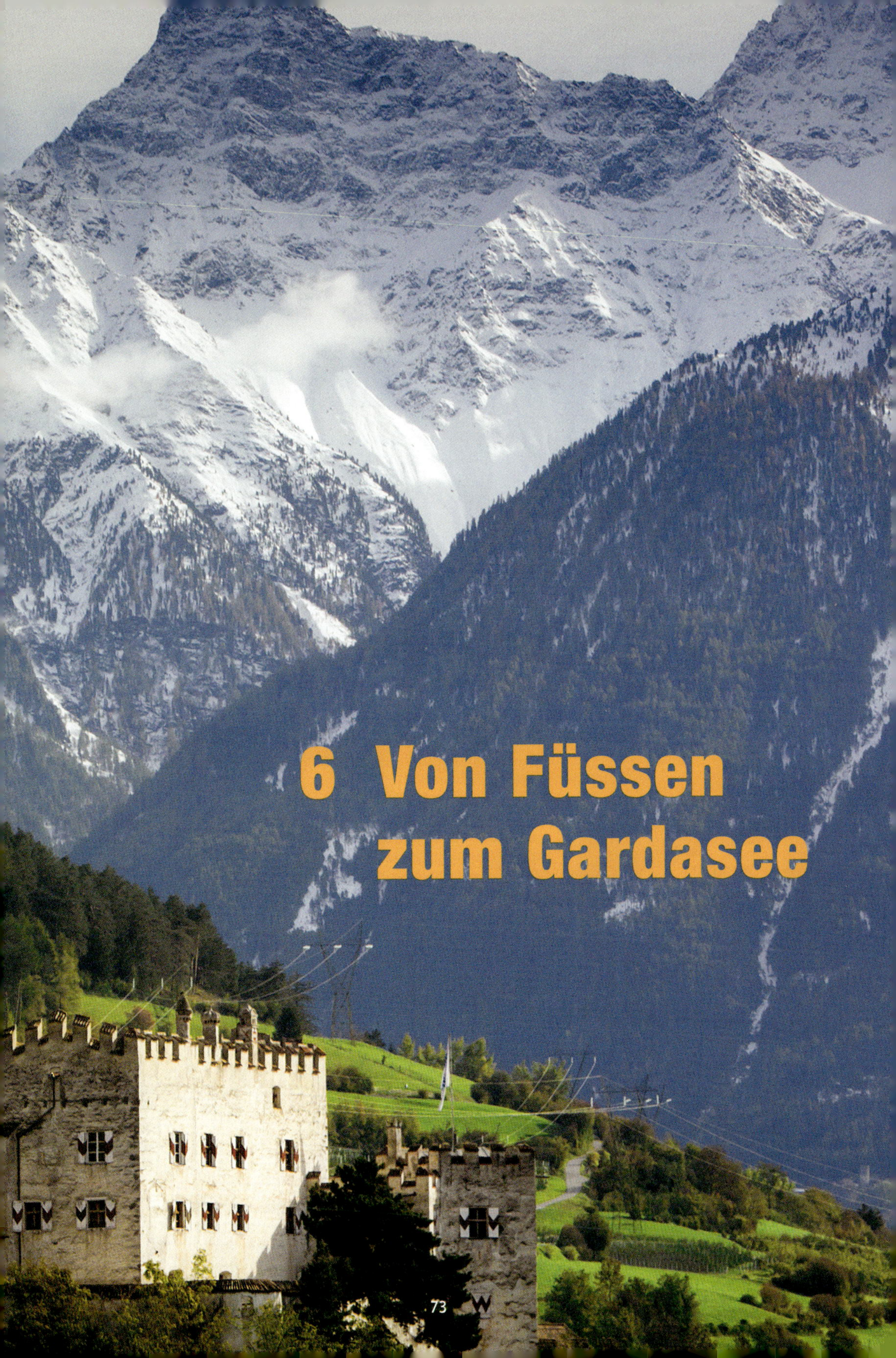

6 Von Füssen zum Gardasee

6 Von Füssen zum Gardasee

Über Stilfser Joch und Gaviapass: Transalp Challenge

Schwierigkeit	Erlebniswert	Höhenmeter (in m)	Streckenlänge (in km)	Zeit (in Tagen)
4	★★★★☆	Mit Rad: *6620* Gesamt: *10557*	Mit Rad: *419* Gesamt: *457*	*6–8*

TOURENCHARAKTER

AUSGANGSPUNKT
Bahnhof Füssen

ENDPUNKT
Torbole am Gardasee

ANFAHRT
Bahn: Von München, Ulm und Lindau über Kempten. Von Innsbruck über Garmisch-Partenkirchen.
Auto: Von München über Landsberg und Schongau, von Ulm über die A 7 und Kempten. Von Innsbruck und Landeck über Fernpass. Parkplatz P1 am Festplatz.

RÜCKFAHRT
Von Torbole mit Rad oder Bus nach Rovereto. Ab da Verbindungen mit Regional- oder Fernzügen über Bozen, Brenner nach Innsbruck und von dort weiter über Mittenwald zurück nach Füssen oder München.

KONDITION
★★★★☆

FAHRTECHNIK
★★★☆☆

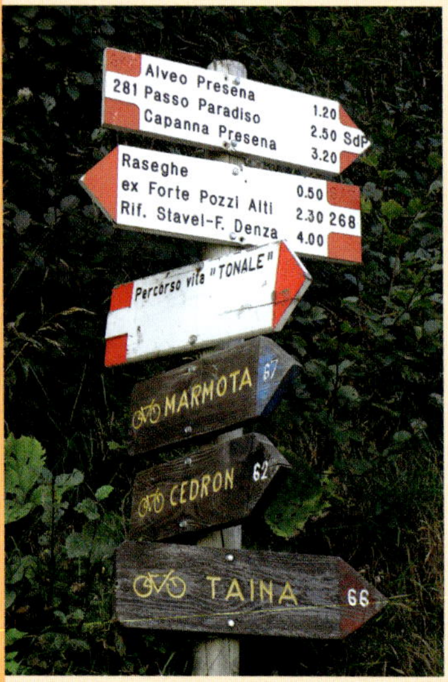

Schilderwald am Passo del Tonale

ERLEBNISWERT
Fahrspaß: ★★★★☆ – Schöne Fahrt durchs Lechtal, ausgedehnte Abfahrt auf Schotterweg vom Viderjoch, rasante Abfahrt vom Stilfser Joch, schöne Forstwege nach Sta. Catarina und durchs Val di Vermiglio.
Landschaft: ★★★★☆ – Malerisches Lechtal, Inntal und Val di Sole, traumhafte Panoramen am Viderjoch und Stilfser Joch, malerischer Reschensee.
Kultur und Geschichte: ★★☆☆☆ – Auf den Spuren der Römer auf der Via Claudia Augusta, rätoromanische Orte im Inntal, mittelalterliche Städte im Vinschgau.

STRECKENPROFIL
Asphalt: 358 km
Schotter-/Forstweg: 59 km
Pfad: 4,2 km
Schieben: 6 x 5 Min.
Bus: 25 km, 1857 Hm
Seilbahn: 10,7 km, 3937 Hm
Anstrengende Tour, v. a. auf asphaltierten Radwegen und Nebenstraßen. Lange Anstiege zum Hahntennjoch und Gaviapass. Steiler Anstieg nach Andalo inkl. zwei 5-minütigen Schiebepassagen. Mehrere kurze Pfadabschnitte zwischen See und Kappl im Paznaun mit kurzer Schiebepassage. Lange Abfahrten vom Hahntennjoch, Stilfser Joch und Gaviapass. Lange Abfahrt auf Schotterweg vom Viderjoch (Vorsicht geboten!). Angenehm leicht bergab auf der Via Claudia Augusta vom Reschensee bis Prad. Kurze Schiebepassage auf Schotterweg nach Sta. Catarina.

HÖCHSTE PUNKTE
1894 m, Hahntennjoch
2738 m, Viderjoch
1507 m, Reschenpass
2757 m, Stilfser Joch
2618 m, Gaviapass
1884 m, Tonalepass

NIEDRIGSTER PUNKT
70 m, Torbole

ALLGEMEINE INFOS
Füssen: www.fuessen.de, Imst: www.imst.at, Landeck: www.tourist-information.at, Ischgl: Silvretta- oder Fimbabahn: www.ischgl.com, Tel. +43/(0)5444 / 606), Nauders: www.nauders.com, Glurns: www.glurns.net, Prad: Tourismusinformation, Tel. +39/0473/61 30 15, www.prad-am-stilfserjoch.com, Torbole: www.torbole.com/de
»Via Claudia Augusta«: www.viaclaudia.org (allg. Infos plus Shuttledienste), Dolomiti di Brenta BIKE Radroute: www.dolomitibrentabike.it.
Prad Bus Nr. 271 (Sommerfahrplan beachten) zum Stilfser Joch: www.sii.bz.it (Hst. am Hauptplatz. Umstieg in Gomagoi) in Linie 270. Wichtig: Radtransport, sofern Platz frei ist, meist nur im Gepäckraum möglich. Besser vorher Lenker drehen und Pedale abschrauben. Mitnahme von E-Bikes mitunter möglich.

LANDKARTEN
Kompass Wanderkarten Blatt 04, 24, 41, 52, 072, 73, 101 in Papier oder digital zum Selbstausdrucken.

GPS/ROADBOOK
T06-E01-Fuessen-Imst.gpx
T06-E02-Imst-Ischgl.gpx
T06-E03-Ischgl-Prad.gpx
T06-E04-Prad-Sta. Catarina.gpx
T06-E05-Sta. Catarina-Ponte di Legno.gpx
T06-E06-Ponte di Legno-Flavon.gpx
T06-E07-Flavon-Ponte Arche.gpx
T06-E08-Ponte Arche-Torbole.gpx
Die Etappen dieser Tour lassen sich auch anders aufteilen: Am 1. Tag nur bis Pfafflar-Bschlabs, um die Auffahrt zum Hahntennjoch zu halbieren. Dann am nächsten Tag bis Landeck oder See im Paznaun und am Folgetag bis Nauders. In Prad ist allerdings zu beachten, dass der Bus zum Stilfser Joch nur fünfmal am Tag fährt. Eine Übernachtung in Prad bietet sich aus Gründen des besseren Timings daher an. Von Sta. Catarina kann man auch gleich weiter ins Val di Sole und in Dimaro oder Cles übernachten. Oder man legt die Tage 7 und 8 zusammen und fährt in einem Stück von Flavon bis zum Gardasee.

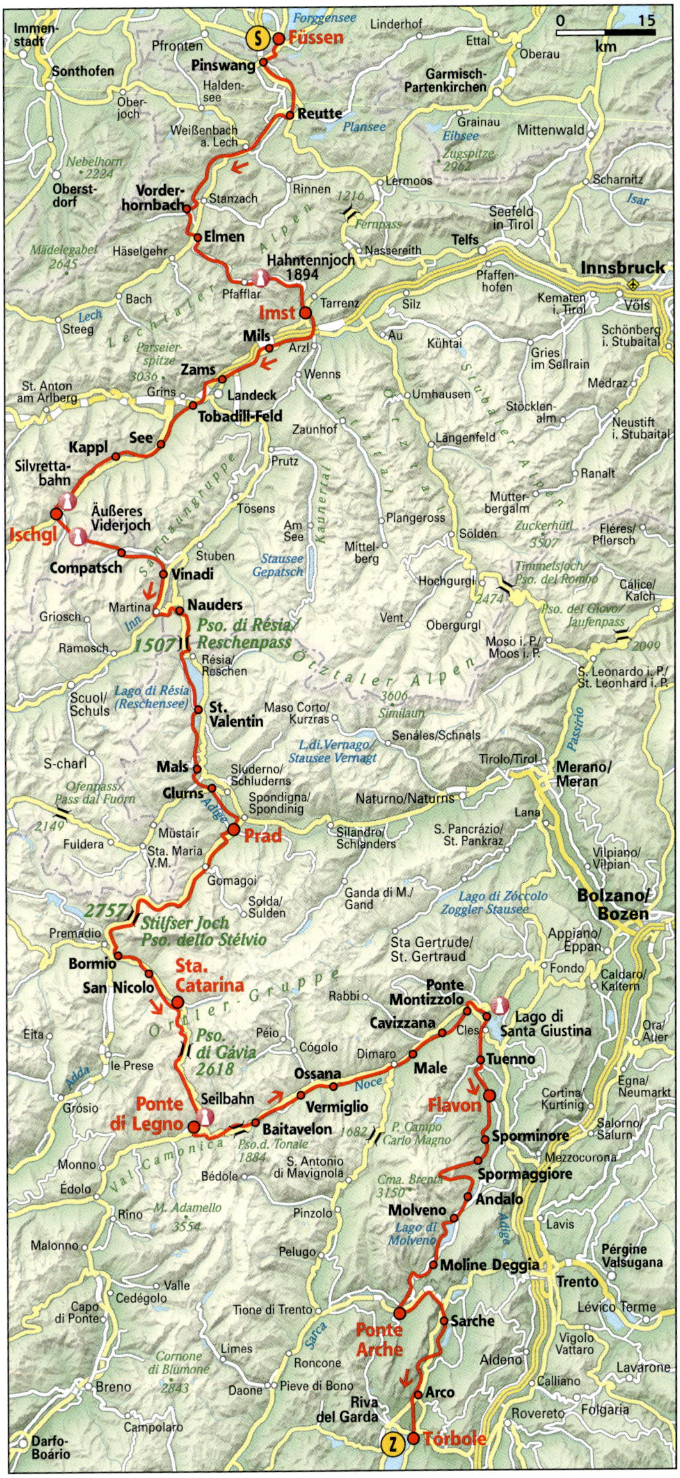

0 15 km
Füssen
Forggensee
Pinswang
Reutte
Weißenbach a. Lech
Vorder-hornbach
Elmen
Hahntennjoch 1894
Imst
Mils
Zams
Landeck
Tobadill-Feld
See
Kappl
Silvretta-bahn
Ischgl
Äußeres Viderjoch
Compatsch
Vinadi
Martina
Nauders
Pso. di Résia/ Reschenpass
1507
Lago di Résia (Reschensee)
St. Valentin
Mals
Glurns
Prad
2757
Stilfser Joch Pso. dello Stélvio
Bormio
San Nicolo
Sta. Catarina
Pso. di Gávia 2618
Ponte di Legno
Seilbahn
Baitavelon
Vermiglio
Ossana
Male
Dimaro
Cles
Ponte Montizzolo
Lago di Santa Giustina
Tuenno
Flavon
Sporminore
Spormaggiore
Andalo
Molveno
Lago di Molveno
Moline Deggia
Ponte Arche
Sarche
Arco
Riva del Garda
Torbole
Immen-stadt
Sonthofen
Pfronten
Linderhof
Ettal
Oberau
Garmisch-Partenkirchen
Plansee
Grainau
Eibsee
Zugspitze 2962
Mittenwald
Lermoos
Scharnitz
Seefeld in Tirol
Telfs
Innsbruck
Völs
Nassereith
Fernpass
Tarrenz
Silz
Kühtai
Nebelhorn 2224
Oberst-dorf
Mädelegabel 2645
Häselgehr
Bach
Steeg
Lechtaler Alpen
Parseier-spitze 3036
St. Anton am Arlberg
Grins
Wenns
Umhausen
Längenfeld
Sölden
Prutz
Tösens
Stuben
Stausee Gepatsch
Kaunertal
Ötztaler Alpen
Similaun 3606
Vent
Obergurgl
Hochgurgl
Timmelsjoch/ Pso. del Rombo
2474
Pso. del Giovo/ Jaufenpass
2099
Zuckerhütl 3507
Merano/ Meran
Naturno/Naturns
Tirolo/Tirol
Senáles/Schnals
L.di Vernago/ Stausee Vernagt
Sluderno/ Schluderns
Spondigna/ Spondinig
Silandro/ Schlanders
Lana
Müstair
Sta. Maria V.M.
Ofenpass/ Pass dal Fuorn
2149
Fuldera
Scuol/ Schuls
S-charl
Ramosch
Griosch
Gomagoi
Solda/ Sulden
Premadio
Ortler-Gruppe
Péio
Cógolo
Rabbi
Cavizzana
Bolzano/ Bozen
Appiano/ Eppan
Caldaro/ Kaltern
Lago di Zóccolo Zoggler Stausee
Sta Gertrude/ St. Gertraud
Fondo
Eita
le Prese
Grósio
Adda
Monno
Édolo
Val Camonica
Pso.d. Tonale 1884
P. Campo Carlo Magno 1682
S. Antonio di Mavignola
Bédole
M. Adamello 3554
Rino
Pinzolo
Cma. Brenta 3150
Malonno
Pelugo
Valle
Cedégolo
Capo di Ponte
Tione di Trento
Trento
Pérgine Valsugana
Lévico Terme
Vigolo Vattaro
Lavarone
Aldeno
Calliano
Rovereto
Folgaria
Limes
Roncone
Pieve di Bono
Daone
Cornone di Blumone 2843
Breno
Campolaro
Darfo-Boário
Sarca
Adige
Noce
Inn
Isar
Lech
Passirio

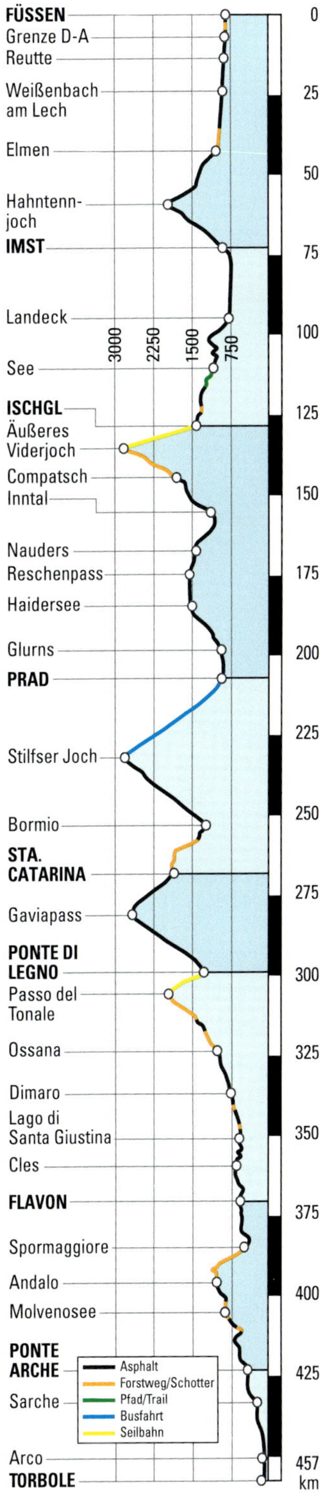

FÜSSEN
Grenze D-A
Reutte
Weißenbach am Lech
Elmen
Hahntenn-joch
IMST
Landeck
See
ISCHGL
Äußeres Viderjoch
Compatsch
Inntal
Nauders
Reschenpass
Haidersee
Glurns
PRAD
Stilfser Joch
Bormio
STA. CATARINA
Gaviapass
PONTE DI LEGNO
Passo del Tonale
Ossana
Dimaro
Lago di Santa Giustina
Cles
FLAVON
Spormaggiore
Andalo
Molvenosee
PONTE ARCHE
Sarche
Arco
TORBOLE
3000
2250
1500
750
0
25
50
75
100
125
150
175
200
225
250
275
300
325
350
375
400
425
457 km
Asphalt
Forstweg/Schotter
Pfad/Trail
Busfahrt
Seilbahn

Die Tourbezeichnung Transalp Challenge kommt nicht von ungefähr: Lange und steile Anstiege gilt es hier zu bewältigen. Eine schweißtreibende, aber meist gut fahrbare Tour, deren Strapazen mit tollen Ausblicken und Abfahrten entlohnt werden.

Tag 1
Entlang des Lechs und über das Hahntennjoch

ÜBERNACHTUNG

Füssen: Hotel Fürstenhof, www.fuerstenhof-fuessen.de. Freundlicher Familienbetrieb, zentrale Lage, gutes Frühstück, bequeme Zimmer, Radlgarage.
Pfafflar-Bschlabs: Haus Schönblick, www.hof-schoen-blick.com
Imst: Gästehaus Walch, www.pension-imst.at. Familiär, nette Besitzer, sauber, großes Frühstück, WLAN, Radlgarage.

TEILSTRECKEN

Füssen–Boden: 52 km, 723 Hm
Boden–Imst: 18 km, 495 Hm
70 Kilometer
1218 Höhenmeter bergauf
1210 Höhenmeter bergab
Ladestopp: Bschlabs (Gasthof »Zur Gemütlichkeit«)

Unsere Tour startet in Füssen im Allgäu und führt uns heute entlang des Lechs flussaufwärts bis übers Hahntennjoch. Wir passieren die Lechklamm und den eindrucksvollen Lechfall und überqueren auf der alten Römerstraße, der Via Claudia Augusta (Infos dazu s. Tour 5), die Grenze zu Österreich. Wir folgen dem Lauf des Lechs bis nach Reutte, unterhalb des Säulings vorbei und überragt von den Tannheimer Bergen mit Gimpel und Köllenspitze. In Elmen verlassen wir den Lech-Radweg, und es beginnt der harte Teil des heutigen Tages: Es warten 950 knackige Höhenmeter am Stück übers Hahntennjoch.
Zwischen Ende Juni und Ende September fährt auch der Postbus von Elmen nach Imst – manchmal sogar mit Radlanhänger. Wer sich die komplette Auffahrt nicht zutraut, nimmt einfach den Bus. Im Ortsteil Pfafflar-Bschlabs gönnen wir uns erst mal eine Pause mit leckeren regionalen Spezialitäten im Gasthof »Zur Gemütlichkeit«. Denn jetzt wartet der zweite Anstieg auf uns: Nach Boden geht es in mehreren Kehren relativ steil bergauf. Am Hahntennjoch empfangen uns ungemütliche null Grad und eine dünne Lage Schnee. Wir machen uns deshalb gleich an die 1000-Höhenmeter-Abfahrt nach Imst, bei der der eisige Fahrtwind durch alle Schichten pfeift. Dort angekommen, suchen wir uns erst mal eine Übernachtung mit Sauna.

ROUTENBESCHREIBUNG
T06-E01-Fuessen-Imst.gpx

WP | km | Hm
0 | 0,0 | 800 | Vom Bahnhof Füssen durch die Fußgängerzone und über die Lechbrücke. Dort rechts auf der Via Claudia Augusta B 17 folgen.
1 | 1,3 | 821 | Lechfall. Weiter auf Radweg Via Claudia Augusta neben B 17 und über die Grenze nach Österreich. Dort auf Schotter weiter.
2 | 4,6 | 812 | Unter der Straße hindurch und weiter am Lech entlang. Kurz danach auf Straße weiter und durch Unter- und Oberpinswang.
3 | 11,3 | 833 | Im Ort Pflach kurz auf Hauptstraße und dann rechts weiter auf Nebenstraße bis Reutte zwischen Lech und L 69.
4 | 14,3 | 864 | In Reutte am Kreisverkehr rechts auf B 198 und 500 m später über den Lech. Dort links auf dem Lech-Radweg entlang.
5 | 16,1 | 858 | Der Lech-Radweg kommt kurz an die B 198 und führt dann weiter zwischen B 198 und Lech Richtung Weißenbach.
6 | 23,4 | 883 | In Weißenbach kurz vor dem Kreisverkehr links über eine Brücke und weiter durch Wald auf Lech-Radweg Richtung Steeg.
7 | 26,8 | 901 | Die BR (= Bike-Route) führt in einem Bogen direkt am Lech unter der B 198 durch, folgt dieser für 300 m parallel und biegt dann links ab. Weiter leicht erhöht und teilweise etwas versetzt den Lech entlang.
8 | 37,7 | 959 | Nach einer Schotterpassage führt die BR nach rechts vom Lech weg und überquert kurz vor dem Ortseingang bei Vorderhornbach über eine kleine Brücke den Hornbach. Kurz danach durch den Ort Martinau weiter Richtung Elmen.
9 | 41,9 | 977 | Abzweig vom Lech-Radweg. Über die überdachte Holzbrücke Richtung Elmen zur B 198. Dort rechts und kurz darauf links bergauf der Straße Richtung Hahntennjoch folgen.
10 | 47,4 | 1293 | Unterwegs kommen zwei beleuchtete Tunnel. Der erste mit 300 m kann nicht umfahren werden, der zweite mit fast 500 m jedoch schon. Dazu am WP 10 direkt vor dem Tunnel rechts auf Sträßchen den Tunnel umfahren.
11 | 52,2 | 1387 | Abzweig nach Boden.
12 | 57,3 | 1894 | Hahntennjoch. Ab jetzt über 1000 Hm nur bergab bis zum Inntal.
13 | 70,8 | 860 | In Imst an der T-Kreuzung am Hotel Hirschen rechts ins Zentrum.

Tag 2
Vom Inntal ins Paznaun

ÜBERNACHTUNG

Ischgl: Gidis Hof, www.gidishof. Familiengeführt, zentral, ruhig, radlerfreundlich, gratis WLAN + Silvrettacard.

TEILSTRECKEN

Imst–See: 37,5 km, 654 Hm
See–Ischgl: 18,5 km, 526 Hm
56 Kilometer
1180 Höhenmeter bergauf
629 Höhenmeter bergab
Ladestopp: Tobadill (Rest. Alpenblick)

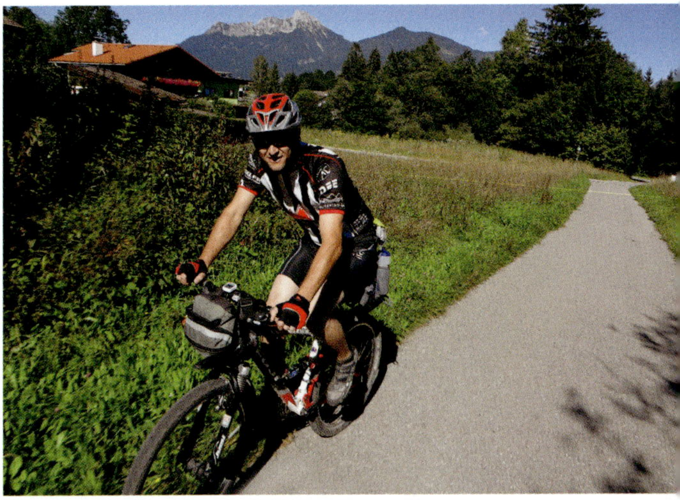

Gemütlich am Lechradweg entlang. Hinten ragt der Säuling empor.

Südlich von Imst treffen wir auf den 520 Kilometer langen Innradweg. Durchs Inntal geht es entlang der Via Claudia Augusta nach Landeck in Tirol. Seine zentrale Lage am Kreuzungspunkt des oberen Inntals, des Paznauntals, des Stanzertals und der Fernpassstrecke machte die Stadt schon immer zu einem wichtigen Verkehrsknotenpunkt.

In Landeck verlassen wir die Via Claudia Augusta und fahren über eine Nebenstraße ins Paznaun. Der schönste Weg dazu mit dem Fahrrad führt über eine Hügelkette, die Ausläufer des Gamsbergkopfes mit der Streugemeinde Tobadill als höchstem Punkt. 350 Höhenmeter am Stück sind zu bewältigen – verglichen mit der gestrigen Auffahrt nicht weiter dramatisch. Über Wiesberg geht es weiter nach See, wo der Badesee im Herzen des Ortes eine Abkühlung verspricht. Von See bis Ischgl sind noch weitere 500 Höhenmeter zu meistern. Wir bewegen uns meist oberhalb des Talbodens am Hang entlang mit schönen Blicken ins Paznaun und auf die sich unten schlängelnde Sanna. Es geht durch den kleinen Ort Kappl, der sich für einen kurzen Cappuccino-Stopp anbietet. Schließlich erreichen wir Ischgl, das vor allem durch sein Skigebiet und seine lebhafte Après-Ski-Szene bekannt ist. Hier kann man sich je nach Witterung im Freibad oder im Silvretta-Center Hallenbad (mit Saunadorf) bestens erholen.

ROUTENBESCHREIBUNG
T06-E02-Imst-Ischgl.gpx

WP | km | Hm

0 | 0 | 861 | Zurück zur T-Kreuzung am Hotel Hirschen und weiter geradeaus. Nach 100 m rechts in die Kugelgasse bergab und über B 189. Man

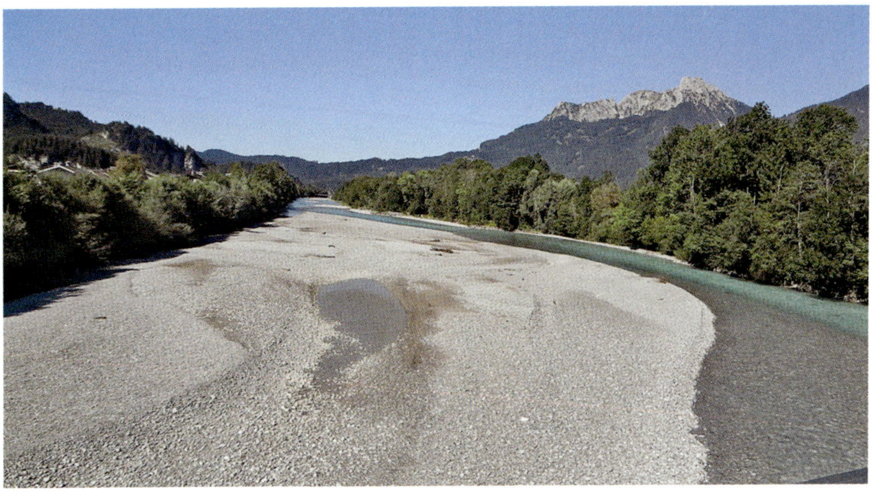

Das breite Flussbett des Lechs mit endlosen Kiesbänken

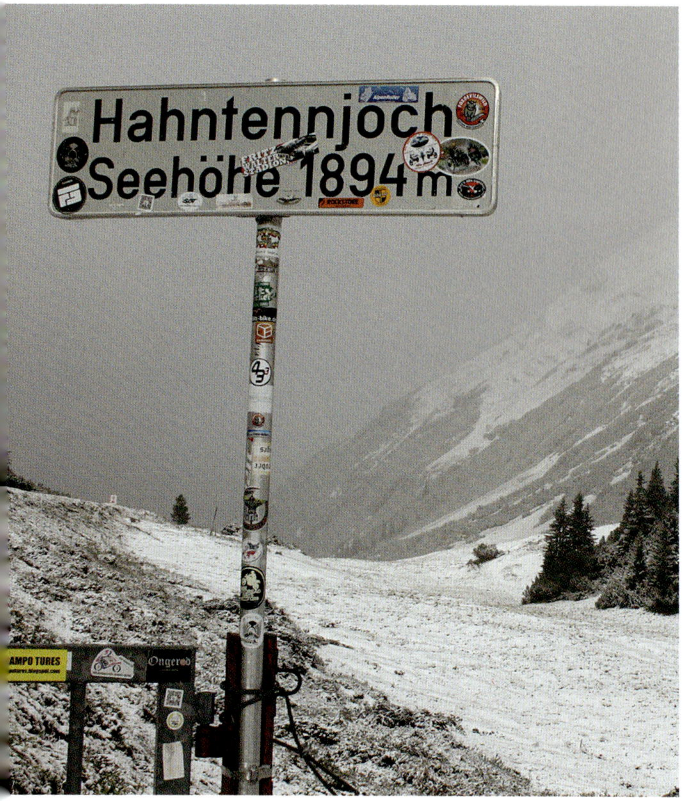

Frostiger Empfang am Hahntennjoch Ende Oktober

trifft auf eine Linkskurve. Nun der Beschilderung Sportzentrum/Innradweg/Via Claudia Augusta folgen.

1 | 3,9 | 724 | Am Innradweg diesem rechts Richtung Landeck parallel zur A 12 und dem Inn flussaufwärts folgen.

2 | 10,8 | 735 | Der Innradweg führt erst durch Mils und dann auf der B 171 über den Inn. Danach durch Schönwies Richtung Landeck.

3 | 19,7 | 767 | In Zams rechts in die Bachgasse, dann auf kleiner Brücke über den Inn und links auf dem Uferradweg weiter.

4 | 23,1 | 783 | Am Ende des Ortsteils Perjen links über die kleine Brücke über die Sanna und nach 100 m rechts auf die B 171. Nach 500 m links in die Kreuzgasse und dann rechts halten auf der L 350 bergauf.

5 | 29,3 | 1152 | Am Ortsausgang in Tobadill-Feld rechts abbiegen Richtung Paznauntal/Ischgl und dann bergab.

6 | 31,6 | 980 | Kurz vor Schloss Wiesberg nach links abbiegen und die Kehren bergauf. Nach 100 Hm bergab und dann rechts halten. Auf kleinem Sträßchen nach unten und über die Trisanna.

7 | 34,2 | 991 | Nach links in die offene Galerie an der B 188. Nach 100 m in der Galerie dann auf der B 188 weiter leicht bergauf.

8 | 37,4 | 1054 | Im Ort See über die Trisanna auf kleiner Straßenbrücke und dann rechts bergauf. Nach 400 m links in einer Spitzkehre von der Straße weg in den Talwanderweg einbiegen. Nun folgt ein Pfadabschnitt. Dieser erstreckt sich auf die nächsten 2 km leicht rauf und runter am Hang entlang. Evtl. 2 mal 5 Minuten schieben. Zum Schluss über offene Wiesen. Prinzipiell immer oberhalb der Trisanna und des Talbodens bleiben und dem Talweg Richtung Ischgl folgen.

9 | 39,9 | 1112 | Der Forstweg kommt an eine Straße. Nun geradeaus weiter leicht bergab. Nach 200 m in der nächsten Linkskurve geradeaus auf Forstweg weiter. Nach 400 m kommt man an die nächste Straße. Dieser leicht bergauf in gleicher Richtung folgen. 500 m weiter am Ende der Straße geht es auf Pfad weiter. Ein paar 100 m weiter erreicht man den Ort Holdernach. In einer Rechtskurve geradeaus weiter auf Pfad. Nach 400 m wieder Straße. Nun weiter parallel zum Talboden.

10 | 42,7 | 1181 | 100 m nach Beginn des letzten Straßenabschnitts links leicht bergab halten. Am Ende der Straße geht es wieder auf Pfad weiter. Nach 800 m wieder auf der Straße weiter.

11 | 44,3 | 1245 | In Untermühl geradeaus durch Niederhof und dann nach Kappl.

12 | 45,9 | 1277 | An der Kirche in Kappl rechts und dann immer geradeaus. 1,3 km nach der Kirche links leicht abwärts halten. Gelber Beschilderung Talweg Richtung Ischgl folgen. Teilweise auch als »Kappl-Ischgl Tour 741« beschildert.

13 | 47,8 | 1281 | Im Ort Bach immer geradeaus weiter nach Hofstatt und Ulmich. Danach bergab zum Talboden.

14 | 49,5 | 1249 | Dort geradeaus weiter auf Forstweg an der Trisanna. Dieser geht nach ein paar 100 m in Pfad über und endet im Weiler Ebene. Dort auf Sträßchen parallel zu Trisanna. Nach 700 m durch eine Röhre. Danach rechts in den Unterschrofenweg.

15 | 53,8 | 1340 | An der Trisannabrücke links dem Talweg bzw. Uferweg an der Trisanna folgen. In Ischgl erst die 2. Trisannabrücke am großen Parkplatz überqueren und dann über die Silvrettastraße.

Tag 3
Über die Samnaungruppe zum Vinschgau

ÜBERNACHTUNG

Nauders: Haus Brigitte, www.alpenrose-apart.com/haus-brigitte.html. leckeres Frühstück aus eigener

Landwirtschaft, ruhig, familiär, radlerfreundlich, Balkon mit toller Aussicht, Liegewiese.
Prad: Pension Astoria, www.pension-astoria.it. Familiengeführt, zentral, ruhig, freundlich, reichhaltiges regionales Frühstück, Radlgarage.

TEILSTRECKEN
Ischgl–Nauders: 32,5 km, 486 Hm (ohne Seilbahn Ischgl–Viderjoch)
Nauders–Prad: 39,5 km, 265 Hm
72 Kilometer
751 Höhenmeter bergauf
2602 Höhenmeter bergab
Ladestopp: Nauders, Reschen

Der Verlauf dieser Etappe ist identisch mit Etappe 3 von Tour 3 (siehe Beschreibung S. 44)

Tag 4
Übers Stilfser Joch in den Vinschgau

ÜBERNACHTUNG
Sta. Catarina: Parkhotel, www.parkhotelvalfurva.com. Leckeres Frühstücksbuffet, Radlgarage.

TEILSTRECKEN
Prad–Bormio: 21 km, 0 Hm (ohne Bus Prad–Stilfser Joch)
Bormio–Sta. Catarina: 15 km, 684 Hm
36 Kilometer
684 Höhenmeter bergauf
1733 Höhenmeter bergab
E-Bike-Alternative: Statt mit Bus zum Stilfser Joch, auf der Straße entlang bis ganz oben. Keine Alternativroute möglich. Tunnelumfahrung zwischen Gomagoi und Trafoi. Unterwegs Akku laden, da die Strecke 25 km und fast 1900 Hm umfasst.
Ladestopp: Rest. »Weisser Knott« nach Trafoi auf 1875 Meter, Bormio

Auch heute geht es hoch hinaus und wieder auf die bequeme Art: Statt der Seilbahn bringt uns der Bus über 1800 Höhenmeter von Prad zum Stilfser Joch. Die Fahrt ist spektakulär: Kehre für Kehre schraubt sich die »Königin der Alpenstraßen« in 48 Haarnadelkurven an Ortler und Königsspitze entlang hinauf zum Pass. Oben erwartet uns dann eine traumhafte Aussicht: Die gesamte Ortlergruppe liegt uns zu Füßen mit König Ortler, Zebru, Königsspitze und Cevedale. Mit 2757 Metern ist das Stilfser Joch der höchste Gebirgspass Italiens und ein Mekka für Radfahrer. Auch der berühmte Giro d'Italia führt über die asphaltierte Passstraße, die zwischen Ende Mai und November für den Verkehr geöffnet ist. Mit den vielen Imbiss- und Souvenirständen geht es zu wie auf dem Jahrmarkt – und so machen wir uns schon bald an die rasante Abfahrt über 1500 Höhenmeter nach Bormio im Veltlin. Hier stärken wir uns auf dem Platz vor der Kirche in der Altstadt für die Weiterfahrt. Meistens trifft man hier andere Biker, die über das Val Mora vom Lago di Cancano herunterkommen.
Nun folgt der erste Anstieg für heute: Er führt uns über San Antonio bis nach Sta. Catarina, wo wir uns abends den Köstlichkeiten der Veltliner Küche hingeben.

ROUTENBESCHREIBUNG
T06-E04-Prad-Sta. Catarina.gpx
WP | km | Hm
0 | 0 | 907 | Mit dem Bus von Prad zum Stilfser Joch.
1 | 0 | 2757 | Nun 21 km Abfahrt auf der SS 38 bis Bormio. Unterwegs eine Steilstufe mit 14 Kehren und 2 kurze beleuchtete Tunnel.
2 | 21,2 | 1196 | In Bormio gegenüber dem Busbahnhof nach links von der SS 38 in die SS 300 Richtung Sta. Catarina und Gaviapass. Nach 50 m geradeaus in die Gasse Via Roma. Nach 400 m am Platz vor der Kirche Einkehrmöglichkeit. Dann kurzes Stück auf der Via Morcelli bis zur SS 300 und weiter leicht bergauf Richtung Sta. Catarina.
3 | 26,2 | 1397 | Am Ortsausgang von San Antonio rechts über die kleine Bachbrücke und dann links auf Schotterweg. Immer der Ausschilderung des Wanderwegs Sta. Catarina folgen. Teils steil bergauf auf grobem Schotter.
4 | 29,7 | 1804 | Kurz vor einer Lichtung mit der Baita Sobretta erreicht man nach ein paar Kehren das Ende der Steilstufe. Ab jetzt wellig bis zum höchsten Punkt an der kleinen Holzbrücke Ponte die Sospiri. Von da noch 1 km leicht abwärts bis Sta. Catarina.

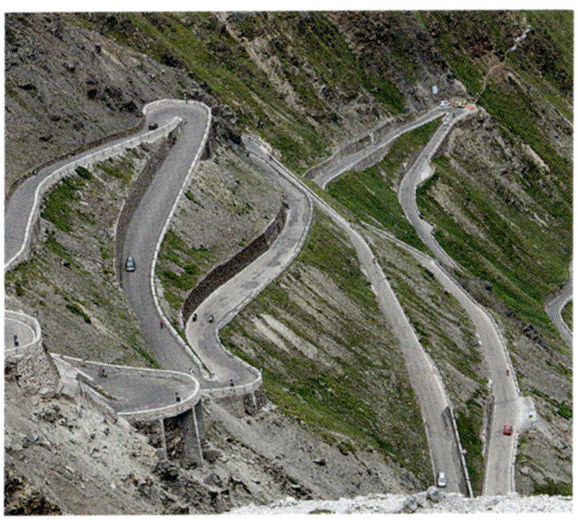

Die letzten Sepentinen kurz vor dem Stilfser Joch. Wer die fast 1900 Hm selbst geradelt ist, den kann nichts mehr stoppen.

Tag 5
Über den Gaviapass nach Ponte di Legno

ÜBERNACHTUNG

Ponte di Legno: Hotel Bleis, www.hotelbleis.com. Sehr schöne Zimmer, gutes Frühstücksbuffet, leckeres Halbpensionsmenü, Radlgarage.

TEILSTRECKEN

Sta. Catarina–Gaviapass: 13 km, 895 Hm
Gaviapass–Ponte di Legno: 19 km, 23 Hm
32 Kilometer
918 Höhenmeter bergauf
1392 Höhenmeter bergab
Ladestopp: Refugios Bellavista und Bonetta

Die heutige Etappe ist wieder kurz und knackig, bringt jedoch etliche Höhenmeter zusammen. Sie führt uns über den Gaviapass, an dem fast kein Weg vorbeiführt, wenn man über Bormio fährt. Die Auffahrt bringt uns ordentlich ins Schwitzen, ist aber dafür nicht stark befahren. Unterwegs bieten sich Einkehrmöglichkeiten im Rifugio Bellavista und im Rifugio Refugio Berni. Von da ist es nicht mehr weit zum Gaviapass (2652 m). Nach einem heißen Tee im Rifugio Bonetta geht es an die Abfahrt: Fast 1400 steile Höhenmeter erwarten unsere Bremsen auf dem Weg in die Provinz Brescia. Die Straße ist teilweise nur einspurig, sehr kurvig und oft unübersichtlich, man sollte daher jederzeit bremsbereit sein. Wir erreichen Ponte di Legno und beschließen, heute hier zu übernachten und erst morgen durchs Val di Sole zu fahren. Auf einem schönen offenen Platz in der Fußgängerzone beschließen wir diese Etappe mit einem guten Espresso und italienischem Kuchen.
Variante: Man kann mit Tour 9 kombinieren, indem man auf einer schönen, ausgeschilderten Bikeroute nach Edolo fährt und von dort über den Passo Croce Domini zum Ledrosee.

ROUTENBESCHREIBUNG
T06-E05-Sta. Catarina-Ponte di Legno.gpx

WP | km | Hm

0 | 0 | 1730 | Auf der SS 300 stetig bergauf bis zum Gaviapass.

1 | 13,2 | 2618 | Gaviapass. Nun fast 1400 Hm flott bergab auf schmaler Straße bis Ponte di Legno. Nach 2,5 km kommt ein 800 m langer Tunnel, den man rechts auf Schotterweg gut umfahren kann.

2 | 31,0 | 1239 | In Ponte di Legno ins Zentrum. Etappenende. Track führt noch bis zur Seilbahn.

Tag 6
Durchs Val di Vermiglio und Val di Sole

ÜBERNACHTUNG

Dimaro: Hotel Dolomiti, www.alphoteldolomiti.com. Sauber, gutes Frühstück, Radlgarage.
Flavon: Antica Residenza de Poda, www.residenzadepoda.it. Urig, reichhaltiges Frühstücksbuffet.

TEILSTRECKEN

Ponte di Legno–Dimaro: 32 km, 113 Hm
Dimaro–Flavon: 34 km, 462 Hm
66 Kilometer
575 Höhenmeter bergauf
1908 Höhenmeter bergab
Ladestopp: Dimaro

Auch heute beginnt der Tag mit einer Gondelauffahrt: Mit der Seilbahn Cabinovia »Ponte di Legno – Vigili – Tonale« gelangen wir zum Passo del Tonale. Der Pass verläuft – für uns etwas ernüchternd – auf einer großen Hochebene mit Skiliften und Unterkünften. Wir machen uns daher gleich an die Abfahrt: Durchs Val di Vermiglio entlang des Bachs Vermigliana bis nach Ossana und von dort durchs Val di Sole bis zum Lago di Santa Giustina. Das Val di Sole ist ein typisches von Gletschern geformtes Erosionstal. Der Radweg führt meist parallel zum Fluss Noce und ab Mezzana auch parallel zu den Schienen der Regionalbahn Trentino Trasporti. Kurz nach Malé erreichen wir den kleinen Ort Cavizzana, wo wir einen großartigen Ausblick haben auf die Burg Caldes und die Burg Samoclevo auf der anderen Talseite. Durch herrliche Obstplantagen und grüne Wiesenlandschaften geht es bis zum Lago die Santa Giustina. Hier fahren wir über das Nordufer des Sees nach Cles und von dort ins nahe gelegene Tuénno, wo wir uns einen letzten Espresso gönnen, bevor wir unser heutiges Etappenziel Flavon erreichen.

ROUTENBESCHREIBUNG
T06-E06-Ponte di Legno-Flavon.gpx

WP | km | Hm

0 | 0 | 1251 | Seilbahnstation Ponte di Legno – Tonale.

1 | 0,9 | 1884 | Von der Bergstation den kurzen Pfad zum Passo del Tonale (1884 m) nehmen. Am Kriegerdenkmal mit der Bronzefigur nach rechts, am Hotel Savoy vorbei und am Tennisplatz links auf Schotterweg dem Wanderweg 281 folgen. Nach 1 km geradeaus weiter dem Wanderweg 268 Richtung ex Forte Pozzi Alti folgen.

2 | 3,2 | 1807 | Rechts halten und auf grobem Schotterweg und sanftem Waldboden nach unten. Die kurz danach folgende Abzweigung nach links Richtung Malga Pece auf Weg 268 nehmen. Nun in mehreren Kehren auf steiler Waldpassage nach unten. Achtung bei den vielen Querrinnen. Unten wird es dann eine gute Schotterstraße. Talauswärts bergab halten.

3 | 9,5 | 1376 | Der Schotterweg mündet in eine Straße, dort rechts weiter. Bei Volpaia rechts über den Bach Vermigliana und dann links an der Agritur Volpaia vorbei Richtung Ors. Nun auf Forstweg immer am Waldrand parallel zum Bach.

4 | 15,8 | 1135 | Rechts auf Forstweg weiter. Nach 200 m links talauswärts halten, weiterhin Richtung Ors. Kurz darauf im Wald kurze steile Abfahrt. Danach auf Schotterweg direkt am Bach entlang. Zwischen den 2 großen Treibholzsperren rechts auf einen Forstweg.

5 | 18,7 | 994 | Der Forstweg endet am Ortseingang von Ossana. Nun rechts und im Ortszentrum auf schmaler Einbahngasse zwischen dem gelben und dem blassgrünen Haus hindurch, weiter auf der SP 202 Richtung Cusiano. 100 m vor dem Bach Noce an der Kapelle rechts auf den ausgeschilderten Radweg. Ab jetzt bis zum Lago di Santa Giustina immer auf der BR Pista ciclopedonale Sole durchs Val di Sole parallel zum Fluss Noce.

6 | 21,1 | 951 | In Pellizzano erst links und nach 200 m wieder rechts. In Mezzana rechts Richtung Marilleva weiter. Dann den Schienen und dem Bach folgen. Dieser wird ab und zu überquert.

7 | 31,5 | 761 | In Dimaro links über den Bach und hinter dem Bahnhof vorbei.

8 | 36,6 | 702 | An einer Fußgängerbrücke über den Noce kann man nach links vom Radweg nach Malé abbiegen. Danach wieder zurück.

9 | 40,5 | 644 | Man kommt an eine kleine Straße bei Cavizzana. Hier links und nach knapp 400 m rechts der BR folgen.

10 | 46,2 | 597 | An der Brücke Ponte Montizzolo endet der Radweg durchs Val di Sole. Nun links über die Brücke und der SS 42 erst etwas bergab, dann bergauf folgen. 2 km nach der Brücke geradeaus weiter bergab. Das Nordufer umfahren, zum Schluss bergauf.

11 | 51,1 | 646 | In der Linkskurve geradeaus weiter bergab auf der SP 39 Richtung Cles. Über die Brücke Ponte di Castellaz auf die andere Seeseite, durch einen kurzen Tunnel und bergauf bis Cles. Dort am Kreisverkehr schräg rechts auf der SP 73 Richtung Tuénno. Ab dem Ortsausgang auch auf dem Radweg auf der anderen Straßenseite.

12 | 58,4 | 678 | Am Kreisverkehr vor Tuénno geradeaus, nach 200 m links halten, nach weiteren 100 m schräg rechts der Einbahnstraße folgen. Nach 50 m kommt man wieder an die SP 73, dort links abbiegen und durch den Ort. Nach Tuénno in mehreren Kehren abwärts, über den Bach und bergauf nach Tèrres.

13 | 65,7 | 591 | Etappenende im Ort Flavón.

Der Lago di Santa Giustina ist visueller Mittelpunkt im Val di Non und ein beliebtes Wassersportgebiet.

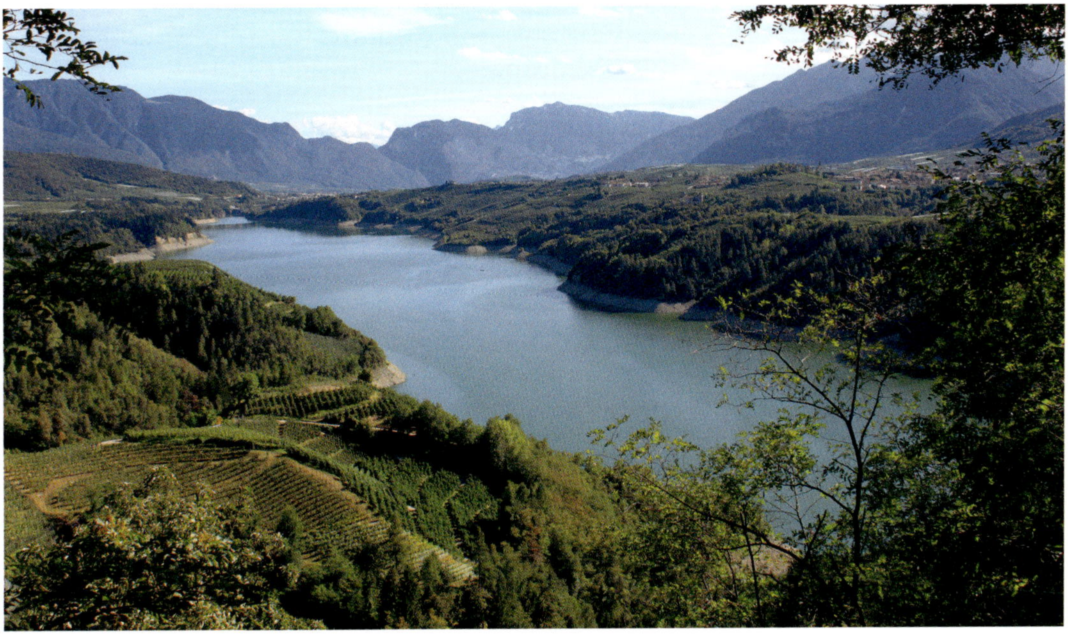

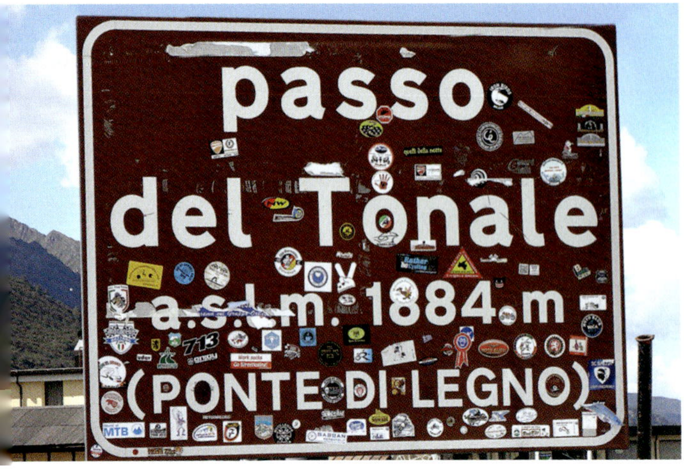

Touristische Unart: Aufkleberinferno am Passo del Tonale

Tag 7
Über den Molvenosee nach Ponte Arche

ÜBERNACHTUNG

Ponte Arche: Comano Cattoni Holiday, www.comanocattoniholiday.it/de. Sehr gutes Frühstück, gastfreundlich, persönlicher Service, Wellnessbereich, Pool, gute Lage.

TEILSTRECKEN

Flavon–Andalo: 26 km, 850 Hm
Andalo–Ponte Arche: 27 km, 270 Hm
53 Kilometer
1120 Höhenmeter bergauf
1298 Höhenmeter bergab
Ladestopp: Andalo, Molveno

Von Flavon geht es über grüne, wellige Landschaften vorbei an Cunevo, Campodenno und Sporminore. Ab Sporminore stoßen wir auf die rot-weiß ausgeschilderte Bike-Route »Dolomiti di Brenta BIKE«, der wir bis San Lorenzo südlich des Molvenosees folgen. Sie führt uns über ein tief ausgeschnittenes Tal nach Spormaggiore. Von hier geht es meist auf Schotter durch den Wald, allerdings mit einem Anstieg von 550 Höhenmetern und einigen steilen Passagen. Wer sich das nicht zutraut, folgt nicht der Bikeroute, sondern fährt auf der SS 421 über Cavedago. In Andalo kommen beide Varianten wieder zusammen. Hierher fährt von Spormaggiore aus auch ein Bus. Von Andalo aus geht es bergab zum nahe gelegenen Molvenosee, in dessen Wasser sich die Berge der Brenta und der Paganella spiegeln. Nach einer kurzen Abkühlung im See fahren wir am Westufer entlang, vorbei an dem kleinen Lago di Nembia, durch die Weiler Deggia und Moline bis nach San Lorenzo. Von dort haben wir einen fabelhaften Blick über die Judikarischen Täler und die Brenta. Die letzten zehn Kilometer geht es nur noch bergab bis nach Ponte Arche.

ROUTENBESCHREIBUNG
T06-E07-Flavon-Ponte Arche.gpx

WP | km | Hm

0 | 0 | 591 | Von Flavon weiter auf der SP 73. In Cunévo rechts Richtung Spormaggiore abbiegen. Über Campodenno nach Sporminore.

1 | 10,1 | 539 | Am Kirchplatz am Ortsausgang schräg rechts in die schmale Via Fiori abbiegen. Nun dem Sträßchen bergab durch Obstplantagen bis zum Talboden und dann wieder Richtung Spormaggiore nach oben.

2 | 13,9 | 527 | Kurz bevor man Spormaggiore erreicht, zweigt rechts die rot-weiß ausgeschilderte Radroute »Dolomiti di Brenta BIKE« Richtung Andalo ab. Dieser folgen wir bis Andalo und im weiteren Verlauf dann bis San Lorenzo südlich vom Molvenosee. Zuerst ein Stück auf einem Sträßchen, bevor dieses in einen Schotterweg übergeht. Nun folgt ein Anstieg von 550 Hm, meist auf Schotter, aber die ganz steilen Passagen wurden betoniert. Auf dieser Strecke zwei bis drei kurze Schiebestücke.
Variante: Ganz hinauf bis Spormaggiore fahren, dort rechts und dann auf der SS 421 über Cavedago nach Andalo.

3 | 22,5 | 1029 | Kurz nach der Hinweistafel zum Adamello-Brenta-Naturpark nun rechts Richtung Centro Sportivo Priori. Nicht Richtung San Tommaso. 1,5 km nach dem Sportzentrum kommt der Ortseingang von Andalo.

4 | 25,4 | 1021 | Im Zentrum von Andalo rechts auf die SS 421 und auf dieser bergab bis Molveno.

5 | 30,1 | 854 | In Molveno 200 m nach der scharfen Linkskurve rechts in die Via Lungolago. Am Ende der Straße der BR Dolomiti di Brenta BIKE Richtung Nembia in einer S-Kurve folgen und am Westufer auf Schotter entlang. Am See-Ende auf Schotterweg zum Lago di Nembia weiter. Die Straße überqueren und Richtung San Lorenzo und Moline di Deggia halten.

6 | 39,3 | 632 | An der kleinen Kirche rechts und auf grobem Steinbodenweg bergab das kurze Stück bis zum Weiler Moline. Danach auf Sträßchen bergauf bis San Lorenzo.

7 | 43,7 | 714 | In San Lorenzo links halten und nach links auf die SS 421. Auf dieser bergab durch Dorsino. 3 km danach in der ersten Spitzkehre geradeaus weiter Richtung Ponte Arche.

8 | 52,5 | 411 | In Ponte Arche über die Brücke und ins Zentrum.

Tag 8
Durch das Tal der Sarca zum Gardasee

ÜBERNACHTUNG

Torbole: Villa Alberta, www.hotelvillaalberta.it. Leckeres Frühstück, familiär, freundlich, ruhig, Radlraum und Waschplatz, gratis Trentino Guest Card.

TEILSTRECKEN

Ponte Arche–Sarche: 10 km, 141 Hm
Sarche–Torbole: 25 km, 34 Hm
35 Kilometer
175 Höhenmeter bergauf
505 Höhenmeter bergab

Um ins Sarcatal zu gelangen, müssen wir erst den Monte Casale umfahren. Die Straße führt mit drei langen Tunneln durch den Berg hindurch, die wir mit dem Bike aber auf dem asphaltierten Radweg umgehen. Von hier haben wir beeindruckende Tiefblicke in die Sarca-Schlucht. Nach einer flotten Abfahrt erreichen wir Sarche. Nun ist der Gardasee zum Greifen nahe. Der Rest der Strecke verläuft entlang der hervorragend ausgebauten Pista ciclopedonale Sarca von Sarche bis nach Torbole. Es geht eben dahin durch das breite Tal der Sarca, dem Hauptzufluss des Gardasees. Wir riechen schon die Seeluft, doch bevor wir das Nordufer erreichen, geht es durch Arco, das Kletter-Mekka am Fuße des Colodri. Nach über 400 Kilometern und fast 6700 Höhenmetern erreichen wir erschöpft, aber glücklich Torbole und stürzen uns in die Fluten. Wer die Tour lieber in Riva beschließen möchte, fährt einfach noch das letzte kurze Stück am Nordufer des Gardasees entlang.

ROUTENBESCHREIBUNG
T06-E08-Ponte Arche-Torbole.gpx

WP | km | Hm

0 | 0 | 400 | Wir verlassen Ponte Arche auf der SS 237 Richtung Sarche/Trento.

1 | 4,5 | 450 | Links neben dem Straßentunnel beginnt ein geteerter Radweg. Dieser trifft erst 4 km später in einer Kehre wieder auf die SS 237. Nun sind es nur noch ein paar Kehren abwärts bis Sarche.

2 | 10,2 | 256 | Kurz nach der letzten Kehre, vor dem Ortseingang von Sarche, über die Sarcabrücke und dann gleich rechts auf den Radweg abbiegen. Nun der ausgeschilderten BR Pista ciclopedonale Sarca folgen, die an der Sarca entlang bis nach Torbole verläuft.

3 | 13,8 | 254 | Bei Pietramurata entfernt sich die BR etwas von der Sarca. Durch den Ort und kurz vor dem Ortsausgang rechts der BR folgen. 1,5 km später kommt ein sehr kurzer Anstieg mit sofortiger Abfahrt. Danach verläuft die BR wieder an der Sarca.

4 | 27,3 | 105 | Am Ortseingang von Arco überquert die BR die Sarca auf kleiner Brücke. Danach links weiter und am nahe gelegenen Zentrum vorbei. Geradeaus über Via Cinta und Via Pomerio links Richtung Sportplatz halten. Danach der Sarca auf dem Radweg bis zur Mündung in den Gardasee folgen.

5 | 34,2 | 77 | An der kleinen Brücke an der Mündung in den Gardasee links und an der Uferpromenade von Torbole entlang.

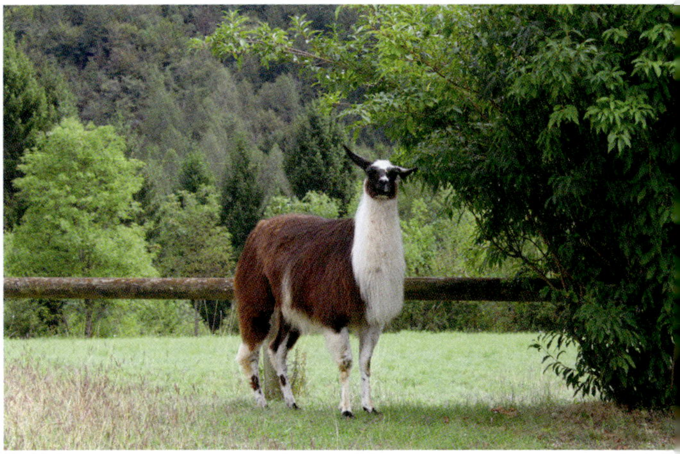

Überraschende Begegnungen sorgen zwischendurch für irritierte Blicke auf beiden Seiten.

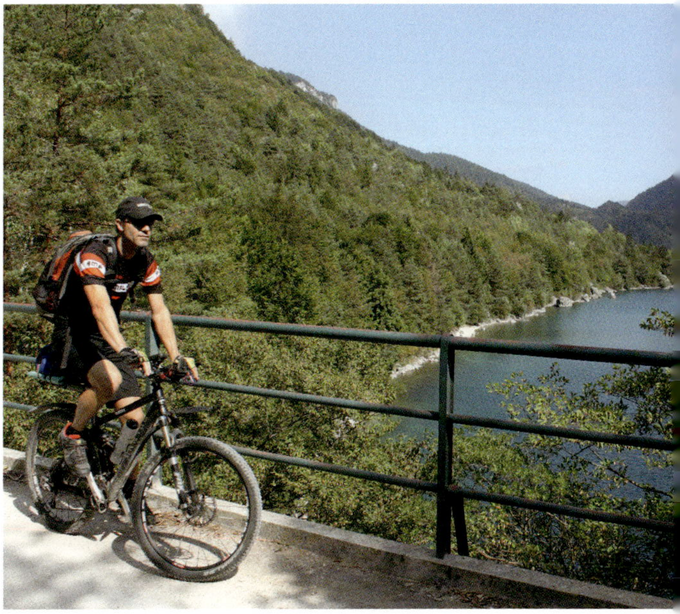

Am Westufer des herrlichen Molvenosees führt ein schöner Forstweg vorbei.

Es geht vorbei am Silsersee im Oberengadin.

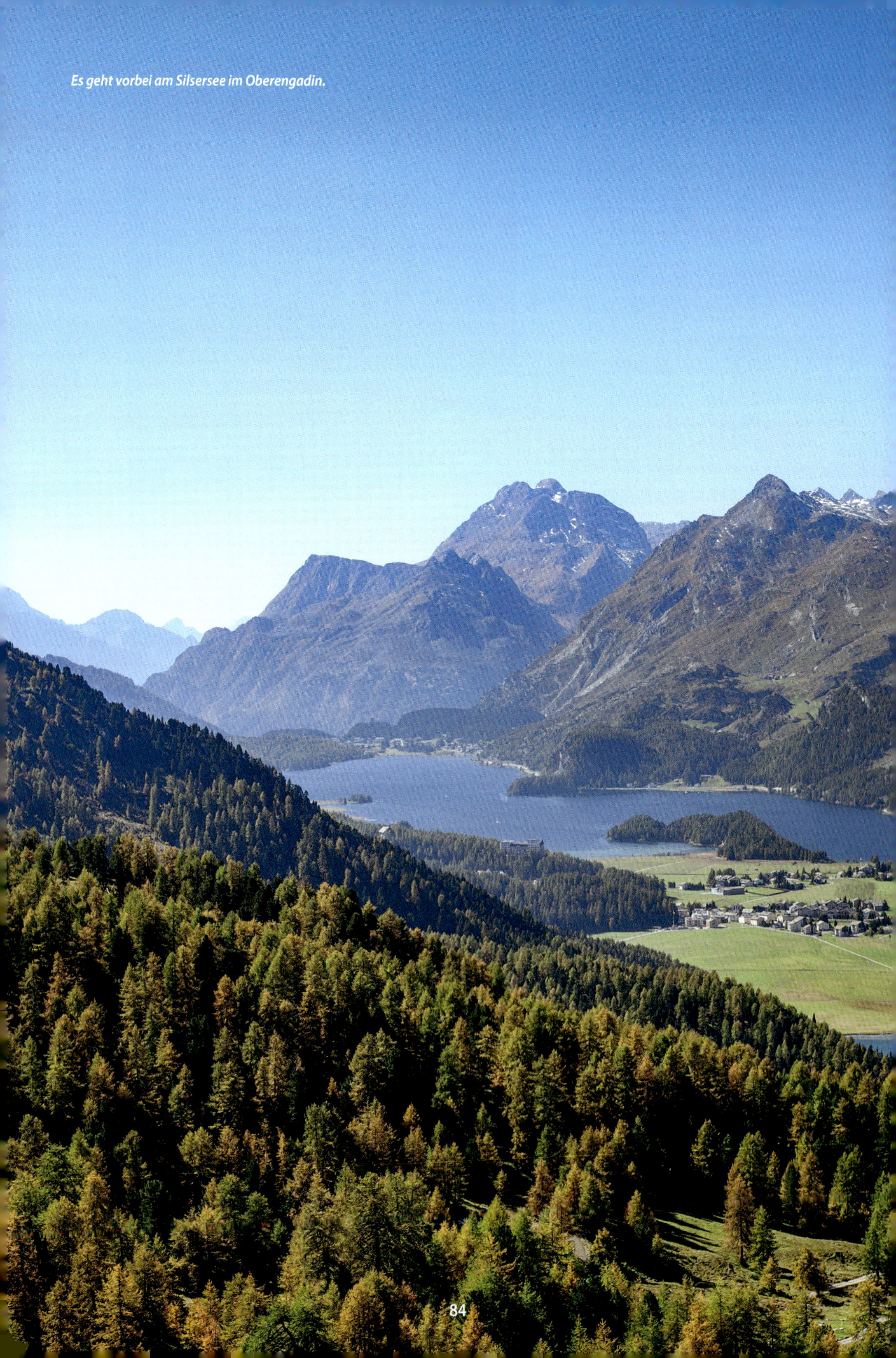

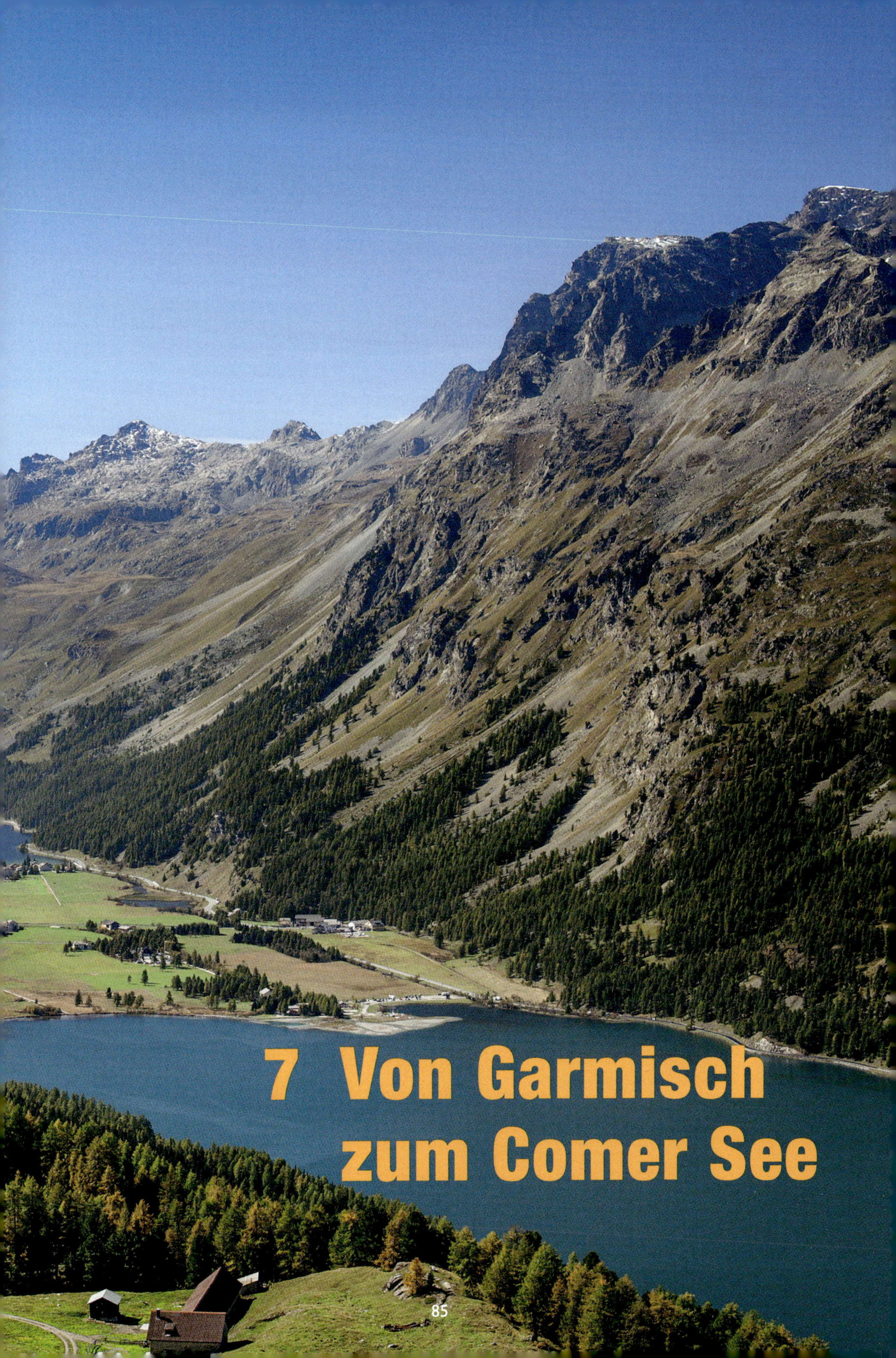

7 Von Garmisch zum Comer See

7 Von Garmisch zum Comer See

Entlang des Inns: Engadin light

2	☆☆☆☆☆	3286	296	5
Schwierigkeit	Erlebniswert	Höhenmeter (in m)	Streckenlänge (in km)	Zeit (in Tagen)

TOURENCHARAKTER

AUSGANGSPUNKT
Bahnhof Garmisch-Partenkirchen

ENDPUNKT
Colico am Comer See

ANFAHRT
Bahn: Von München, von Ulm über Füssen, von Innsbruck über Mittenwald.
Auto: Von München über A 95 und B 2, von Ulm über die A 7 und Reutte. Von Innsbruck über Mittenwald, von Landeck über den Fernpass. Parkplätze am Eisstadion.

RÜCKFAHRT
Von Colico nach Tirano regelmäßige Verbindungen mit der regionalen Eisenbahngesellschaft Trenord (www.trenord.it). Von Tirano Zugverbindungen mit der Rhätischen Bahn (www.rhb.ch) und Schweizer Bundesbahn (www.sbb.ch) über Berninapass nach Bregenz und dann weiter über Kempten nach Garmisch. Oder mit der Rhätischen Bahn bis Scuol, von dort mit dem Schweizer Postauto (www.postauto.ch) zur Kajetansbrücke, weiter mit dem österreichischen Postbus (www.postbus.at) nach Landeck und schließlich mit der Bahn (www.oebb.at) nach Innsbruck und München. Für die Rückfahrt sollte ein ganzer Tag eingeplant werden.

KONDITION
☆☆☆☆☆

FAHRTECHNIK
☆☆☆☆☆

ERLEBNISWERT
Fahrspaß: ☆☆☆☆☆ – Schöne Schotterauffahrt zum Fernpass, idyllische Schotterstrecken im Oberengadin, lange Abfahrt vom Malojapass.
Landschaft: ☆☆☆☆☆ – Malerisches Inntal, tolles Bergpanorama im Engadin mit Dreitausenderblick, Engadiner Seenplatte.
Kultur und Geschichte: ☆☆☆☆☆ – Auf den Spuren der Römer auf der Via Claudia Augusta, rätoromanische Orte im Inntal, mondäne Orte im Engadin.

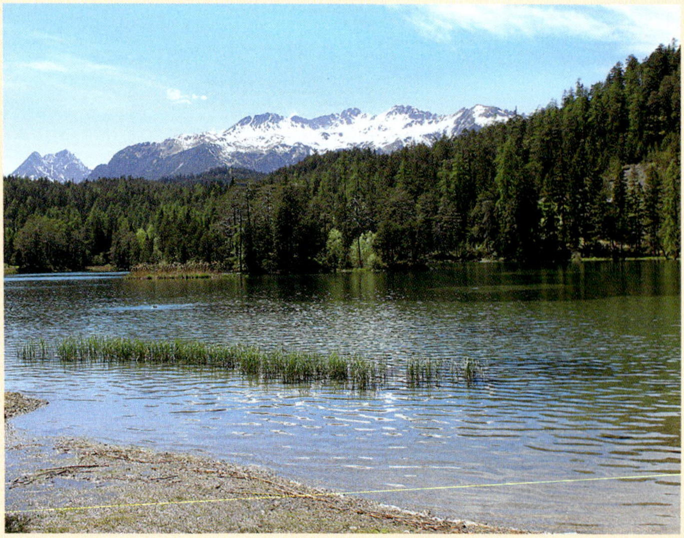

Auf dem Weg zum Fernpass: Blick vom Weißensee zu den Lechtaler Alpen

STRECKENPROFIL
Asphalt: 260 km
Schotter-/Forstweg: 35 km
Pfad: 1 km
Schieben: evtl. 2 x 10 Min.
Relativ leichte Tour, v. a. auf asphaltierten Radwegen und Nebenstraßen. Relativ anstrengender, aber nicht sehr langer Anstieg auf Schotterweg zum Fernpass, evtl. 10 Min. Schieben notwendig. Relativ steile, aber kurze Schotterpassage bei Abfahrt vom Fernpass erfordert Vorsicht, ebenso wie der Pfad danach. Dort evtl. 10 Min. schieben. Nach Scuol leichte Steilstufe. Von Biberwier bis Martina verläuft die Route meist auf der Via Claudia Augusta.

HÖCHSTE PUNKTE
1815 m, Malojapass
1273 m, Fernpass

NIEDRIGSTER PUNKT
215 m, Colico

ALLGEMEINE INFOS
Garmisch-Partenkirchen: www.gapa.de, Imst: www.imst.at, Landeck: www.tourist-information.at, Ried/Prutz/Pfunds: www.tiroler-oberland.com, Scuol: www.scuol.net, Samedan: www.samedan.ch, St. Moritz: www.stmoritz.ch, Sils: www.sils.ch, »Via Claudia Augusta«: www.viaclaudia.org (allg. Infos plus Shuttledienste).

LANDKARTEN
Kümmerly + Frey Wanderkarte Schweiz 14, Kompass Wanderkarten Blatt 24, 25, 42, 92, 96, 99 in Papier oder digital zum Selbstausdrucken.

GPS/ROADBOOK
T07-E01-Garmisch-Landeck.gpx
T07-E02-Landeck-Scuol.gpx
T07-E03-Scuol-Samedan.gpx
T07-E04-Samedan-Chiavena.gpx
T07-E05-Chiavena-Colico.gpx

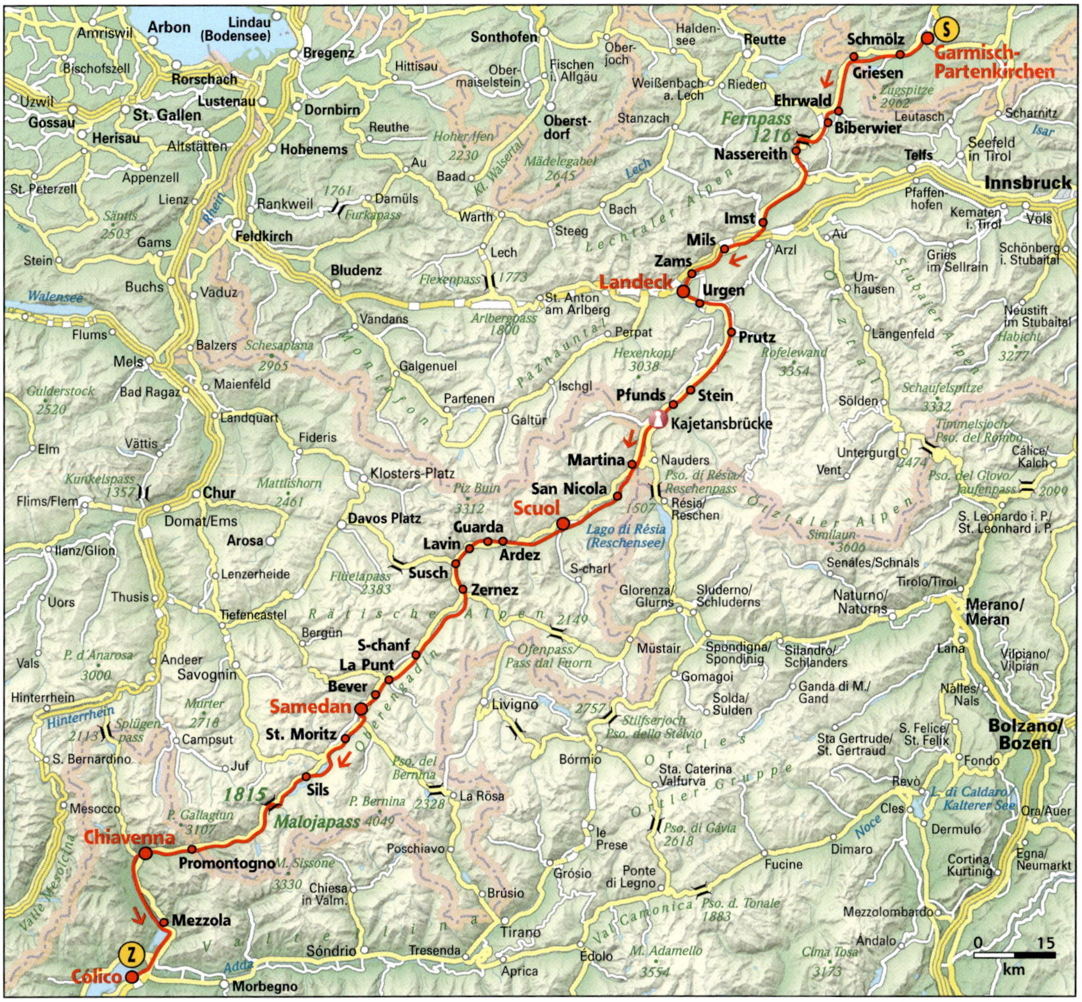

Heraus aus dem Schatten der Zugspitze, beschaulich durchs untere Inntal, hinauf in eines der höchstgelegenen bewohnten Täler Europas und rasant hinunter in die Lombardei zum Comer See, garniert mit malerischen Orten und leckeren einheimischen Spezialitäten – so lautet die Quintessenz dieser Tour.

Tag 1
Von Garmisch ins Inntal

ÜBERNACHTUNG

Landeck: Gasthof Greif, www.gasthof-greif.at. Familiär, radlerfreundlich, gutbürgerliche Küche/Frühstücksbuffet, zentrale Lage, Radlgarage.

TEILSTRECKEN

Garmisch–Nassereith: 45 km, 726 Hm
Nassereith–Landeck: 35 km, 192 Hm
80 Kilometer
918 Höhenmeter bergauf
852 Höhenmeter bergab
Ladestopp: Ehrwald, Schloss Fernsteinsee, Nassereith

Garmisch ist unter Mountainbikern ein beliebter Startort für Transalp-Touren. Während die meisten jedoch an den Gardasee führen, wählen wir den Comer See als Tourenziel. Wir verlassen Garmisch am Olympia-Eisstadion und folgen bis Ehrwald dem Lauf der Loisach, die sich durchs Werdenfelser Land windet. Von Ehrwald fahren wir auf einem schönen Forst-Panoramaweg nach Biberwier. Hier treffen wir

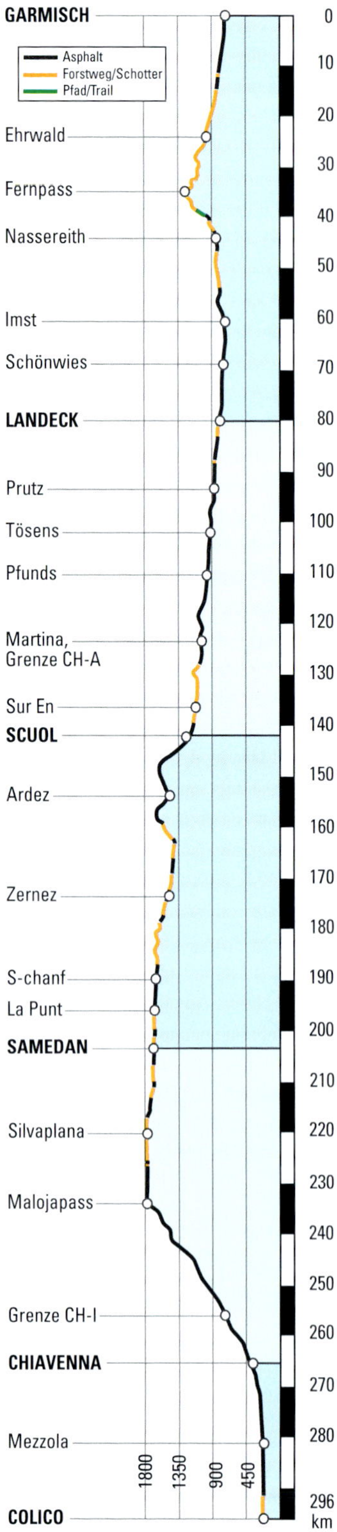

auf die Fernpassstraße und folgen ab dem Weißensee der Via Claudia Augusta (Infos zur Via Claudia Augusta, s. Tour 5, Tag 1, S. 64) abseits der Bundesstraße. Durch lichten Wald schlängelt sich der Forstweg nach oben zur Passhöhe. Nach einer anstrengenden Auffahrt erreichen wir den Fernpass auf 1216 Metern. Eine stellenweise anspruchsvolle Abfahrt (evtl. mit kurzen Schiebestücken) führt uns zum malerischen Fernsteinsee. Wer die Auffahrt zum Fernpass scheut, kann auch den Shuttlebus-Transport für Radler zwischen Biberwier und Nassereith nutzen, der auch am Fernpass hält (Infos hierzu unter www.viaclaudia.org). Kurz darauf erreichen wir Nassereith. Wir fahren jedoch weiter das malerische Gurgltal hinab bis nach Imst. Hier treffen wir am Ortsausgang auf den 520 Kilometer langen Innradweg, der vom Malojapass bis nach Passau führt. Durchs Inntal geht es entlang der Via Claudia Augusta bis zu unserem Etappenziel Landeck.

ROUTENBESCHREIBUNG
T07-E01-Garmisch-Landeck.gpx

WP | km | Hm

0 | 0,0 | 712 | Am Bahnhof Garmisch-Partenkirchen Ausgang auf der Rückseite benutzen. Am Eisstadion vorbei.

1 | 1,0 | 722 | Bahnübergang überqueren und rechts den Gleisen folgen.

2 | 3,4 | 731 | Am 3. Bahnübergang über die Schienen und rechts von den Gleisen weg zur B 23. Dort links Richtung Griesen.

3 | 5,0 | 730 | Im Ort Schmölz zweigt die BR (= Bike-Route) von der B 23 ab und führt in einem Bogen in Untergrainau wieder zur B 23 zurück. Dann immer dem Radweg parallel zu B 23, Gleisen und Loisach folgen.

4 | 14,0 | 824 | In Griesen kurz an die B 23, dann weiter auf Radweg teils auf Schotter, teils asphaltiert Richtung Ehrwald halten.

5 | 20,4 | 917 | An der ersten Tankstelle nach der Grenze zu Österreich über die nun B 187 lautende Straße und auf Radweg weiter.

6 | 24,0 | 981 | Nach der Bahnunterführung von der B 187 rechts nach Ehrwald abbiegen.

7 | 25,3 | 985 | Am Ortsausgang am Kreisverkehr links gelber Beschilderung Biberwier bzw. dem Panoramaweg auf Forstweg folgen.

8 | 29,4 | 1056 | An der Sommerrodelbahn Biberwier links der gelben Beschilderung Fernpassseen folgen. 1 km später über Wiese, kurz zur Straße und links am Weißensee vorbei der Beschilderung Fernpass Römerweg bzw. Via Claudia Augusta auf Schotterweg folgen. Am Südufer des Sees vorbei. Anfangs steile und kurze Schiebepassage, danach ist der Forstweg bergauf einfacher zu fahren. 300 m nach dem See der BR rechts Richtung Fernpassstraße folgen.

9 | 34,8 | 1273 | Am Fernpass rechts der Via Claudia Augusta auf weiterhin gutem Schotterweg abwärts Richtung Fernstein folgen.

10 | 36,9 | 1174 | An B 179 erst 100 m passaufwärts, dann überqueren und links auf den Via-Claudia-Augusta-Wanderweg, nach 150 m links auf dem Via-Claudia-Augusta-Radweg leicht bergauf. Auf dem Schotterradweg der Beschilderung Fernstein und Nassereith folgen. Nach 300 m biegt links die BR ab und der Weg schlängelt sich weiter abwärts, zunächst auf grobem Schotter, danach als Waldweg. Steiles Abfahrtsstück auf der Schotterpassage (evtl. kurz schieben). Kurz danach schmaler und grober Pfad. Kurze Schiebestücke vor, an und nach einer Holzbrücke am Felsen.

11 | 39,5 | 970 | Am Schloss Fernstein oberhalb des Fernsteinsees durch Torbogen und auf Straße bis zur B 179, diese überqueren und auf anderer Seite leicht versetzt zur B 179 auf Schotter bis kurz vor Ortseingang Nassereith. Auf Straße durch den Ort.

12 | 44,7 | 846 | Am Ortsausgang der Via Claudia Augusta geradeaus parallel zur B 189 folgen. An der Unterführung die Seite wechseln.

13 | 46,7 | 833 | In Linkskurve am Kieswerk rechts auf Schotter der Via Claudia Augusta in Waldstück folgen.

14 | 51,7 | 819 | In Strad kann man der Via Claudia Augusta geradeaus nach Tarrenz folgen. Diese Route folgt der Variante nach links an der Kneippanlage vorbei. Bei der Knappenwelt über kleine Brücke, links, dem Radweg durch Wiesen folgen, bei den ersten Häusern links über Bach und wieder links auf Nebenstraße weiter.

15 | 56,9 | 822 | In Imst am Sportzentrum vorbei, der Beschilderung Via Claudia Augusta bzw. Innradweg folgen.

16 | 60,4 | 724 | Am Innradweg diesem rechts Richtung Landeck parallel zur A 12 folgen.

17 | 67,3 | 735 | Der Innradweg führt erst durch Mils und dann entlang der B 171 über den Inn. Danach durch Schönwies Richtung Landeck.

18 | 76,2 | 767 | In Zams rechts in die Bachgasse, dann über eine kleine Brücke über den Inn und links auf dem Uferradweg weiter.

19 | 78,9 | 776 | Im Ortsteil Perjen links über die kleine Brücke über die Sanna und gleich wieder links auf Radweg erst der Sanna und nach 100 m rechts am Inn entlang. Über die Straßenbrücke zum Kreisverkehr und rechts auf der Malserstraße ins Zentrum.

Das beeindruckende Zugspitzmassiv mit Vorderem Männl und Alpspitze kurz nach Tourstart

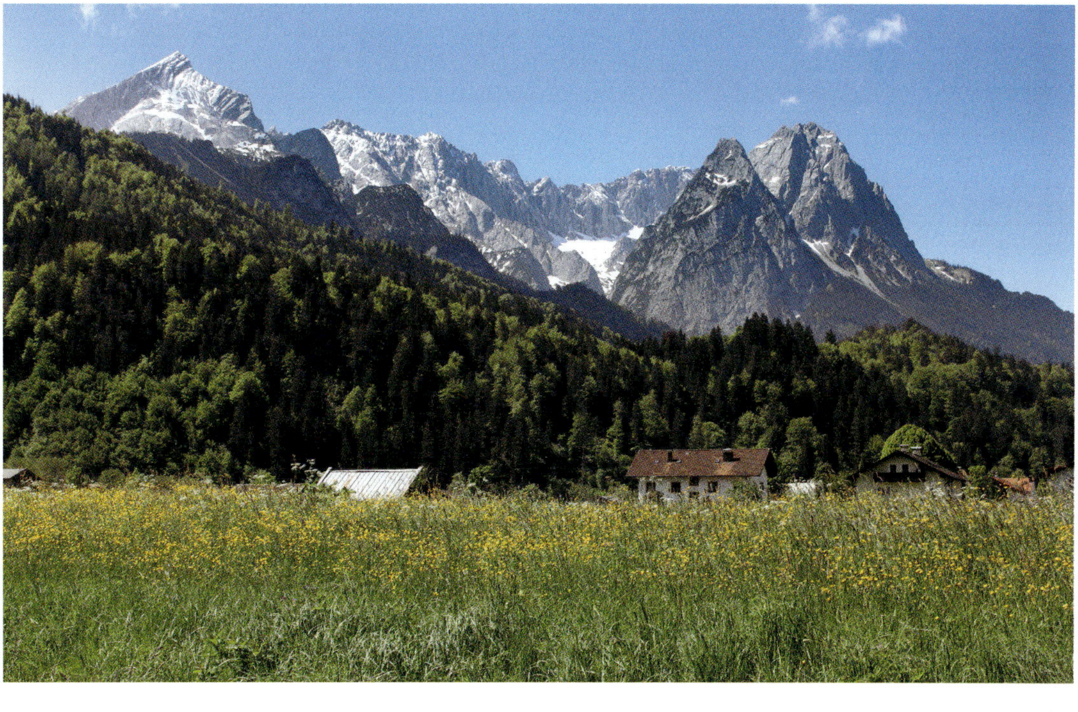

Tag 2
Am Inn entlang bis Scuol

ÜBERNACHTUNG

Scuol: Hotel Quellenhof, www.quellenhofscuol.ch. Zentrale Lage, reichhaltiges Frühstücksbuffet, Fahrradraum, Nähe Nationalpark, Zi. mit Dusche/WC oder mit Etagendusche/WC.

TEILSTRECKEN

Landeck–Pfunds: 30 km, 328 Hm
Pfunds–Scuol: 32 km, 548 Hm
62 Kilometer
876 Höhenmeter bergauf
412 Höhenmeter bergab
Ladestopp: Tösens (Gasthof Wilder Mann), Pfunds

Von Landeck folgen wir dem Innradweg in Richtung Pfunds und wechseln mehrmals die Flussseite, unter anderem auch über die Pontlatzer Brücke zwischen Fließ und Prutz. Die Engstelle bei der Brücke bot im Spanischen Erbfolgekrieg (1703) und bei den Napoleonischen Kriegen (1809) einen Hinterhalt für die Verteidiger gegen bayerische Truppen. In Pfunds gönnen wir uns einen letzten Cappuccino und ein Riesenstück Torte, da es bis Scuol keine Einkehrmöglichkeit mehr geben wird. Wir machen einen kurzen Spaziergang durch den Ortskern, der mit seinen rätoromanischen Häusern und Fassadenmalereien im Engadiner Stil sehr sehenswert ist. Kurz nach Pfunds kommen wir an die Kajetansbrücke (ursprünglich die größte freitragende Holzbrücke Tirols) und fahren über Vinadi nach Martina, dem offiziellen Grenzübergang zwischen der Schweiz und Österreich. Von Martina folgen wir dem mittlerweile zu einem Wildbach ausgewachsenen Inn weiter flussaufwärts bis an unser Tagesziel Scuol.

Die Via Claudia Augusta führt über die gedeckte Holzbrücke über den Inn bei Urgen.

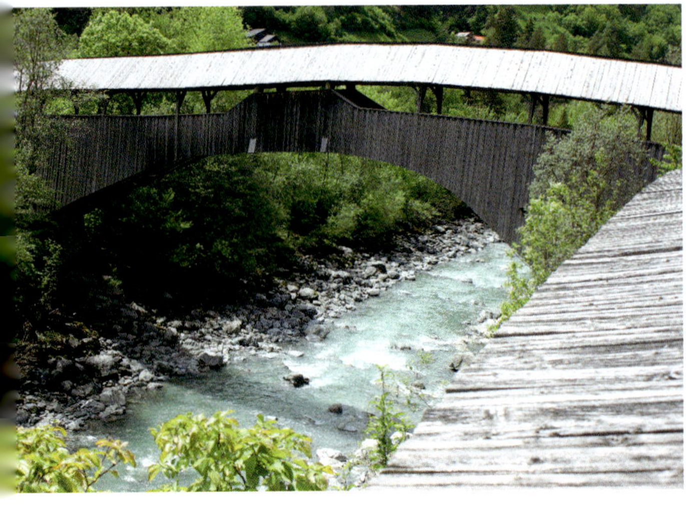

ROUTENBESCHREIBUNG

T07-E02-Landeck-Scuol.gpx

WP | km | Hm

0 | 0 | 785 | Vom Ortszentrum auf Malserstraße bis zum Inn und über die Holzbrücke. Rechts am Inn entlang der Via Claudia Augusta bzw. Innradweg Richtung Pfunds.

1 | 5,0 | 826 | Im Weiler Urgen links über die überdachte Holzbrücke und die Straße entlang weiter. Nach 2 km am Innknick wieder über eine Brücke, gleich am Holzlager links und durch Waldpassage.

2 | 8,5 | 861 | 1,2 km später den Inn an Staustufe überqueren und linksseitig weiter. 1,2 km weiter über die Pontlatzer Brücke und auf Via Claudia Augusta rechtsseitig weiter.

3 | 13,3 | 865 | Bei Prutz von Via Claudia Augusta abzweigen und dem Innradweg Richtung Pfunds folgen. Über die Innbrücke in den Ort Prutz und weiter auf Nebenstrecke über Ried nach Tösens.

4 | 15,3 | 928 | Kurz nach Ortsausgang Tösens den Inn überqueren.

5 | 26,2 | 941 | Kurz nach dem Weiler Stein auf Höhe des Kieswerks auf der anderen Innseite über die kleine Innbrücke und linksseitig auf Nebenstrecke weiter bis Pfunds.

6 | 34,1 | 984 | Unter der Kajetansbrücke durch, in einem Bogen auf die B 180 zurück und oben drüber. Auf der anderen Innseite auf B 184 Via Claudia Augusta bzw. Innradweg folgen.

7 | 36,3 | 1014 | Möglichkeit zum Abstecher links auf Forstweg zur Brücke Altfinstermünz und über Pfad zur Straße zurück. Ansonsten weiter am Abzweig nach Samnaun vorbei bis Martina.

8 | 43,3 | 1042 | In Martina über die Schweizer Grenze und weiter der BR auf Straße dem Inn flussaufwärts folgen.

9 | 47,9 | 1055 | Bei San Nicola links über die Innbrücke, durch die kleine Häuseransammlung und auf Forstweg weiter. Nun etwas höher gelegen parallel zum Inn (auf offenem Gelände und durch Waldpassagen) und in einem Bogen wieder abwärts zum Inn.

10 | 51,9 | 1102 | Links den roten Radschildern mit hellblauer Markierung Innradweg Nr. 65 folgen und weiter links den Inn entlang.

11 | 56,0 | 1117 | Am Campingplatz Sur En links der gelben Beschilderung Scuol immer leicht bergauf folgen.

12 | 59,7 | 1147 | An einer Staustaufe den Inn über kleine Brücke überqueren und dann links auf der Straße das letzte Stück nach Scuol bergauf.

13 | 62,1 | 1249 | Scuol. Etappenende.

Tag 3
Durchs Unterengadin

ÜBERNACHTUNG

Samedan: Gasthaus Zum Weissen Kreuz

TEILSTRECKEN

Scuol–Zernez: 32 km, 789 Hm
Zernez–Samedan: 30 km, 431 Hm
62 Kilometer
1220 Höhenmeter bergauf
738 Höhenmeter bergab
Ladestopp: Susch, Zernez

Von Scuol geht es morgens gleich im Kaltstart 400 Höhenmeter hinauf auf ein kleines Plateau. Von hier aus bewegen wir uns auf den Flanken der Berge oberhalb des Inns bis Guarda und genießen schöne Ausblicke auf die Silvretta- und Sesvennagruppe. Nach Guarda folgt ein längerer Abschnitt auf Forstweg bis Lavin. Es geht bergab bis zum Inn hinunter, der sich am Talboden schlängelt. Das Tal ist hier so eng, dass sich kurz vor Zernez die gegenüberliegenden Bergflanken fast berühren. Zernez ist das Tor zum Schweizer Nationalpark und idealer Ausgangspunkt für zahlreiche Wanderungen und Mountainbike-Touren. In S-chanf sind wir mittlerweile im Oberengadin angekommen – und das sieht man auch: Das Tal und der Inn werden breiter und sind nicht mehr so wild wie im Unterengadin. Wir folgen dem Inn bis ins nahe gelegene Samedan, wo wir im Mineralbad und Spa unsere müden Muskeln entspannen.

ROUTENBESCHREIBUNG
T07-E03-Scuol-Samedan.gpx

WP | km | Hm

0 | 0 | 1245 | In Scuol durch den Ort der Hauptstraße bis zum Bahnhof folgen. Weiter auf Innradweg Nr. 65 relativ steil bergauf auf Nebenstraße bis Ftan, danach abwärts bis Ardez.

1 | 12,4 | 1487 | Am Ortsausgang von Ardez rechts auf der Nebenstraße wieder bergauf bis Guarda.

2 | 17,5 | 1581 | Kurz nach Guarda nicht links auf der Straße nach unten weiter, sondern rechts auf dem Forstweg und danach bergab bis Lavin.

3 | 21,2 | 1406 | In Lavin über überdachte Holzbrücke und dem Innradweg 65 linksseitig auf Schotterweg flussaufwärts folgen.

4 | 24,8 | 1442 | In Susch zuerst über die nicht überdachte Innbrücke und kurz danach über die überdachte Brücke wieder auf die Ostseite des Inns. Weiter auf BR – zuerst asphaltiert, dann auf Forstweg über meist offenes Gelände bis Zernez.

5 | 31,6 | 1493 | In Zernez an der Hauptstraße links Richtung Ofenpass/Mals. Nach 700 m rechts über kleine überdachte Bachbrücke, dann gleich rechts und kurz darauf links auf Forstweg weiter bergauf durch Waldstücke oberhalb und parallel zum Inn.

6 | 40,0 | 1648 | In S-chanf kommt die BR wieder in offenes Gelände, überquert den Inn am Ortseingang und kommt am Ortsausgang wieder über den Inn zurück. Danach auf Radweg über Felder parallel zu Inn und Hauptstraße Richtung St. Moritz.

7 | 54,1 | 1690 | In La Punt an der Innbrücke links und gleich wieder rechts weiterhin auf dem Innradweg 65.

8 | 58,9 | 1707 | Die BR führt durch Bever. Vom Ortsausgang sind es knapp 1,5 km auf der Forststraße nach Samedan, dem Etappenende.

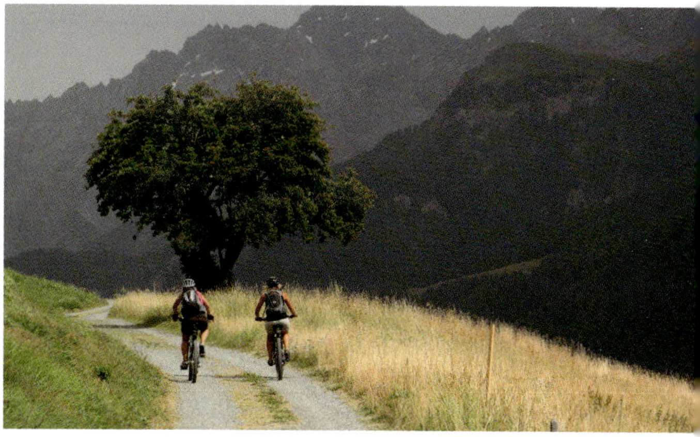

Auf dem Innradweg hoch über dem Talgrund im Unterengadin

ENGADIN

Das Hochtal am Inn (daher der Name »Engiadina« – »Garten des Inns«) im schweizerischen Kanton Graubünden ist eines der höchstgelegenen bewohnten Täler Europas und mehr als 80 Kilometer lang. Es bildet die obere Talstufe des Inns und wird in das Ober- und das Unterengadin unterteilt. Getrennt werden die beiden Talabschnitte durch die Punt Ota (hohe Brücke) bei Brail. Das Unterengadin ist enger und wilder als das Oberengadin und weist ein deutlich größeres Gefälle auf (von 1610 bis 1019 m). Hier rauscht der Inn über Felsen und durch tiefe Schluchten. Das Oberengadin liegt auf 1600 bis1800 Metern und ist reich an Seen sowie Arven-, Lärchenwäldern und Gletschern. Durch ihre Höhenlage weist die Talsohle hochmontanes bis subalpines Klima auf und ist einer der winterkältesten Landstriche der Alpen.

Tag 4 Durchs Oberengadin

ÜBERNACHTUNG

Chiavenna: Pension B&B Nonna Costantina, Via Paolo Bossi, 45. Freundlich, viel Flair, zentral gelegen.

TEILSTRECKEN

Samedan–Sils: 24 km, 175 Hm
Sils–Chiavenna: 38 km, 47 Hm
62 Kilometer
222 Höhenmeter bergauf
1585 Höhenmeter bergab
Ladestopp: Sils, Maloja

Von Samedan folgen wir dem Innradweg Nr. 65 und erreichen schon bald den St. Moritzersee. Es regnet in Strömen und die sonst so beeindruckende Sicht auf St. Moritz und die umliegenden Dreitausender ist alles andere als berauschend. Wir fahren daher gleich weiter, vorbei am Champfèrersee, am Silvaplanersee und am Silsersee, dem letzten und südwestlichsten der Engadiner Seenplatte. Friedrich Nietzsche verbrachte hier einige Sommer und ließ sich von der Ruhe zu vielen seiner Werke inspirieren. In seinem damaligen Wohnhaus ist heute ein Museum untergebracht. Da es wieder stark regnet, machen wir erst mal Mittagspause und kosten Engadiner Spezialitäten: Gestern gab es Bündner Gerstensuppe, heute probieren wir Capuns, in Mangoldblätter gewickelte Päckchen aus Spätzleteig, der mit Kräutern und klein geschnittenem Salsiz oder Bündnerfleisch angereichert ist. Sie werden in Milchwasser gekocht und je nach Rezept mit Bergkäse überbacken. Etwas träge machen wir uns schließlich an die Weiterfahrt zum Malojapass. Er verbindet das Bergell mit dem Engadin. Während er auf der Nordseite sehr flach ist, fällt er nach Süden steil und abrupt ab ins Bergell. Entsprechend rasant ist die lange Abfahrt: Nach fast 1500 Höhenmetern erreichen wir Chiavenna, die erste Stadt auf italienischem Boden. Wir sind nun in der Lombardei und freuen uns vor allem auf echten italienischen Espresso!

Von Scuol, dem Hauptort des Unterengadins, hat man einen schönen Blick auf den Piz Pisoc. Der Ort beeindruckt mit malerischen Engadiner Häusern.

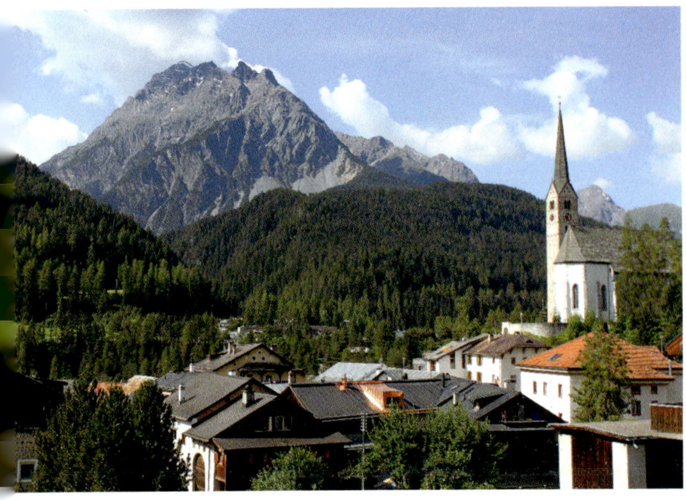

ROUTENBESCHREIBUNG T07-E04-Samedan-Chiavenna.gpx

WP | km | Hm

0 | 0 | 1726 | Samedan Richtung Pontresina auf der Straße verlassen.

1 | 0,4 | 1722 | Nach der Überquerung des Inns links auf die Holzbrücke, um die Hauptstraße 27 zu überqueren. Dabei der Beschilderung Flugplatz folgen. Weiter durch Gewerbegebiet. Am Flugplatz links halten und auf der Nebenstraße am Flugfeld entlang.

2 | 2,9 | 1712 | Am Nordostende des Engadin Airport (also Richtung La Punt) den Bach überqueren und dann rechts auf Innradweg 65.

3 | 6,7 | 1729 | Unter der Hauptstraße durch und vor dem Kreisverkehr rechts dem Innradweg 65 Richtung St. Moritz folgen.

4 | 10,1 | 1765 | Am See bei St. Moritz am Ufer entlang, am anderen Ende rechts am Sportplatz und dann am Hotel Kempinski vorbei.

5 | 15,0 | 1792 | Am Champfèrersee führt der Radweg an der Straße am Ufer entlang und kommt am Ortsrand von Silvaplana vorbei.

6 | 17,5 | 1796 | Über die Brücke zwischen Champfèrersee und Silvaplanersee, dann rechts weiter auf BR in ein Waldstück oberhalb des Sees auf Schotterweg am Ufer entlang.

7 | 23,7 | 1798 | Nach kurzer Strecke über Wiesen durch Sils zur Hauptstraße und um den Silsersee entlang der Straße.

8 | 30,5 | 1815 | Nach kurzer Fahrt durch den Ort Maloja Ankunft am Malojapass kurz vor Ortsende. Ende des Innradwegs. Danach in vielen Kehren flott abwärts auf Straße.

9 | 47,4 | 937 | Vor Promontogno von der Hauptstraße rechts weg, um den Tunnel zu umfahren. Nach dem Ort wieder auf die Hauptstraße.

10 | 52,1 | 720 | In Castasegna nach einer kurzen offenen Galerie überqueren wir die Grenze zu Italien.

11 | 61,8 | 365 | In Chiavenna nach links ins Zentrum abbiegen. Etappenende.

Tag 5
Durchs Val Chiavenna zum Comer See

ÜBERNACHTUNG
Colico: B&B Belvedere, www.bnbbelvederecolico.site.

TEILSTRECKEN
Chiavenna–Mezzola: 15 km, 24 Hm
Mezzola–Colico: 15 km, 26 Hm
30 Kilometer
50 Höhenmeter bergauf
203 Höhenmeter bergab

Chiavenna hat einen malerischen historischen Stadtkern und ist für seine guten Restaurants bekannt. Hier treffen die drei Alpenpässe von Splügen, Septimer und Maloja aufeinander. Das Tal ist mittlerweile sehr breit und unsere Radroute verläuft abseits der SS 36 entlang der Mera. Es geht über Felder und an kleinen Orten vorbei. Am Mezzolasee verleiht Nebel dem See und seiner Umgebung etwas Gespenstisches. Nun ist es nicht mehr weit bis zum Comer See. Mit etwas Glück bläst uns der am Nordufer wehende Südwind Breva die letzten Kilometer bis zum See. Wir überqueren die aus dem Veltlin kommende Adda und folgen ihr bis zur Mündung in den Comer See. Von dort fahren wir noch ein kleines Stück am Ufer entlang, bis wir am nahe gelegenen Hafen von Colico am nordöstlichen Ufer des Comer Sees unsere Tour abschließen. Nachdem wir uns im See ein wenig erfrischt haben, stärken wir uns mit ofenfrischer Pizza und genießen den Blick auf die andere Uferseite.

ROUTENBESCHREIBUNG
T07-E05-Chiavenna-Colico.gpx
WP | km | Hm

0 | 0 | 355 | Am Kreisverkehr auf der Nebenstraße SP 2 bzw. SP 9 Richtung Mese bzw. Gordona.

1 | 5,2 | 272 | Nach Gordona über Bachbrücke und gleich rechts auf beschilderter Radroute 6 Richtung Lago di Mezzola die Mera entlang.

2 | 15,4 | 218 | In Mezzola kurz vor dem Bahnübergang rechts dem Radweg folgen, hinter dem Bahnhof vorbei, dann die Schienen am Ostufer entlang. Kurz nach einem kurzen Felstunnel unter den Schienen hindurch und direkt am See weiter.

3 | 21,1 | 209 | Am Südende vom Mezzolasee verlässt der Radweg kurz die Schienen und kommt in einem Bogen wieder an diese zurück.

4 | 23,0 | 210 | In Nuova Olonio über die Schienen und am Kreisverkehr rechts auf der SS 36 Richtung Colico.

5 | 26,0 | 210 | Nach der Brücke über die Adda links auf den Schotterweg und unter der Straße hindurch zurück, der Adda flussabwärts folgen und dann am Uferweg des Comer Sees entlang.

6 | 30,2 | 202 | Hafen von Colico. Etappen- und Tourende.

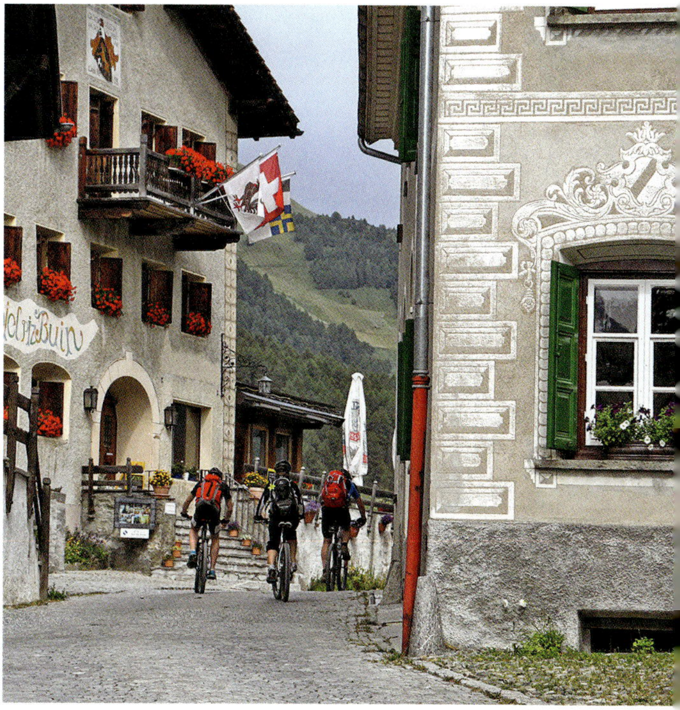

Malerische Ortsdurchfahrt im Bergdorf Guarda im Unterengadin

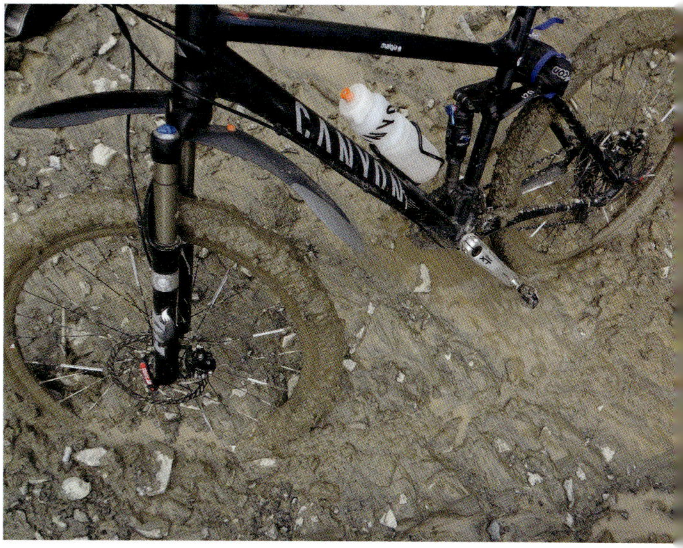

Wo geht es zur nächsten Waschstraße? Folge eines Murenabgangs bei Sur En

Der acht Kilometer lange See Santa Giustina im Nonstal staut den aus dem Val di Sole kommenden Fluss Noce.

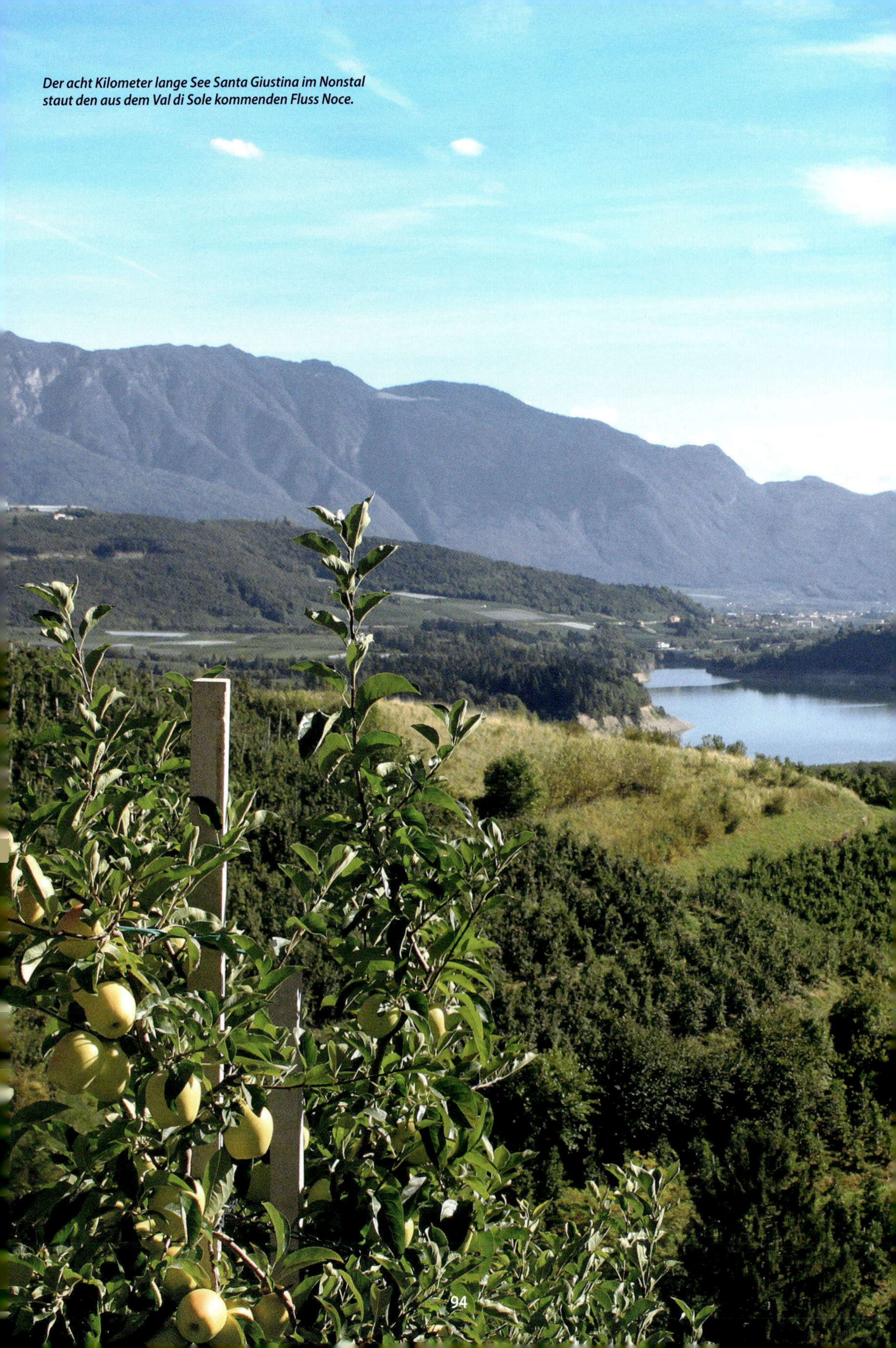

8 Von Mittenwald zum Gardasee

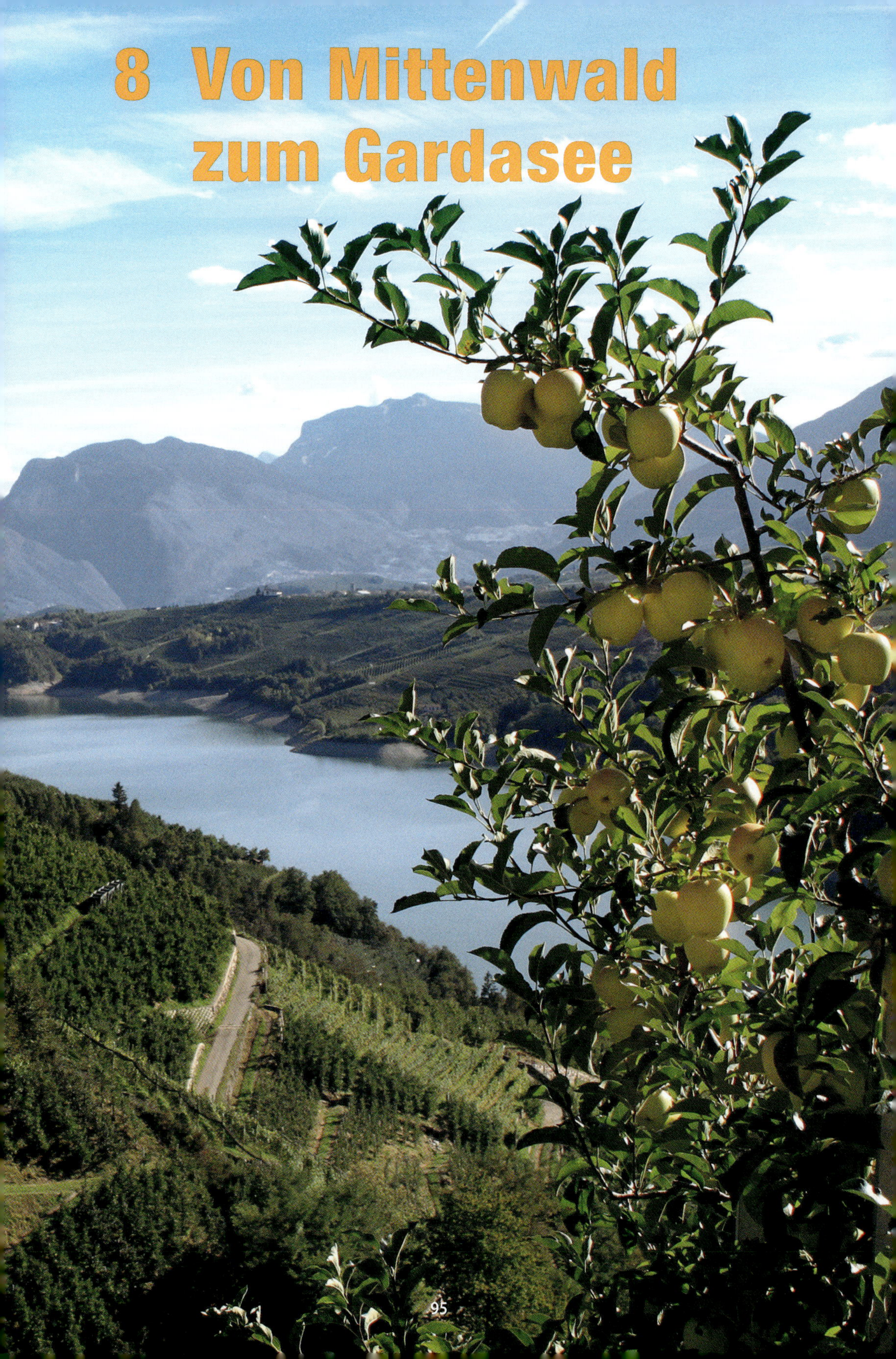

8 Von Mittenwald zum Gardasee

Übers Timmelsjoch: der Ötztal Trail

Schwierigkeit	Erlebniswert	Höhenmeter (in m)	Streckenlänge (in km)	Zeit (in Tagen)
3		Mit Rad: 4116 Gesamt: 6254	Mit Rad: 300 Gesamt: 336	5

TOURENCHARAKTER

AUSGANGSPUNKT
Bahnhof Mittenwald

ENDPUNKT
Riva del Garda am Gardasee

ANFAHRT
Bahn: Von München über Garmisch-Partenkirchen. Von Ulm über Füssen und Garmisch-Partenkirchen. Von Innsbruck über Mittenwald.
Auto: Von München auf der A 95 und Garmisch-Partenkirchen. Von Ulm auf der A 7 über Füssen und Lermoos. Von Innsbruck und Bregenz auf der A 12 über Seefeld in Tirol. Ausgeschilderte Langzeitparkplätze im Zentrum (neben der Isar).

RÜCKFAHRT
Von Riva nach Torbole mit Bus oder Rad am Nordufer entlang. Von Torbole mit Rad oder Bus nach Rovereto, ca. 20 km und 250 Hm. Ab dort Verbindungen mit Regional- oder Fernzügen über Bozen, Brenner nach Innsbruck und von dort weiter nach Mittenwald zurück oder Richtung Bregenz bzw. München.

KONDITION

FAHRTECHNIK

ERLEBNISWERT
Fahrspaß: – Schöne Forstwege bis Seefeld, rasante und lange Abfahrt vom Timmelsjoch, schöne Forst- und Schotterwege auf dem Ötztal Trail und durchs Passeiertal.
Landschaft: – Malerisches Inntal, Ötztal, Passeiertal und Val di Sole, traumhafte Panoramen am Timmelsjoch.
Kultur und Geschichte: – Rätoromanische Orte im Inntal, Ötzi-Dorf, Architektur-Skulpturen an der Timmelsjochstraße, Kur- und Kulturstadt Meran.

STRECKENPROFIL
Asphalt: 240 km
Schotter-/Forstweg: 57 km
Pfad: 3,2 km
Bus: 36 km, 2138 Hm
Schieben: 3 x 5 Min.
Nicht ganz so anstrengende Tour. Verläuft viel auf asphaltierten Radwegen und Nebenstraßen. Viele Forst- und Schotterwege bis Seefeld, auf dem Ötztal-Trail und durchs Passeiertal. Langer Anstieg zum Timmelsjoch. Einige kurze Pfadabschnitte und steile Rampen auf dem Ötztal-Trail. Grober Schotter nach Sahnestüberl. Drei kurze Schiebestücke auf dem Ötztal-Trail.

HÖCHSTE PUNKTE
2474 m, Timmelsjoch
1524 m, Gampenpass (auch Gampenjoch)
1682 m, Passo Campo Carlo Magno
763 m, Ballinopass

NIEDRIGSTER PUNKT
70 m, Riva

ALLGEMEINE INFOS
Haiming: www.haiming.de, Area 47: www.area47.at, Ötztal: www.oetztal.at, Freilichtmuseum: www.oetztal-museum.at, Längenfeld: www.laengenfeld.com, Aqua Dome: www.aqua-dome.at, Sölden: www.soelden.com, www.freizeit-soelden.com, Timmelsjoch: www.timmelsjoch.com, Passeiertal: www.passeiertal.it, Madonna di Campiglio: www.campigliodolomiti.it.
Bikeshuttle vom Busbahnhof Lana zum Gampenpass: nur Mo–Sa 9.30 Uhr und nur von August bis Oktober. Tickets im Bus oder nur im Tourismusbüro Lana, Mo–Fr 9–18.30 Uhr, Sa 9–12.30 Uhr. E-Bike-Mitnahme möglich.
www.visitlana.com
Regionale Zuglinie vom See Santa Giustina nach Dimaro durchs Val di Sole: www.trenord.it.
Bikeshuttle (Bicibus) vom Bahnhof Dimaro nach Madonna di Campiglio: 9.15, 11.15, 14.20, 16.55. E-Bike-Mitnahme möglich.
www.valdisole.net/DE/Dolomiti-Express-Zug-und-Rad/Haltestelle am Bahnhof, verkehrt tgl. von ca. Mitte Juni bis ca. Mitte September

LANDKARTEN
Kompass Wanderkarten Blatt 5, 35, 042, 53, 071, 73, 74, 83, 699 in Papier oder digital zum Selbstausdrucken.

GPS/ROADBOOK
T08-E01-Mittenwald-Oetz.gpx
T08-E02-Oetz-Poschach.gpx
T08-E03-Poschach-Meran.gpx
T08-E04-Meran-Dimaro.gpx
T08-E04a-Lana-Gampenpass_E-bike.gpx
T08-E05-Dimaro-Riva.gpx
T08-E04a-Lana-Gampenpass_
E-bike.gpx

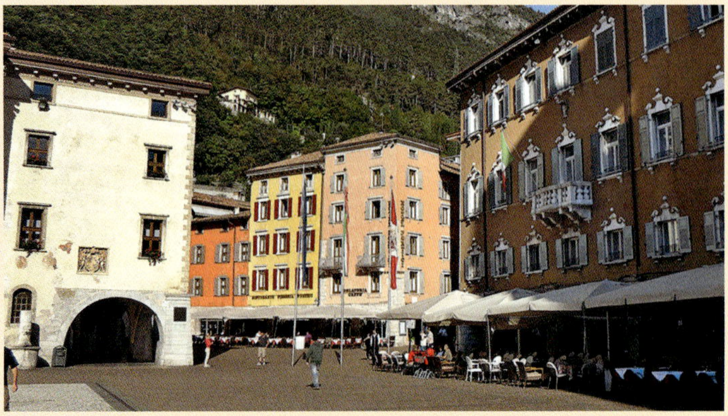

Das Ziel: Die Piazza III Novembre im Hafen von Riva del Garda

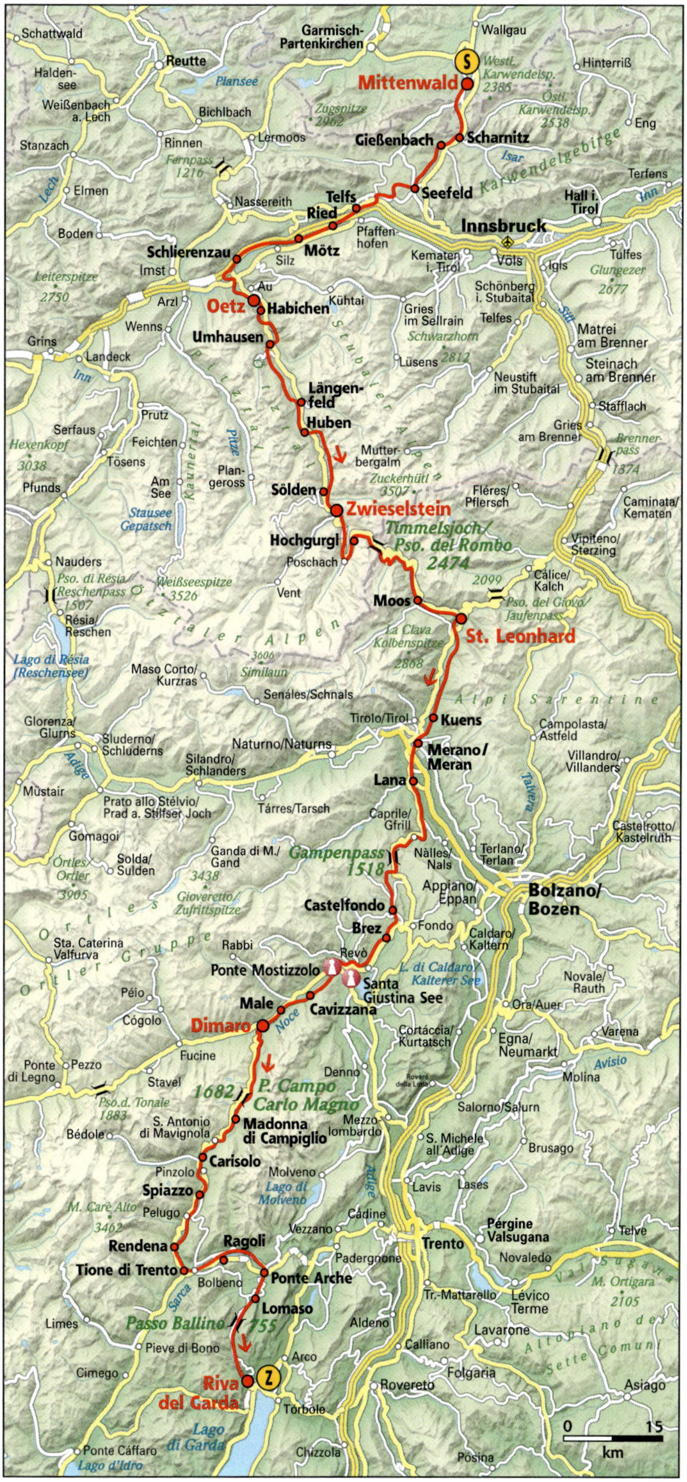

Mittenwald
Scharnitz
Gießenbach
Seefeld
Telfs
Ried
Mötz
Schlierenzau
Oetz
Habichen
Umhausen
Längenfeld
Huben
Sölden
Zwieselstein
Hochgurgl
Timmelsjoch/ Pso. del Rombo 2474
Moos
St. Leonhard
Kuens
Merano/ Meran
Lana
Gampenpass 1518
Castelfondo
Brez
Ponte Mostizzolo
Santa Giustina See
Male
Cavizzana
Dimaro
1682 P. Campo Carlo Magno
Madonna di Campiglio
Carisolo
Spiazzo
Rendena
Tione di Trento
Ragoli
Ponte Arche
Lomaso
Passo Ballino 755
Riva del Garda
Innsbruck
Bolzano/ Bozen
Trento
Garmisch-Partenkirchen
Reutte
Karwendelgebirge
Ötztaler Alpen
Stubaier Alpen
Ortler Gruppe
Lago di Garda
0 15 km

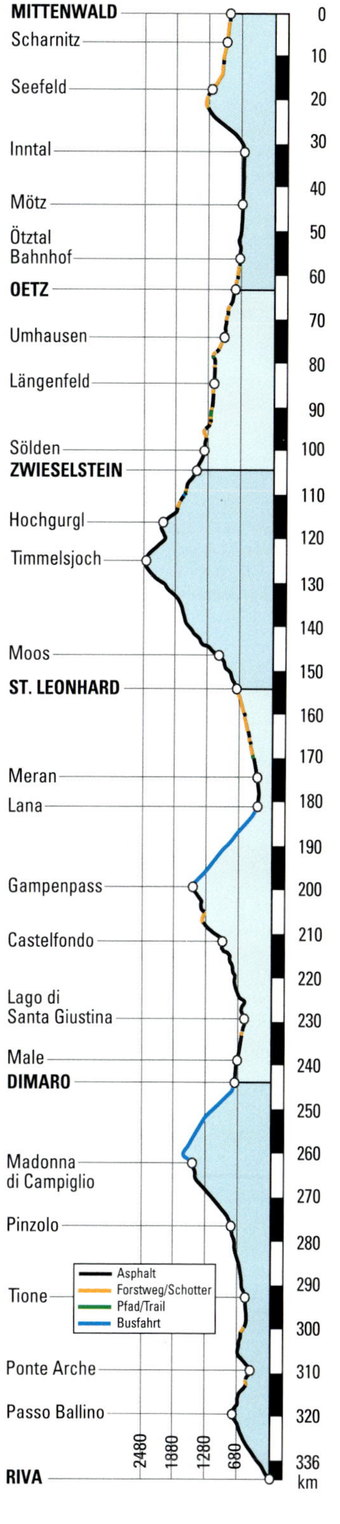

MITTENWALD
Scharnitz
Seefeld
Inntal
Mötz
Ötztal Bahnhof
OETZ
Umhausen
Längenfeld
Sölden
ZWIESELSTEIN
Hochgurgl
Timmelsjoch
Moos
ST. LEONHARD
Meran
Lana
Gampenpass
Castelfondo
Lago di Santa Giustina
Male
DIMARO
Madonna di Campiglio
Pinzolo
Tione
Ponte Arche
Passo Ballino
RIVA
Asphalt
Forstweg/Schotter
Pfad/Trail
Busfahrt
2480
1880
1280
680
0
10
20
30
40
50
60
70
80
90
100
110
120
130
140
150
160
170
180
190
200
210
220
230
240
250
260
270
280
290
300
310
320
336 km

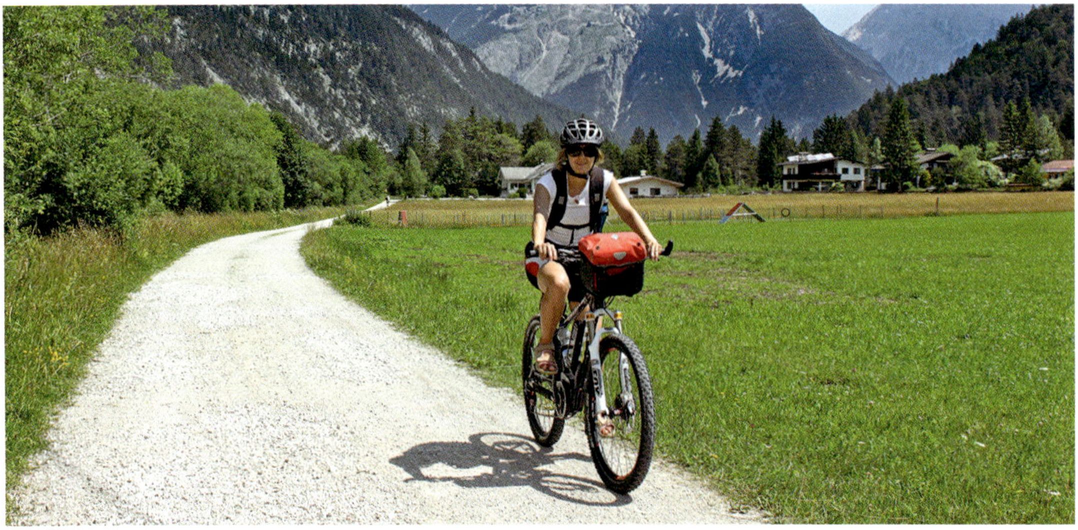

Einradeln in der Ebene: Kurz nach Scharnitz auf dem Weg ins Oberinntal

Die Fahrt durchs Ötztal zum Timmelsjoch ist einfach beeindruckend. Mit überschaubarer Anstrengung geht es hoch hinaus in eine traumhafte Bergwelt. Nach einer Abfahrt durch das liebliche Passeiertal und das idyllische Deutschnonsberg findet diese Tour am Nordufer des Gardasees einen würdigen Ausklang.

Tag 1
Vom Isartal ins Ötztal

ÜBERNACHTUNG

Oetz: Hotel Drei Mohren, www.hotel3mohren.at. Zentrale Lage, traditionell, familiär, besonderes Ambiente, gute Küche, radlerfreundlich.

TEILSTRECKEN

Mittenwald–Telfs: 34 km, 447 Hm
Telfs–Oetz: 30 km, 245 Hm
64 Kilometer
692 Höhenmeter bergauf
831 Höhenmeter bergab
Ladestopp: Telfs

Wir starten unsere Tour in der Geigenbauerstadt Mittenwald am Fuße der Westlichen Karwendelspitze. Hier im Karwendel entspringt die Isar, deren Lauf wir bis nach Scharnitz folgen. Das Wintersportzentrum Seefeld streifen wir nur am Rande und kommen an zwei Naturphänomenen vorbei: dem Wildmoossee und dem Lottensee. Beide treten nur aperiodisch auf, bedingt durch das Zusammenspiel des Wasserstandes in den unterirdischen Karstsystemen und der Schneeschmelze. Von hier aus geht es fast 700 Höhenmeter hinunter ins Inntal bis nach Telfs. Wir folgen bis Haiming dem Innradweg, eingerahmt von der Mieminger Kette im Norden und den Sellrainer Bergen im Süden.

Am Haiminger Ortsteil Ötztal-Bahnhof verlassen wir den Inn und folgen der Ötztaler Ache – oft auch nur Ötz abgekürzt – flussaufwärts. Morgen fahren wir bis zu ihrem Ursprung am Zusammenfluss von Venter und Gurgler Ache bei Zwieselstein und folgen dabei immer wieder dem Ötztal Mountainbike Trail 11. Am Eingang des Ötztals kommen wir am Outdoorpark »Area 47« vorbei. Wer noch Zeit und Energie hat, kann einige Funsportarten ausprobieren oder sich im Wasserpark erfrischen. Von hier sind es nur noch wenige Kilometer bis nach Oetz, wo wir den Tag mit einem Kaiserschmarrn ausklingen lassen.

ROUTENBESCHREIBUNG
T08-E01-Mittenwald-Oetz.gpx

WP | km | Hm

0 | 0,0 | 915 | Vom Bahnhof Mittenwald über die Bahnhofstraße zur Innsbrucker Straße Richtung Scharnitz/Seefeld. Nach der Isarbrücke rechts in die Riedkopfstraße und bis zum Ende fahren.

1 | 1,6 | 920 | An der nächsten Isarbrücke neben der Hauptstraße rechts über die Isar, dann links und auf der Nebenstraße an den Tennisplätzen vorbei. Nun auf dem Forstweg der gelben Be-

schilderung Scharnitz (über Riedboden) folgen.
2 | 6,5 | 959 | Am Ortseingang von Scharnitz über die Isarbrücke und gleich rechts in den Schanzweg abbiegen. Nach 400 m wieder die Isar überqueren und nach links weiter. Der grünen BR-Beschilderung »Seefel«d (BR = Bike Route) folgen. Nach 300 m geradeaus weiter.
3 | 9,9 | 1012 | Am Ortseingang von Gießenbach rechts auf Schotterweg weiter über offene Felder dem Gießenbach entlang. Nach 1,2 km stößt der Schotterweg auf die Straße, die nach Leutasch führt. Dort rechts der Straße entlang der gelben Beschilderung »Seefeld« über Bauernwald folgen. Nach 900 m von der Straße nach links auf einen Forstweg Richtung Bodenalm abbiegen.
4 | 13,0 | 1028 | 1 km nach Abzweig von der Straße nicht geradeaus bergauf, sondern links halten Richtung Bodenalm. Dann immer geradeaus. 1,8 km weiter an einer Forstweg-Kreuzung rechts halten Richtung Seefeld/Triendlsäge.
5 | 16,4 | 1118 | An der Triendlsäge kommt man wieder auf die Straße. Dieser Richtung Seefeld folgen.
6 | 17,9 | 1192 | Am Ortseingang von Seefeld in einer 90-Grad-Linkskurve scharf rechts Richtung Wildmoosalm steil bergauf der Straße folgen. Nach 1,5 km geht die Straße in einen Schotterweg über. 100 m nach der Wildmoosalm links Richtung Wildmoossee. 300 m weiter links halten und am Wildmoossee vorbei. Danach bergab und kurz darauf am Lottensee vorbei.
7 | 22,5 | 1269 | Nun auf der Straße über 600 Hm rasant bergab bis Telfs im Inntal.
8 | 29,8 | 678 | Am Kreisverkehr im Ortsteil Sagl links Richtung Inntal-Autobahn. 900 m später am nächsten Kreisverkehr links Richtung Zirl. Gleich nach 30 m scharf rechts auf einem Forstweg zurück Richtung Kreisverkehr und in einem Bogen unter der Autobahnauffahrt durch und zurück zur B 171, nun Richtung Telfs. Nach 400 m nach links von der B 171 weg bis zur Autobahn und auf dem Forstweg entlang der Autobahn.
9 | 33,5 | 642 | Nach dem großen Firmengebäude nach links in die Josef-Schöpf-Straße. Nach 200 m links unter der A 8 durch und über die kleine Brücke über den Inn. Dort trifft man auf den Innradweg. Nun diesem nach links immer Richtung Landeck folgen.
10 | 37,8 | 643 | Auf Höhe von Ried links unter den Schienen und der B 171 durch. Dann zweimal rechts und der B 171 auf dem Radweg neben der Gegenspur folgen. Beim Kreisverkehr am Eingang von Stams nach rechts, unter den Schienen durch und links folgen.
11 | 43,8 | 646 | Bei Mötz unter der A 12 durch, dann links und über die Innbrücke, gleich danach wieder links der BR am Inn rechtsseitig flussaufwärts folgen. Nun auf dieser Seite des Inns bleiben.
12 | 43,2 | 714 | Nach links halten Richtung Ötztal-Bahnhof. Nach Schlierenzau über die kleine Hängebrücke und kurz, aber knackig bergauf in den Ort. Unter dem Bahnhof Ötztal hindurch das Bike schieben. Auf der anderen Seite der BR »Ötztal Mountainbike Trail 11« folgen, zuerst nach rechts in die Ambergstraße und kurz darauf in die Wassertalstraße. Markierungen sind teilweise auch auf die Straße gemalt. Ein paar 100 m weiter nach rechts und dann auf einem Schotterweg den Schienen entlang.
13 | 46,5 | 692 | Hier verlassen wir vorübergehend den Ötztal Trail. Auf der kleinen, gedeckten Holzbrücke über die Ötztaler Ache und dann links auf Straße weiter. Kurz darauf kommt man am Outdoorzentrum »Area 47« vorbei. Dort wieder auf die andere Seite der Ötztaler Ache wechseln. Nach 700 m rechts von der Straße abzweigen und dem Schotterweg parallel zur Ötztaler Ache folgen. Nach Brunau überquert die BR wieder die Ötz und folgt dieser.
14 | 51,2 | 744 | Hier verlassen wir vorübergehend den Ötztal Trail. Wir fahren bei der Brücke geradeaus auf dem Radweg weiter und überqueren 500 m weiter ein letztes Mal die Ötz. Dann 250 m die Straße entlang und rechts auf Forstweg abbiegen. Man kann gleich nach 200 m links abbiegen und über Wiese und Weidefläche zur Straße und ins Zentrum von Oetz. Oder man bleibt weiter an der Ötztaler Ache und biegt erst bei der Piburger Brücke nach links in den Ort ab.

Wird uns noch einen ganzen Tag begleiten: die Ötztaler Ache am Beginn des Ötztal-Radwegs

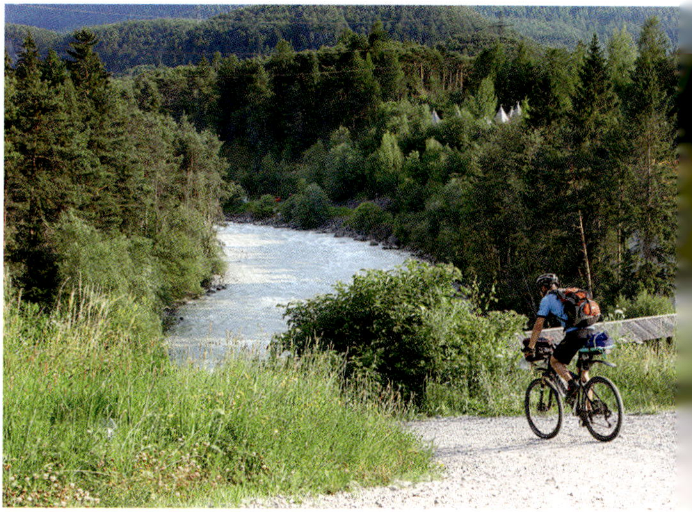

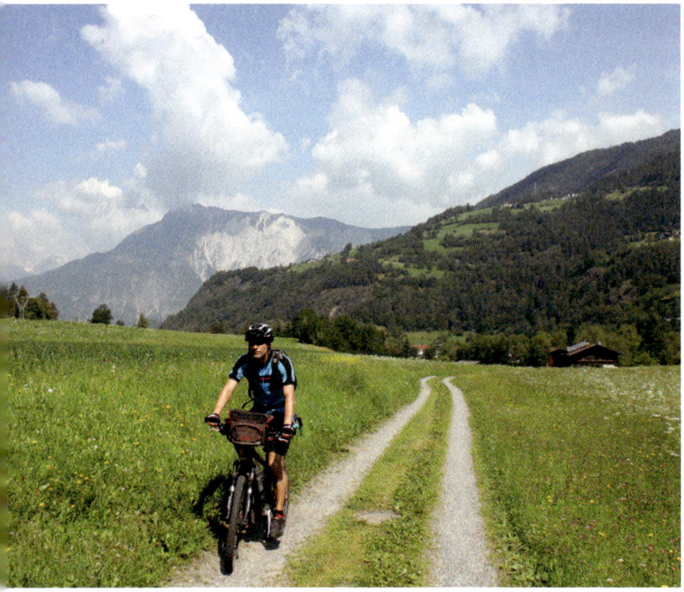

Unterwegs auf dem schön angelegten Ötztal Trail

Tag 2
Durchs Ötztal

ÜBERNACHTUNG

Poschach: Smarthotel Bergresidenz (gehört zum Resort Mühle), www.smarthotel-gurgl.com, Tel.: +43 5256 6767. Hervorragendes Frühstück, Balkon mit Berg- oder Waldblick, ruhig, große Zimmer, kein Umweg nach Obergurgl nötig.

TEILSTRECKEN

Oetz–Längenfeld: 21 km, 513 Hm
Längenfeld–Poschach: 29 km, 719 Hm
50 Kilometer
1232 Höhenmeter bergauf
161 Höhenmeter bergab
Ladestopp: Längenfeld, Sölden

Der Ötztal Trail zählt zu den absoluten Highlights für Mountainbiker im Ötztal. Er führt von Haiming (690 m) am Taleingang über 75 Kilometer bis zur Langtalereckhütte auf 2450 Metern. Ihm werden wir heute und morgen immer wieder folgen. Wir fahren heute schon die große Etappe mit über 1200 Höhenmeter, damit wir es morgen übers Timmelsjoch einfacher haben. Um das Radeln etwas aufzulockern, garnieren wir es mit ein wenig Sightseeing entlang der Strecke: Wir machen einen Abstecher nach Umhausen und besuchen das Ötzi-Dorf. Von dort erreichen wir in einem halbstündigen Spaziergang den Stuibenfall, Tirols größten Wasserfall mit einer Fallhöhe von 150 Metern. Über Winklen fahren wir nach Längenfeld, wo der Stadtteil Lehn das Ötztaler Heimat- und Freilichtmuseum beherbergt. Nach einer Portion Tiroler Kaspressknödel in Längenfeld geht es weiter über Felder und Wiesen die Ötztaler Ache entlang, vorbei am kleinen Weiler Gottsgut. Nach Huben wird das Tal für sieben Kilometer recht eng. Schließlich kommen wir durch den bekannten Wintersportort Sölden, wo wir den Ötztal Trail bis Zwieselstein verlassen, um nicht den Umweg über Gaislach machen zu müssen. Wir wählen daher den leichten Weg und radeln auf der B 186 weiter. Wer mag, kann stattdessen auch den Singletrail durch die Kühtrainschlucht auf der anderen Flussseite nehmen. Dazu kurz vorm Hotel Tyrol links in den Auweg, über die Ache, die Windaustraße entlang bis Wildmoos. Dort zweigt am Ende der Pfad rechts ab, der auf den nächsten 1300 Metern teils sehr schmal und holprig nach Zwieselstein weiterführt. 400 Höhenmeter sind es nun noch bis Poschach vor Obergurgl. Wer möchte, kann dorthin auch den Postbus nehmen. Auch eine Weiterfahrt zum Timmelsjoch ist möglich – allerdings nur zwischen Ende Juni und Mitte September und sofern Platz ist für die Räder (E-bikes erlaubt). Wir folgen aber nun der Gurgler Ache bis nach Poschach. Von hier aus kann man auch zum Gletscherdorf Obergurgl weiterfahren, dem höchsten Kirchdorf Österreichs auf 1930 Metern. Wir sparen uns aber die gut 100 zusätzlichen Höhenmeter und beziehen stattdessen eines der wenigen Quartiere in Poschach.

ROUTENBESCHREIBUNG
T08-E02-Oetz-Poschach.gpx

WP | km | Hm

0 | 0 | 791 | Über die Piburger Straße zur Ötztaler Ache und dieser dann linksseitig folgen. Am Ortsausgang kommt die BR zur B 186, der Timmelsjochstraße. Nun auf Radweg dieser bergauf folgen.

1 | 1,8 | 847 | In Habichen unter der B 186 durch und kurz darauf die Ötz auf einer kleinen überdachten Brücke überqueren. Kurz danach stößt man wieder auf den Ötztal Trail, der dann an die B 186 kommt. Dann mäßig steil bergauf.

2 | 3,7 | 891 | In der 2. Kehre nach rechts dem Ötztal Trail auf Schotterweg folgen. Es folgt eine kurze steile Rampe, danach über kleinen Bach und nach links folgen. Im nächsten Ort vor der Kirche nach links (Markierung BR auf der Straße), dann die B 186 und die Ötztaler Ache überqueren und weiter bis zum Waldrand. Dort rechts und parallel zur Ötz auf dem Forstweg weiter.

3 | 8,8 | 964 | In Östermuhre überquert die BR die B 186 und die Ötz und folgt dieser nun für 3,6 km rechtsseitig, danach für 1 km linksseitig. Auf halbem Weg ist ein Abstecher nach Umhausen möglich, um Stuibenfall, Ötzi-Dorf und Badesee zu besuchen.

4 | 13,7 | 1091 | Der Radweg mündet in die B 186 und überquert die Maurachbrücke. 100 m danach zweigt die BR nach links in einen schmalen Forstweg ab. Es folgt eine steile Rampe parallel zur B 186. Danach gleich wieder steil nach unten auf einem Pfad zur B 186 und dann auf dieser für 600 m weiter.

5 | 16,1 | 1163 | In Au rechts nach Winklen abbiegen. Am Ortseingang geradeaus halten, dann links und wieder rechts. An der T-Kreuzung auf offenem Feld nach links erst auf Forstweg, dann auf Sträßchen nach Unterried und weiter Richtung Längenfeld.

6 | 21,1 | 1180 | Die BR überquert die Ötztaler Ache. Geradeaus weiter auf Forstweg links der Ötz entlang. Nach 2,5 km nach rechts wieder über die Ötz und auf Nebenstraße über Gottsgut. In einem Bogen über Felder um Huben herumfahren und wieder an die Ötz zurück. Dann rechts und 400 m an der B 186 auf einem Forstweg entlang, erst rechtsseitig, dann linksseitig.

7 | 27,2 | 1214 | Der Forstweg kommt kurz an die B 186. Dann führt für 1,6 km nur ein Pfad meist durch Wald etwas auf und ab parallel zur B 186. Zwischendurch etwas oberhalb an einem großen Schotterwerk vorbei. In Bruggen dann auf dem Forstweg weiter an der B 186. Der Forstweg umgeht den kurz darauf folgenden Straßentunnel rechtsseitig und an der Ötz entlang.

8 | 30,7 | 1258 | In Aschbach unter der B 186 hindurch, dann links, parallel zur B 186 etwas zurück und dann der Nebenstraße in einer Kehre folgen. Nun kommt eine 800 m steile Rampe. In der 3. Kehre von der Nebenstraße abbiegen und geradeaus auf Schotterweg bergab zur Ötz hinunter. Dieser nun bis Sölden linksseitig folgen.

9 | 36,9 | 1359 | In Sölden rechts über die Fußgängerbrücke der Ötztaler Ache und auf der Straße durch den Ort Richtung Timmelsjoch. Wir nehmen nun die leichte Variante und fahren das kurze Stück und die letzten 120 Hm bis Poschach auf der B 186.

10 | 41,4 | 1463 | Von Zwieselstein auf der B 186 Richtung Timmelsjoch relativ steil bergauf.

11 | 45.3 | 1680 | Der Ötztal Trail zweigt nach links auf einen Forstweg Richtung Sahnestüberl ab. Nach 150 m über die Gurgler Ache und gleich rechts zum Forstweg. Weiterhin rechts halten und nicht nach dem Weidegatter auf dem Schotterweg bergauf zu einer Alm. Nun auf steinigem und grobem Schotterweg und Pfad an der Gurgler Ache unterhalb der B 186 entlang.

12 | 46,2 | 1709 | Nach kleiner Holzbrücke rechts bergauf zur B 186, die dort aus einer offenen Galerie kommt. Nun links auf B 186 weiter bergauf. Es folgen gleich darauf eine 300 m und eine 200 m lange offene Galerie. Kurz darauf erreicht man Untergurgl.

13 | 48 | 1803 | In Untergurgl nach der Seilbahn rechts und auf dem Ötztal Trail über offene Wiesen auf dem Forstweg der Gurgler Ache entlang.

14 | 49,7 | 1839 | Der Forstweg kommt bei Poschach an eine T-Kreuzung, wo es links nach Poschach geht. Rechts kommt man dann nach Obergurgl.

Tag 3
Über das Timmelsjoch ins Passeiertal

ÜBERNACHTUNG

Meran: Meran: Hotel Westend, www.westend.it. Leckeres Frühstück, geschichtsträchtig, günstig, gute Lage, Radlraum.

TEILSTRECKEN

Poschach–Timmelsjoch: 11,5 km, 760 Hm
Timmelsjoch–Meran: 48,5 km, 170 Hm
60 Kilometer
930 Hm bergauf
2340 Hm bergab
Ladestopp: Rasthaus Timmelsjoch

Diese Schiebepassage zwischen Zwieselstein und Untergurgl ist eine Alternative zur beschriebenen Strecke.

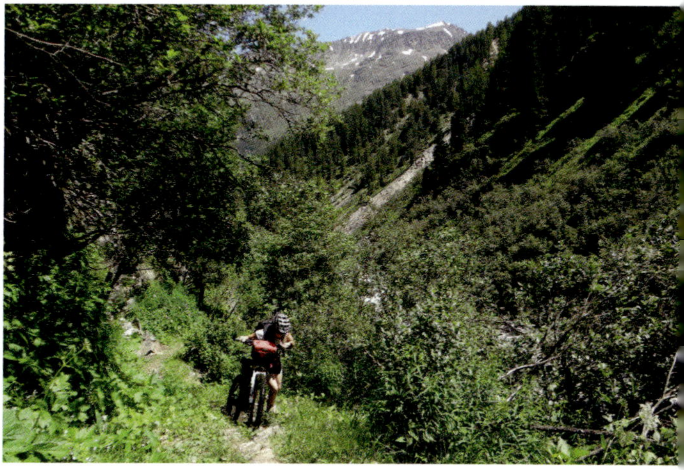

Nach der großen Etappe gestern wird es auch heute noch mal etwas anstrengend, schließlich geht es hoch hinauf und sehr lang bergab. In mehreren Kehren führt die Straße bergauf nach Hochgurgl. Das Gelände ist weitläufig und offen, die Aussicht ins Tal sowie auf Ötztaler und Stubaier Alpen beeindruckend. Kurz nach Hochgurgl erreichen wir die Mautstelle. Nach einer kurzen Abfahrt führen die letzten Kilometer durch das Timmelstal zum Timmelsjoch mäßig bergauf durch karges Gelände. Auf der Passhöhe erwartet uns das Rasthaus Timmelsjoch mit seiner einladenden Sonnenterrasse. Ein paar Meter weiter beginnt schon Italien. Das Timmelsjoch ist Österreichs höchstgelegener Straßengrenzübergang, der das Ötztal mit dem Passeiertal verbindet und nur in den Sommermonaten geöffnet ist. Vor allem bei Radrennfahrern ist die Auffahrt als eine der längsten durchgehenden Steigungen der Alpen sehr beliebt. Nach einem genüsslichen Cappuccino auf der Terrasse folgt nun eine sensationelle 50 Kilometer-Rekordabfahrt mit über 2300 Höhenmetern bis nach Meran. Ab St. Leonhard verlaufen die letzten rund 20 Kilometer und davon 400 Höhenmeter, immer entlang der Passer auf einer ausgeschilderten Bikeroute, vorbei an grünen Wiesen und zahlreichen Obstplantagen. Wir kommen an der malerischen Ortschaft Saltaus vorbei, wo das Meraner Land und das Passeiertal aufeinandertreffen. In Meran angekommen, flanieren wir dann mit einem zufriedenen Lächeln über die lebendige Kurpromenade.

Auf dem Weg zum Timmelsjoch kurz nach Untergurgl: im Hintergrund die Ötztaler Alpen

ROUTENBESCHREIBUNG
T08-E03-Poschach-Meran.gpx

WP | km | Hm

1 | 3,1 | 2103 | 3 km nach dem Hotel Mühle kommt man durch Hochgurgl, noch 1 km weiter passiert man die Mautstelle. Radfahrer sind frei. Nach der Mautstelle 2 km leicht bergab. Dann beginnt der finale mäßige Anstieg über offenes Gelände zum Timmelsjoch.

2 | 11,5 | 2509 | Ankunft Timmelsjoch. Italienische Staatsgrenze. Nun folgt eine 30-Kilometer-Abfahrt mit fast 1800 Hm bis St. Leonhard in Passeier. Unterwegs sind 11 kürzere und 1 langer Tunnel zu durchfahren. Allesamt unbeleuchtet. Nur der 555 m lange Scheibkopftunnel hat ein paar seitlich schimmernde Begrenzungsleuchten, die aber nicht für eine sichere Durchfahrt ausreichen. Daher ist eine eigene Beleuchtung wichtig! Nach dem langen Tunnel kommen zwei Passagen mit mehreren Spitzkehren.

3 | 33,9 | 1026 | Das letzte Stück nach Moos verläuft ebenfalls auf mehreren Kehren. Weiter Richtung St. Leonhard.

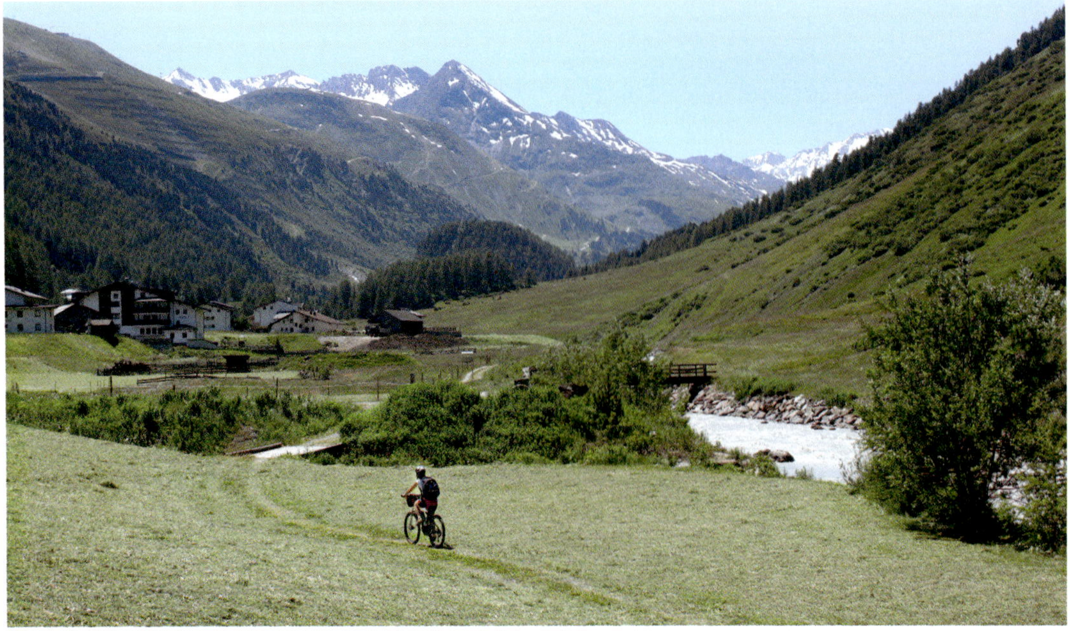

4 | 40,5 | 716 | In St. Leonhard machen wir einen kurzen Schlenker durch den netten Ort. Im Zentrum der braun ausgeschilderten BR Richtung Kohlstatt folgen. Am Ende der Straße links in den Gandellenweg. Am Ortsausgang unter der Hauptstraße durch, dann erst auf Sträßchen und kurz darauf auf Schotterweg weiter links der Passer entlang. Dieser folgen wir bis nach Meran.
5 | 47,5 | 563 | Kurz nach dem Golfclub überquert die BR auf kleiner Brücke die Passer und führt an dieser 2,8 km rechtsseitig entlang, dann ab kleiner überdachter Brücke wieder linksseitig.
6 | 51,8 | 489 | Die BR wechselt wieder die Seite, läuft 200 m am Campingplatz bei Saltaus vorbei und kommt wieder auf die andere Uferseite. Nach 1,5 km abermals auf die rechte Seite der Passer.
7 | 56,3 | 408 | Nach dem Sportplatz auf Höhe von Kuens wieder über die Passer. Nun folgt ein 500 m langer Pfad. Danach 900 m auf Asphalt weiter. In Meran unter der Hauptstraße hindurch und auf dem Radweg die Passer entlang bis zur Therme.

Tag 4
Von Meran ins Val di Sole

ÜBERNACHTUNG

Dimaro: Hotel Dolomiti, www.alphoteldolomiti.com. Sauber, gutes Frühstück, Radlgarage.

TEILSTRECKEN

Meran–Lago di Santa Giustina: 33 km, 202 Hm (ohne Bus Lana–Gampenpass)
Lago di Santa Giustina–Dimaro: 20 km, 407 Hm
53 Kilometer
609 Höhenmeter bergauf
1355 Höhenmeter bergab
E-Bike-Alternativstrecke:
+17 km, + 1260 Hm
Ladestopp: Unsere Liebe Frau im Wald (Rest. Völlaner Badl), Cles

Der Tag startet entspannt: Nach dem langen gestrigen Anstieg übers Timmelsjoch erleichtern wir uns heute das Leben und nehmen den Bikeshuttle ab Lana, der uns in einer halben Stunde zum Gampenpass auf 1518 Meter bringt. Von hier aus geht es bis zum See Santa Giustina fast nur bergab. Wir umfahren das kurvige Nordufer und erreichen die Mostizzolo-Brücke. Sie markiert den Beginn des Val di Sole und auch des gleichnamigen Radwegs Pista ciclopedonale Sole. Er führt uns parallel zum Fluss Noce stetig leicht bergauf durch herrliche Obstplantagen und grüne Wiesenlandschaften bis nach Dimaro.

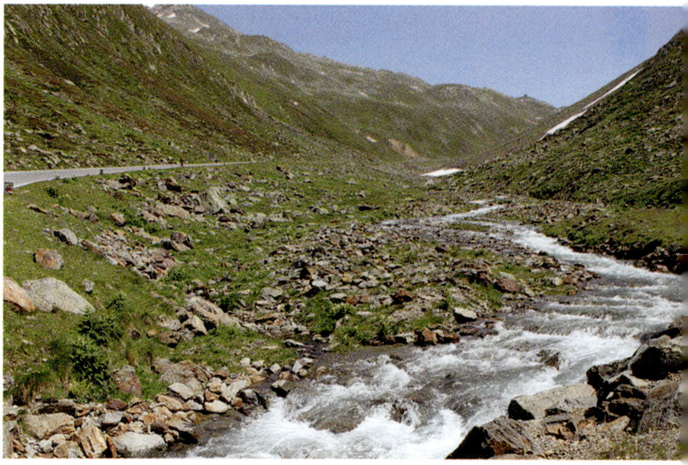

Auf den letzten 400 Höhenmetern: das weitläufige Timmelstal mit dem Timmelsbach auf dem Weg zum Timmelsjoch

E-Bike-Alternativstrecke: Von Lana über Völlanerweg, Rateiserweg, Völlan, Mühlweg, Ulpmer Weg 4a, Pichler Höfe und Platzers kurz vor Gasthof Alpenrose zur SS 238. Danach noch ein kurzer Tunnel und eine offene Gallerie bis zum Pass.

ROUTENBESCHREIBUNG
T08-E04-Meran-Dimaro.gpx

WP | km | Hm
1 | 2,0 | 309 | Der Linkskurve auf der Straße folgen, nicht geradeaus dem Radweg unter der Straße durch. Nach 150 m rechts, gleich wieder rechts und auf der Luis-Zuegg-Straße über die SS 38 und die Etsch. Auf der Straße nach Marling, wo wir auf die Via Claudia Augusta stoßen. Weiter über Tscherms Richtung Lana.
2 | 6,8 | 312 | Am Kreisverkehr am Eingang bei Lana links, nach 100 m rechts, am Parkplatz vorbei und am Bach entlang ins Zentrum.
3 | 7,7 | 324
Nach dem Kreisverkehr kommt links der Busbahnhof.
4 | 7,7 | 1524 | Ausstieg am Gampenpass. Die Busfahrt erspart uns 17 km und 1260 Hm. Die Kilometer werden hier nicht hinzugerechnet. Nun auf der SS 238 bergab und nach 2,7 km scharf rechts abbiegen nach Unsere-liebe-Frau-im-Walde. Über offenes Gelände an einigen Weilern vorbei bis zum Ende der Straße.
5 | 13,2 | 1337 | Nach dem letzten Weiler am Ende der Straße nun auf dem Laureiner Steig weiter, ein Schotterweg für 2,5 km. Richtung Lago di Regola und Mostizzolo halten. Am unscheinbaren Lago di Regola trifft man beim Ristorante Arnika wieder auf die Straße. Auf dieser weiter abwärts.

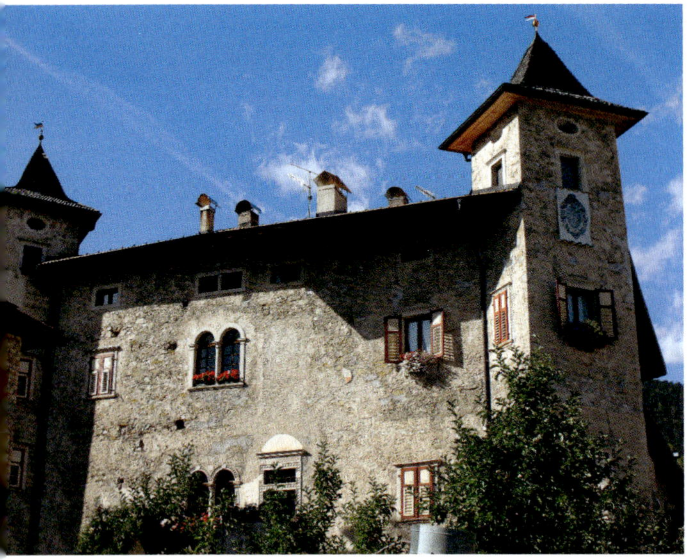

Das Schloss von Arsio bei Brez kurz vor dem See Santa Giustina

6 | 19,7 | 958 | In Castelfondo auf der Via Fabio Filzi ins Zentrum, über Kopfsteinpflaster an der Kirche vorbei und an der T-Kreuzung links in die Via Dante Alighieri. Nach 200 m rechts der SP 42 bergauf Richtung Jugendherberge bzw. Laurein folgen. Nach 1 km im Ortsteil Salobbi geradeaus auf Nebenstraße durch Obstplantagen bergab.

7 | 23,2 | 847 | Man kommt nun schräg an eine T-Kreuzung. Hier der nach rechts abknickenden Vorfahrtsstraße Richtung Agritur Pisani folgen. Nun immer der Nebenstraße folgen, an Traversara vorbei nach Arsio. Von Arsio auf der SS 42 über Cloz und Revo zum See Santa Giustina.

8 | 32,8 | 649 | In der scharfen Rechtskurve weiter auf der SS 42 bergab und dann wieder bergauf das kurvige Nordufer umfahren.

9 | 37,6 | 597 | Über die hohe Mostizzolobrücke an der Mündung des Noce in den See Santa Giustina. Dann sofort rechts auf die hier beginnende, meist asphaltierte Pista ciclopedonale Sole parallel zum Fluss Noce. Zuerst im Wald ein Stück bergab, bevor es bis Dimaro bergauf geht. Die BR verläuft zuerst links des Noce.

10 | 43,4 | 644 | Nach einer 400-m-Passage auf der Nebenstraße bergauf, nun rechts auf den Radweg abbiegen und kurz bergab. Weiterhin am Noce linksseitig entlang.

11 | 46,5 | 684 | In der Nähe des Bahnhofs Terzolas überquert die BR den Noce und führt nun rechtsseitig weiter.

12 | 52,3 | 761 | Der Radweg kommt hinter dem Bahnhof von Dimaro vorbei. Dort über die kleine Brücke und am Kreisverkehr geradeaus Richtung Madonna di Campiglio ins Zentrum von Dimaro.

Tag 5
Von Dimaro nach Riva

ÜBERNACHTUNG

Riva: Große Auswahl vorhanden. Für jeden Geschmack etwas dabei.

TEILSTRECKEN

Dimaro–Ponte Arche: 47,5 km, 289 Hm (ohne Bus Dimaro–Madonna di Campiglio)
Ponte Arche–Riva del Garda: 25,5 km, 364 Hm
73 Kilometer
653 Höhenmeter bergauf
2138 Höhenmeter bergab
Ladestopp: Ponte Arche

Auch heute gönnen wir uns für den ersten langen Anstieg den Bus: Der Bicibus bringt uns in einer halben Stunde nach Madonna di Campiglio und erspart uns damit 18 Kilometer und 929 Höhenmeter. Von dort folgt eine lange und anfangs rasante Abfahrt auf der SS 239 durch das Rendenatal nach Süden über Carisolo bis Tione – und ab Caderzone Terme entlang der Sarca. Von Tione bis Ponte Arche folgen wir der Sarca nach Osten durch die Valli di Giudicarie. Nun ist es nicht mehr weit bis zum Gardasee. Nur noch 350 Höhenmeter müssen wir zum niedrigen Passo Ballino überwinden, dann geht es an die 700 Höhenmeter lange Abfahrt. Nach Tenno haben wir den ersten wirklich schönen Blick auf die gesamte Tiefebene: auf Riva, den Gardasee und den Monte Brione. Wir rauschen weiter bis nach Riva und schieben das letzte Stück durch die engen Gassen der Altstadt. An der Piazza Tre Novembre erreichen wir die Promenade an der Nordwestspitze des Sees. Nach jeder Alpenüberquerung ist es immer wieder erhebend, hier anzukommen und sich einen ersten Spritz zu gönnen.

ROUTENBESCHREIBUNG
T08-E05-Dimaro-Riva.gpx

WP | km | Hm

0 | 0 | 760 | Die Haltestelle für den Bicibus ist an der Bahnhofvorderseite von Dimaro. Dazu fährt man auf der Strecke von gestern wieder über die Brücke des Noce und rechts auf dem Val di Sole-Radweg Richtung See Santa Giustina zurück. Gleich nach 150 m kann man die Schienen unterqueren und kommt am Bahnhof raus.

1 | 0 | 1567 | Haltestelle in Madonna di Campiglio. Nun auf der Via Cima Tosa ins Zentrum. Nach

450 m links in die Piazetta Brenta Alta und nach 100 m rechts in die Via Pradalago. Diese geht in die Via Monta Spinale über und kommt an einem kleinen See im Ort vorbei. An deren Ende links und dann gleich wieder links in die Via Castelletto Inferiore. Nach 700 m rechts halten nach Pinzolo und in einer S-Kurve das kurze Stück bis zur SS 239 hinauf. Dort links und bis Carisolo flott bergab.

2 | 13,2 | 829 | Man fährt am Rand von Carisolo vorbei. Nach der Brücke über die Sarca kann man die SS 239 kurzzeitig verlassen, indem man gleich nach der Brücke rechts in die Via Fucine nach Pinzolo abbiegt und dem ausgeschilderten Radweg folgt. Von Pinzolo bis Tione folgen wir der Pista ciclopedonale Rendena. Von der Via Fucine in die Via Genova, die in einem Bogen wieder zur SS 239 kommt. Dieser nach rechts folgen. Nach 400 m links durch den Ort Giustino und wieder zur SS 239. Nach 200 m kann man nach rechts neben der SS 239 für 700 m auf eine Nebenstraße ausweichen. Noch mal 700 m weiter am Kreisverkehr zweigt die BR nach rechts in den Ort Caderzone ab, um den Straßentunnel nach dem Kreisverkehr zu umgehen. Fahrt durch Caderzone und den anschließenden Ort Strembo.

3 | 19,7 | 727 | Am Ortsausgang von Strembo, 200 m vor dem Kreisverkehr, führt die BR nach links auf einen Radweg. Dieser geht unter der SS 239 hindurch und verläuft dann entlang der Sarca. Nach 1 km auf BR nach links. Kurz darauf auf kleiner Brücke über die Sarca. In Spiazzo geradeaus in die Via al Ponte und weiter in die Via da O. Am Ende nach rechts in die Via Ches.

4 | 22,8 | 673 | Am Ortsausgang von Spiazzo von der SP 236 rechts abbiegen und auf dem Radweg die Sarca entlang. Kurz darauf auf kleiner Brücke erst über die Sarca, dann über einen Zufluss und weiter auf BR der Sarca Richtung Tione rechtsseitig folgen.

5 | 26,6 | 607 | Der BR nach links folgen und nicht geradeaus weiter nach Villa Rendena. An der Sarca eine Straße und einen Zufluss überqueren. Kurz darauf führt der Radweg ein kleines Stück parallel zur SS 239. Über die Sarca auf einer kleinen Bogenbrücke und ein Stück parallel zur SS 239.

6 | 30,6 | 552 | Nach rechts Richtung Tione. Nun nach 150 m links und am Centro Sportivo vorbei. Über Felder auf Nebenstraße Richtung Ragoli/Stenico. 600 m nach dem Sportplatz an der T-Kreuzung rechts weiter und dann auf Radweg und Nebenstraße der Sarca entlang, später etwas versetzt davon. Der ausgeschilderten BR »Dolomiti di Brenta BIKE«-Richtung Stenico folgen.

7 | 36,3 | 490 | An der T-Kreuzung nach rechts und auf der Via Trento bergauf. Geradeaus durch den kleinen Ort Pez. 600 m nach Pez, kurz nach einer Linkskehre, zweigt scharf rechts ein Schotterweg ab. Auf diesem bergauf durch Wald weiter, zum Schluss recht steil. Nach 1 km kommt man wieder an die SP 34. Dieser nach rechts weiter leicht bergauf bis Stenico folgen. In Stenico rechts Richtung Riva 250 Hm flott bergab bis Ponte Arche.

8 | 47,5 | 414 | In Ponte Arche in der Linkskurve von der SS 239 nach rechts in die Via G. Prati Richtung Riva. Am Ortsausgang in mehreren Kehren auf der SS 421 bergauf nach Campo Lomaso.

9 | 49,3 | 501 | Am Ortseingang von Campo Lomaso geradeaus und auf Schotterweg über Felder bis Dasindo. In Dasindo die Hauptstraße schräg überqueren und in den Ort. In einem Rechtsbogen und danach in einer Linkskurve wieder zur SS 421. Nun links und auf der SS 421 Richtung Riva.

10 | 57,3 | 756 | Wir kommen am Passo Ballino vorbei. Ab hier geht es nur noch bergab bis Riva. Es sind noch 16 km und fast 700 Hm abwärts. Immer auf der SS 421 bleiben.

11 | 72,3 | 98 | Am Kreisverkehr in Riva rechts in die SS 45 bis Viale Giuseppe Canella und nach 300 m links in den Viale Prati. Nun immer geradeaus. Das letzte Stück durch die engen Gassen der Altstadt muss meist geschoben werden. Am Piazza Tre Novembre erreicht man die Promenade an der Nordwestspitze des Gardasees.

Ziel erreicht: die Piazza III Novembre im Hafen von Riva del Garda

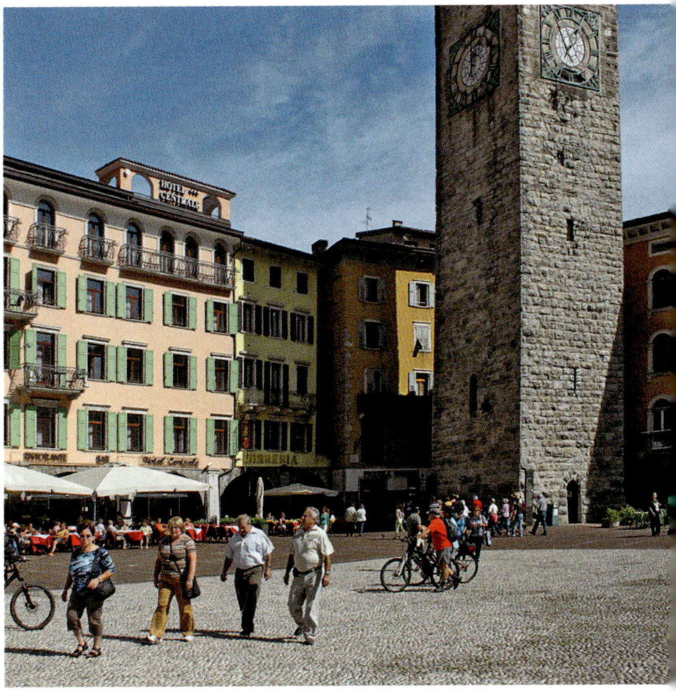

Happy End!

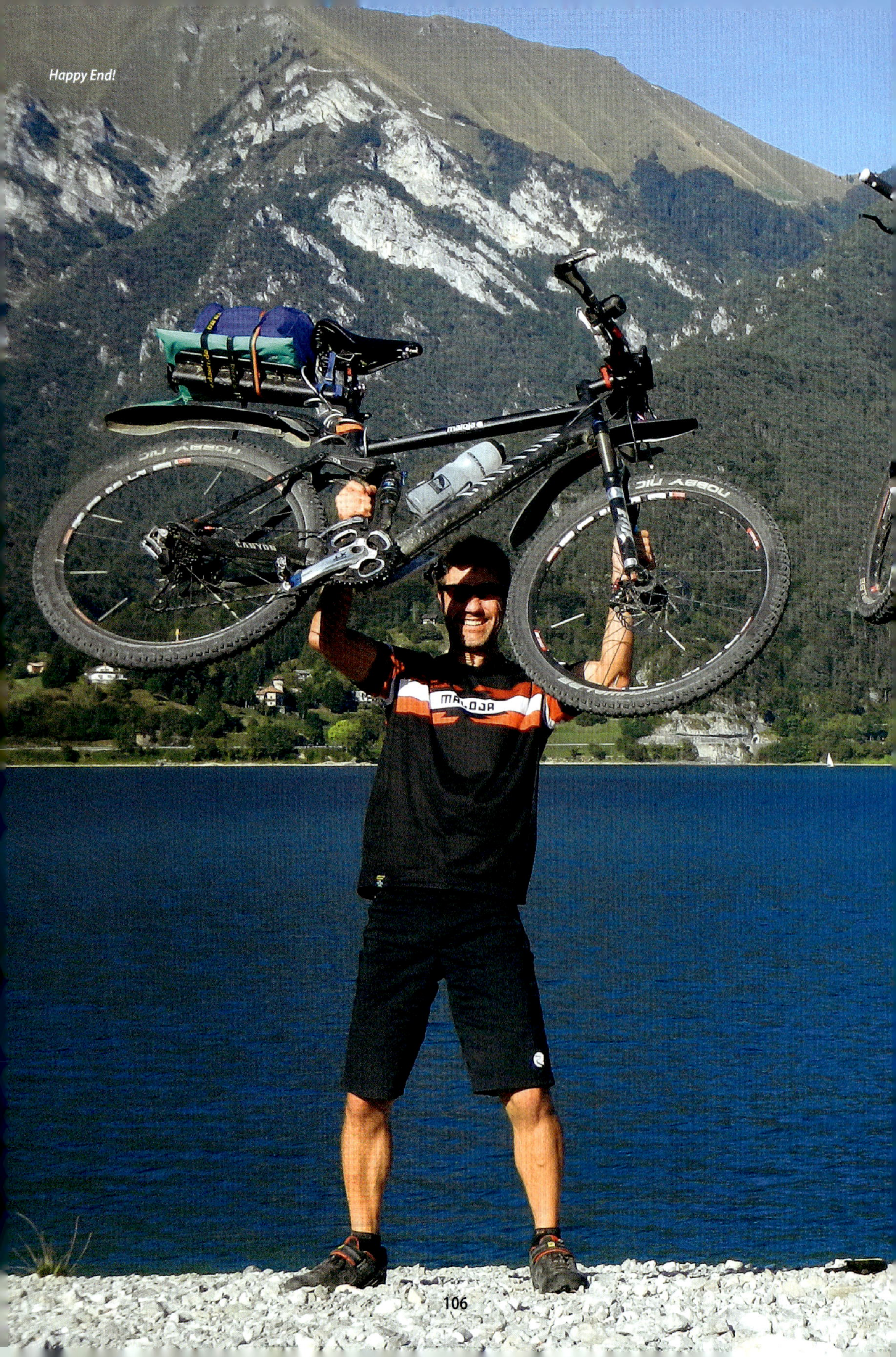

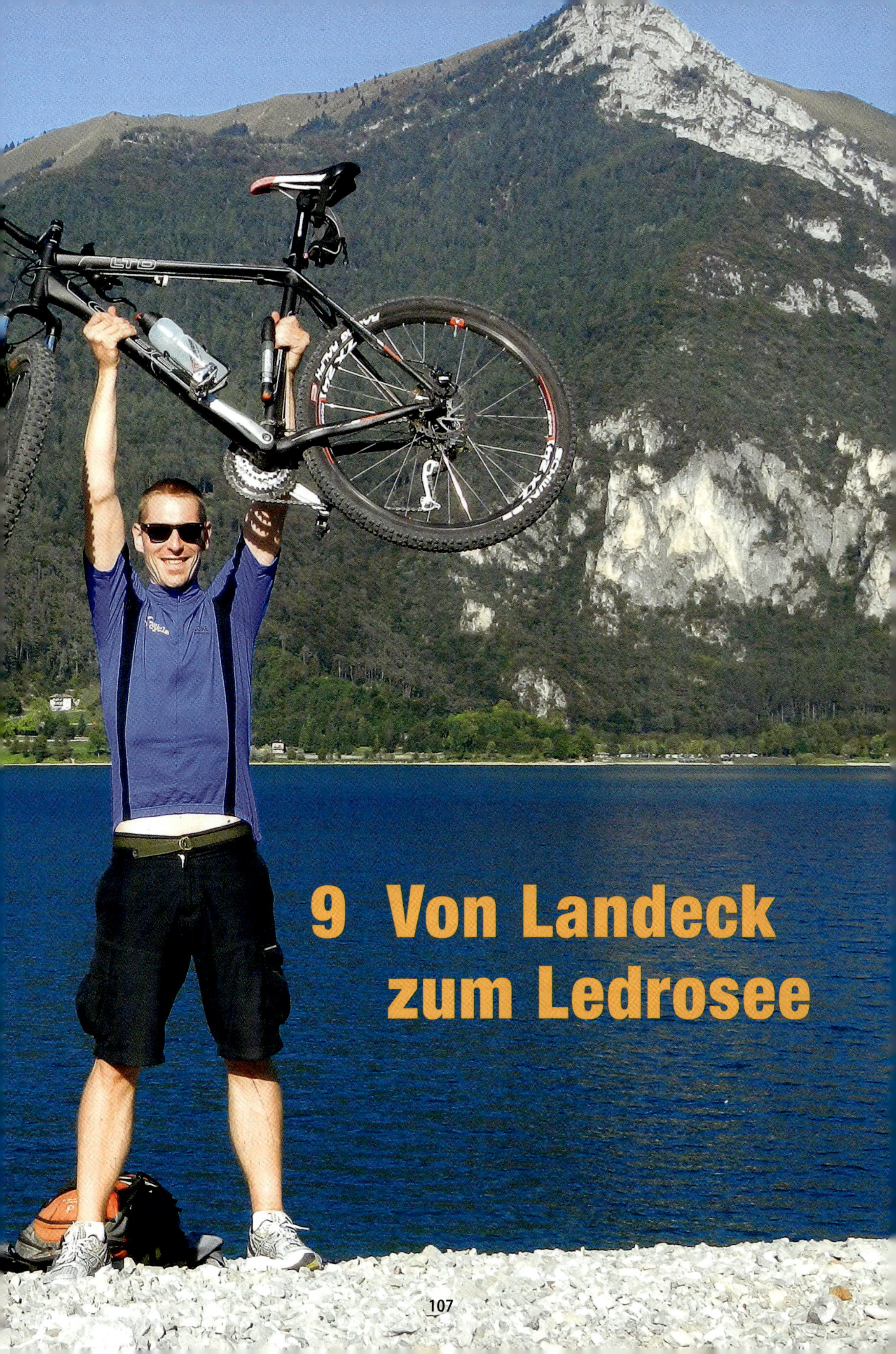

9 Von Landeck zum Ledrosee

9 Von Landeck zum Ledrosee

Durchs Val Mora: die Fünf-Pässe-Powertour

Schwierigkeit	Erlebniswert	Höhenmeter (in m)	Streckenlänge (in km)	Zeit (in Tagen)
4	✪✪✪✪✪	Mit Rad: *6488* Gesamt: *8716*	Mit Rad: *326* Gesamt: *349*	*7*

TOURENCHARAKTER

AUSGANGSPUNKT

Bahnhof Landeck

ENDPUNKT

Ledrosee

ANFAHRT

Bahn: Von München über Kufstein und Innsbruck. Von Ulm über Lindau und Bregenz.
Auto: Von München über die A 95 und den Fernpass. Von Ulm über die A 7 und den Fernpass. Von Bregenz über die E 60 und St. Anton. Großer Parkplatz bei der Venetbahn in Zams.

RÜCKFAHRT

Vom Ledrosee mit Rad oder Bus (Linie 214). Weiter mit Rad oder Bus nach Torbole, www.gardatrentino.it/de/Bus-Fahrpläne/. Von dort mit Rad oder Bus nach Rovereto. Ab da Verbindungen mit Regional- oder Fernzügen über Bozen, Brenner nach Innsbruck und von dort zurück nach Landeck oder weiter nach München.

KONDITION

✪✪✪✪✩

FAHRTECHNIK

✪✪✪✩✩

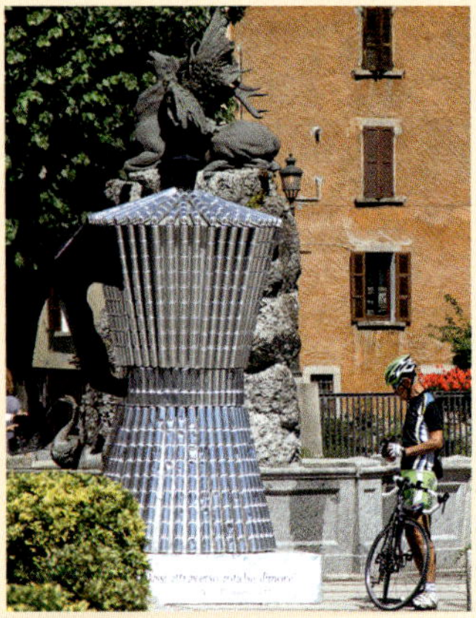

Kunst aus Dosen: Wo kommt nur der Espresso raus?

ERLEBNISWERT

Fahrspaß: ✪✪✪✪✪ – Mehrere schöne Trailabschnitte zwischen See und Kappl im Paznaun, ausgedehnte Abfahrt auf Schotterweg vom Viderjoch, schöne Schotterwege und Pfad zum Costainas-Pass, toller Forstweg und Pfad durchs Val Mora, schöne Schotterabfahrt vom Passo di Verva, rasante Abfahrt vom Passo Croce Domini. Beim Anschlussstück nach Riva: flowiger und beliebter Singletrail hoch über dem Gardasee.
Landschaft: ✪✪✪✪✪ – Malerisches Paznaun, traumhafte Panoramen am Viderjoch, tolle Auffahrt zum Pass da Costainas, einmaliges Val Mora, wildes Val Verva.
Kultur und Geschichte: ✪✪✪✩✩ – Engadinerhäuser in Scuol, Bären-Erlebnisweg Richtung S-charl, Felszeichnungen im Val Camonica, historische Alpenübergänge.

STRECKENPROFIL

Asphalt: 229 km
Schotter-/Forstweg: 83 km
Pfad: 14 km
Schieben: 6 x 5 Min., 2 x 10 Min.
Bus: 23 km, 810 Hm
Seilbahn: 5,7 km, 1418 Hm
Anstrengende Tour. Hoher Anteil an Schotterwegen und Pfaden, mehrere kurze Pfadabschnitte zwischen See und Kappl im Paznaun mit kurzer Schiebepassage, lange Abfahrt auf Schotterweg vom Viderjoch (Konzentration und Vorsicht geboten), lange und anfangs steile Auffahrt mit kurzem Schiebestück zum Costainas-Pass, anfangs schwere und steile Abfahrt vom Costainas-Pass (kurzes Schiebestück), lange und steile Auffahrt auf Schotter zur Döss Radond, langer Singletrail im Val Mora (kurze Schiebestücke), kurze steile Passagen ins Vervatal (kurze Schiebestücke), schwere, steile und lange Abfahrt vom Vervapass (kurze Schiebestücke), lange Abfahrt nach Grosio, langer, teils steiler Anstieg zum Passo Croce Domini, lange rasante Abfahrt zum Idrosee.

HÖCHSTE PUNKTE

2738 m, Viderjoch
2251 m, Pass da Costainas
2234 m, Döss Radond
2301 m, Passo di Verva
1934 m, Passo Croce Domini

NIEDRIGSTER PUNKT

328 m, Breno

ALLGEMEINE INFOS

Landeck: Tourismusbüro, Tel. +43/(0)5442/656 00, www.tourist-information.at, Ischgl: Silvretta- oder Fimbabahn: Tel. +43/(0)5444/606), www.ischgl.com, www.grosio.com, www.tirano.org, www.capodiponte.eu, Torbole: www.torbole.com/de, Ledrosee: www.vallediledro.com, Gardasee: www.gardasee.de.
Bus von Scuol nach S-charl: Linie 913, www.postauto.ch, mehrere Haltestellen, u. a. zwischen Hotel Belvedere und Hotel Astras.
Bus von Tirano nach Aprica: Linie Tirano-Aprica-Edolo (8.35, 10.35, 12.35, nicht sonntags), 14.35, 16.35 Uhr), Abfahrt vom Busbahnhof hinter dem Zugbahnhof, www.busperego.com

LANDKARTEN

Kompass Wanderkarten Blatt 24, 41, 071, 94, 96, 103 in Papier oder digital zum Selbstausdrucken,
Kümmerly + Frey Wanderkarte Schweiz Blatt 14

GPS/ROADBOOK

T09-E01-Landeck-Ischgl.gpx
T09-E02-Ischgl-Scuol.gpx
T09-E03-Scuol-Sta. Maria.gpx
T09-E04-Sta. Maria-Arnoga.gpx
T09-E05-Arnoga-Edolo.gpx
T09-E05a-Tirano-Aprica_Strasse_direkt-E-bike.gpx
T09-E05b-Tirano-Aprica_Monte della Croce_E-bike.gpx
T09-E06-Edolo-Campolaro.gpx
T09-E07-Campolaro-Ledrosee.gpx
T09-Anschluss Riva.gpx

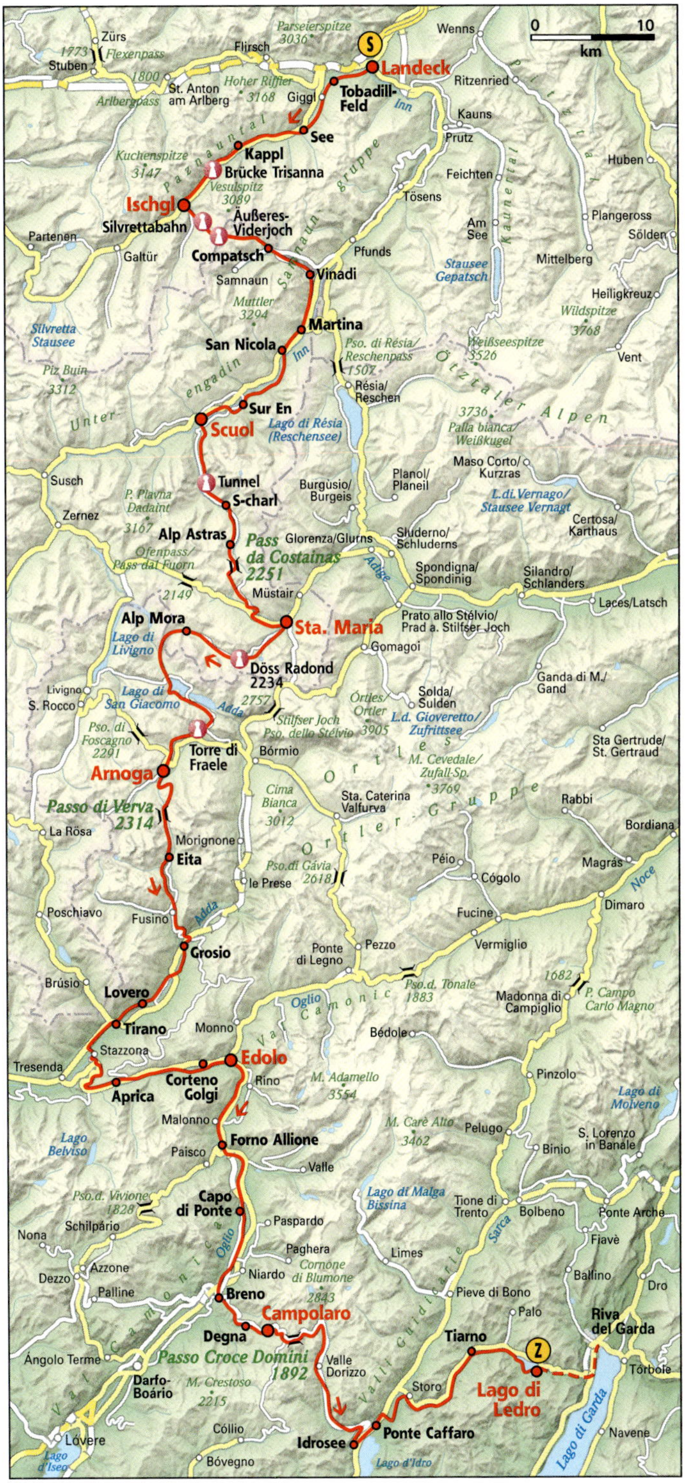
0 10
km
Landeck
Tobadill-Feld
See
Kappl
Brücke Trisanna
Ischgl
Silvrettabahn
Äußeres-Viderjoch
Compatsch
Vinadi
Martina
San Nicola
Sur En
Scuol
Tunnel
S-charl
Alp Astras
Pass da Costainas 2251
Müstair
Sta. Maria
Alp Mora
Döss Radond 2234
Torre di Fraele
Arnoga
Passo di Verva 2314
Eita
Grosio
Lovero
Tirano
Edolo
Corteno Golgi
Aprica
Forno Allione
Capo di Ponte
Breno
Campolaro
Degna
Passo Croce Domini 1892
Idrosee
Ponte Caffaro
Tiarno
Lago di Ledro
Riva del Garda
Zürs
Flexenpass
Stuben
Flirsch
Parseierspitze 3036
Wenns
St. Anton am Arlberg
Arlbergpass
Hoher Riffler 3168
Giggl
Ritzenried
Kauns
Prutz
Inn
Paznauntal
Kuchenspitze 3147
Vesulspitz 3089
Samnaungruppe
Feichten
Tösens
Huben
Plangeross
Sölden
Partenen
Galtür
Samnaun
Pfunds
Am See
Kaunertal
Stausee Gepatsch
Mittelberg
Muttler 3294
Heiligkreuz
Wildspitze 3768
Silvretta Stausee
Pso. di Résia/ Reschenpass 1507
Weißseespitze 3526
Vent
Piz Buin 3312
Unter-engadin
Résia/ Reschen
Ötztaler Alpen
Lago di Résia (Reschensee)
3736 Palla bianca/ Weißkugel
Maso Corto/ Kurzras
Susch
P. Plavna Dadaint 3167
Burgùsio/ Burgeis
Planol/ Planeil
L.di Vernago/ Stausee Vernagt
Zernez
Certosa/ Karthaus
Ofenpass/ Pass dal Fuorn 2149
Glorenza/Glurns
Sluderno/ Schluderns
Spondigna/ Spondinig
Silandro/ Schlanders
Adige
Laces/Latsch
Lago di Livigno
Prato allo Stélvio/ Prad a. Stilfser Joch
Gomagoi
Livigno
S. Rocco
Lago di San Giacomo
Adda
2757
Stilfser Joch Pso. dello Stélvio
Ortles/ Ortler 3905
Solda/ Sulden
L.d. Gioveretto/ Zufrittsee
Ganda di M./ Gand
Pso. di Foscagno 2291
Bórmio
M. Cevedale/ Zufall-Sp. 3769
Sta Gertrude/ St. Gertraud
Ortler-Gruppe
Cima Bianca 3012
Sta. Caterina Valfurva
Rabbi
La Rösa
Morignone
Bordiana
Pso.di Gàvia 2618
Péio
Magràs
le Prese
Cógolo
Noce
Poschiavo
Fusino
Fucine
Dimaro
Ponte di Legno
Pezzo
Vermiglio
Brúsio
Pso.d. Tonale 1883
1682
Madonna di Campiglio
P. Campo Carlo Magno
Oglio
Val Camonica
Monno
Bédole
Stazzona
Tresenda
Rino
M. Adamello 3554
Pinzolo
Lago di Molveno
Malonno
M. Carè Alto 3462
Pelugo
Lago Belviso
Paisco
Binio
S. Lorenzo in Banale
Valle
Pso.d. Vivione 1828
Lago di Malga Bissina
Tione di Trento
Bolbeno
Ponte Arche
Schilpário
Paspardo
Nona
Paghera
Limes
Fiavè
Sarca
Azzone
Niardo
Cornone di Blumone 2843
Ballino
Dezzo
Palline
Pieve di Bono
Dro
Palo
Valli Giudicarie
Ángolo Terme
Valle Dorizzo
Tórbole
Darfo-Boário
M. Crestoso 2215
Storo
Lago di Garda
Lóvere
Cóllio
Navene
Lago d'Iseo
Bóvegno
Lago d'Idro

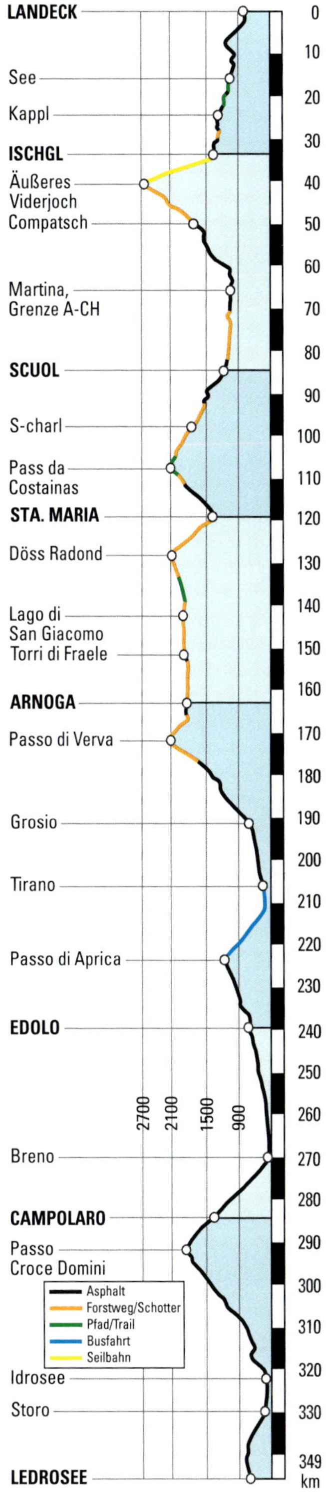
LANDECK
See
Kappl
ISCHGL
Äußeres Viderjoch
Compatsch
Martina, Grenze A-CH
SCUOL
S-charl
Pass da Costainas
STA. MARIA
Döss Radond
Lago di San Giacomo
Torri di Fraele
ARNOGA
Passo di Verva
Grosio
Tirano
Passo di Aprica
EDOLO
Breno
CAMPOLARO
Passo Croce Domini
Idrosee
Storo
LEDROSEE
2700
2100
1500
900
Asphalt
Forstweg/Schotter
Pfad/Trail
Busfahrt
Seilbahn
0
10
20
30
40
50
60
70
80
90
100
110
120
130
140
150
160
170
180
190
200
210
220
230
240
250
260
270
280
290
300
310
320
330
349
km

9 Von Landeck zum Ledrosee

Die Fünf-Pässe-Powertour verspricht nicht zu viel: Viele lange und steile Anstiege müssen bewältigt werden und auch die Abfahrten haben es in sich – kurze Schiebestücke inklusive. Dafür bietet die Tour dank hohem Schotter- und Pfadanteil jede Menge Fahrspaß und viele landschaftliche Highlights.

Tag 1
Von Landeck ins Paznaun

ÜBERNACHTUNG

Landeck: Landeck: Gasthof Greif, www.gasthof-greif.at. Familiär, radlerfreundlich, gutbürgerliche Küche/Frühstücksbuffet, zentrale Lage, Radlgarage.
Ischgl: Gidis Hof, www.gidishof. Familiengeführt, zentral, ruhig, radlerfreundlich, gratis WLAN + Silvretta-card.

TEILSTRECKEN

Landeck–See: 16 km, 560 Hm
See–Ischgl: 18 km, 526 Hm
34 Kilometer
1086 Höhenmeter bergauf
496 Höhenmeter bergab
Ladestopp: See (Pizzeria Al Torrente)

Der Verlauf dieser Etappe ist identisch mit Etappe 2 von Tour 6 ab Landeck (s. S. 77).

ROUTENBESCHREIBUNG
T09-E01-Landeck-Ischgl.gpx

WP | km | Hm

0 | 0,0 | 778 | Vom Bahnhof Zams-Landeck bei der Ausfahrt am Kreisverkehr links auf die B 171 Richtung Landeck.

1 | 1,5 | 785 | Am Kreisverkehr rechts über die Innbrücke und danach rechts weiter auf der B 171.

2 | 2,5 | 808 | Vor der Innbrücke links in die Kreuzgasse und dann rechts halten auf der L 350 bergauf.

3 | 8,1 | 1152 | Am Ortsausgang in Tobadill-Feld rechts abbiegen Richtung Paznauntal/Ischgl und dann bergab.

4 | 10,3 | 980 | Kurz vor Schloss Wiesberg links abbiegen und die Kehren bergauf. Nach 100 Hm bergab und dann rechts halten. Auf kleinem Sträßchen nach unten und über die Trisanna.

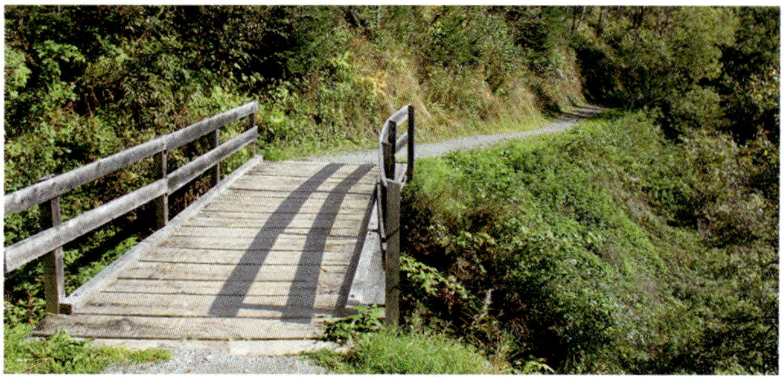

Einsame und schön angelegte Radroute oberhalb des Paznaun-Talbodens

5 | 12,9 | 991 | Kurz danach links in die offene Galerie an der B 188. Nach 100 m in der Galerie auf der B 188 weiter leicht bergauf.

6 | 16,1 | 1054 | Im Ort See über die Trisanna auf kleiner Straßenbrücke und dann rechts bergauf. Nach 400 m links in einer Spitzkehre von der Straße weg in den Talwanderweg einbiegen. Nun kommt ein Pfadabschnitt. Dieser führt die nächsten 2 km am Hang entlang. Evtl. zweimal 5 Min. schieben. Zum Schluss über offene Wiesen. Prinzipiell immer oberhalb der Trisanna und des Talbodens bleiben und immer dem Talweg Richtung Ischgl folgen. Zum Schluss Forstweg.

7 | 18,6 | 1112 | Der Forstweg kommt an eine Straße. Nun geradeaus weiter leicht bergab. Nach 200 m in der nächsten Linkskurve geradeaus auf Forstweg weiter. Nach 400 m kommt man an die nächste Straße. Dieser leicht bergauf in gleicher Richtung folgen. 500 m weiter am Ende der Straße geht es auf Pfad weiter. Ein paar 100 m weiter erreicht man den Ort Holdernach. Auf Straße weiter parallel zum Talboden. Nach 400 m in einer Rechtskurve geradeaus weiter auf Pfad. Nach 400 m Straße.

8 | 21,5 | 1181 | 100 m nach Beginn des letzten Straßenabschnitts links leicht bergab halten. Am Ende der Straße geht es wieder auf Pfad weiter. Nach 800 m wieder auf Straße weiter parallel zum Talboden.

9 | 23,0 | 1245 | In Untermühl geradeaus durch Niederhof und dann nach Kappl.

10 | 24,6 | 1277 | An der Kirche in Kappl rechts und dann immer geradeaus. 1,3 km nach der Kirche links leicht abwärts halten. Gelber Beschilderung Talweg Richtung Ischgl folgen. Teilweise auch als »Kappl-Ischgl Tour 741« beschildert.

11 | 26,6 | 1281 | Im Ort Bach immer geradeaus weiter nach Hofstatt und Ulmich. Danach bergab zum Talboden.

12 | 28,3 | 1249 | Dort geradeaus weiter auf Forstweg an der Trisanna. Dieser geht nach ein paar 100 m in einen Pfad über und endet im Weiler Ebene. Dort auf Sträßchen parallel zu Trisanna. Nach 700 m durch Röhre. Danach rechts in den Unterschrofenweg.

13 | 32,5 | 1340 | An der Trisannabrücke links dem Asphaltradweg Talweg bzw. Uferweg an der Trisanna folgen. In Ischgl erst die zweite Trisannabrücke (am großen Parkplatz) überqueren und dann über die Silvrettastraße. Von dort ins Zentrum.

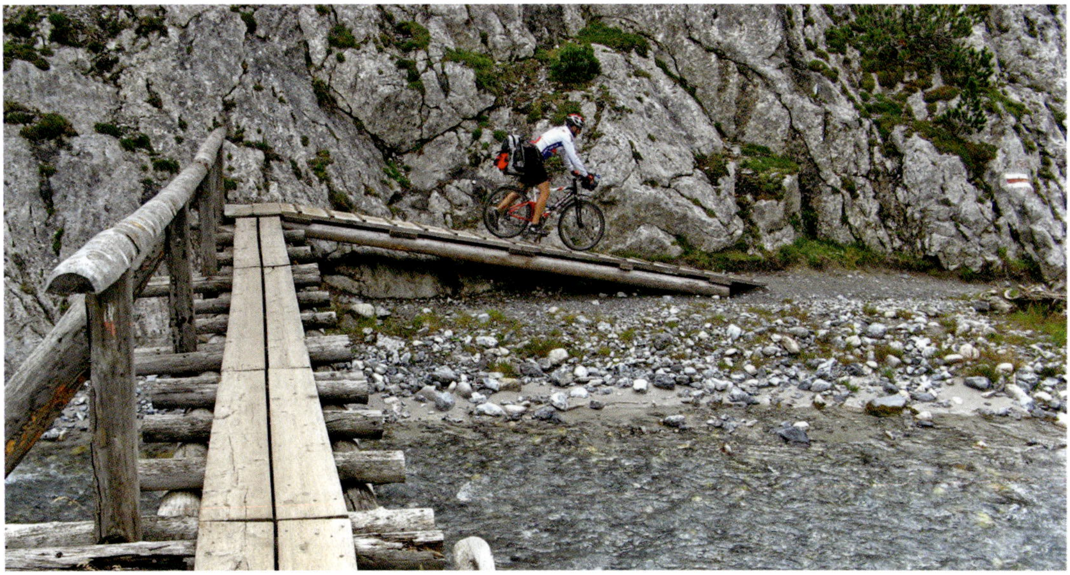

Gleichgewichtssinn gefragt: bei einer Bachüberquerung im Val Mora (Tag 4)

Tag 2
Über die Samnaungruppe ins Engadin

ÜBERNACHTUNG

Scuol: Scuol: Hotel Quellenhof, www.quellenhof-scuol.ch. Zentrale Lage, reichhaltiges Frühstücksbuffet, Fahrradraum, Nähe Nationalpark, Zi. mit Dusche/WC oder mit Etagendusche/WC.

TEILSTRECKEN

Ischgl–Vinadi: 20 km, 59 Hm (ohne Seilbahn)
Vinadi–Scuol: 24 km, 387 Hm
44 Kilometer
446 Höhenmeter bergauf
1955 Höhenmeter bergab
Ladestopp: Altfinstermünz

Der Verlauf dieser Etappe ist bis Martina identisch mit Etappe 3 von Tour 3 (s. S. 44).
In Martina erreichen wir den offiziellen Grenzübergang zwischen der Schweiz und Österreich. Wir folgen dem Inn weiter flussaufwärts, der sich mittlerweile in einen ausgewachsenen Wildbach verwandelt hat. Auf Forstwegen geht es auf dem Innradweg Nr. 65 den Bergrücken entlang bis an unser Etappenziel Scuol.

ROUTENBESCHREIBUNG
T09-E02-Ischgl-Scuol.gpx

WP | km | Hm

0 | 0 | 1361 | Mit der Silvretta-Seilbahn von Ischgl zur Bergstation Idalp. Dort auf Schotterweg 200 m abwärts und dann mit der Flimjochbahn zum Äußeren Viderjoch (E-Bike-Transport möglich).

1 | 0 | 2738 | Am Äußeren Viderjoch links halten Richtung Alptrider Sattel der Bikebeschilderung nach.

2 | 2,4 | 2423 | Links halten Richtung Alp Trida. Kurz danach Möglichkeit links für einen 1 km langen Flowtrail. Ab Alp Trida immer auf gutem Schotterweg der ausgeschilderten BR (= Bike Route) Richtung Compatsch folgen.

3 | 9,8 | 1712 | In Compatsch auf der Talstraße links bergab Richtung Österreich. 1,5 km danach vor der Grenze rechts den Bach überqueren und auf Nebenstraße weiter.

4 | 19,9 | 1086 | In Vinadi rechts auf die Straße 27 am Inn entlang Richtung St. Moritz der Via Claudia Augusta folgen.

5 | 25,1 | 1042 | In Martina über die Schweizer Grenze und weiter der BR auf Straße dem Inn flussaufwärts folgen.

6 | 29,7 | 1055 | Bei San Nicola links über die Innbrücke, durch die kleine Häuseransammlung und auf Forstweg weiter. Nun etwas höher gelegen parallel den Inn entlang und in einem Bogen wieder abwärts zum Inn.

7 | 33,7 | 1102 | Nicht über die Holzbrücke über den Inn, sondern links dem Innradweg Nr. 65 folgen und den Inn linksseitig entlang.

8 | 37,8 | 1117 | Am Campingplatz Sur En links der gelben Beschilderung Scuol immer leicht bergauf folgen.

9 | 41,5 | 1147 | An einer Staustaufe den Inn über kleine Brücke überqueren und dann links auf Straße das letzte Stück nach Scuol bergauf.

10 | 43,9 | 1249 | Scuol. Etappenende.

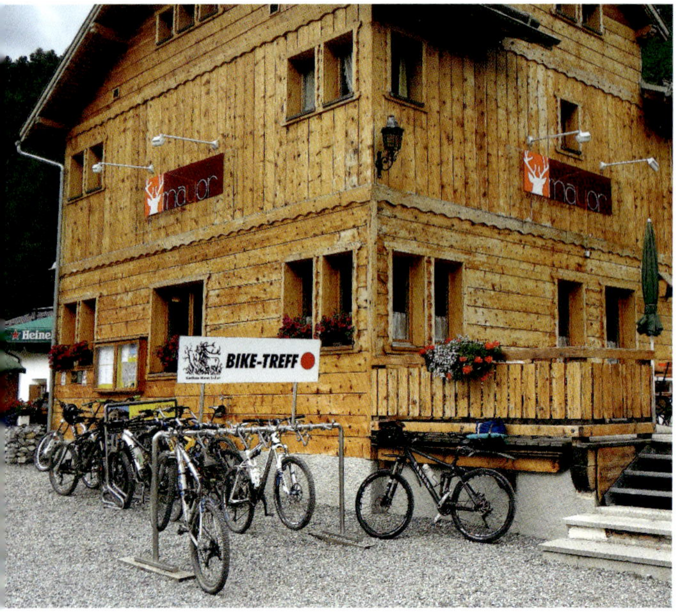

Der Bike-Treff in S-charl empfiehlt sich zur Einkehr. Danach gibt es erst in Sta. Maria wieder etwas.

Tag 3
Über den Costainas-Pass ins Münstertal

ÜBERNACHTUNG

Sta. Maria: Hotel Alpina, www.myalpina.ch. Frühstücksbuffet mit regionalen Produkten, zentrale Lage, familiär, gute einheimische Küche, radlerfreundlich, schöne Aussicht.

TEILSTRECKEN

Scuol–S-charl: 13 km, 640 Hm
S-charl–Sta. Maria: 21 km, 467 Hm
34 Kilometer
1107 Höhenmeter bergauf
964 Höhenmeter bergab
Ladestopp: S-charl (Bike-Treff)

Von Scuol sind zunächst 600 mitunter knackige Höhenmeter, verteilt auf 13 Kilometer, bis nach S-charl zu überwinden. Mit dem Bus von Scuol bis S-charl lässt sich jedoch der heutige Anstieg etwas verkürzen. Wir folgen meist der Radroute 444 Nationalpark Bikemarathon und haben während der Auffahrt immer wieder schöne Aussichten aufs Unterengadin. Der Weg führt an einem kleinen Museum für Historischen Bergbau und an einem Bären-Erlebnisweg vorbei. Nachdem der Braunbär über hundert Jahre lang ausgestorben war, haben sich hier wieder einige aus Italien kommende Exemplare niedergelassen. S-charl ist eine kleine Ansammlung von Häusern, darunter der beliebte Bike-Treff Gasthaus Mayor. Hier nutzen wir die letzte Einkehrmöglichkeit bis zum Münstertal und stärken uns mit einem Bündner Brotzeitteller. Von S-charl führt der Weg über eine gewaltige freie Ebene, eingerahmt von sanft auslaufenden Bergflanken. Ab der unbewirtschafteten Alp Astras geht es auf Pfad und Singletrail mit einigen Schiebepassagen hinauf zum Costainas-Pass. Die folgende Abfahrt nach Lü ist anfangs steil und anspruchsvoll – umsichtige Fahrweise und die eine oder andere Schiebepassage sind hier angesagt. Ab Lü rauschen wir auf Asphalt flott talwärts bis nach Sta. Maria Val Müstair.

ROUTENBESCHREIBUNG
T09-E03-Scuol-Sta. Maria.gpx

WP | km | Hm

0 | 0 | 1268 | An der Kreuzung Stradun/Bagnera neben der Bank Credit Suisse nach rechts die Bagnera relativ steil bergab. Am Hotel Engiadina vorbei, an dem anschließenden Platz links halten und dann in einem Rechtsbogen der Straße Punt folgen und bergab zum Inn. Über die überdachte Innbrücke zum Sportplatz hinauf.

1 | 1,0 | 1223 | An den Tennisplätzen links halten und auf Sträßchen bergauf zum Waldrand. Dort rechts der roten Beschilderung Radroute 444 Nationalpark Bikemarathon bzw. der gelben Beschilderung Richtung S-charl folgen und auf Teersträßchen weiter relativ steil bergauf.

2 | 7,2 | 1569 | Der 100 m lange Tunnel kann rechts auf Schotterweg umfahren werden. 300 m später geht die Straße in eine gute Schotterpiste über. Weiterhin der Radroute 444 bzw. der Beschilderung S-charl folgen.

3 | 13,4 | 1804 | In S-charl der Radroute 444 bzw. der gelben Beschilderung Richtung Pass da Costainas folgen. Ab jetzt etwas steiler.

4 | 20,1 | 2136 | An der Alp Astra 5 Min. schieben. Weiter auf Pfad an Arven und Latschen vorbei, später über Wiesen bis zum Pass.

5 | 22,8 | 2251 | Pass da Costainas. Jetzt Richtung Lü/Tschierv weiter. Die ersten 100 Hm teilweise sehr steil bergab, evtl. kurz schieben. Im Flachstück dann über Wiese.

6 | 24,3 | 2106 | Geradeaus weiter auf Radroute 444, nun auf guter Schotterpiste. In Lü der Straße geradeaus Richtung Fuldera folgen. Hier verlassen wir die Radroute 444.

7 | 30,3 | 1635 | An der Hauptstraße links und weiter bis Sta. Maria.

8 | 34,0 | 1411 | Ankunft in Sta. Maria.

Tag 4
Durchs Val Mora

EINKEHR/ÜBERNACHTUNG

Arnoga: Hotel Viola, www.hotelviola.net. Sehr freundlich, sauber, leckere Croissants, Radlgarage.

TEILSTRECKEN

Sta. Maria–Rifugio Monte Scale: 31 km, 953 Hm
Rifugio Monte Scale–Arnoga: 13 km, 43 Hm
44 Kilometer
996 Höhenmeter bergauf
488 Höhenmeter bergab
Ladestopp: Lago di Cancano (Rifugio Ristoro Monte Scale), vorher keine Möglichkeit

Heute folgen wir meist der Bikeroute 45 Nationalpark Panoramaweg. Sie führt uns zunächst durchs Vautal entlang des Bachs Aua da Vau zum Val Mora. Ein Stück nach der Alp Praveder erreichen wir den höchsten Punkt der Hochebene auf 2234 Metern, den Döss Radond. Von hier geht es angenehm abwärts durch das herrliche Tal. Zwischen Sta. Maria und dem Lago di San Giacomo gibt es direkt am Weg keine Einkehrmöglichkeit, im Val Mora liegt jedoch rund 500 Meter abseits des Weges die Jausenstation Alp Mora (Alpbetrieb von Ende Juni bis Mitte September), zu der wir einen kleinen Abstecher machen. Von dort geht es weiter zum Passo Val Mora (oder auch Passo Cruschetta). Wir erreichen Italien und wenig später den auf 1955 Metern liegenden Passo di Fraele sowie den Lago di San Giacomo di Fraele (Einkehrmöglichkeit im Rifugio San Giacomo) und den daran anschließenden Lago di Cancano (Einkehrmöglichkeit im Rifugio Monte Scale). Ein Stück weiter nach Süden kommen wir zu den zwei Türmen Torri di Fraele, wo wir eine überwältigende Aussicht ins Valdidentro und Val Viola Bormina haben. Unser Etappenziel Arnoga besteht nur aus ein paar Häusern und liegt auf halbem Wege zwischen Bormio und dem zollfreien Gebiet Livigno. Variante: Diese Tour lässt sich mit Tour 6 kombinieren, wenn man hier alle 17 Kehren bis hinunter nach Bormio fährt.

ROUTENBESCHREIBUNG
T09-E04-Sta. Maria-Arnoga.gpx

WP | km | Hm

0 | 0 | 1384 | Von Sta. Maria erst wieder etwas auf der Straße zurück Richtung Tschierv.

1 | 0,9 | 1415 | Nach links von der Straße auf den Schotterweg Richtung Döss Radond und Radroute 45 Nationalpark Panoramaweg. Kurz darauf rechts halten und weiter Richtung Döss Radond Radroute 45. Stellenweise steil auf Schotterweg bergauf.

2 | 4,4 | 1777 | An der Postauto-Endhaltestelle Pra da Vau nach links der Radroute 45 bergauf folgen.

3 | 9,0 | 2234 | An der Döss Radond geradeaus weiter bergab auf Schotterweg der Radroute 45 Richtung Alp Mora folgen.

4 | 14,3 | 2066 | 500 m vor der Alp Mora (bewirtschaftete Jausenstation) links auf Pfad der roten Beschilderung für Radroute 444 Nationalpark Bikemarathon bzw. der gelben Beschilderung Richtung S. Giacomo di Fraele folgen. Es geht erst über Wiese, dann wird der Pfad zum Singletrail, der in einem rund 5 km langen Linksbogen zum Passo Val Mora führt. Der Singletrail verläuft meist ausgesetzt über schräge Schutt- und Geröllhänge bzw. oberhalb des Baches Aua da Val Mora. Keine gefährlichen Stellen, aber mittlere Bike-Beherrschung nötig, evtl. einige kurze Schiebestücke.

5 | 20,1 | 1934 | Am Passo Val Mora geradeaus Richtung S. Giacomo di Fraele. Noch einmal über ein grobes Schotterfeld, dann direkt zum See.

6 | 22,7 | 1952 | Am Passo di Fraele nach rechts und auf guter Schotterpiste nach Cancano bzw. Torri di Fraele. Nun erst am West- und Südufer des Lago di Fraele und dann am Südufer des Lago di Cancano bis zum Rifugio Monte Scale. Immer rechts halten Richtung Torri di Fraele.

7 | 32,7 | 1942 | Torri di Fraele. Danach durch zwei kurze unbeleuchtete Tunnel und dann steil bergab. Achtung: Nicht allen Kehren bis nach unten folgen. 100 m nach der 3. Kehre scharf nach rechts auf den Schotterweg und dem Wanderweg Richtung Arnoga folgen. Nun bis Arnoga fast auf gleicher Ebene.

8 | 36,5 | 1873 | Am Weiler Gattonino geradeaus über die Forstweg-Kreuzung und immer dem guten Schotterweg Richtung Arnoga nach.

9 | 43,9 | 1892 | Ankunft Arnoga.

Beeindruckend – der türkisfarbene Lago di Cancano oberhalb von Bormio

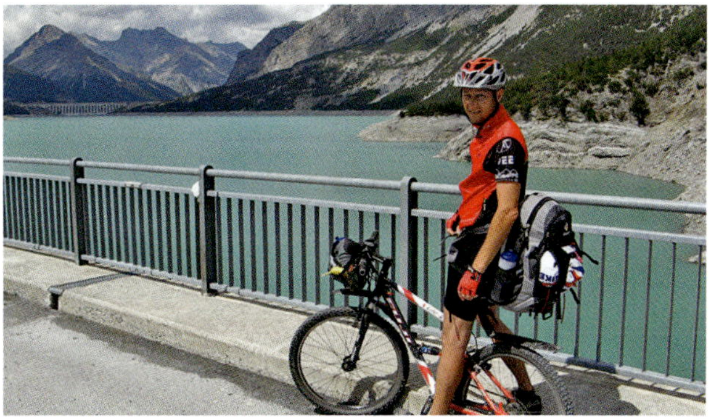

Tag 5
Über den Passo di Verva ins Valtellina

ÜBERNACHTUNG

Tirano: Hotel Corona, sehr zentral, schöne Zimmer, gutes Frühstück.
Edolo: Pension Alta Valle Camonica, www.bbaltavallecamonica.it. Villa Amaranta, www.amarantaedolo.com.

TEILSTRECKEN

Arnoga–Grosio: 28,5 km, 559 Hm
Grosio–Edolo: 30,5 km, 55 Hm (ohne Bus Tirano–Aprica)
59 Kilometer
614 Höhenmeter bergauf
2540 Höhenmeter bergab
E-Bike-Alternativstrecken statt Busfahrt:
a) direkt: + 17 km, + 780 Hm
b) über Monte della Croce: + 22 km, + 1040 Hm

Von Arnoga fährt man noch auf Teersträßchen los. Etwas weiter beginnt die Schotterauffahrt zum Passo di Verva.

Von Arnoga geht es mitunter steil bergauf durchs Val Verva zum Passo di Verva auf über 2000 Meter. Hier zeigt sich, wer ordentlich Schmalz in den Waden hat! Danach folgen 600 anspruchsvolle Höhenmeter Abfahrt auf Schotter bis nach Eita, wo wir wieder auf die Straße treffen. Von hier geht es weitere 1000 Höhenmeter bergab nach Grosio durch das tief eingeschnittene Val Grosina, das von den Flanken des Sasso Campana und dem Dreitausender Cima Redasco eingerahmt wird. In Grosio angekommen, genießen wir einen Espresso in der Sonne und folgen danach dem Lauf der Adda durchs Valtellina bis nach Tirano, das für seine Veltliner Spezialitäten wie Bresaola, Pizzoccheri und andere Teigwaren bekannt ist. In Tirano gönnen wir uns wieder eine kleine Busfahrt bis Aprica und sparen uns so 780 Höhenmeter und 17 Kilometer. Von hier sind es dann nur noch 500 Höhenmeter durch das Val di Corteno bis hinunter nach Edolo.

Variante: Von Edolo kann man auch die rund 19 Kilometer bis Ponte di Legno auf einem schönen Radweg zurücklegen und die Tour dort mit Tour 6 kombinieren. In Edolo endet außerdem die Bahnstrecke Brescia–Iseo–Edolo, sodass die Strecke bis Breno auch mit dem Zug zurückgelegt werden kann.

E-Bike-Alternativstrecken:

a) über Stazzone zur SS 39 und direkt weiter bis Aprica

b) über Stazzone zur SS 39, kurz danach weiter über Sta. Cristina, Mezzomonte und Monte della Croce nach Aprica

ROUTENBESCHREIBUNG

T09-E05-Arnoga-Edolo.gpx

WP | km | Hm

0 | 0 | 1894 | In Arnoga in der Kehre der SS 301 der Nebenstraße mit den rot-weißen Wanderschildern Richtung Passo di Verva leicht bergauf folgen. Kurz darauf an der Mautstelle vorbei.

1 | 1,8 | 1945 | Am Parkplatz nach links abbiegen, weiter Richtung Passo di Verva etwas bergab. Am Ende der Straße nach links und auf Schotterweg bergauf. Kurz darauf einige steile Passagen im Wald, die mit Beton verstärkt wurden. Evtl. kurz schieben.

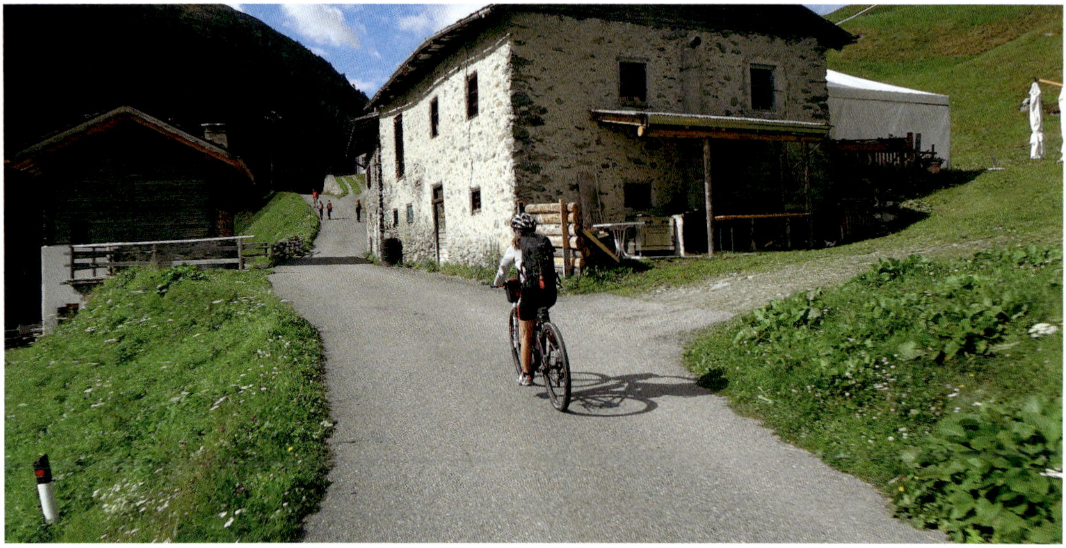

2 | 6,5 | 2118 | An der Alpe Verva geradeaus weiter Richtung Passo di Verva, mäßig bergauf teils auf grobem Schotter.
3 | 8,9 | 2301 | Am Passo di Verva geradeaus weiter Richtung Eita. Der Schotterweg abwärts ist teils steil und sehr grob. Es gibt auch viele Querrinnen. Langsam und vorausschauend fahren!
4 | 13,4 | 1707 | Im Weiler Eita rechts auf die Straße und dieser weiter abwärts über Fusino bis Grosio folgen.
5 | 28,6 | 693 | In Grosio an der Hauptstraße SP 27 Via Roma rechts Richtung Sondrio. 300 m nach dem Ortsausgang nach links Richtung Sondrio und noch mal 300 m weiter unter der SS 38 durch. Dann rechts und auf Radweg parallel zur SS 38. Nach 500 m unter der SS 38 durch und nach 100 m links weiter auf asphaltiertem Radweg.
6 | 31,6 | 614 | Bei Grosotto, wo der Radweg an die Straße kommt, nach links über die Brücke über die Adda. Unter der SS 38 durch und gleich rechts halten der ausgeschilderten BR Sentiero Valtellina Richtung Tirano nach.
7 | 33,3 | 580 | Geradeaus auf Radweg weiter. Kurz darauf unter der SS 38 durch und links weiter. Nun immer links der Adda entlang.
8 | 37,5 | 525 | Bei Lovero nach rechts über die Adda und gleich wieder links. Nun rechts der Adda entlang bis ins Zentrum von Tirano. Zum Busbahnhof (Stazione Autolinea bzw. Autostazione), der hinter dem Bahnhof (Stazione) liegt, entweder durchs Zentrum und 150 m vor der ersten Addabrücke rechts, über die Piazza Marinoni, 250 m auf SS 38, dann links zur Vorderseite des Bahnhofs und unter dem Bahnhof hindurch schieben oder aber erst an der zweiten Addabrücke rechts in die Via Calcagno direkt zum Busbahnhof fahren.
9 | 43,3 | 446 | Am Busbahnhof mit der Linie Tirano-Aprica-Edolo bis Aprica.
10 | 43,3 | 1179 | In Aprica Ausstieg am Cinema oder am Ristorante Ambrosini. Die zurückgelegten Kilometer mit dem Bus werden nicht hinzugerechnet. Auf der SS 39 flott bergab.
11 | 50,3 | 950 | Am Ortseingang von Corteno Golgi von der SS 39 rechts abbiegen und durch den Ort, erst auf Via Camillo Golgi, dann an der Gabelung rechts halten in die Via Antonio Schivardi. Am nächsten Ort Santicolo entweder um den Ort herum oder hindurch. Beide kommen danach wieder zusammen. Kurz darauf kommt ein 1 km langes steiles Stück bergab im Wald.
12 | 58,3 | 688 | Am Kreisverkehr links, am Bahnhof das Rad durch die Unterführung schieben, auf der Via M.O. Giovanni Sarotti und Via Santa Maria bis zur SS 39, dann rechts ins Zentrum von Edolo.

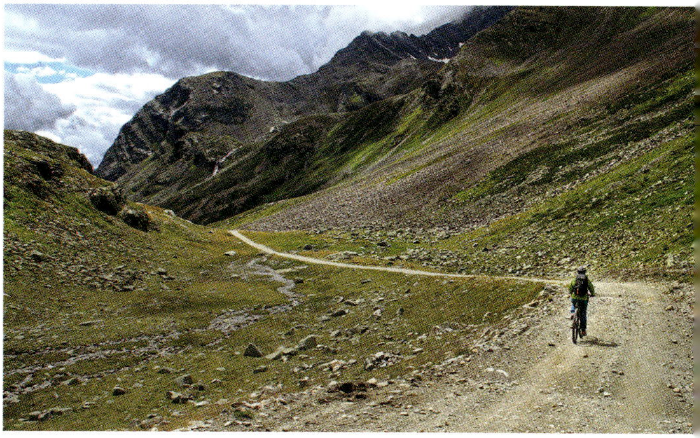

Hinauf etwas besser zu fahren als danach hinunter: Auf dem Weg zum Vervapass

Tag 6
Durchs Val Camonica nach Campolaro

ÜBERNACHTUNG

Campolaro: Albergo Belvedere, www.albergobelvederedifantilara.it.
Rifugio Bazena und Rifugio Tassara, beide auf 1800 m

TEILSTRECKEN

Edolo–Breno: 30,5 km, 57 Hm
Breno–Degna: 8 km, 621 Hm
Degna–Campolaro: 5,5 km, 443 Hm
44 Kilometer
1121 Höhenmeter bergauf
438 Höhenmeter bergab
Ladestopp: Degna (Pizzeria Bracconiere)

Unsere heutige Etappe führt uns durch das insgesamt 70 Kilometer lange und zwischen Tonalepass und Iseosee gelegene Val Camonica. Es ist vor allem bekannt für seine prähistorischen Felsgravuren, die auch Teil des Weltkulturerbes der UNESCO sind. Wir fahren auf der Straße stets leicht abwärts über Malonno und Cedegolo bis nach Capo di Ponte und weiter bis Breno. Von Breno geht's dann knackig bergauf Richtung Passo Croce Domini. Mühselig windet sich die kleine Straße nach oben, vorbei an den Örtchen Pescarzo, Astrio und Degna, durch Wälder und über offene Wiesen. Wir kämpfen uns langsam, aber stetig nach oben und gewinnen schnell an Höhe. Es bietet sich an, diese Steigung in Etappen anzugehen. Eine letzte Stärkung in Breno, dann 200 Höhenmeter bis Pescarzo, knapp 300 weitere bis Astrio und noch mal 130 bis Degna. Alle drei Orte haben zumindest eine Bar oder ein Ristorante. Nach Degna legen wir 450 weitere Höhenmeter bis nach Campolaro zurück – entlang eines Bergrückens, aber nicht mehr so steil. Dann haben wir es geschafft für heute. Von Breno haben wir auf nur 14 Kilometern beeindruckende 1100 Höhenmeter gemeistert. Das kann sich sehen lassen!

ROUTENBESCHREIBUNG
T09-E06-Edolo-Campolaro.gpx

WP | km | Hm

0 | 0 | 701 | Vom Zentrum nach rechts auf der SS 42 über die Brücke, nun auf der SS 42 Richtung Süden bzw. Brescia immer leicht bergab. Im weiteren Verlauf vorbei an Malonno.

1 | 12,3 | 486 | Am Kreisverkehr bei Forno Allione rechts über die Brücke des Oglios und dann links weiter auf der alten SS 42, vorbei an Cedegolo, weiter Richtung Capo di Ponte und Breno. Die neue SS 42 führt als Kraftfahrstraße von Forno Allione durch einen 5 km langen Tunnel bis Capo di Ponte.

2 | 19,3 | 384 | Kurz vor Capo di Ponte zweigt die alte S S42 nach links ab und führt unter der neuen SS 42 hindurch. Kurz darauf kommt man durch Capo di Ponte. Nun weiter auf der alten SS 42 Richtung Süden.

3 | 22,7 | 364 | Geradeaus weiter der Via Nazionale parallel zum Oglio bis Breno folgen.

4 | 30,5 | 328 | In Breno von der Hauptstraße Via 28 Aprile nach links und bergauf in die Via Ing. Antonio Taglierini Richtung Passo Croce Domini. Nach 300 m schräg links und gleich wieder rechts halten und auf der Via Pilo weiter bergauf. Immer der Straße bergauf Richtung Passo Croce Domini folgen. Auf 800 m Höhe kommt man durch den Ort Astrio (Bar und Ristorante).

5 | 38,6 | 942 | Weiler Degna. Einkehrgelegenheit im Ristorante.

6 | 44,3 | 1384 | Ankunft Campolaro.

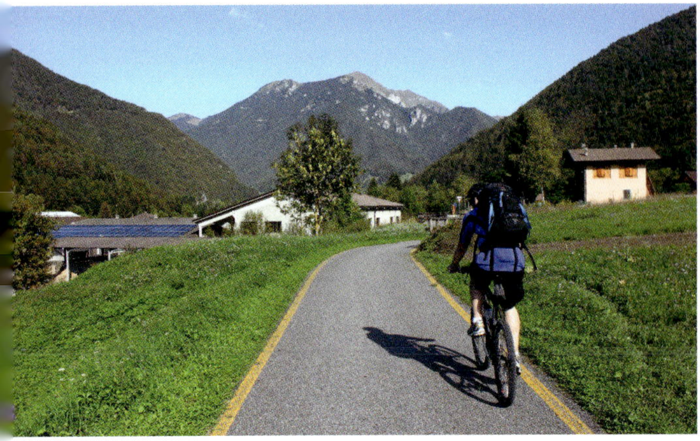

Fast geschafft – auf den letzten Metern zum Lago di Ledro

Tag 7
Über den Passo Croce Domini zum Ledrosee

ÜBERNACHTUNG

Pieve di Ledro: Pension Galet, www.galetledro.it. Schöne Zimmer, familiär, günstig.

TEILSTRECKEN

Campolaro–Rifugio Bazena: 4,7 km, 425 Hm
Rifugio Bazena–Ponte Caffaro: 36,3 km, 287 Hm
Ponte Caffaro–Pieve di Ledro: 25,6 km, 406 Hm
66,6 Kilometer
1118 Höhenmeter bergauf
1836 Höhenmeter bergab
Ladestopp: Rifugio am Passo Croce Domini, Storo

Ab Campolaro geht es gleich voll zur Sache: Auf nur 8 Kilometern müssen wir 550 Höhenmeter bis zum Passo Croce Domini bewältigen – ziemlich genau die Hälfte unseres heutigen Pensums. Oben angekommen, gönnen wir uns erst einmal eine Einkehr im gleichnamigen Rifugio und genießen die herrliche Aussicht auf die Adamellogruppe und die Berge des Val Camonica. Nach Überwinden des höchsten Punkts, dem Goletto di Cadino, geht es rasant bergab: So langsam und schweißtreibend die Auffahrt auch war, so schnell und mühelos fliegen die 1700 Höhenmeter hinunter nach Bagolino an uns vorbei. Nach einem kurzen Gegenanstieg sehen wir endlich den Idrosee. Dort kann man in Ponte Caffaro, Lodrone oder dem nahen Storo gut einkehren, bevor man die letzte Steigung zum Ledrosee in Angriff nimmt. Während die ersten beiden Orte insbesondere am Wochenende stark vom Durchgangsverkehr geprägt sind, geht es in Storo etwas beschaulicher zu. Nach Storo warten die letzten knapp 400 Höhenmeter für den Rest der Tour. Wir folgen der Pista ciclopedonale Ledro ins Val di Ledro durch grüne Wiesenlandschaft bis nach Pieve di Ledro. Verglichen mit dem Trubel am Gardasee herrscht hier am tiefblauen Ledrosee angenehme Ruhe und Abgeschiedenheit.

ROUTENBESCHREIBUNG
T09-E07-Campolaro-Ledrosee.gpx

WP | km | Hm

0 | 0 | 1384 | Von Campolaro weiter bergauf. Am Rifugio Bazena auf 1805 m Einkehrgelegenheit.

1 | 6,5 | 1895 | Am Passo Croce Domini und gleichnamigen Rifugio links Richtung Bagolino. Der höchste Punkt mit 1934 m kommt allerdings erst 1 km später. Danach rasant bergab auf teilweise schmaler Straße SS 669. Achtung Gegenverkehr! Immer SS 669 folgen, kurz nach Bagolino kurzer Gegenanstieg, um den Bergrücken herum und hinunter zum Idrosee.

2 | 37,3 | 442 | Am Kreisverkehr unten am See links Richtung Trento.

3 | 41,1 | 398 | In Ponte Caffaro nach der Brücke über den Fluss Caffaro rechts in die Via Campini Richtung Bondone. Nach 1,5 km über kleinen Fluss und gleich links auf dem Radweg den Fluss entlang, kurz darauf über 2 kleine gedeckte Brücken. Der Radweg führt dann auf einem Damm entlang bis zur SS 240. Dort rechts und in den Ort Storo. Weiter auf der SS 240 Richtung Riva und Val di Ledro. Nach Storo 350 Hm bergauf.

4 | 57,1 | 729 | Abzweig zum Monte Tremalzo. Wir fahren aber weiter geradeaus auf der SS 240.

5 | 58,9 | 742 | An einem Holzverarbeitungsbetrieb rechts der BR Pista ciclopedonale Ledro folgen. Nach 100 m links und parallel zur SS 240 weiter. Nun immer der BR nach. 700 m nach dem Linksabzweig an einem weiteren Holzverarbeitungsbetrieb der BR nach rechts folgen, dann links und später rechts halten.

6 | 61,9 | 737 | Bei Tirano kommt die BR kurz an die Straße, zweigt dann aber gleich rechts ab.

7 | 66,6 | 666 | Ankunft am Westufer des Ledrosees.

Anschluss nach Riva

16 Kilometer
31 Höhenmeter bergauf
634 Höhenmeter bergab

Vom Ledrosee verkehrt mehrmals täglich die Buslinie 214 nach Riva. Die traumhafte Abfahrt über die alte Ponale-Straße sollte man sich jedoch nicht entgehen lassen. Dorthin gelangen wir vom Südufer des Sees auf Forstweg und ein kurzes Stück auf Straße bis zum Beginn des neuen Straßentunnels. Hier zweigt nach rechts die ehemalige Straße ab und führt durch einen kurzen Tunnel. Nun gehört die Straße nur noch den Bikern. Es folgen mehrere enge Serpentinen, von denen man immer wieder herrliche Tiefblicke auf den Gardasee hat. Dann wird die Straße zum Singletrail, der sich an den Felshängen entlangschmiegt und durch einige kurze Felstunnel führt. Hier kann man den Abfahrtsflow in vollen Zügen genießen. Und das ist unter Mountainbikern, die man hier bei schönem Wetter scharenweise antrifft, kein Geheimnis. Diese Abfahrt ist definitiv das Sahnehäubchen dieser Tour. Sie endet kurz vor Riva, und zwei Minuten später erreichen wir schon die Hafenpromenade unseres letzten Etappenziels.

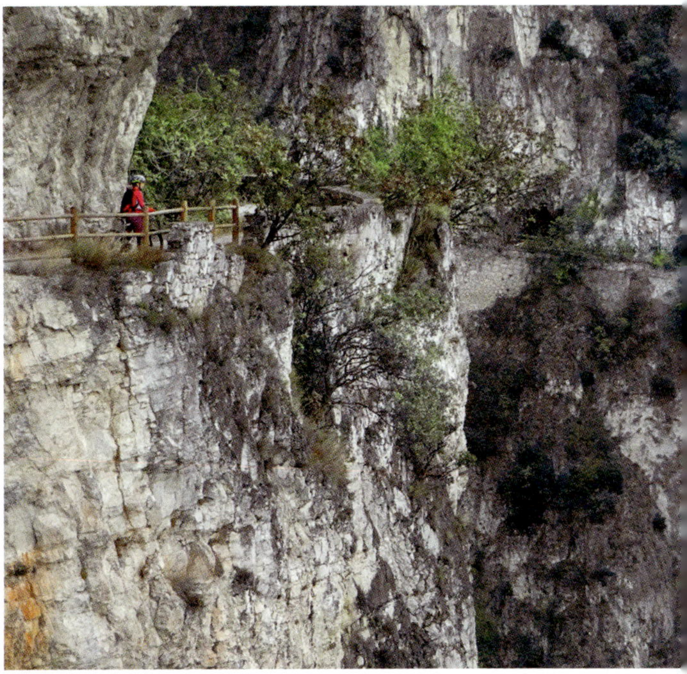

Spektakulär an der Felswand entlang führt das Anschlussstück hoch über dem Gardasee nach Riva.

ROUTENBESCHREIBUNG
T09-Anschluss Riva.gpx

WP | km | Hm

0 | 0 | 666 | Von Pieve die Ledro auf Forstweg und Nebenstraße um das Südufer des Sees herum. Am Ostufer dann auf die SS 240 und durch Molina di Ledro. Noch im Ort geht es schon bergab.

1 | 7,5 | 510 | Ab hier ist die SS 240 für Biker gesperrt. Die weitere Strecke führt nun auf BR durch den Ort Pre und dann auf Schotterweg weiter bergab an einem Bach und am Waldrand auf dem Sentiero del Ponale Richtung Lago di Garda entlang.

2 | 10,0 | 377 | Der Schotterweg trifft nun wieder auf die Straße. Nun nicht geradeaus weiter nach unten, sondern scharf links und ein kurzes Stück bergauf. Dann über die Brücke und rechts auf der SS 240 wieder hinunter. Nach 400 m rechts durch den kurzen Felstunnel. Nun auf der alten Serpentinenstraße bergab. Am Ende führt ein Singletrail für 2 km immer an den Felshängen entlang bis hinunter nach Riva.

3 | 15,6 | 66 | Ankunft an der Hafenpromenade von Riva.

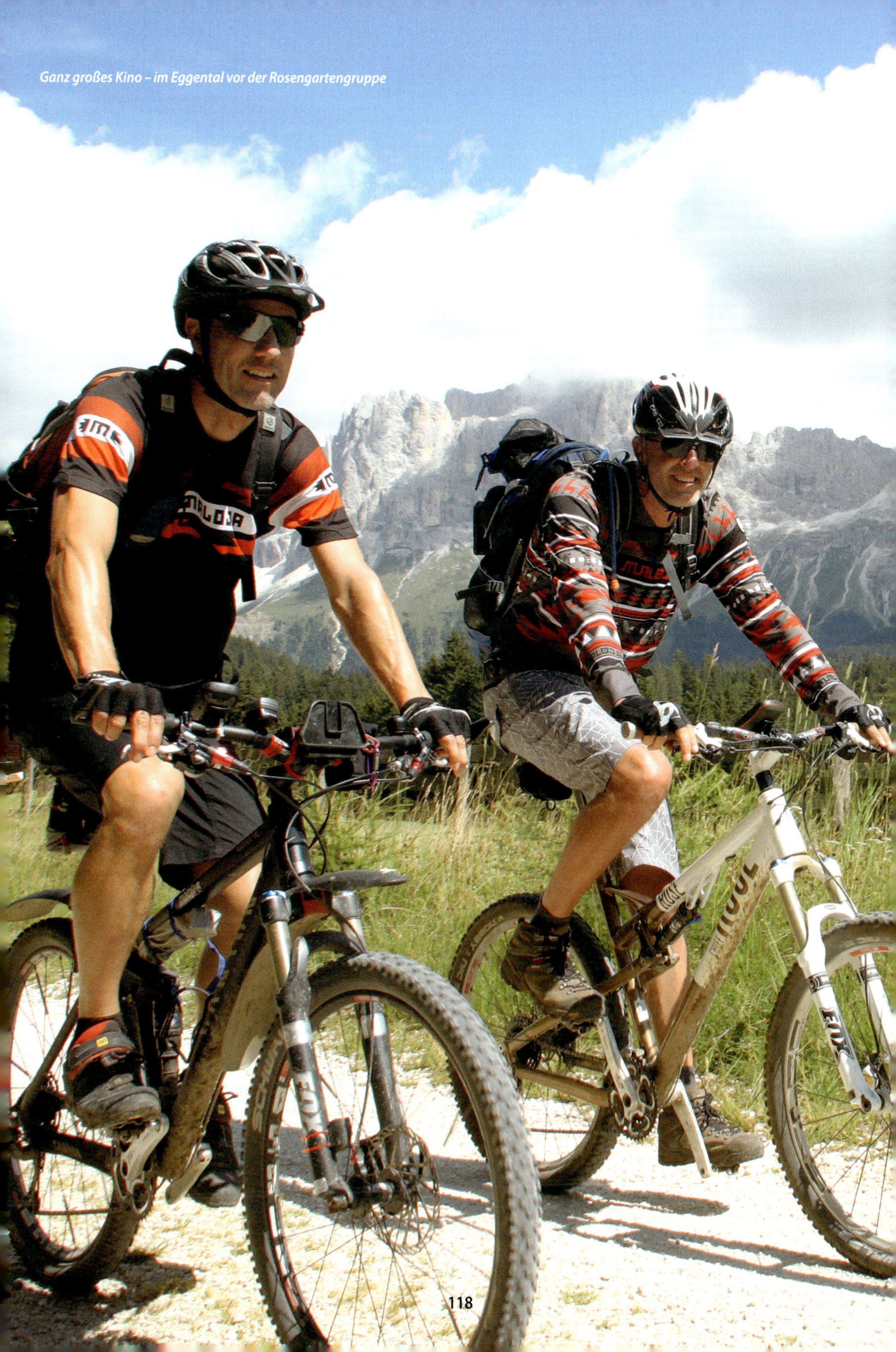

Ganz großes Kino – im Eggental vor der Rosengartengruppe

10 Von Matrei zum Gardasee

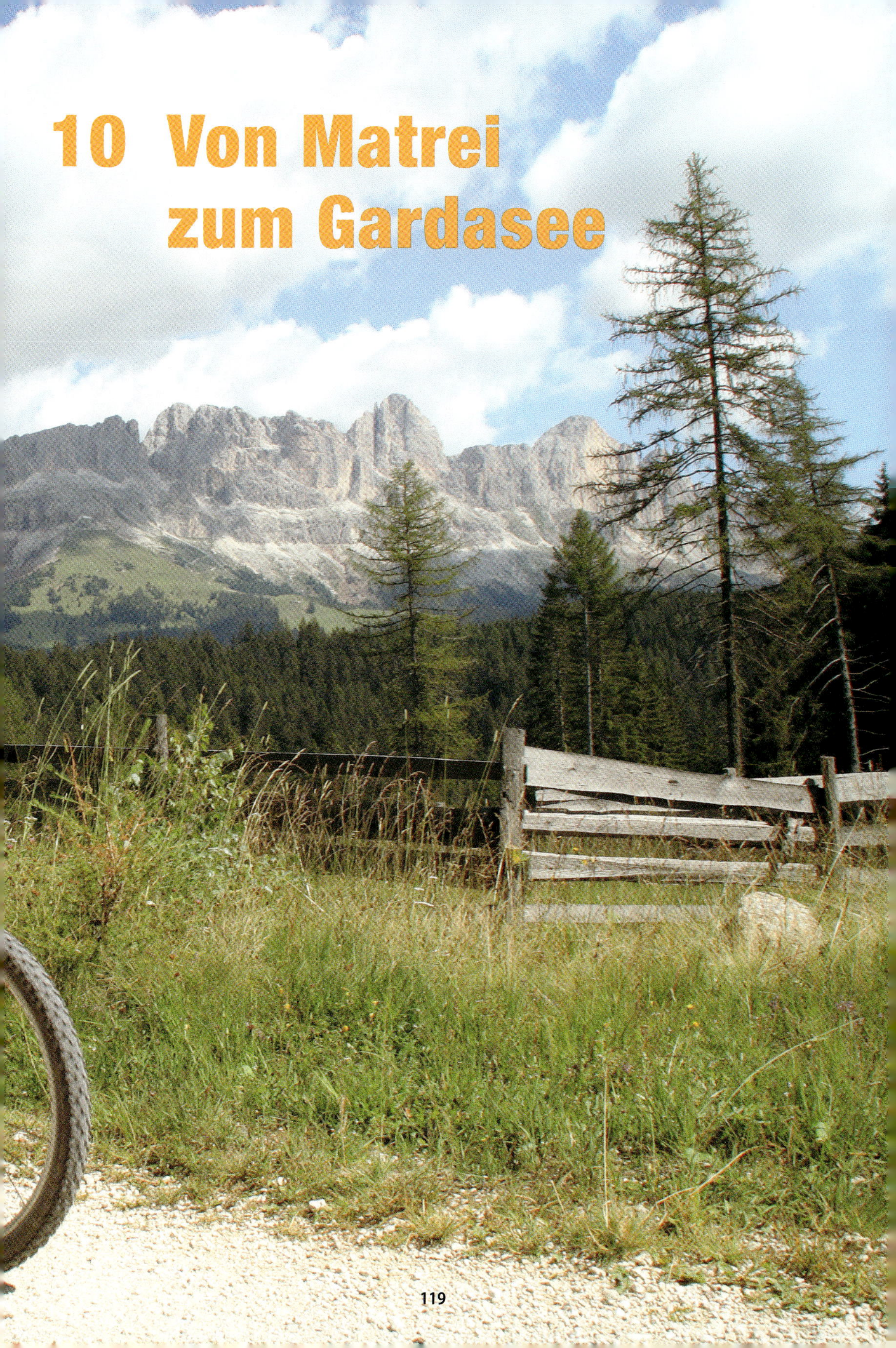

10 Von Matrei zum Gardasee

Sella Ronda Light: der Dolomitencross

Schwierigkeit	Erlebniswert	Höhenmeter (in m)	Streckenlänge (in km)	Zeit (in Tagen)
4	✪✪✪✪✪	Mit Rad: *4677* Gesamt: *9100*	Mit Rad: *382* Gesamt: *396*	*6*

TOURENCHARAKTER

AUSGANGSPUNKT
Bahnhof Matrei am Brenner

ENDPUNKT
Torbole am Gardasee

ANFAHRT
Bahn: Von München über Kufstein und Innsbruck. Von Ulm über Lindau, Feldkirch und Innsbruck.
Auto: Von München über Kufstein und Innsbruck. Von Ulm über die A 7 und Fernpass. Von Bregenz über Feldkirch und Innsbruck. Parkplatz am Bahnhof Matrei am Brenner.

RÜCKFAHRT
Von Torbole mit Rad oder Bus nach Rovereto. Von dort Verbindungen mit Regional- oder Fernzügen über Bozen, Brenner nach Matrei oder weiter nach Innsbruck und von dort weiter nach München, Bregenz oder Ulm.

KONDITION
✪✪✪✪✪

FAHRTECHNIK
✪✪✪✪✪

ERLEBNISWERT
Fahrspaß: ✪✪✪✪✪ – Ausgedehnte schöne Abfahrten auf Schotterwegen vom Kronplatz, Mahlknechtjoch und Nigerpass. Etwas anspruchsvolle Pfade zum Campolongopass und nach der Comici-Hütte. Tolle Forstwege durchs Val Badia, über die Pralongia und um den Langkofel. Rasante Abfahrten vom Passo Pordoi und nach Bozen.
Landschaft: ✪✪✪✪✪ – Traumhafte Panoramablicke auf Sellagruppe, Marmolada, Rosengarten, Langkofel-, Heiligkreuzkofel- und Geislergruppe. Malerisches Pustertal.
Kultur und Geschichte: ✪✪✪✪✪ – Geschichtsträchtiges Sterzing, Bruneck und Trient, historische Alpenübergänge, Messner Mountain Museum Bruneck, Landeshauptstadt Bozen.

STRECKENPROFIL
Asphalt: 288 km
Schotter-/Forstweg: 85 km
Pfad: 8,7 km
Schieben: 10 x 5 Min.
Seilbahnen: 13,7 km, 4423 Hm
Relativ schwierige Tour. Hoher Anteil an Schotterwegen und Pfaden. Teilweise relativ steile Schotterabfahrten vom Kronplatz zum Furkeljoch, nach Abtei hinunter, im oberen Teil von Porta Vescovo und Col Rodella, im oberen Teil vom Mahlknechtjoch, im unteren Teil nach Campitello und kurz vor Obergummer (Konzentration und Vorsicht geboten!). Lange und steile Schotterauffahrt zum Karerpass. Mittelschwere Singletrailpassagen zum Campolongopass, zwischen Sellajoch und Saltria, im Val di Fassa und zwischen Karerpass und Nigerpass. Kurze Schiebestücke nach Abtei hinunter, zwischen Piz Sorega und Campolongopass, nach der Comici-Hütte, vom Mahlknechtjoch, im Val di Fassa, bei der Auffahrt zum Karerpass, zwischen Karerpass und Nigerpass und vor Obergummer. Lange rasante Abfahrt vom Pordoipass und nach Bozen hinunter. Schön angelegte separate Radwege beim Eisacktal-Radweg, Pustertal-Radweg, Etsch-Radweg und Sarcatal-Radweg.

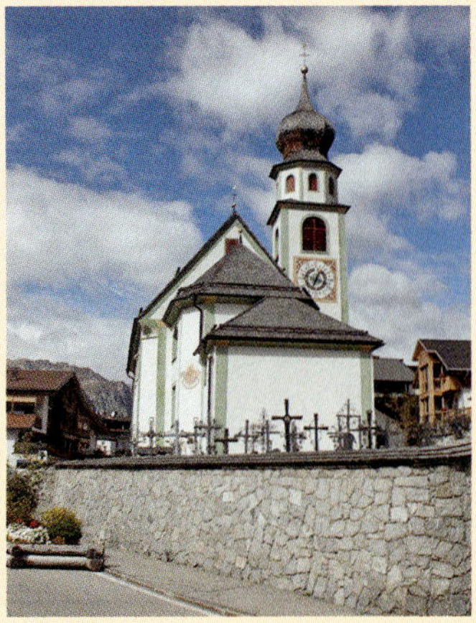

Die Ortskirche von St. Kassian

HÖCHSTE PUNKTE
2270 m, Kronplatz
2128 m, Pralongia
2482 m, Porta Vescovo
2239 m, Passo Pordoi
2393 m, Col Rodella
2188 m, Mahlknechtjoch
1745 m, Karerpass

NIEDRIGSTER PUNKT
70 m, Torbole

ALLGEMEINE INFOS
www.matrei-brenner.tirol.gv.at, www.wipptal.at, www.sterzing.de, www.bruneck.com, www.sankt-vigil.com, www.abtei.bz, www.fassa.com, www.bolzano-bozen.it, www.trient.de, www.suedtirol.com/sommer/oeffnungs-zeiten-seilbahnen
Seilbahn Bruneck, Kronplatz 2000: ab ca. Anfang Juni bis ca. Anfang Okt. (tgl., 9.00–12.30, 13.30–17.00 Uhr).
Seilbahn St. Vigil, Piz de Plaies: ab ca. Anfang Juli bis ca. Mitte Sept. (tgl. 9.00–12.25, 13.30–17.00 Uhr).
Seilbahn St. Kassian, Piz Sorega: ab ca. Mitte Juni bis ca. Mitte Sept. (tgl., 8.30–17.30 Uhr).
Seilbahn Arabba, Porta Vescovo: ab ca. Mitte Juni bis ca. Mitte Sept. (tgl. 8.30–17.00 Uhr, jede halbe Stunde).
Seilbahn Campitello, Col Rodella: ab ca. Mitte Juni bis ca. Anfang Okt. (tgl. 8.30–12.30, 13.45–17.30 Uhr).
Seilbahn Trient, Funivia Sardagna: alle 15 Min. (7.00–9.00, 11.30–14.30, 17.00–20.30 Uhr), ansonsten alle 30 Min., www.trentinotrasporti.it/de/

LANDKARTEN
Kompass Wanderkarten Blatt 44, 56, 57, 59, 73, 74, 83, 101

GPS/ROADBOOK
T10-E01-Matrei-Mühlbach.gpx
T10-E02-Mühlbach-Abtei.gpx
T10-E03-Abtei-Saltria.gpx
T10-E04-Saltria-Karerpass.gpx
T10-E05-Karerpass-Mezzocorona.gpx
T10-E06-Mezzocorona-Torbole.gpx

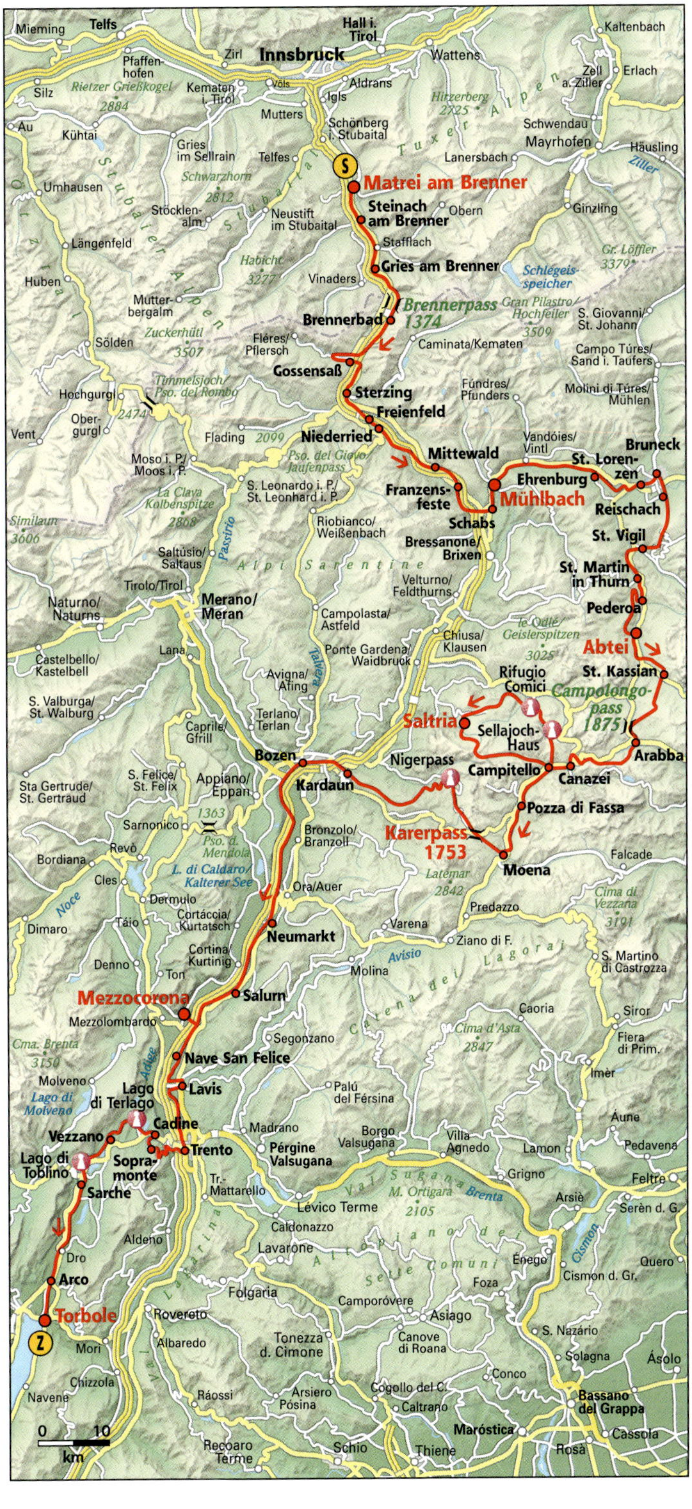

Innsbruck
Hall i. Tirol
Matrei am Brenner
Steinach am Brenner
Gries am Brenner
Brennerpass 1374
Brennerbad
Gossensaß
Sterzing
Freienfeld
Niederried
Mittewald
Franzensfeste
Mühlbach
Schabs
Ehrenburg
St. Lorenzen
Bruneck
Reischach
St. Vigil
St. Martin in Thurn
Pederoa
Abtei
St. Kassian
Campolongopass 1875
Arabba
Canazei
Campitello
Sellajoch-Haus
Rifugio Comici
Saltria
Pozza di Fassa
Moena
Karerpass 1753
Nigerpass
Kardaun
Bozen
Neumarkt
Salurn
Mezzocorona
Nave San Felice
Lavis
Trento
Cadine
Lago di Terlago
Sopramonte
Vezzano
Lago di Toblino
Sarche
Dro
Arco
Torbole
Meran
Brixen
Klausen
Riva
0 10 km

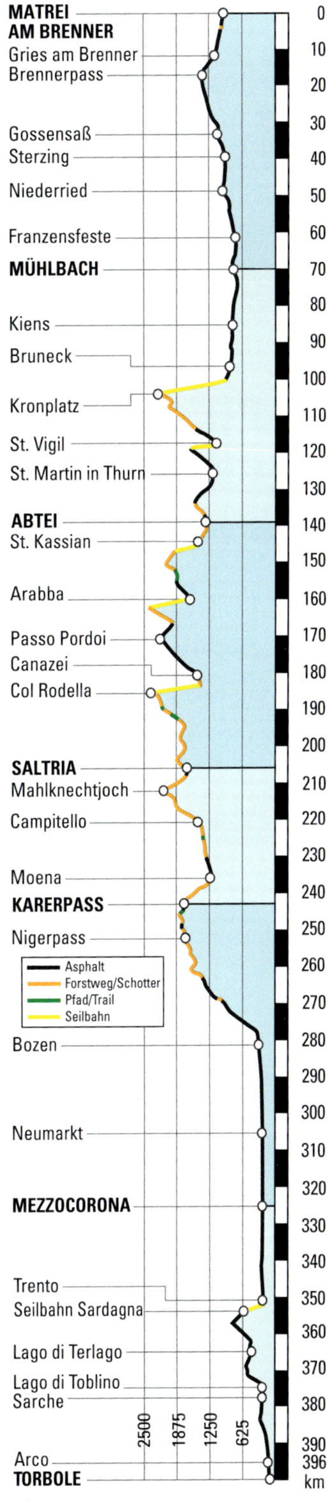

MATREI AM BRENNER
Gries am Brenner
Brennerpass
Gossensaß
Sterzing
Niederried
Franzensfeste
MÜHLBACH
Kiens
Bruneck
Kronplatz
St. Vigil
St. Martin in Thurn
ABTEI
St. Kassian
Arabba
Passo Pordoi
Canazei
Col Rodella
SALTRIA
Mahlknechtjoch
Campitello
Moena
KARERPASS
Nigerpass
Asphalt
Forstweg/Schotter
Pfad/Trail
Seilbahn
Bozen
Neumarkt
MEZZOCORONA
Trento
Seilbahn Sardagna
Lago di Terlago
Lago di Toblino
Sarche
Arco
TORBOLE
2500
1875
1250
625
0
10
20
30
40
50
60
70
80
90
100
110
120
130
140
150
160
170
180
190
200
210
220
230
240
250
260
270
280
290
300
310
320
330
340
350
360
370
380
390
396
km

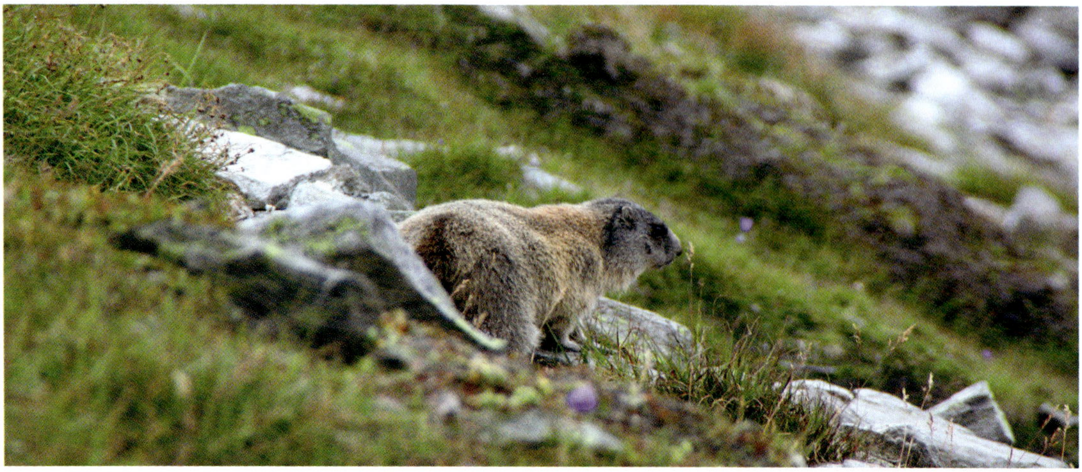

Meistens hört man sie nur pfeifen: Murmeltier im Gebiet des Langkofels

Die Sella Ronda, die spektakuläre Umrundung des Sella-Gebirgsstocks auf Ski, kann man im Sommer auch mit dem MTB abfahren. Und dank der Seilbahnen sind nur wenige Höhenmeter zu erklimmen. Diese Tour umrundet zwar den Sellastock nicht ganz, dafür kommen aber die Langkofelgruppe und Teile des Rosengartens dazu.

Tag 1 Von Matrei nach Mühlbach

ÜBERNACHTUNG

Matrei: Traditionshotel Krone, www.krone-matrei.at, Tel. +43/(0)5273/62 28. Gemütlich, leckeres Frühstück, Radlgarage.
Mühlbach: Hotel Gasthof Seppi, www.gasthof-seppi.it. Freundlich, umfangreiches Frühstücksbuffet, gutes Restaurant (hier kocht der Chef noch selbst), Wellnessbereich, Radlgarage.

TEILSTRECKEN

Matrei–Sterzing: 39,5 km, 450 Hm
Sterzing–Mühlbach: 31 km, 244 Hm
70,5 Kilometer
694 Höhenmeter bergauf
910 Höhenmeter bergab
Ladestopp: Sterzing

Unsere erste Etappe führt uns fast den ganzen Tag durchs Wipptal. Ausgangspunkt ist Matrei im Unteren Wipptal. Die Gemeinde liegt auf dem Weg von Innsbruck zum Brenner. Wer bereits einen Tag früher anreist, kann erst noch Innsbruck besichtigen und danach entweder mit der Bahn die 21 Kilometer und 660 Höhenmeter nach Matrei zurücklegen oder mit dem Bike (Infos hierzu s. Tour 13, S. 160). Zwischen Matrei und Steinach fahren wir meist entlang der Sill zwischen Wiesen und Feldern. In Steinach zweigt nach Westen parallel zum Stubaital das Gschnitztal ab. Wir folgen weiter der Brennerstraße B 182 bis Gries am Brenner. Vor dem Brennersee überwinden wir eine kurze Steilstufe und erreichen dann die Passhöhe auf 1370 Metern. Damit ist der Brenner der niedrigste Gebirgspass des östlichen Alpenhauptkamms und gleichzeitig die Staatsgrenze zwischen Österreich und Italien. Ab dem Brenner beginnt der Eisacktal-Radweg, dem wir über Gossensaß und die alte Fuggerstadt Sterzing bis nach Franzensfeste folgen. Hier biegen wir auf den Pustertal-Radweg nach Osten ab und erreichen nach wenigen Kilometern den netten Ort Mühlbach, der direkt am Übergang vom Eisacktal ins Pustertal liegt.

ROUTENBESCHREIBUNG T10-E01-Matrei-Muehlbach.gpx

WP | km | Hm

0 | 0,0 | 990 | Vom Bahnhof Matrei 200 m Richtung Innsbruck fahren, dann rechts in kleine Straße und unter den Bahngleisen hindurch. Nun gleich wieder rechts und nach 80 m links auf kleinen Schotterweg. Dann über eine überdachte Holzbrücke über die Sill und rechts den asphaltierten Radweg der Sill entlang. 700 m nach der ersten Brücke kommt man an der zweiten, baugleichen Brücke vorbei, überquert diese aber nicht.

1 | 1,7 | 1007 | Bei der T-Kreuzung rechts und über die dritte Brücke die Sill überqueren. Nach 100 m an der T-Kreuzung im Ortsteil Statz links und auf Nebenstraße parallel zur Hauptstraße, an Sill und Schienen entlang.

2 | 3,7 | 1031 | Links über die kleine Holzbrücke dem unauffälligen Schild Steinach folgen. Nach 100 m beginnt ein 1 km langes Schotterstück die Sill entlang. Am Ortseingang bei Steinach am Tennisplatz vorbei.

3 | 5,5 | 1058 | An der T-Kreuzung vor den Bahngleisen links und die Schienen entlang. Kurz direkt neben den Schienen, dann nach links etwas weg davon, an der nächsten Kreuzung rechts halten und wieder zu den Schienen hin. Vor der Unterführung links auf dem Promenadenweg die Schienen entlang und hinter dem Bahnhof vorbei. Nach Einmündung in den Padasterweg nach rechts und 200 m später in einer Rechtskurve nach links Richtung Wipptaler Wanderweg. An der nächsten Gabelung 200 m später rechts halten Richtung Schienen.

4 | 7,1 | 1084 | 200 m später im Ortsteil Siegreid rechts und unter der Unterführung durch. Dann der Straße nach links den Schienen weiter folgen. Nach 300 m rechts über die kleine Brücke und auf die B 182 nach links Richtung Brenner. Auf dieser durch Gries und weiter zum Brenner.

5 | 17,3 | 1371 | Am Brenner geradeaus halten, über die italienische Grenze und an den Einkaufszentren vorbei. Am Ortsausgang auf den großen Parkplatz rechts. Dort beginnt am Ende der asphaltierte Eisacktal-Radweg, der auch als BR Richtung Sterzing beschildert ist und dem wir bis Franzensfeste folgen.

6 | 21,3 | 1335 | Kurz vor Brennerbad kommt der Radweg auf die SS 12, um die Schienen zu überqueren, danach wieder separat weiter.

7 | 33,2 | 1082 | Der Radweg macht einen großen Bogen ins Pflerschtal und kommt nun bei WP 7 in Gossensaß wieder unterhalb zur Brennerautobahn. Nach dem Unterqueren der A 22 zweigt der Radweg von der SS 12 nach links ab und führt über einen kleinen Bach. Danach nach rechts den Schienen folgen.

8 | 35,8 | 1076 | In Oberried rechts halten und auf Nebenstraße zu den Schienen. Nach der Rosskopfbahn in Sterzing kommt die BR (= Bike-Route) zur SS 12, biegt nach rechts ab und führt geradeaus weiter an der Kitzbühlerstraße. 100 m weiter schräg links in die Altstadt.

9 | 39,5 | 945 | Am Ende der Fußgängerzone rechts in die Frundsbergstraße und nach 100 m links in die Hochstraße. Rechts halten Richtung Bozen, weiter auf der Hochstraße. Am Ortsausgang an der Shell-Tankstelle und noch vor dem Kreisverkehr links über die Straße und auf dem ausgeschilderten Radweg Richtung Brixen weiter. 300 m weiter in einem Bogen erst nach links und dann nach rechts unter der SS 44 durch und auf dem Lentweg weiter.

10 | 41,4 | 941 | Kurz vor der A 22 nach links der BR weiterhin nach Brixen parallel zur A 22 und der Eisack folgen.

11 | 45,3 | 939 | Auf Höhe von Freienfeld links über den Eisack, dann noch zweimal links und über Eisack und A 22 bergauf in den Ort Stilfes. Weiter auf Sträßchen am Waldrand parallel zur A 22.

12 | 48,5 | 981 | In Niederried links und durch Pfulters. An der A 22 der Nebenstraße folgen. Im weiteren Verlauf durch Grasstein.

13 | 57,4 | 811 | Während der Bauarbeiten am Brennerbasistunnel verläuft der Weg ab hier nicht wie früher, einfach geradeaus und südlich von Schienen und Eisack, entlang bis Franzensfeste, sondern entlang der SS 12. Daher nun nach links unter den Schienen und der A 22 durch, in den Ort Mittewald, über den Eisack und rechts Richtung Brixen.

14 | 58,5 | 804 | Alternativ gibt es ab hier auch einen befestigten Weg, teils auch Pfad, der links über die SS 12 führt und im weiteren Verlauf bis Franzensfeste, parallel zur Autobahn verläuft, aber manchmal wegen Bauarbeiten gesperrt ist. Wir bleiben daher lieber an der Straße.

15 | 60,8 | 760 | Am Ortseingang von Franzensfeste zweigt die BR nach rechts von der SS 12 ab, führt am Bahnhof vorbei, trifft wieder auf die SS 12 und führt parallel zum Stausee und die Straße entlang.

16 | 63,0 | 745 | Hier zweigt der Pustertal-Radweg vom Eisacktal-Radweg ab. Wir folgen dem Pustertal-Radweg Richtung Bruneck nach links unter der A 22 durch zur SS 12. Nach Unterquerung der Eisenbahnbrücke zweigt die BR auf der Straße nach links ins Pustertal Richtung Bruneck ab. An Aicha vorbei und kurz vor Schabs unter der E 66 durch.

17 | 67,2 | 777 | Nahe Schabs biegt der Radweg nach links Richtung Spinges ab, führt über die Schienen und nach rechts die E 66 entlang.

18 | 70,3 | 774 | Ankunft Mühlbach.

Lohnenswerter Zwischenstopp: Die Fußgängerzone von Sterzing mit dem Zwölferturm

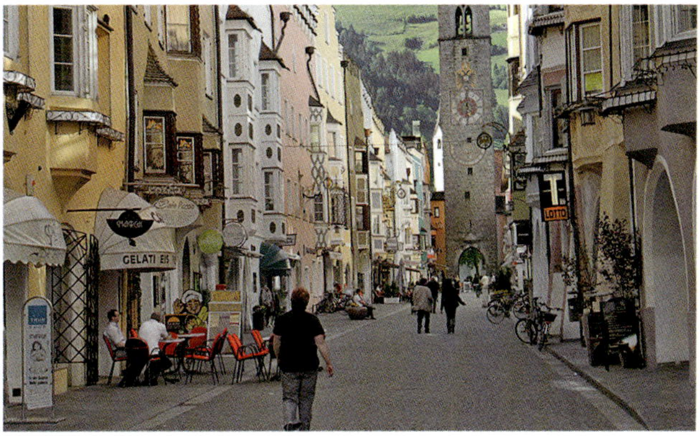

Tag 2
Vom Pustertal in die Dolomiten

ÜBERNACHTUNG

Abtei: Hotel Runcac, www.runcac.com. Gemütlich, günstig.

TEILSTRECKEN

Mühlbach–Bruneck: 30 km, 337 Hm
Bruneck–Abtei: 33 km, 620 Hm (ohne Seilbahnen)
63 Kilometer
957 Höhenmeter bergauf
2140 Höhenmeter bergab
1748 Höhenmeter mit 2 Seilbahnen
Ladestopp: Bruneck

Ab Mühlbach folgen wir dem meist flachen und fast durchweg asphaltierten Pustertal-Radweg entlang der Rienz bis ins Zentrum des lebhaften Städtchens Bruneck. Über der Stadt thront auf einem Hügel Schloss Bruneck, das seit 2011 das fünfte Messner Mountain Museum von Bergsteigerlegende Reinhold Messner beherbergt. Bruneck liegt am Fuße des Skiberges Kronplatz, den wir mit der Seilbahn »Kronplatz 2000« im Handumdrehen erreichen. Von hier oben auf über 2000 Metern haben wir tolle Ausblicke auf die Pragser Dolomiten und die Naturparks Puez-Geisler und Fanes-Sennes-Prags. Die Abfahrt über den Furkelsattel hinunter nach St. Vigil ist ein wahrer Genuss! Nach einer Portion Kässpätzle geht es dann entspannt weiter mit der nächsten Seilbahn. Sie ist etwas unscheinbar ausgeschildert, nur ein kleines gelbes Schild »Talstation Kabinenbahn« weist nach der Brücke darauf hin. Die Seilbahn führt über die Mittelstation Pedaga zum sogenannten Joch bzw. Ju am Piz de Plaies. Bei der Abfahrt haben wir einen traumhaften Blick auf das Gadertal, die Lüsner Alm und den Naturpark Puez-Geisler mit dem dominanten Peitlerkofel. In lang gezogenen Serpentinen fahren wir durch kleine Weiler rasant bergab bis Pederoa und von dort parallel zum Val Badia bis in das verträumte Örtchen Abtei (ital. Badia).

Bitte recht freundlich: Eine Almkuh im Langkofelgebiet freut sich über die Aufmerksamkeit des Fotografen.

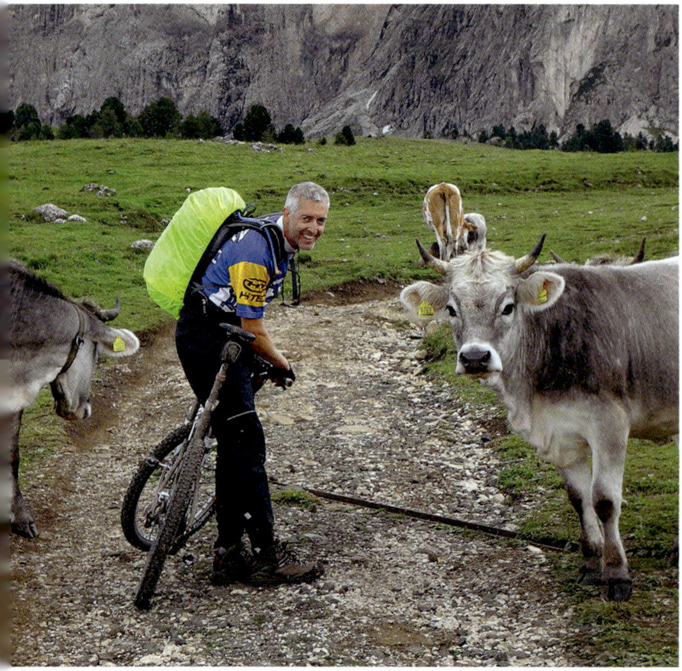

ROUTENBESCHREIBUNG
T10-E02-Muehlbach-Abtei.gpx

WP | km | Hm

0 | 0 | 779 | Die BR führt durch die Altstadt und kommt an die SP 149 Pustertaler Straße. Sie folgt dieser nach links, vorbei am Mühlbacher Stausee. Sie unterquert ein Stück weiter die E 66 und führt hinter dem Klärwerk am Fluss Rienz entlang.

1 | 3,5 | 736 | Die BR überquert auf kleiner Brücke die Rienz und führt nun rechts davon weiter. Die gut ausgeschilderte BR Richtung Bruneck verläuft nun immer mehr oder weniger parallel zu den Schienen und dem Fluss Rienz.

2 | 15,9 | 790 | In Ehrenburg die Ehrenburger Straße überqueren, am Bahnhof vorbei und durch ein kurzes Waldstück.

3 | 20,3 | 827 | Über die SS 244 und auf kleiner Brücke über den Gaderbach. 1,4 km weiter rechts den Schienen entlang folgen.

4 | 22,5 | 820 | Bei St. Lorenzen links unter den Schienen durch und durch den Ort. Erst am Kirchplatz vorbei und dann der Heilig-Kreuz-Straße nach rechts und parallel der Rienz folgen. Direkt am Flussufer entlang bis ins Zentrum von Bruneck.

5 | 26,3 | 840 | An der Brücke Dantestraße gegenüber dem Hotel Goldene Rose nach rechts abbiegen. Nach 100 m kann man sein Rad nach links durch ein Stadttor in die Fußgängerzone schieben. In der Stadtgasse nach rechts und ans Ende der Fußgängerzone. Dort durch ein weiteres Tor und dann rechts. 100 m weiter am Ende der Straße scharf links in die Reischacher Straße.

6 | 29,1 | 952 | Am Kreisverkehr vor Reischach rechts der Beschilderung »Kronplatz« folgen und nach 200 m links bis zur Seilbahn.

7 | 29,7 | 950 | Talstation Seilbahn Kronplatz 2000.
8 | 29,7 | 2270 | Bergstation Kronplatz 2000. Vor der großen Glocke rechts halten und kurz darauf wieder rechts bergab und an der Kronplatzhütte vorbei. Nun auf Schotter bergab auf dem Panoramaweg Richtung Bruneck.
9 | 31,7 | 2085 | Nach 2 km links Richtung Grazianihütte (Ücia Graciani) und St. Vigil (San Vigilio). An der Grazianihütte vorbei und weiter Richtung San Vigilio und Furkelpass (Passo Furcia). Danach in mehreren Kehren teils etwas steil bergab.
10 | 36,8 | 1761 | Am Furkelpass die Straße überqueren und dem Weg Nr. 1 Richtung St. Vigil weiter bergab auf Schotter folgen. 2 km nach dem Furkelpass mündet der Schotterweg in ein Teersträßchen und folgt diesem bergab.
11 | 42,1 | 1225 | Am Ortseingang an der T-Kreuzung von St. Vigil nach links auf die Furkelpass Landstraße. An der Kreuzung 600 m weiter links Richtung Zentrum. Am Anfang des großen Kirchplatzes nach rechts, nach 100 m über kleine Brücke und wieder rechts dem kleinen Seilbahnschild folgen. Nach 300 m kommt man an die Seilbahn.
12 | 43,4 | 1196 | Talstation Seilbahn Pedagà-Piz de Plaies.
13 | 43,4 | 1620 | Bergstation Seilbahn Piz de Plaies am Joch/Ju.
Auf Schotterweg in einem Rechtsbogen um die Bergstation herum bergab fahren. Kurz vor der Pistenunterführung wird der Schotterweg zum Teersträßchen. Auf diesem nun kurvenreich teils steil bergab bis nach Picolin/Pikolein. An der SS 244 nach links Richtung Abtei. Nach 400 m rechts abbiegen nach St. Martin in Thurn und leicht bergauf in den Ort.
14 | 50,1 | 1150 | In St. Martin nach der Kirche nach links in die Pinisstraße. Am Ortsausgang geht die Straße in Schotter über. Nun leicht bergab 500 m und dann wieder auf Teer weiter. Über die schmale Brücke über den Bach und an der SS 244 nach rechts.
15 | 53,3 | 1164 | Nach 2 km in Pederoa rechts abbiegen Richtung Aiarei und auf Nebenstraße bergauf. Vorbei an einigen Weilern. In Aiarei ist der höchste Punkt erreicht und das Sträßchen hört auf. Ein Schotterweg führt ab jetzt bergab. Am Ende der Abfahrt geht es wieder auf Teer weiter. Nach einer Schrägseilbrücke kommt man wieder an die SS 244. Dort rechts. Nach 250 m kurz auf einem Pfad neben der Straße, danach weitere 400 m auf einem schmalen Schotterweg bis nach Abtei (Badia).
16 | 63,2 | 1336 | Ankunft Abtei.

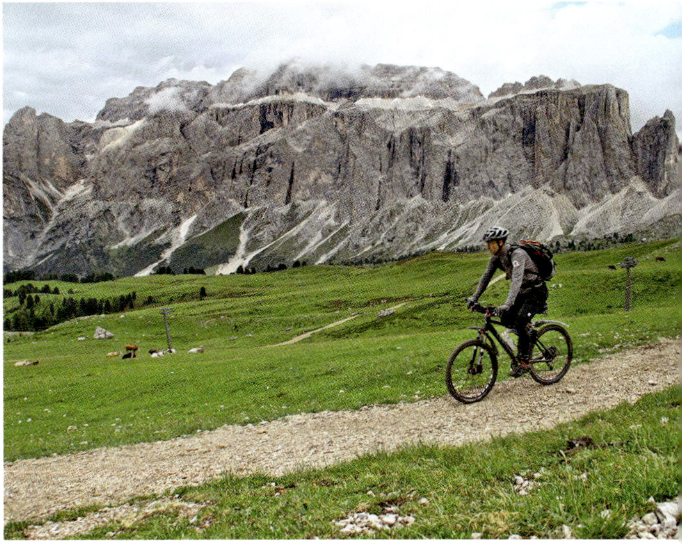

Rund um den Langkofel mit der beeindruckenden Sellagruppe im Hintergrund

Tag 3
Um die Sellagruppe

ÜBERNACHTUNG

Saltria: Hotel Ritsch, www.ritschschwaige.com. Stilvoll, familiär geführt, gute Küche, grandiose Ausblicke, für Genießer, super Essen, tolle Lage.

TEILSTRECKEN

Abtei–Arabba: 19 km, 460 Hm (ohne Seilbahn)
Arabba–Saltria: 36 km, 475 Hm (ohne Seilbahnen)
55 Kilometer
935 Höhenmeter bergauf
2877 Höhenmeter bergab
2275 Höhenmeter mit 3 Seilbahnen
Ladestopp: Berggasthof je am Piz Sorega, Prolongia und Porta Vescovo

Heute ist der Tag der Gondeln: Mit drei Seilbahnen legen wir über 2000 Höhenmeter zurück. Zunächst geht es mit der Piz-Sorega-Kabinenbahn auf die Pralongià-Wiesen, von denen wir einen tollen Rundumblick auf das mächtige Sellamassiv im Westen, den Kreuzkofel im Norden und die Marmolada im Süden haben. Es geht immer am Berggrat entlang und im Uhrzeigersinn um den Sellastock herum. Der Panoramaweg führt über die Wiesen der Pralongià und am gleichnamigen traditionsreichen Berggasthof vorbei, wo sich eine Einkehr anbietet. Von hier geht es bergab zur La Marmotta Hütte und über den Campolongopass bis Arabba. Der Ort liegt in einem der eindrucksvollsten Skikarusselle der Welt, in der Sella-Runde, die die vier Dolomitenpässe Campolongo, Gröd-

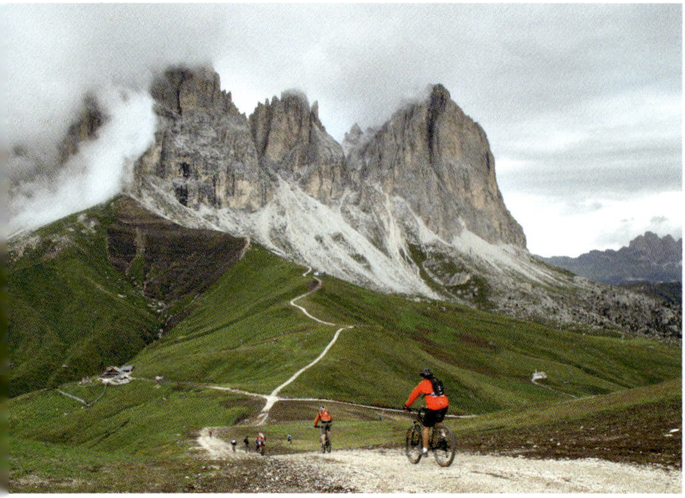

Von der Bergstation des Col Rodella geht es zum Langkofel und zum Sellajochhaus (unten).

nerjoch, Sellajoch und Pordoijoch verbindet. Von hier fahren wir mit der Seilbahn bis zur Porta Vescovo. Nach einer steilen Abfahrt auf Schotter geht es dann in Serpentinen auf der Großen Dolomitenstraße hinauf zum Pordoijoch. Danach fahren wir ab nach Campitello, wo wir zum letzten Mal die Seilbahn besteigen, die uns auf den Col Rodella befördert, einen der schönsten Aussichtspunkte auf das Fassatal und die bekanntesten Dolomitengruppen: Den Langkofel, die Marmolada, den Sellastock, Costabella, Latemar und den Rosengarten. Auch wir umrunden den Gebirgsstock und genießen das Panorama. Heute fahren wir die erste Hälfte über das Sellajoch bis zur Saltria, morgen den Rest über den Passo Duron zurück nach Campitello. Variante: Von Saltria lässt sich die Tour mit Tour 11 verbinden, wenn man Richtung Compatsch drei Kilometer und 200 Höhenmeter hinauffährt.

Wird zum Schluß steil: Der Schotterweg im Hintergrund, der sich unterhalb der Rosszähne zum Mahlknechtjoch emporwindet.

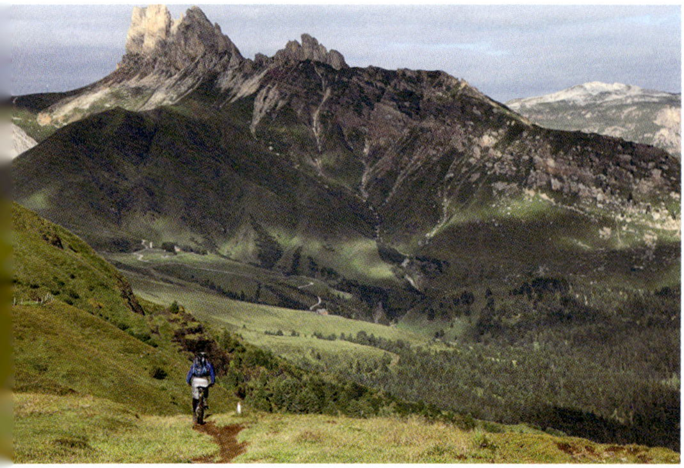

ROUTENBESCHREIBUNG
T10-E03-Abtei-Saltria.gpx

WP | km | Hm

0 | 0 | 1333 | Nach 500 m Richtung St. Kassian (San Cassiano) und noch in Abtei an der Pizzeria links über die kleine Holzbrücke und dem Wanderweg Richtung Stern (La Villa) folgen. Dann rechts auf Schotterweg dem Gaderbach entlang. Der Weg führt in einem Bogen am Ort Stern vorbei. Nach dem Unterqueren einer Straßenbrücke mit vier Betonbögen nach links über eine kleine Holzbrücke Richtung St. Kassian und weiter am Bach entlangfahren.

1 | 5,3 | 1487 | Kurz vor St. Kassian kommt der Weg an eine T-Kreuzung. Dort rechts und gleich wieder links. Der Schotterweg kommt kurz an die SP 37 und führt weiter am Bach entlang bis zur Seilbahnstation Piz Sorega.

2 | 6,6 | 1540 | Talstation der Seilbahn Piz Sorega.

3 | 6,6 | 2002 | Bergstation der Seilbahn Piz Sorega. Auf Schotterweg in Fahrtrichtung der Seilbahn weiter und kurz darauf an der Las Vegas-Hütte vorbei. Weiter meist leicht bergauf auf gutem Schotterweg Richtung Pralongia.

4 | 10, | 2128 | Zuerst an der Pralongia-Hütte vorbei und dann nach rechts an der etwas höher liegenden Seilbahnstation Pralongia 2 vorbei. Danach bergab Richtung Passo Campolongo zur La Marmotta-Hütte.

5 | 11,4 | 1953 | An der La Marmotta-Hütte Richtung Passo Campolongo halten und dem Wanderweg Nr. 3 folgen. Dieser verläuft ab der Hütte als fast 3 km langer Pfad, der teilweise aus schmalem und grobem Schotterweg besteht, teilweise auch als Singletrail oder über Wiese verläuft. Zuerst auf knapp 800 m leicht bergauf, dann bergab, immer rechts halten. Teilweise steil und technisch, evtl. kurz absteigen.

6 | 15,3 | 1859 | Man kommt direkt an die SS 244. Nun links, nach gut 600 m leicht bergauf kommt man an den Campolongopass. Nun gut 4 km und knapp 300 Hm bergab bis nach Arabba. Dort am Kreisverkehr geradeaus dem Schild Funivia (= Seilbahn) folgen.

7 | 19,3 | 1618 | Arabba Seilbahn-Talstation.

8 | 19,3 | 2482 | Bergstation Porta Vescovo. Dem Weg Nr. 680 Richtung Passo Pordoi auf grobem Schotter in einem Rechtsbogen bergab folgen. Nach 500 m links halten, weiter auf Weg 680.

9 | 21,7 | 2137 | In der Rechtskurve weiter dem

Schotterweg nach unten folgen. Dieser mündet 1,3 km weiter in die SR 48, die von Arabba zum Passo Pordoi geht. Nun links bergauf und in mehreren Kehren zum Passo Pordoi.

10 | 27,3 | 2240 | Passo Pordoi. Nun auf kurviger Strecke abwärts Richtung Canazei, weiter unten vorbei am Hotel Lupo Bianco.

11 | 35,9 | 1662 | Direkt vor einer Pistenunterführung zweigt ein Schotterweg von der Straße nach rechts weg, führt über einen kleinen Bach und dann links den Bach entlang bis Canazei. Kurz vor dem Ortseingang dann auf Asphalt weiter. An der Kreuzung neben der kleinen Kirche mit dem Steinturm links auf die SS 48 und 50 m weiter rechts am gelben Albergo Centrale vorbei in die Einbahnstraße. Nun geradeaus bis zur SS 641. Dort links und nach 150 m gegenüber den Belvedere-Seilbahnen rechts, am großen Parkplatz vorbei und dann rechts bis ans Ende des zweiten großen Parkplatzes hinter dem Hallenbad.

12 | 38,2 | 1468 | Dort links über die kleine Holzbrücke und dann rechts, erst am Tellerlift und dann an der Villa Avisio vorbei. Nun auf ausgeschildertem Schotterweg am Waldrand entlang bis direkt zur Seilbahn Col Rodella in Campitello.

13 | 40,2 | 1438 | Talstation der Seilbahn Col Rodella.

14 | 40,2 | 2393 | Bergstation der Seilbahn Col Rodella. Auf grobem Schotterweg erst steil bergab, an der ersten Kreuzung rechts Richtung Sellajoch, auf gutem Schotterweg vorbei an den Rifugios Salei und Valentini. An der SS 242 links zum Sellajoch-Haus.

15 | 42,3 | 2185 | Am Sellajoch-Haus links und dem Schotterweg Nr. 526 Richtung Comici unter der Standkabinenseilbahn folgen. Auf diesem mehr oder weniger geradeaus bis zum Rifugio Comici. Dort schräg links halten auf Weg Nr. 526 Richtung St. Christina auf teils grobem Schotter.

16 | 45,2 | 2135 | 100 m nach dem Rifugio Comici den mittleren Weg 526 nehmen. Kurz danach auf grobem Pfad über Wiese weiter bergab.

17 | 47,1 | 1865 | Kurz nach den kleinen Schildern »eat and bike« und »Sella Ronda MTB Tour« über eine kleine Holzbrücke. Dann rechts auf dem Weg Nr. 528 auf teils grobem Schotterweg Richtung Monte Pana. Immer links halten, bis man in den Weg Nr. 30 mündet. Dort links Richtung Langkofelhütte bergauf. Immer auf gutem Schotterweg Nr. 30 Richtung Saltria halten.

18 | 55,2 | 1690 | Entweder direkt in Saltria übernachten oder auf einer Nebenstraße 3 km und 200 Hm weiter bergauf Richtung Seis am Schlern. Dort mehrere Übernachtungsmöglichkeiten. GPS-Track endet in Saltria.

Tag 4 Durchs Val di Fassa

ÜBERNACHTUNG

Karerpass: Hotel Castel Latemar, www.castellatemar.it. Zentrale Lage, familiär, radlerfreundlich, ruhig, sauber, großes Frühstück, leckeres Abendessen.

TEILSTRECKEN

Saltria–Campitello: 15 km, 513 Hm
Campitello–Karerpass: 22 km, 629 Hm
37 Kilometer
1142 Höhenmeter bergauf
1118 Höhenmeter bergab
Ladestopp: Vigo di Fassa, Moena

Von der Saltria geht es mit einigen knackigen Kehren auf dem letzten Stück bis zum Passo Duron (auch Mahlknechtjoch). Von dort fahren wir durch das lang gezogene Val Duron bis zur Seilbahnstation in Campitello. Bis Moena folgen wir dem Fluss Avisio durchs Val di Fassa und kommen unterwegs durch Pozza di Fassa, das direkt gegenüber der Rosengartengruppe liegt, die mit ihren steilen Felswänden und schwindelerregenden Türmen sehr eindrucksvoll aussieht. Schließlich erreichen wir die »Fee der Dolomiten«, wie Moena auch genannt wird. Hier stärken wir uns, bevor wir die letzten sieben Kilometer und fast 600 Höhenmeter zum Karerpass in Angriff nehmen. Die Auffahrt ist schweißtreibend: Es sind mehrere steile Passagen zu bewältigen, bei denen eventuell kurz geschoben werden muss. Kurz hinter Moena bietet die Malga Roncac noch

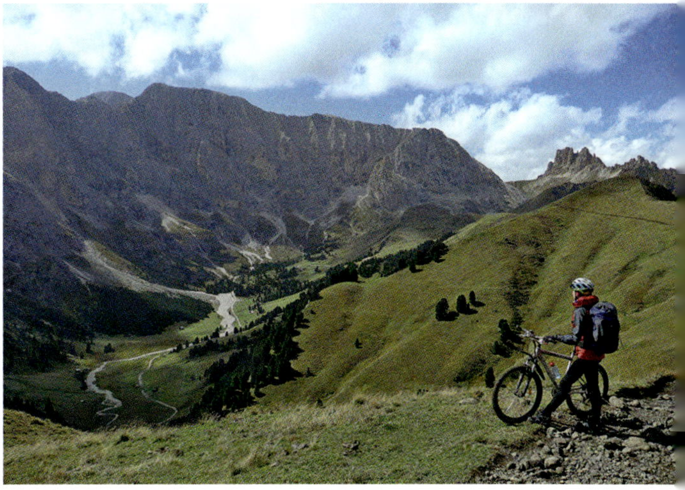

Auf der anderen Seite des Mahlknechtjochs: Das Durontal vor der Kulisse des Rosengarten

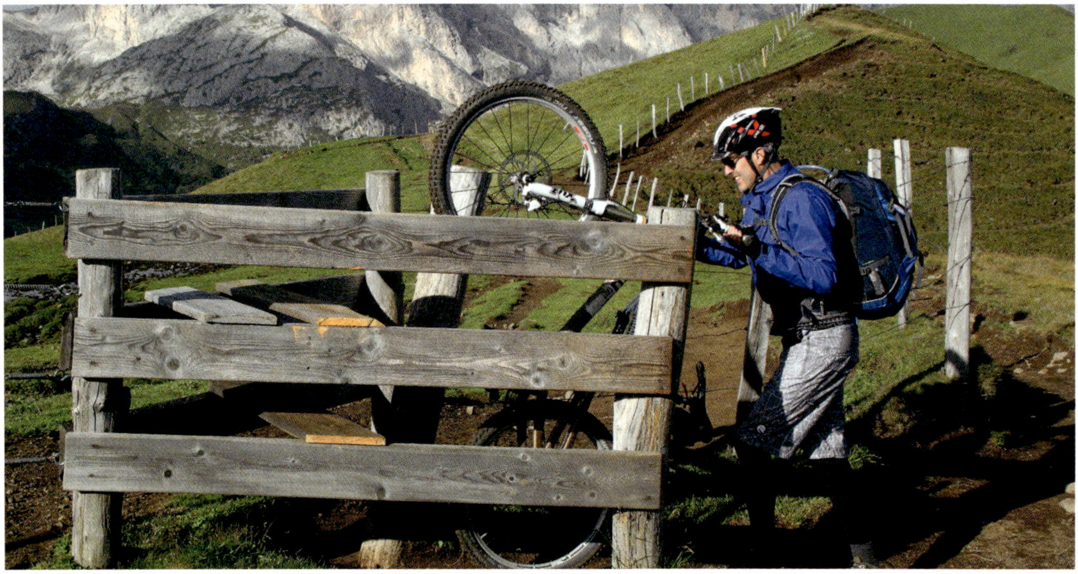

Auf unseren Strecken nur selten anzutreffen: Weidezaundurchgang im Plattkofel-Gebiet

die letzte Einkehrmöglichkeit vor dem Pass. Wir beißen für heute ein letztes Mal die Zähne zusammen und erreichen schließlich die Passhöhe auf 1745 Metern.

ROUTENBESCHREIBUNG
T10-E04-Saltria-Karerpass.gpx

WP | km | Hm

0 | 0 | 1690 | Dem Teersträßchen auf Weg Nr. 9 Richtung Zallinger Hütte und Mahlknechthütte folgen. Kurz nach dem Almgasthof Tirler geht der Teer in einen Forstweg über, nun etwas stärker bergauf.

1 | 1,6 | 1784 | Beim Abzweig Weg Nr. 8 geradeaus Richtung Mahlknechthütte.

2 | 3,4 | 1985 | An der T-Kreuzung links Richtung Tierser Alpl bzw. Durontal. Nun steil bergauf in mehreren Kehren.

3 | 5,0 | 2204 | Am Passo Duron (auch Mahlknechtjoch) höchster Punkt. Nun auf sehr grobem Schotter teils steil bergab Richtung Rifugio Micheluzzi und Canazei. Weiter unten wird es eine gut zu fahrende Schotterpiste.

4 | 10,6 | 1868 | Ab dem Rifugio Micheluzzi geht der Schotterweg recht steil abwärts. 2 km weiter führen zwei Wege nach Campitello. Wir halten uns rechts. In Campitello an der ersten Kreuzung rechts über die Brücke und weiter der Straße folgen bis zur SS 48. Dort links und nach 100 Metern rechts bis zum Parkplatz der Seilbahn Col Rodella.

5 | 14,5 | 1438 | Am Beginn des Parkplatzes nach rechts auf den Forstweg und der ausgeschilderten BR Richtung Pozza di Fassa folgen. Es geht nun parallel zum Bach am Waldrand entlang. Nach 3 km kurze Passage über Wiese und Pfad. 5 Min. schieben über Wurzelpassage. Dann weiter auf Forstweg am Bach und Waldrand entlang. Kurz vor Pozza di Fassa in einem Linksbogen zum Ortseingang. Immer Richtung Kirchturm halten.

6 | 22,0 | 1345 | An der Kirche rechts in die Via Meida. 100 m nach dem Aurora Hotel links Richtung Moena. Nach dem Ortsausgang auf Schotterweg am Waldrand weiter. Dann wieder auf Teer weiter. Der Radweg führt nun nach der Brücke (nicht überqueren) linksseitig direkt am Bach entlang. In Soraga über die kleine Brücke und rechtsseitig am Bach entlang weiter. Die BR unterquert die SS 48. Danach nicht nach links über die überdachte Holzbrücke, sondern kurz vorher geradeaus weiter leicht bergauf und dann rechtsseitig am Soragasee vorbei.

7 | 29,7 | 1942 | Am Ende der Via Ischia rechts in die Via Rancolin und am Hotel Campian vorbei. Leicht bergauf und links halten, dem Weg Nr. 520 Richtung Costalongia bzw. Passo di Costalunga nach. Am Ende der Straße und ab Beginn des Waldes auf Schotterweg weiter, teils steil bergauf und zwischendurch in mehreren Kehren immer Richtung Passo di Costalunga bzw. Passo Carezza, erst auf Weg Nr. 520, dann auf Weg Nr. 519.

8 | 35,8 | 1753 | Der Forstweg kommt 200 m vor dem Passo di Costalunga an die SS 241. Dort links und auf der SS 241 nach dem Hotel Savoy noch 700 m bergab bis zum Castel Latemar.

9 | 36,7 | 1714 | Ankunft Castel Latemar.

Tag 5
Durch das Eggental und nach Mezzocorona

ÜBERNACHTUNG

Neumarkt: Hotel Andreas Hofer, www.hotelandreashofer.com. Familiengeführt, gemütlich, traditionell, historisches Gebäude, radlerfreundlich, sehr gute Küche.
Mezzocorona: Pension Martina, www.martinabedandbreakfast.it. Einfach, sauber, günstig, großer Garten, ruhige Lage zwischen den Weinbergen.

TEILSTRECKEN

Karerpass–Bozen: 38 km, 418 Hm
Bozen–Mezzocorona: 42 km, 4 Hm
80 Kilometer
422 Höhenmeter bergauf
1895 Höhenmeter bergab
Ladestopp: Bozen

Die acht Kilometer zum benachbarten Nigerpass fahren wir auf einem etwas anspruchsvolleren Pfad und einem Schotterweg. Von dort geht es dann auf Schotter meist leicht bergab durch lichten Wald durchs Eggental – welch ein Genuss! Am Schillerhof gibt es nach langer Zeit wieder eine Einkehrmöglichkeit. Hier stehen unter anderem leckere Knödeltris (eine Auswahl aus Speckknödeln, Spinatknödeln, Käseknödeln und Rote-Bete-Knödeln) und Buchweizentorte auf der Speisekarte. Ab Gummer fahren wir immer am Bergrücken entlang mit schönen Blicken ins Eggental und zurück auf den Rosengarten. Von hier geht es hinunter nach San Vito, wo wir den ersten schönen Blick auf Bozen haben, das wir nach einigen rasanten Kehren und einem Stück am Eisack entlang erreichen. Ein Eis oder ein Aperol Spritz am Waltherplatz unweit des Doms ist einen kurzen Schlenker ins Zentrum auf jeden Fall wert. Nach Bozen folgen wir der Etsch auf dem Etschtal-Radweg bzw. der Via Claudia Augusta (mehr Infos hierzu s. Tour 5, S. 62). Bis Trient gibt es jetzt praktisch keine Steigungen, und so können wir heute zusammen mit der Abfahrt vom Nigerpass ordentlich Strecke machen. Unsere Fahrt an der Etsch führt uns an den Orten Auer (ital. Ora), Neumarkt und Salurns vorbei, bis wir schließlich Mezzocorona erreichen, den »schönsten Weingarten Europas«.

ROUTENBESCHREIBUNG
T10-E05-Karerpass-Mezzocorona.gpx

WP | km | Hm

0 | 0 | 1714 | Zuerst ein Stück zurück zum Passo di Costalunga. 300 m nach dem Hotel Savoy nach links über den kleinen Parkplatz und dann kurz steil bergauf auf Schotterweg, kurzes Schiebestück und dann auf Pfad weiter. An den Abzweigungen immer auf dem Perlenweg und Richtung Nigerpass halten. Nach 800 m führt ein Forstweg weiter, dort rechts halten.

1 | 3,2 | 1774 | Bei der nächsten Gabelung nach 1,3 km rechts weiter auf dem Perlenweg Richtung Frommer Alm Weg Nr. 1A. Dort führt dann ein ca. 1 km langer Pfad weiter. Dieser mündet in eine Straße, der man nun nach rechts folgt.

2 | 5,9 | 1773 | Nach 1,4 km links auf den Schotterweg Richtung Malga Heinzen Alm. Nach 350 m rechts halten, auf dem Perlenweg Richtung Frommeralm. 700 m weiter kann man rechts zur Frommeralm. Ansonsten geradeaus weiter. Die nächsten 600 m sind meist Pfad und teils grobschottrig. Dann mündet der Weg 1A wieder in die Straße. Noch 1 km zum Nigerpass.

3 | 8,8 | 1693 | Am Nigerpass links auf den Forstweg Nr. 1 Richtung Schillerhof erst leicht bergauf, dann leicht bergab zum Schillerhof.

4 | 15,5 | 1527 | Bei einer doppelten Forstweg-Kreuzung nach einer kurzen, flotten Abfahrt nach dem Schillerhof den zweiten Abzweig nach rechts nehmen Richtung Obergummer auf Weg Nr. 22. Nun wieder 1,3 km bergauf, dann wieder bergab.

5 | 17,8 | 1582 | Nun links halten, weiterhin auf dem Weg 22, kurz darauf recht steil bergab. Vorsicht Querrinnen! Nach 800 m mündet der Weg 22 in den Weg 2. Nun rechts weiter Richtung Obergummer. Kurz darauf wieder auf Teer weiter. Die Straße mündet 1,2 km weiter in eine andere Straße. Dort links Richtung Gummer.

6 | 21,4 | 1309 | 800 m weiter bei den nächsten Häusern scharf rechts Richtung Karneid halten. Achtung: Den Abzweig übersieht man bei der flotten Abfahrt schnell. Nun immer auf kleinem

Fast nur bergab: Fahrt durchs herrliche Eggental

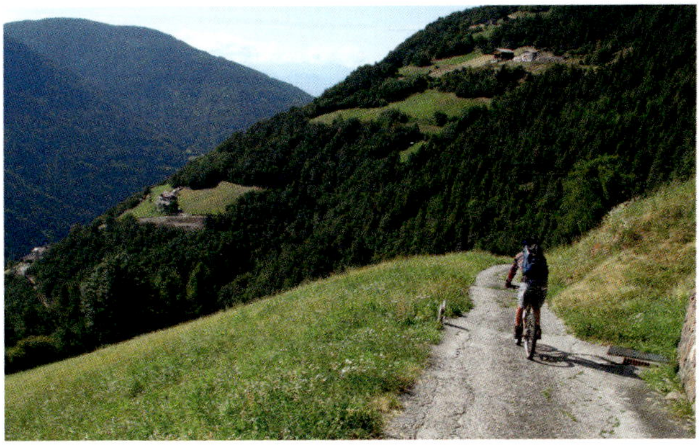

Sträßchen meist leicht bergab. Nach knapp 1,4 km links halten.

7 | 24,4 | 1185 | An der Gabelung links geradeaus weiter auf für den Verkehr gesperrter Nebenstraße. Kurz danach kommt nach einem Bauernhof eine 600 m lange und relativ steile Forstweg-Passage bergab, dann wieder auf kleinem Sträßchen weiter.

8 | 28,1 | 899 | An der nächsten Gabelung, wo das Sträßchen in einer Kehre in eine Straße mündet, links nach unten halten. Nun immer der Straße bergab folgen, durch den kleinen Ort San Vito, vorbei an Karneid bis hinunter zur A 22 über mehrere Kehren.

9 | 34,4 | 341 | Die Straße mündet in Kardaun in die Eggentalerstraße. Dort rechts und dann rechts halten in die Sackgasse dem Radweg nach. Nicht auf der Hauptstraße Richtung Bozen. Unter der A 22 und der SS 12 durch, geradeaus der Radmarkierung auf der Straße folgen und dann auf separatem Radweg auf kleiner Brücke über den Eisack und daran entlang bis Bozen.

10 | 37,7 | 278 | Nach der Eisenbahnbrücke kann man nach rechts auf den Verdiplatz und gleich wieder links in die Südtiroler Straße ins Zentrum einen Abstecher machen. Ansonsten weiter auf dem Radweg der Eisack-Promenade, über einen Bach, am Sportzentrum vorbei. Südlich von Bozen mündet der Eisack in die Etsch. Nun weiter auf dem Etschtal-Radweg. Ab Bozen verläuft er auch auf der Via Claudia Augusta. Weiter nach Süden an der Etsch, vorbei an Auer, Neumarkt und Salurn.

11 | 78,1 | 218 | Die BR überquert die Etsch. Auf der anderen Seite geradeaus weiter, über die A 22, unter den Schienen durch und ins Zentrum von Mezzocorona.

Kulturstopp: auf dem historischen Domplatz von Trient mit dem Torre Civica und Neptunbrunnen

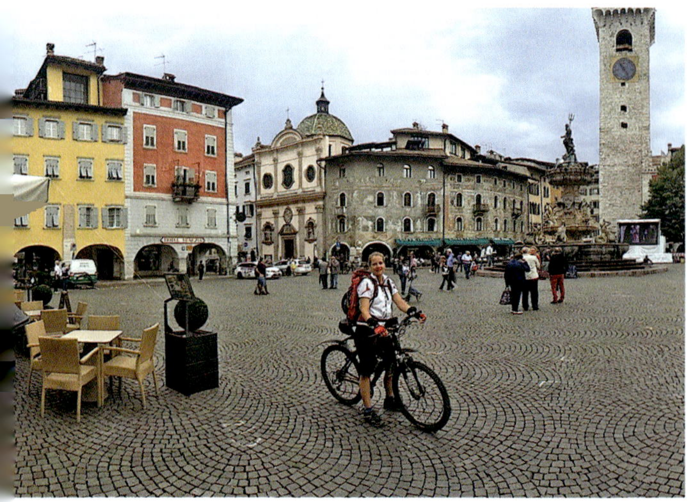

Tag 6
Entlang der Etsch und der Sarca zum Gardasee

ÜBERNACHTUNG

Torbole: Villa Emma, www.villa-emma.com. Günstig, gutes Essen, eigene Pizzeria mit Terrasse, ruhige Lage, 300 m vom Zentrum und See.

Riva del Garda: Große Auswahl vorhanden. Für jeden Geschmack etwas dabei.

TEILSTRECKEN

Mezzocorona–Trient: 27 km, 40 Hm
Trient–Torbole: 49 km, 487 Hm
76 Kilometer
527 Höhenmeter bergauf
1054 Höhenmeter bergab
400 Höhenmeter mit der Seilbahn
Ladestopp: Sopramonte (Le Tre Cime), Vezzano, Sarche

Wir folgen dem Etschtal-Radweg bis nach Trento, wo wir eine Pause in der malerischen Altstadt einlegen. Wir fahren allerdings durch das Valle dei Laghi an den Gardasee. Die antike Seilbahn bringt uns vom Ufer der Etsch bis zum 400 Meter höher gelegenen Ort Sardagna. Von dort geht es über einen Ausläufer des Monte Bondones und anschließend rasant bergab über Sopramonte bis zum Talboden. Am nahe gelegenen Lago di Terlago bietet sich eine kleine Pause an. Von hier fahren wir über die Orte Lon und Vezzano und am romantischen Lago die Toblino vorbei bis nach Sarche. Von dort folgen wir der Sarca auf dem bestens ausgebauten Radweg, der von Sarche bis nach Torbole führt. Es geht eben dahin durch das breite Sarcatal, und wir können die Seeluft schon riechen. Doch bevor wir das Nordufer erreichen, geht es durch Arco, das Kletter-Mekka am Fuße des Colodri. Nach fast 400 Kilometern und fast 4700 Höhenmetern erreichen wir erschöpft und glücklich den Gardasee. Man kann die Tour auch in Riva enden lassen und einfach das kurze Stück am Nordufer entlang bis Riva fahren.

ROUTENBESCHREIBUNG
T10-E06-Mezzocorona-Torbole.gpx

WP | km | Hm

0 | 0 | 215 | Von Mezzocorona zurück zur Etsch, aber nicht überqueren, sondern direkt davor nach rechts und der Etsch rechtsseitig auf dem Etschtal-Radweg bzw. der Via Claudia Augusta folgen.

1 | 7,3 | 214 | Bei Nave San Felice Etsch überqueren. Auf anderer Seite rechts dem Etschtal-Rad-

weg folgen und nicht der Via Claudia Augusta, die ab hier weiter nach Feltre führt.

2 | 13,0 | 210 | Auf Höhe von Lavis führt die BR weg von der Etsch, überquert den Bach Avisio und führt dann wieder zur Etsch zurück.

3 | 25,4 | 205 | Am Kreisverkehr an der Brücke San Lorenzo in Trento Abzweig nach links ins nahe gelegene Zentrum. Genauer Wegverlauf und zurück siehe WP 05 bei Tour 13, Etappe 4, S. 167.

4 | 27,1 | 202 | Direkt am Kreisverkehr und links neben der Brücke San Lorenzo ist die Talstation der Pendelseilbahn.

5 | 27,1 | 582 | Bergstation der Pendelseilbahn. Zuerst etwas abwärts bis zur SP 85, dort links und dieser durch den Ort folgen. Ab Sardagna geht die SP 85 recht steil bergauf.

6 | 29,9 | 738 | An der 7. Kehre zweigt nach rechts das schmale Sträßchen Strada di Camponzin ab. Auf dieser steil nach oben. Nach 800 m erreicht man den höchsten Punkt und trifft auf die SP 85dir. Auf dieser bergab. Nach knapp 3 km kommt man durch den Ort Sopramonte. Immer geradeaus halten auf der SP 85dir bis zum Kreisverkehr 1,5 km nach Sopramonte.

7 | 35,9 | 449 | Am Kreisverkehr vor der zweispurigen SS 45 bis die letzte Ausfahrt Richtung Cadine und Lago di Terlago nehmen. Geradeaus durch Cadine hindurch, an der Auffahrt zur SS 45bis vorbei, Richtung Lago di Terlago, nun wieder bergab.

8 | 38,6 | 435 | Am Lago di Terlago über die kleine Brücke und leicht bergauf in den Ort Terlago. Auf der Hauptstraße bleiben, bis diese in die SP 18 mündet. Nun rechts Richtung Vezzano. Auf dieser bleiben bis Ciago.

9 | 43,5 | 539 | Am Ortsausgang nach rechts abbiegen Richtung Lon. In Lon rechts. Nach 30 m, gleich hinter der Osteria und vor der Bushaltestelle, links in ein schmales Sträßchen abbiegen. Auf diesem steil bergab durch Obstgärten, zum Schluss auf gepflasterter Straße in den Ort Vezzano hinein.

10 | 45,6 | 429 | In Vezzano rechts und weiter steil bergab Richtung S. Massenza, teils auf gepflasterter Straße, bis hinunter zum Lago di Santa Massenza. In S. Massenza immer geradeaus, durch einen Torbogen und dann immer auf der SP 245 direkt am See entlang. Am Ende des Lago di Santa Massenza mündet die SP 245 in einem Kreisverkehr in die SS 45bis.

11 | 48,4 | 260 | Im Kreisverkehr erst nach links Richtung Trento, aber gleich am Ausgang des Kreisverkehrs (noch vor der Brücke, an der übergangslos der Lago di Toblino beginnt) zweigt nach rechts ein schmaler Schotterweg ab. Dieser führt nun immer, meist als schmaler Pfad, zwischen Seeufer und SS 45bis entlang. Nach dem Ende des Sees allerdings nur noch neben der SS 45bis bis zum Ortseingang von Sarche. In Sarche geradeaus halten Richtung Tione.

12 | 51,3 | 266 | Kurz nach dem Ortsausgang, noch vor der Brücke über die Sarca, nach links auf den Radweg abbiegen. Nun der ausgeschilderten BR Pista ciclopedonale Sarca folgen, die an der Sarca entlang bis nach Torbole verläuft.

13 | 54,7 | 255 | Bei Pietramurata entfernt sich die BR etwas von der Sarca. Durch den Ort und kurz vor dem Ortsausgang rechts der BR folgen.

14 | 68,3 | 105 | Am Ortseingang bei Arco überquert die BR die Sarca auf kleiner Brücke. Danach links weiter und am nahe gelegenen Zentrum vorbei. Geradeaus über die Via Cinta und die Via Pomerio. Nach dem Sportplatz kommt die BR wieder an die Sarca.

15 | 75,3 | 79 | An der kleinen Brücke an der Mündung in den Gardasee links und an der Uferpromenade von Torbole entlang.

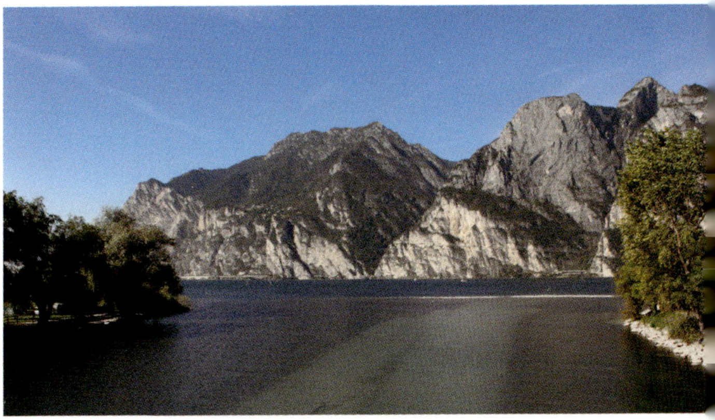

Die Mündung der Sarca in den Gardasee bei Torbole. Dahinter die Berge am Westufer

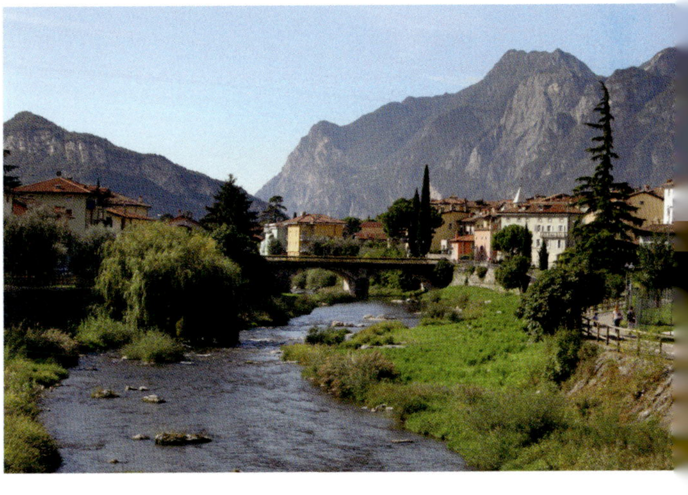

Idyllisch führt der Radweg abseits der Straße durchs Sarcatal von Sarche zum Gardasee.

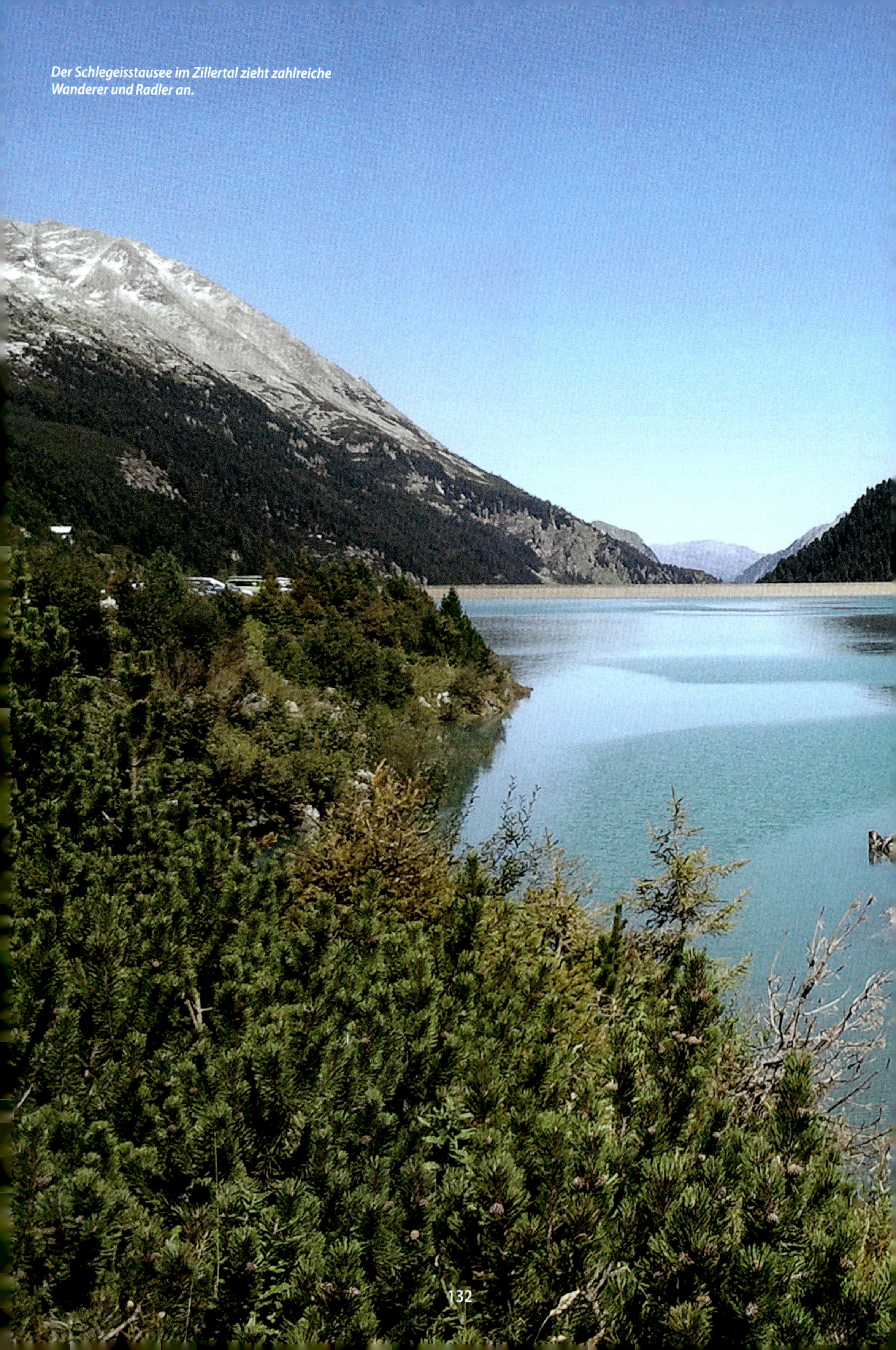

Der Schlegeisstausee im Zillertal zieht zahlreiche Wanderer und Radler an.

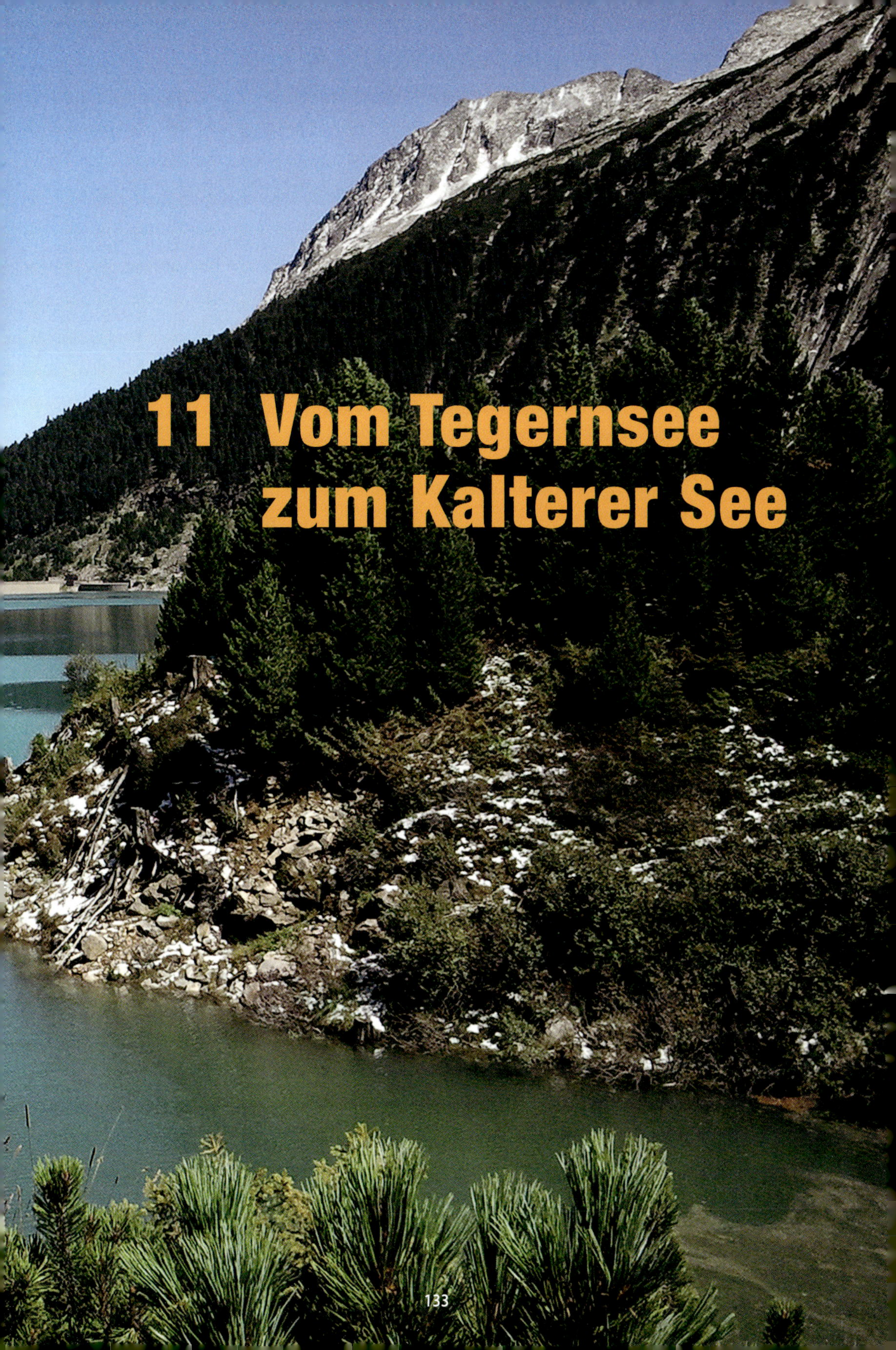

11 Vom Tegernsee zum Kalterer See

11 Vom Tegernsee zum Kalterer See

Durchs Zillertal und über die Seiser Alm: die Panoramatour

4	✪✪✪✪✪	Mit Rad: 6088 Gesamt: 6873	Mit Rad: 342 Gesamt: 344	6–7
Schwierigkeit	Erlebniswert	Höhenmeter (in m)	Streckenlänge (in km)	Zeit (in Tagen)

TOURENCHARAKTER

AUSGANGSPUNKT

Gemeinde Tegernsee am Tegernsee

ENDPUNKT

Kalterer See

ANFAHRT

Bahn: Von München mit der BOB (www.bayerischeoberlandbahn.de) nach Tegernsee.
Auto: Von München über A 8 und B 318. Von Ulm und Bregenz über München. Von Innsbruck über Achensee. Wanderparkplatz Ecke Prinzenweg Schützenstraße.

RÜCKFAHRT

Vom Bahnhof Neumarkt-Tramin mit Regionalzug nach Bozen. Ab dort Verbindungen mit Regional- oder Fernzügen über Brenner nach Innsbruck und von dort weiter nach München, Bregenz oder Ulm. Oder über Innsbruck, Rosenheim und Holzkirchen zurück nach Tegernsee.

KONDITION

✪✪✪✪○

FAHRTECHNIK

✪✪✪✪○

ERLEBNISWERT

Fahrspaß: ✪✪✪✪✪ – Ausgedehnte schöne Abfahrten auf Schotterwegen vom Pfitscher Joch und Jochgrimm. Leicht anspruchsvolle Singletrails vor Pontives, vor St. Zyprian und vor dem Karerpass. Schöne Forstwege zum Achensee, nach Obereggen und vom Epircher Laner. Rasante Abfahrten nach Seis am Schlern und Kaltenbrunn. Reizvoller Verlauf auf der ehemaligen Trasse der Fleimstalbahn nach Montan.
Landschaft: ✪✪✪✪✪ – Traumhaftes Panorama am Pfitscher Joch, der Seiser Alm und Jochgrimm. Tolle Lage von Tegernsee und Achensee. Leuchtender Schlegeisstausee. Weitläufiges Zillertal. Reizvolles Pfitschtal und Grödnertal. Malerischer Naturpark Schlern.
Kultur und Geschichte: ✪✪✪✪○ – Ehemaliges Benediktinerkloster Tegernsee, geschichtsträchtiges Sterzing und Brixen, Augustiner-Chorherren-Kloster Neustift, Grand Hotel Karersee, Südtiroler Weinstraße, Gold-Schaubergwerk und Schaukäserei im Zillertal.

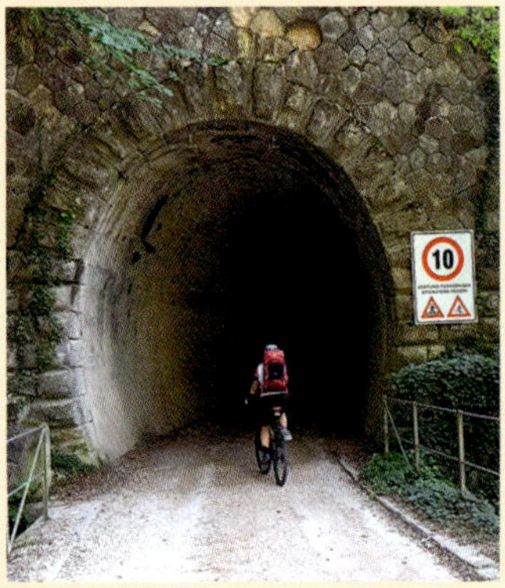

Einer der beleuchteten Tunnels auf der ehemaligen Fleimstaler Bahntrasse

STRECKENPROFIL

Asphalt: 249 km
Schotter-/Forstweg: 83 km
Pfad: 10,2 km
Schieben: 7 x 5 Min., 1 x 1 Std.
Seilbahn: 1,7 km, 785 Hm

Relativ schwere Tour mit hohem Anteil an Schotterwegen und Pfaden. Teilweise relativ steile Schotterabfahrten vom Achenpass nach Wiesing, vom Epircher Laner und vom Jochgrimm (Konzentration und Vorsicht geboten!). Lange und steile Schotterauffahrt zum Nigerpass und das letzte Stück zum Pfitscher Joch. Mittelschwere Singletrailpassagen vor Pontives, vor St. Zyprian sowie zwischen Karerpass und Nigerpass. Lange Auffahrt zum Schlegeisstausee und steile Auffahrt von Klausen nach Lajen. Kurze Schiebestücke zwischen Breitlahner und der Einmündung in die Schlegeis Alpenstraße, zwischen St. Peter und Pontives, zwischen Gasthof Schönblick und St. Zyprian, zwischen Karerpass und Nigerpass. Je nach Fahrkönnen ca. 1 Std. Schiebepassage vom Schlegeisstausee zum Pfitscher Joch. Lange und teils rasante Abfahrt durchs Pfitschtal bis Sterzing, von der Seiser Alm bis Seis am Schlern und vom Jochgrimm bis Neumarkt. Schön angelegte separate Radwege: Via Bavarica Tyrolensis vom Tegernsee bis ins Inntal, Zillertal-Radweg, Eisacktal-Radweg, und Fleimstalbahn-Radweg.

HÖCHSTE PUNKTE

2276 m, Pfitscher Joch
2005 m, Seiser Alm
1745 m, Karerpass
1989 m, Jochgrimm

NIEDRIGSTER PUNKT

218 m, Bahnhof Neumarkt-Tramin

ALLGEMEINE INFOS

Tegernsee: Tourist-Information, Tel. 49/(0)/8022/18 01 40, www.tegernsee.de, www.zillertalarena.com, www.freizeitparkzell.at, www.gemeinde-zell.at, www.goldschaubergwerk.com, www.ginzling-dornauberg.at, www.kloster-neustift.it, www.brixen.org, www.groeden.info, www.ortisei.com, www.alpedisiusi-seiseralm.com, www.seis-am-schlern.com, www.kalterersee.com.
Bus Linie Nr. 185 St. Zyprian zum Nigerpass (jede volle Stunde).
Seilbahn St. Ulrich Seiser Alm: von ca. 17. Mai bis ca. 20. Juni und ca. 15. Sept. bis ca. 3. Nov. (tgl. 8.30–17.00 Uhr), von ca. 21. Juni bis ca. 14. Okt. (tgl. 8.30–18.00 Uhr). Ändert sich jährlich.

LANDKARTEN

Kompass Wanderkarten Blatt 34, 54, 56, 74, 132, 182 in Papier oder digital zum Selbstausdrucken.

GPS/ROADBOOK

T11-E01-Tegernsee-Zell.gpx
T11-E02-Zell-Schlegeis.gpx
T11-E03-Schlegeis-Brixen.gpx
T11-E04-Brixen-St. Ulrich.gpx
T11-E05-St. Ulrich-Nigerpass.gpx
T11-E06-Nigerpass-Tramin.gpx

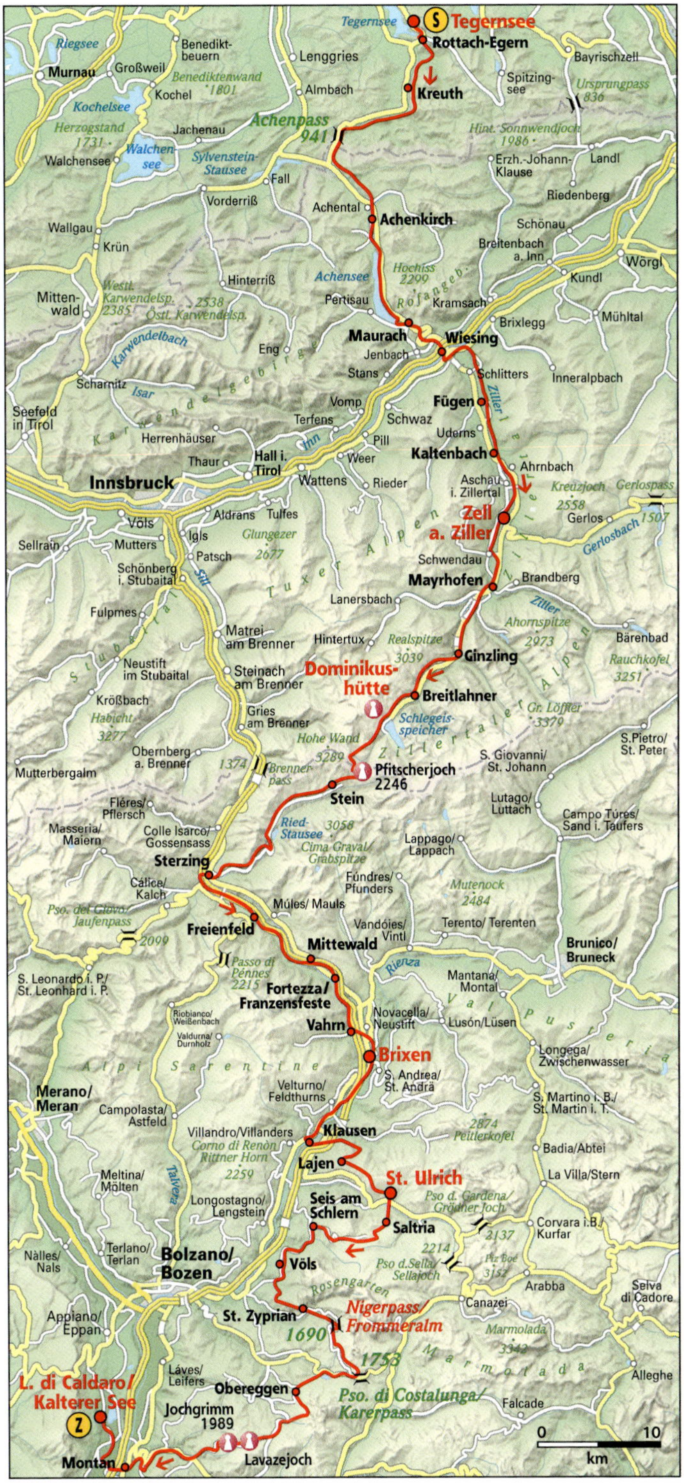
Tegernsee
Rottach-Egern
Kreuth
Achenpass
941
Achenkirch
Achental
Achensee
Pertisau
Maurach
Wiesing
Jenbach
Schlitters
Fügen
Uderns
Kaltenbach
Aschau i. Zillertal
Zell a. Ziller
Schwendau
Mayrhofen
Ginzling
Dominikus-hütte
Breitlahner
Schlegeis-speicher
Pfitscherjoch 2246
Stein
Sterzing
Freienfeld
Mittewald
Fortezza/ Franzensfeste
Vahrn
Brixen
Klausen
Lajen
St. Ulrich
Seis am Schlern
Saltria
Völs
St. Zyprian
Nigerpass/ Frommeralm
1690
1753
Pso. di Costalunga/ Karerpass
Obereggen
Jochgrimm 1989
Lavazejoch
Montan
L. di Caldaro/ Kalterer See
Innsbruck
Hall i. Tirol
Bolzano/ Bozen
Merano/ Meran
Murnau
Lenggries
Bayrischzell
Wörgl
Brunico/ Bruneck
0
10
km

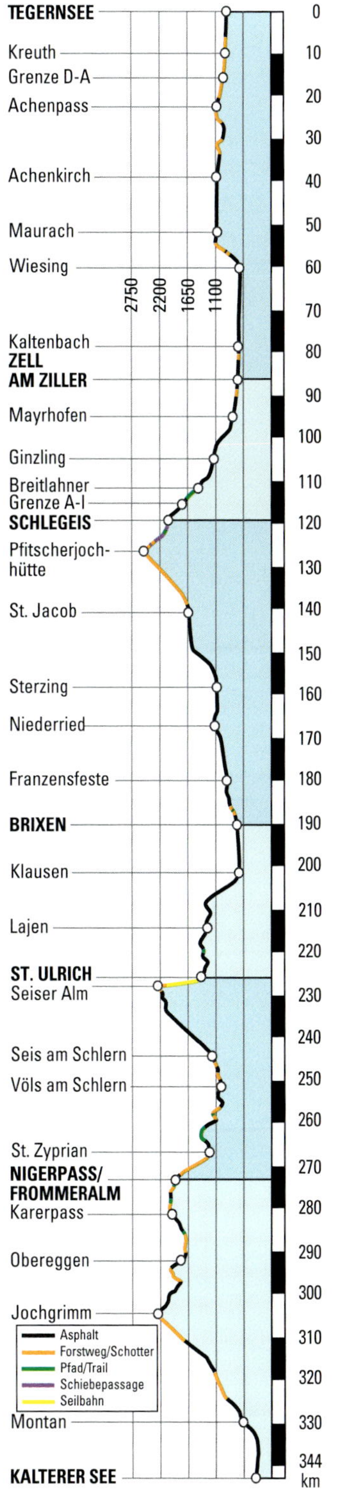
TEGERNSEE
Kreuth
Grenze D-A
Achenpass
Achenkirch
Maurach
Wiesing
Kaltenbach
ZELL AM ZILLER
Mayrhofen
Ginzling
Breitlahner
Grenze A-I
SCHLEGEIS
Pfitscherjoch-hütte
St. Jacob
Sterzing
Niederried
Franzensfeste
BRIXEN
Klausen
Lajen
ST. ULRICH
Seiser Alm
Seis am Schlern
Völs am Schlern
St. Zyprian
NIGERPASS/ FROMMERALM
Karerpass
Obereggen
Jochgrimm
Montan
KALTERER SEE
2750
2200
1650
1100
0
10
20
30
40
50
60
70
80
90
100
110
120
130
140
150
160
170
180
190
200
210
220
230
240
250
260
270
280
290
300
310
320
330
344
km
Asphalt
Forstweg/Schotter
Pfad/Trail
Schiebepassage
Seilbahn

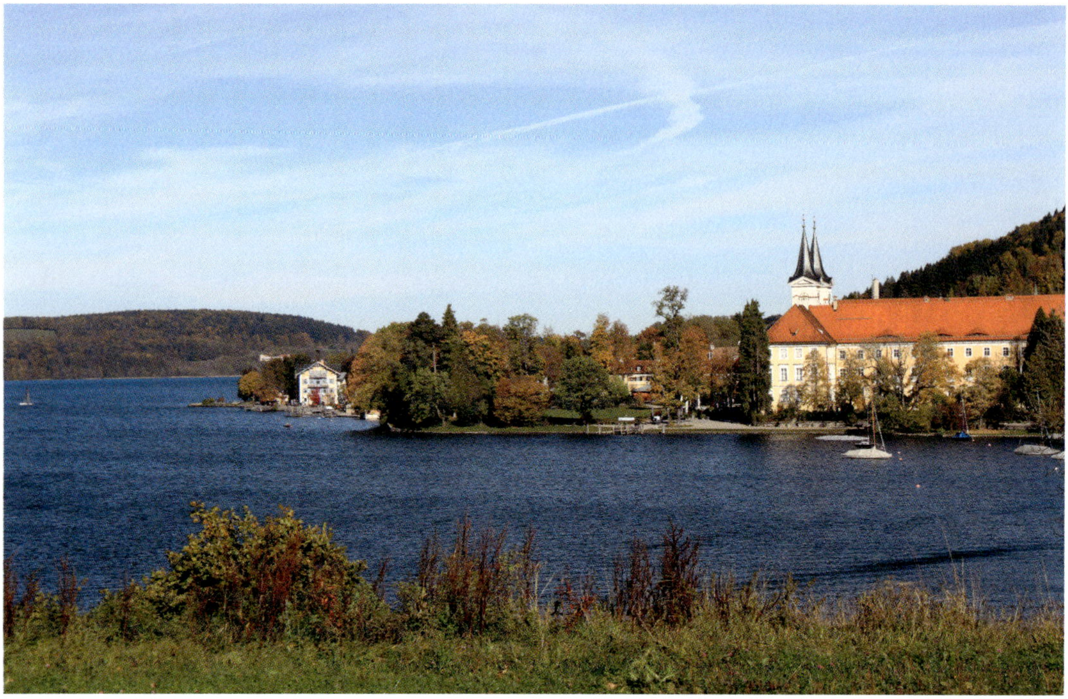

Das Kloster Tegernsee: Im bekannten Bräustüberl werden herzhafte Schmankerl serviert.

Wer das Panorama der Langkofelgruppe und des Naturparks Schlern-Rosengarten von der Seiser Alm aus einmal gesehen hat, gerät immer wieder ins Schwärmen. Doch auch die Panorama-Ausblicke vom Pfitscher Joch und Jochgrimm brauchen sich nicht zu verstecken. Achensee und Schlegeisstausee tun ihr Übriges, um diese Tour zu einem unvergesslichen Erlebnis werden zu lassen.

Tag 1
Vom Tegernsee ins Zillertal

ÜBERNACHTUNG

Tegernsee: Gästehaus Sommer, www.sommer-am-tegernsee.de. Großes Frühstück, gute Küche, zentrale Lage am See, technische Hilfe möglich, Radlgarage.
Maurach: Hotel Klingler, www.hotel-klingler.at. Persönlich, entspannt, familiär, zentral, alpin-gemütliches Design, gute Küche, hausgemachtes Eis.
Zell am Ziller: Hotel Englhof, www.englhof.at. Reichhaltiges Schlemmerfrühstück, ausgezeichnete Küche, exklusive Cocktailbar, Radlgarage, zentrale Lage

TEILSTRECKEN

Tegernsee–Maurach: 51 km, 498 Hm
Maurach–Zell: 34 km, 109 Hm
85 Kilometer
607 Höhenmeter bergauf
808 Höhenmeter bergab
Ladestopp: Achensee,
Wiesing (Café-Rest. Sonnhof)

Wir starten unsere Tour in dem Ort Tegernsee. Nach ein paar Weißwürsten und Brezen in einer der ältesten Brauereien Deutschlands, dem Herzoglichen Bräustüberl Tegernsee, fahren wir am Ostufer des Tegernsees entlang auf der Via Bavarica Tyrolensis, der wir heute bis ins Inntal folgen werden. Ab Rottach-Egern geht es entlang der Weißach über Kreuth und Wildbad Kreuth bis hinauf zum Achenpass. Hier kommen wir schon ein bisschen ins Schwitzen. Oben angelangt, geht es dann aber auch schon wieder bergab – mitunter steil und anspruchsvoll auf Schotter – bis an den türkis leuchtenden Achensee. Das Wasser des bis zu 133 Meter tiefen Gebirgssees ist recht kalt, trotzdem erfrischen wir uns kurz nach der anstrengenden Auffahrt. Nach einem Kaiserschmarrn sind wir bereit für die Weiterfahrt am Ostufer des Sees entlang. Vom Nordufer kann man auch mit dem Schiff bis zum Seespitz bei Maurach fahren. Wenn noch Platz hierfür ist, darf das Rad zum halben Preis mitgenommen werden. Am Südende geht es dann über Maurach und Eben hinunter ins Inntal bis nach Wiesing. Die letzten 25 Kilometer werden gemütlich: Nur noch 70 Höhenmeter stehen uns bis nach Zell am Ziller bevor. Im Zillertal folgen wir dem gut ausgebauten Zillertal-Radweg durch den breiten Talgrund bis nach Zell am Ziller im Herzen des Zillertals.

ROUTENBESCHREIBUNG
T11-E01-Tegernsee-Zell.gpx

WP | km | Hm

0 | 0,0 | 775 | Am Bahnhof Tegernsee rechts halten und über die Bahnhofstraße bis zur Hauptstraße gegenüber dem Brauhaus Tegernsee. Dort links. Gegenüber dem Hotel Villa am See auf den Schotterweg rechts weiter, der fast direkt am Ufer entlang und in einem Linksbogen 600 m weiter wieder zur Hauptstraße führt. Dort rechts und der B 307 durch Rottach-Egern folgen.

1 | 3,5 | 747 | Nach 500 m links in die Sonnenmoosstraße der Beschilderung Via Bavarica Tyrolensis folgen. Dieser folgen wir heute bis zu ihrem Ende in Wiesing im Inntal. Nun weiter über Glaslstraße, Kappellenweg und Weißachaustraße. Diese überquert dann die Wallbergstraße und führt ab dem Ortsende weiter als guter Forstweg parallel zur Weißach Richtung Kreuth.

2 | 10,1 | 781 | In Kreuth rechts und gleich wieder links in die Straße Am Kurpark. Führt ab Ortsausgang als Raineralmweg weiter.

3 | 12,1 | 795 | Nach rechts der Weißach folgen. Kurz darauf an Wildbad Kreuth vorbei und rechts über die Hofbauernweißach. In einem Bogen zurück zur Weißach und an dieser auf Schotterweg parallel zur B 307 immer leicht bergauf. Nach 7 km durch den kleinen Ort Glashütte, unter der B 307 hindurch und auf Schotterweg relativ steil bergauf parallel zur B 307.

4 | 22,5 | 943 | Nach dem Parkplatz in der Nähe des Achenpasses entfernt sich der Schotterweg langsam von der B 307 und verläuft höher als diese. Nach gut 1 km ist der höchste Punkt erreicht und der Schotterweg führt wieder bergab, zum Schluss relativ steil.

5 | 26,3 | 846 | An der B 181, die kurz zuvor von der B 307 abzweigt, links auf den asphaltierten Radweg und die B 181 entlangfahren. Kurz darauf kommt man am ehemaligen Grenzübergang vorbei.

6 | 29,9 | 841 | In Achenwald führt die BR (= Bike Route) von der Straße weg, auf Schotter kurz steil nach oben, nach einer Spitzkehre nach rechts wieder leicht bergab nach unten und auf Nebenstraße weiter.

7 | 34,8 | 897 | Die BR überquert die B 181 und führt bei Achenkirch-Nord durch den Ort hindurch, parallel zur B 181 bis zum Nordufer des Achensees. Nun direkt am Ufer weiter der Via Bavarica Tyrolensis auf asphaltiertem Radweg folgen.

8 | 50,2 | 947 | Am Ende des Südufers links die Schienen entlang. Nach dem Bahnhof Maurach rechts den Schienen folgen. Am Bahnhof Eben überquert die BR die Schienen und biegt gleich rechts ab. Kurz darauf geht die BR auf grobem Schotterweg kurvig und steil bergab, führt zweimal unter der B 181 hindurch und dann auf der Nebenstraße weiter bergab in den Ort Wiesing.

9 | 57,1 | 572 | An der Hauptstraße rechts, gleich wieder links auf Nebenstraße unter der A 12 hindurch. Links dem Radweg am Inn folgen. 1,3 km nach der Autobahnunterführung links auf überdachter Brücke über den Inn. Dann links und dem Innradweg Richtung Kufstein folgen.

10 | 63,3 | 524 | Nach der Unterführung der B 171 weiter geradeaus auf dem Zillertal-Radweg Richtung Mayrhofen. Dieser führt bis Zell mehr oder weniger nah am Ziller über Felder und Wiesen. Zuerst an Schlitters, dann an Fügen vorbei. Bis kurz vor Aschau verläuft die BR direkt am Ziller. Danach bis kurz vor Zell entlang der Schienen.

11 | 85,1 | 576 | Ankunft Zell am Ziller. An der Brücke nach links in den Ort abbiegen.

Müde Radler können im Zillertal zwischen Jenbach und Mayrhofen auf die Zillertalbahn umsteigen.

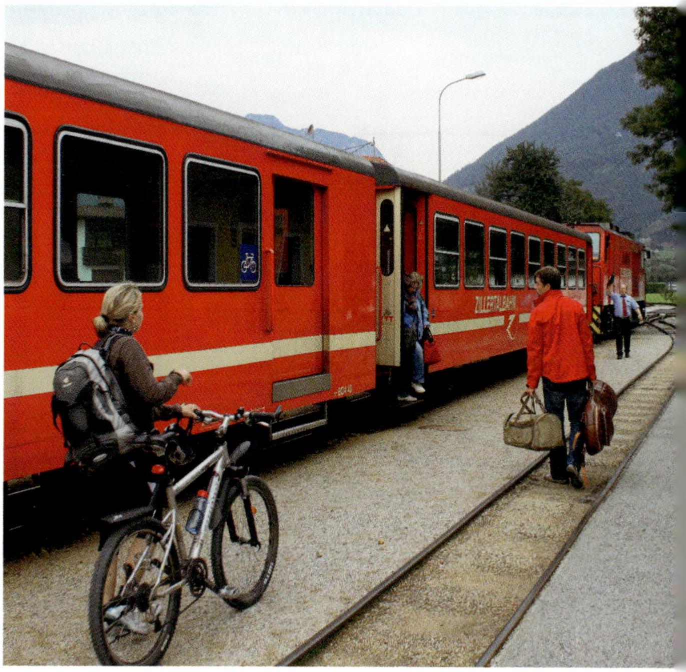

Tag 2
Durchs Zillertal zum Schlegeisspeicher

ÜBERNACHTUNG

Dominikushütte: www.dominikushuette.at, Tel. +43/(0)664/73 29 69 39. Urig, tolle Lage.
Gasthof Breitlahner: www.breitlahner-zillertal.at, Tel. +43/(0)5286/52 12.

TEILSTRECKEN

Zell–Breitlahner: 25 km, 737 Hm
Breitlahner–Schlegeis: 7,5 km, 537 Hm
32,5 Kilometer
1274 Höhenmeter bergauf
39 Höhenmeter bergab
Ladestopp: Ginzling (Café Alpenland), Alpengasthaus Breitlahner

Unsere heutige Etappe ist zwar kurz, dafür aber reich an Höhenmetern, die es in sich haben. Bis nach Mayrhofen radeln wir uns im ebenen Talgrund warm, dahinter beginnt der Hochgebirgs-Naturpark Zillertaler Alpen, der sich bis hinauf auf über 3000 Meter erstreckt. Bis ins Bergsteigerdorf Ginzling und zum Gasthof Breitlahner geht es noch mäßig, danach aber ziemlich steil bergauf. Bevor wir uns an den Anstieg zum Schlegeisspeicher machen, gönnen wir uns noch einen leckeren Kaiserschmarrn im Gasthof Breitlahner. Es geht zunächst auf Schotter steil bergauf, später dann auf einem schmalen, aber bis auf einzelne Schiebestücke fahrbaren Singletrail weiter. Zurück auf der Straße laden Sandbänke am Flussbett zum Verweilen und Ausruhen ein. Am Flussufer liegen immer wieder einzelne Felsblöcke, als hätte sie ein Riese dort abgelegt. Bereits von Weitem sehen wir die mächtige, 131 Meter hohe Staumauer des Schlegeisspeichers. Nach einigen steilen Serpentinen und einem kurzen Tunnel erreichen wir unser heutiges Tagesziel. Bei strahlendem Sonnenschein leuchtet der Speichersee milchiggrün zwischen den Bergen und dem blauen Himmel. Wir schlagen unser Nachtlager in der Dominikushütte auf und lassen den Tag mit einem süffigen Zillertaler Bier ausklingen.

Hier noch flach und auf gutem Untergrund: kurz nach dem Schlegeisstausee auf dem Weg zum Pfitscher Joch

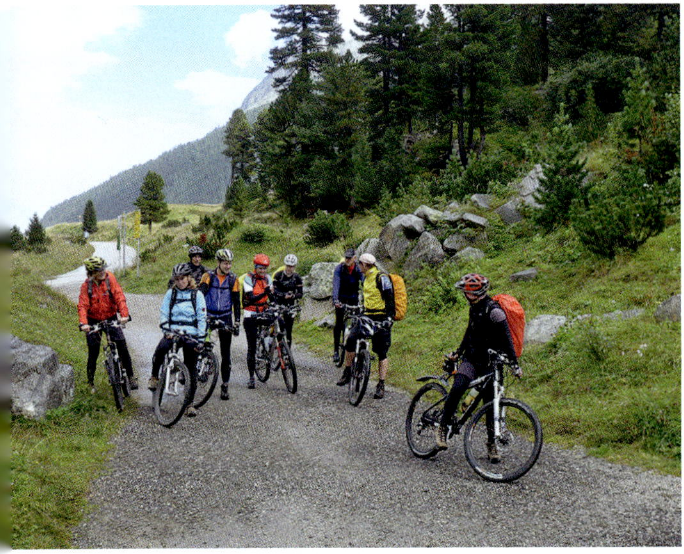

ROUTENBESCHREIBUNG

T11-E02-Zell-Schlegeis.gpx

WP | km | Hm

0 | 0 | 568 | Zurück zum Ziller, dort links und auf dem Radweg Zillertal Nr. 13 Richtung Mayrhofen. Nach dem Bahnhof Ramsau-Hippach überquert die BR den Ziller und führt rechtsseitig weiter. In Mayrhofen führt die BR am Bahnhof vorbei.

1 | 8,8 | 666 | Kurz nach dem Bahnhof und nach der Brücke über den Ziller führt rechts parallel zur Straße für 0,5 km ein Schotterweg. Dann 800 m auf der Straße weiter. Der B 169 Richtung Ginzling und Schlegeisspeicher folgen.

2 | 11,2 | 718 | Geradeaus weiter Richtung Ginzling/Hochsteg/Schlegeis. Denn links führt die Zillertal Straße B 169 durch einen langen Tunnel. Nach 3 km leicht bergauf kommen beide in einer offenen Galerie wieder zusammen. Es folgen noch zwei weitere kurze, offene Galerien und dann ein kurzer beleuchteter Tunnel.

3 | 18,3 | 994 | In Ginzling von der B 169 nach rechts in den Ort abbiegen, über die Zemmbachbrücke und dann links Richtung Kraftwerk Rosshag auf kleinem Sträßchen bergauf. Erst ein Stück nach dem Kraftwerk geht es wieder auf der B 169 weiter.

4 | 25,2 | 1270 | 150 m nach dem Abzweig zum Gasthof Breitlahner (gute Einkehrmöglichkeit nur 150 m von der Zillertal Straße) und 50 m vor der Mautstation zweigen nach rechts die Mountainbike-Strecke und der Wanderweg Richtung Dominikushütte und Schlegeisspeicher ab. Nun auf teilweise grobem Schotter relativ steil bergauf. Nach 1 km geht der Schotterweg in einen Pfad über. Kurze Schiebestücke durch Felsen. Nach 1,4 km mündet der Pfad wieder in die Schlegeis Alpenstraße. Weiter bergauf, vor der Staumauer in mehreren Serpentinen und durch einen knapp 200 m langen beleuchteten Tunnel.

5 | 32,6 | 1802 | Nach 400 m am Schlegeissee entlang rechts zur Dominikushütte hinauf.

Tag 3
Über das Pfitscher Joch nach Brixen

ÜBERNACHTUNG

Brixen: Hotel Jarolim, www.hotel-jarolim.it. Freundlich, zentrale Lage (800 m vom Domplatz), großes Frühstück mit regionalen Produkten, Garten mit Pool, Radlgarage.

TEILSTRECKEN

Schlegeis–Sterzing: 39 km, 523 Hm
Sterzing–Brixen: 33 km, 196 Hm
72 Kilometer
719 Höhenmeter bergauf
1963 Höhenmeter bergab
Ladestopp: Pfitscher-Joch-Haus, Sterzing

Unsere heutige Etappe führt uns über das bei Alpencrossern beliebte, 2246 Meter hohe Pfitscher Joch. 500 Höhenmeter sind es vom Kiosk Zamsgatterl bis zum Pfitscherjochhaus. Auf dieser Strecke wechseln sich Schiebepassagen über verblocktes Gelände mit fahrbaren Pfaden und Schotterwegen ab. Je nach Fahrkönnen muss hier rund eine Stunde geschoben werden. Vom Pfitscherjochhaus hat man traumhafte Panoramablicke auf den Tuxer Hauptkamm mit dem 3476 Meter hohen Olperer im Norden, auf den Zillertaler Hauptkamm mit dem 3509 Meter hohen Hochfeiler im Osten, auf die Pfunderer Berge im Süden und ins Pfitschtal im Westen. Nach der strapaziösen Auffahrt gönnen wir uns erst einmal eine deftige Einkehr und den ersten italienischen Cappuccino, gekrönt von einer großartigen Abfahrt ins Pfitschtal. Ab Sterzing folgen wir dem Eisacktal-Radweg bis nach Brixen. Kurz nach Franzensfeste kommen wir in die Nähe des Vahrner Sees, zu dem ein Abstecher für eine kurze Abkühlung durchaus lohnt. Anschließend geht es weiter nach Vahrn. Durch die Obstplantagen unterhalb des Klosters Neustift erreichen wir nach wenigen Kilometern Brixen. Die historische Bischofsstadt liegt eingebettet in eine Talmulde zwischen Weinreben und Obstgärten am Fuße der Plose. Hier schlemmen wir am Abend Südtiroler Tris, eine Spezialität der Region, bestehend aus Kasnocken, Schlutzkrapfen und Spinatknödeln.

ROUTENBESCHREIBUNG
T11-E03-Schlegeis-Brixen.gpx

WP | km | Hm

0 | 0 | 1802 | Von der Dominikushütte bis zum Ende der Straße am großen Parkplatz. Dann über den Zamser Bach und rechts Richtung Pfitscherjochhaus. Ab dem Kiosk beginnt ein Forstweg am Zamser Bach. Kurz darauf beginnt die erste Schiebepassage. 6 km und 500 Hm sind es vom Kiosk bis zum Pfitscherjochhaus. Auf dieser Strecke wechseln sich Schiebepassagen über verblocktes Gelände, fahrbarer Pfad und zum Schluss Schotterweg ab. Je nach Fahrkönnen ca. 1 Std. schieben.

1 | 7,2 | 2276 | Pfitscherjochhaus. Nach der Einkehr auf bestens präparierter Schotterpiste rasant bergab ins Pfitschertal.

2 | 17,2 | 1552 | In Stein kommt man wieder auf die Straße. Nach 300 m in der Linkskehre geradeaus weiter auf Forstweg parallel zur Straße. Kurz vor St. Jakob wieder auf Straße weiter durch den Ort. Nach 600 m auf der Hauptstraße weiter.

3 | 38,1 | 953 | In Sterzing nach der Unterführung unter den Schienen rechts zum Bahnhof abbiegen. Danach links in die Bahnhofstraße und immer geradeaus. Am Untertorplatz, wo rechts die historische Altstadt beginnt, geradeaus in die Einbahnstraße Frundsberg.

4 | 38,9 | 945 | Nach 100 m links in die Hochstraße. Rechts halten Richtung Bozen, weiterhin auf der Hochstraße. Am Ortsausgang an der Shell-Tankstelle und noch vor dem Kreisverkehr links über die Straße und auf dem Radweg Richtung Brixen weiter. 300 m weiter in einem Bogen erst nach links und dann nach rechts unter der SS 44 hindurch und auf dem Lentweg weiter.

5 | 41,6 | 955 | Kurz vor der A 22 nach links der BR weiterhin nach Brixen parallel zur A 22 und zur Eisack folgen.

Langsam wirds anspruchsvoller, aber noch fahrbar; danach folgen mehrere Schiebepassagen.

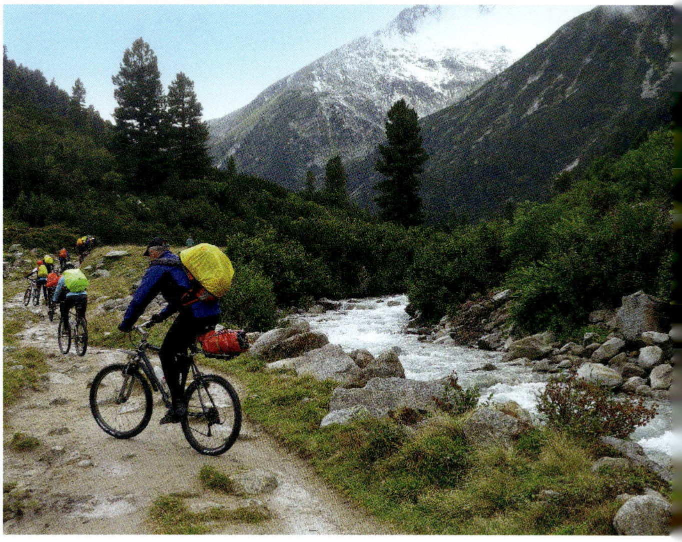

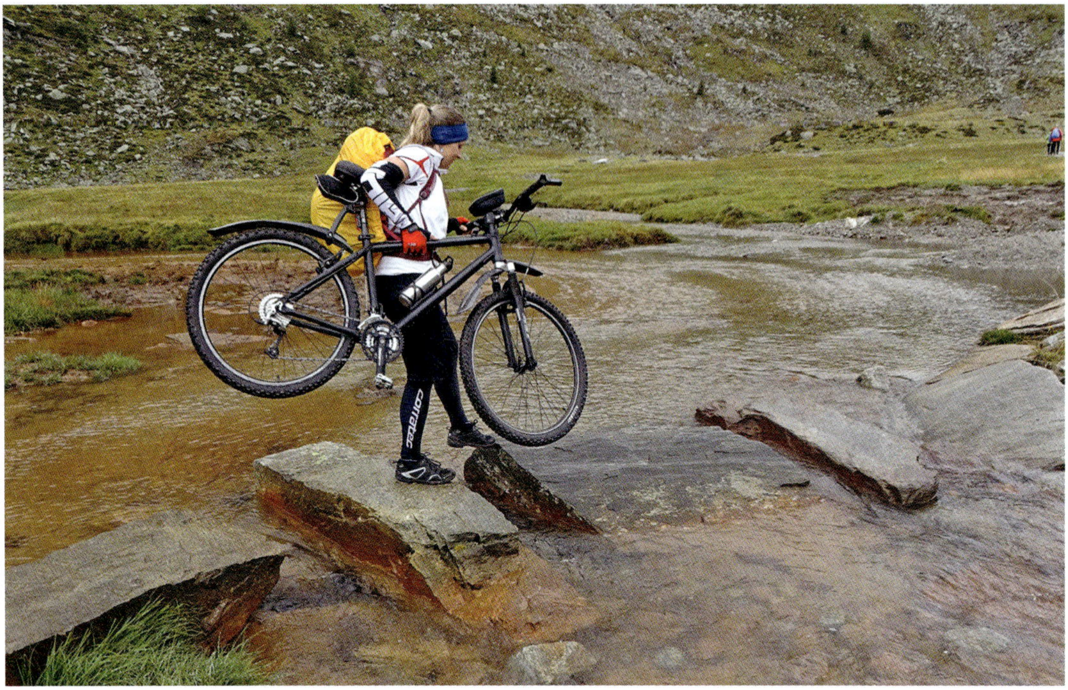

Knifflig, aber nur einmal zu meistern – von Stein zu Stein mit dem Bike in der Hand auf dem Weg zum Pfitscher Joch

6 | 45,5 | 943 | Auf Höhe von Freienfeld links über den Eisack, dann noch zweimal links und über Eisack und A 22 bergauf in den Ort Stilfes. Danach weiter auf Sträßchen am Waldrand parallel zur A 22.

7 | 48,7 | 981 | In Niederried links und durch Pfulters. An der A 22 der Nebenstraße folgen. Im weiteren Verlauf durch Grasstein.

8 | 57,6 | 811 | Während der Bauarbeiten am Brennerbasistunnel verläuft der Weg ab hier nicht, wie früher, einfach geradeaus und südlich von Schienen und Eisack entlang bis Franzensfeste, sondern entlang der SS 12. Daher nun nach links unter den Schienen und der A 22 hindurch, in den Ort Mittewald, über den Eisack und auf der BR rechts weiter.

9 | 58,7 | 804 | Alternativ gibt es ab hier auch einen befestigten Weg, teils auch Pfad, der links über die SS 12 führt und im weiteren Verlauf bis Franzensfeste, parallel zur Autobahn verläuft, aber manchmal wegen Bauarbeiten gesperrt ist. Wir bleiben daher lieber an der Straße.

10 | 61,0 | 760 | Am Ortseingang von Franzensfeste zweigt die BR nach rechts von der SS 12 ab, führt am Bahnhof vorbei, trifft wieder auf die SS 12 und führt parallel zum Stausee und zur Straße entlang.

11 | 63,3 | 745 | Hier zweigt der Pustertal-Radweg vom Eisacktal-Radweg ab. Wir folgen dem Eisacktal-Radweg nach rechts unter den Schienen hindurch, kurz steil bergauf und weiter bergab Richtung Brixen parallel zur Brennerautobahn und den Schienen.

12 | 65,8 | 708 | Nach rechts unter den Schienen hindurch Richtung Vahrner See. Gleich nach der Unterführung links über den Parkplatz und auf dem Schotterweg am Waldrand und den Schienen rechtsseitig entlang. Der Weg wird vorübergehend zum Pfad und kommt kurz vor Vahrn aus dem Wald heraus. 100 m vor den ersten Häusern links und nach 150 m rechts. Kurz nach dem Bauernhof auf Nebenstraße weiter.

13 | 68,2 | 681 | Kurz nach der kleinen Brücke biegt die BR nach links in den Rasittenweg. Am Ende des Weges nach links der BR über ein paar Felder folgen. An der Straße links und über die Schienen, die Autobahn und die Brennerstraße SS 12. Kurz vor Einmündung in die Brennerstraße auf Radweg an der linken Straßenseite weiter. Nun parallel zur SS 12 durch Obstgärten.

14 | 70,5 | 601 | Am Eisack unter der SS 49 hindurch, dann links über den Eisack und rechts der ausgeschilderten BR auf Schotterweg den Eisack entlang. Nach 600 m auf kleiner Brücke wieder über den Eisack und rechts davon weiter. Nach dem Hotel Goldener Adler, an der eisernen Adlerbrücke, rechts in die Fußgängerzone zum nah gelegenen Domplatz.

15 | 72,2 | 579 | Domplatz in Brixen.

Tag 4
Vom Eisacktal ins Grödnertal

ÜBERNACHTUNG

St. Ulrich: Hotel Walter, www.garniwalter.it. Zentrale Lage, reichhaltiges Frühstück mit hausgemachten Süßigkeiten, familiär, sauber, Radlgarage.

TEILSTRECKEN

Brixen–Lajen: 24 km, 744 Hm
Lajen–St. Ulrich: 12 km, 329 Hm
36 Kilometer
1073 Höhenmeter bergauf
425 Höhenmeter bergab
Ladestopp: Gufidaun, Lajen

Nach einer langen Etappe mit wenigen Höhenmetern wird es heute wieder kurz und knackig. Von Brixen starten wir gemütlich auf dem Eisacktal-Radweg und biegen kurz vor Klausen auf eine kleine Nebenstraße in Richtung Grödnertal ab. Sie erklimmt zuerst den steilen Bergriegel des Eisacktaler Mittelgebirges zwischen Grödnertal und Villnößtal und windet sich über sechs Kilometer und 640 Höhenmeter steil nach oben. Die malerische Ortschaft Gufidaun ist unser erstes Zwischenziel. Hier steigen wir kurz vom Rad, um wieder zu Kräften zu kommen. Danach geht es unvermindert steil auf einem kleinen Sträßchen weiter. Endlich erreichen wir den höchsten Punkt – ganz unspektakulär in einer Kurve im Wald. Jetzt geht es aber erst mal ein Stück bergab: an einem Bergrücken entlang parallel zum Eisacktal mit schönen Ausblicken ins Tal. In Lajen biegt die Route dann ins Grödnertal ab und verläuft oberhalb des Tals. Von dort geht es über St. Peter und Pontives bis nach St. Ulrich. Hier ist die Auswahl an Hotels schier erdrückend. Nach den letzten zwei Tagen mit wenig Komfort gönnen wir uns heute etwas Luxus – denn morgen steht ein langer und harter Tag an.

ROUTENBESCHREIBUNG
T11-E04-Brixen-St. Ulrich.gpx

WP | km | Hm

0 | 0 | 579 | Zurück zur Adlerbrücke, dann rechts auf ausgeschilderter BR weiter immer am Eisack entlang.

1 | 10,8 | 524 | An der Bogenbrücke kurz vor Klausen nach rechts abbiegen und die BR verlassen. Nach 30 m an der SS 12 links und nach 250 m links Richtung Gröden/Val Gardena abbiegen. Über die Eisackbrücke, im Kreisverkehr an der Autobahnauffahrt vorbei und die letzte Ausfahrt Richtung Gufidaun nach rechts nehmen. Kurz danach rechts unter der A 22 hindurch. Auf den folgenden 6 km sind 640 Hm zu überwinden, die sich relativ steil nach oben winden.

2 | 13,9 | 732 | Am Ortseingang von Gufidaun rechts Richtung Lajen auf kleinem Sträßchen weiter.

3 | 17,9 | 1166 | Kurz vor dem höchsten Punkt scharf rechts Richtung Lajen. Erst bergab, dann leicht bergauf und wieder bergab nach Lajen.

4 | 24,1 | 1104 | In Lajen an der T-Kreuzung bei der kleinen Kapelle links auf der Nebenstraße bergauf Richtung St. Peter.

5 | 28,7 | 1181 | 300 m nach St. Peter – in der ersten Rechtskurve – links halten und leicht bergauf Richtung Pedrutscher Hof. 50 m weiter an der Gabelung rechts halten Richtung Rabanshof. 350 m weiter am Ende der Straße am Rabanshof links auf einen Wiesenweg abbiegen, der dann in einen Pfad übergeht. Bei der Gabelung links leicht bergauf halten auf dem Wanderweg Nr. 12 Richtung Pontives. Auf Pfad am Bergrücken entlang durch Wald. Nach dem Wald noch 100 m den Wiesenweg zum Planklhof hinaufschieben, dann wieder auf Nebenstraße weiter und bergab bis Pontives.

6 | 31,7 | 1113 | In Pontives links auf die Straße und am Kreisverkehr 2. Ausfahrt Richtung St. Ulrich. Weiter auf der Grödner Straße SS 242. Kurz nach der Ortseinfahrt in Runggaditsch kann man an der Bushaltestelle auf einen Radweg ausweichen, der parallel zur Straße läuft. 400 m weiter mündet dieser wieder in die Straße.

7 | 34,4 | 1169 | Nach der Shell-Tankstelle links Richtung St. Ulrich Gewerbezone und über den Grödner Bach. Nun immer geradeaus.

8 | 35,4 | 1220 | Ankunft St. Ulrich.

Um am nächsten Tag zur Seilbahn zu gelangen, am Kreisverkehr rechts in die Ortsmitte, am rosaroten Grandhotel Cavallino Bianco links vorbei, dann gleich rechts halten, geradeaus über die Brücke über die SS 242 zur Talstation der Seiser Alm.

Wunderbare Aussicht von der Kirche bei St. Konstantin hoch über dem Eisacktal

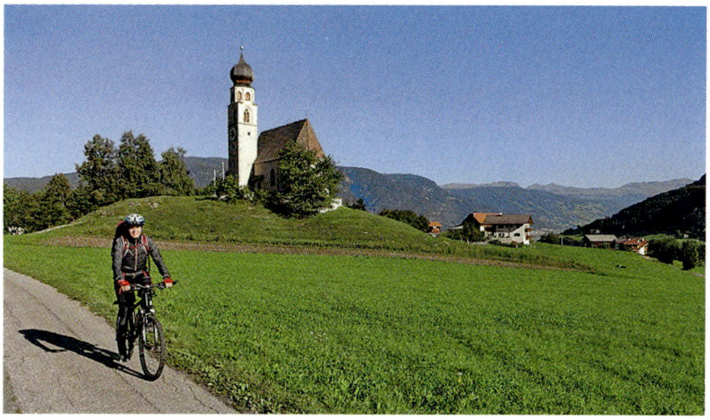

Tag 5
Um den Schlern zum Nigerpass

ÜBERNACHTUNG

Nigerpass: Frommer Alm: familiäre Herzlichkeit, herrlicher Bergblick, Sonnenterrasse.
Karerpass: Hotel Castel Latemar, www.castellatemar.it. Zentrale Lage, familiär, radlerfreundlich, ruhig, sauber, großes Frühstück, leckeres Abendessen, Radlgarage.

TEILSTRECKEN

St. Ulrich–Gasthof Schönblick: 33 km, 614 Hm (ohne Seilbahn St. Ulrich–Seiser Alm)
Gasthof Schönblick–Nigerpass: 14 km, 786 Hm
47 Kilometer
1400 Höhenmeter bergauf
1690 Höhenmeter bergab
785 Höhenmeter mit der Seilbahn
Ladestopp: Völs, St. Zyprian

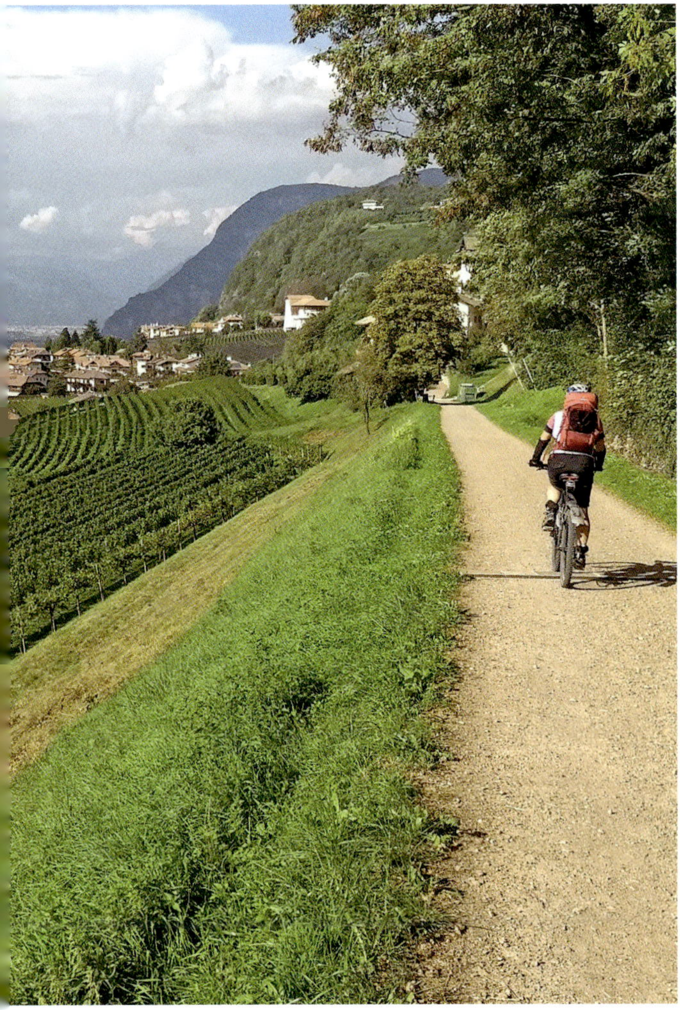

Die ehemalige Fleimstaler Bahntrasse bei Montan auf dem Weg durch Weinberge hinunter ins Etschtal (Tag 6)

Für heute haben wir uns viele Höhenmeter vorgenommen. Die ersten legen wir bequem mit der Umlaufbahn von St. Ulrich auf die knapp 800 Meter weiter oben gelegene Seiser Alm zurück. Oben angekommen, erschlägt uns fast das traumhafte Panorama: Langkofel, Plattkofel, Schlern und Rosengarten sind zum Greifen nah. Variante: Am Abzweig zur Saltria kann man diese Tour auch mit Tour 10 verbinden und ins Fassatal fahren. Nach Compatsch folgen elf rasante Kilometer um den Schlern herum bis nach Seis am Schlern. Von dort kommen wir nach Völs am Schlern, wo das Café Flora mit leckerem Kuchen zu einem Zwischenstopp einlädt. Von Prösels bis St. Zyprian wird es dann wieder schweißtreibend und anspruchsvoller mit kürzeren Schiebepassagen am Bergrücken entlang, die Schwindelfreiheit erfordern. Wer ausgeprägte Höhenangst hat, fährt nach der Abfahrt vom Schnaggenkreuz besser bis zur Hauptstraße und dann über Tiers nach St. Zyprian. Nun steht der anstrengendste Teil des heutigen Tages bevor: Bis zum Nigerpass müssen wir auf 6,5 Kilometern 635 Höhenmeter überwinden. Und die haben es in sich – dazwischen gibt es keine Einkehrmöglichkeit. Man kann auch den Bus ab St. Zyprian nehmen, dieser verkehrt jedoch nur dreimal vormittags und einmal nachmittags. Endlich erreichen wir den Nigerpass. Früher konnte man noch an der Nigerjochhütte übernachten. Mittlerweile muss man die gut 1,5 Kilometer weiter gelegene Frommeralm ansteuern. Wer sich etwas Besonderes gönnen möchte, fährt einfach weiter bis zum Karerpass (auf BR oder Straße) und übernachtet beispielsweise im Hotel Savoy oder im Castel Latemar.

ROUTENBESCHREIBUNG
T11-E05-St. Ulrich-Nigerpass.gpx

WP | km | Hm

0 | 0 | 2006 | Von der Bergstation der Seilbahn Seiser Alm nach links und auf dem Schotterwanderweg Nr. 9 Richtung Saltria.

1 | 1,2 | 1896 | Kurz nach dem Beginn des Asphalts rechts halten Richtung Compatsch. Dann immer geradeaus dem Teersträßchen folgen.

2 | 3,7 | 1871 | An der T-Kreuzung rechts auf Nebenstraße Richtung Völs. Nun lange bergab über Compatsch Richtung Seis am Schlern.

3 | 14,9 | 1113 | An der T-Kreuzung links auf die SP 24 Richtung Seis und Völs am Schlern. Anschließend auf der SP 24 durch Seis. Am Ortsausgang, auf Höhe des Abzweigs nach rechts Richtung St. Vigil, beginnt auf der linken Straßenseite ein Radweg, der kurz darauf unter der SP 24 hindurchführt und danach als Schotterweg parallel zur SP 24 läuft.

4 | 18,6 | 960 | Der Schotterweg mündet in eine Teerstraße. Nun links weiter. Kurz darauf wieder auf Forstweg weiter und am Hotel Miramonti wieder auf Asphalt. Kurz darauf an der SP 24 rechts und dieser folgen. Man kann auf einen schmalen Schotterweg direkt neben der Straße ausweichen. 300 m weiter nach rechts auf ein Teersträßchen abbiegen. Immer dem Wanderweg Richtung Völs folgen, der parallel zur SP 24 läuft.

5 | 21,7 | 897 | Der Schotterweg geht in St. Anton in eine Nebenstraße über. Nun geradeaus durch den Ort. Kurz vor der SP 24 rechts in den Bachtröglweg. Am Ortsende geradeaus auf Schotterweg parallel zur SP 24 weiter. 500 m weiter auf SP 24 nach Völs.

6 | 23,4 | 861 | Am Kreisverkehr in Völs am Schlern letzte Ausfahrt Richtung Ums nehmen. Nach der Bachbrücke in der Rechtskehre nach rechts und kurz darauf links halten. Auf kleiner Straße bis nach Ums. Am Ende der Straße links Richtung Prösels.

7 | 26,5 | 904 | Kurz bergab und nach dem Holzverarbeitungsbetrieb und vor der kleinen Brücke rechts auf Nebenstraße Richtung Prösels.

8 | 28,3 | 875 | In Prösels beim Rahmrecht Hof an der Bushaltestelle links bergauf dem Wanderweg Richtung Schönblick folgen. Am Ortsende auf Schotterweg weiter steil bergauf. 600 m nach Ortsende an der Gabelung rechts auf Wanderweg Nr. 5B auf Forstweg Richtung Völser Aicha. Am Waldrand an einer großen Weidefläche vorbei.

9 | 29,7 | 1013 | Am Ende der Weidefläche an der Gabelung links halten. Kurz darauf über eine Wiese, an der Gabelung links halten und fast weglos unterhalb einer Alm vorbei. Nach 300 m beim Schnaggenkreuz rechts abbiegen auf den mittleren der drei Wege. Nun auf Forstweg weiter leicht bergab. Nach 100 m links halten auf Wanderweg Nr. 5 Richtung St. Kathrein. Nach 800 m auf Nebenstraße weiter, an den Häusern von Tschötscher vorbei.

10 | 31,3 | 969 | An der Vierer-Gabelung links bergauf Richtung Schönblick halten. Auf Teersträßchen bleiben, am Kompatscher Hof vorbei.

11 | 33,3 | 1197 | Am Berggasthof Schönblick geradeaus weiter über kurzen Wiesenweg dem Wanderweg Richtung Tiers nach. Dann auf teils schmalem Pfad durch den Wald am Bergrücken entlang, teilweise leicht ausgesetzt (sichere Fahrweise nötig), dazwischen kurz absteigen wegen Wurzeln. Nach 200 m Schiebepassage links auf dem Promenadenweg weiter, aber nicht scharf links Richtung St. Sebastian. Weiter auf Pfad am Bergrücken entlang, teils schmal und wurzlig. An der Gabelung auf dem Besinnungsweg Richtung Tiers weiter.

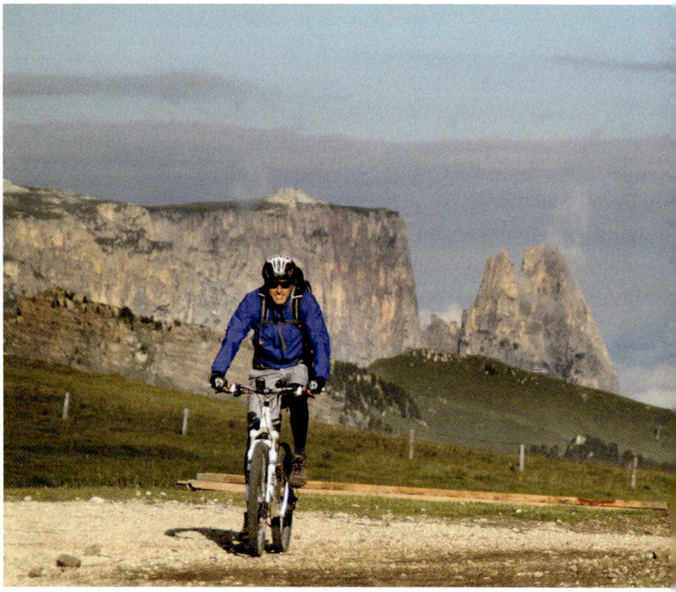

Der Schlern, von der Plattkofelhütte aus gesehen

12 | 36,0 | 1171 | Nach Beginn des Asphalts auf der Sankt Georgen Straße immer geradeaus auf Wanderweg Nr. 6 Richtung Weißlahnbad und St. Zyprian. Nach 1,5 km rechts halten. An der T-Kreuzung rechts und gleich darauf an kleiner Kirche links.

13 | 39,1 | 1134 | In St. Zyprian nach dem Holzverarbeitungsbetrieb und kurz vor dem Cyprianerhof nach rechts an dem Kreisverkehr und der Bushaltestelle vorbei und auf Schotterweg 1A weiter Richtung Nigerpass. Über die Schwaigerbachbrücke und dann immer links halten, dem Forstweg weiter geradeaus bergauf folgen.

14 | 40,6 | 1254 | Scharf rechts Richtung Passo di Nigra. Nun dem Forstweg steil bergauf Richtung Nigerpass in mehreren Kehren folgen.

15 | 43,2 | 1609 | An der T-Kreuzung links und weiter bis zur Straße SP 65, die von St. Zyprian heraufkommt. Nun rechts weiter.

16 | 45,2 | 1685 | Vom Nigerpass Richtung Karerpass auf die Straße. Nach 1 km, bei einem Picknickplatz, rechts auf dem Pfad 1A weiter, teils grobschottrig. Nach 600 m nach links zur Frommeralm.

17 | 47,0 | 1719 | Frommeralm.

Tag 6
Von der Latemargruppe zum Kalterer See

ÜBERNACHTUNG

Neumarkt: Hotel Andreas Hofer, www.hotelandreashofer.com. Familiengeführt, gemütlich, traditionell, historisches Gebäude, radlerfreundlich, sehr gute Küche.
Tramin: B&B Tirolerin, www.tirolerin.it.
Umfangreiches regionales Frühstücksbuffet, zentrale Lage, familiär, sauber, Radlgarage, Pool.

TEILSTRECKEN

Nigerpass–Jochgrimm: 30 km, 979 Hm
Jochgrimm–Kalterer See: 39,5 km, 36 Hm
69,5 Kilometer
1015 Höhenmeter bergauf
2506 Höhenmeter bergab
Ladestopp: Obereggen, Epircher Laner Alm

Die sieben Kilometer zum benachbarten Karerpass fahren wir auf dem Perlenweg, der uns immer wieder schöne Ausblicke auf die Rosengartengruppe beschert. Die Abfahrt vom Pass führt uns am Grand Hotel Carezza vorbei, dem wohl bekanntesten Hotel im Südtiroler Rosengarten-Latemar-Gebiet. Hier haben bereits berühmte Persönlichkeiten wie Kaiserin Sisi, die Schriftstellerin Agatha Christie oder der englische Premierminister Winston Churchill übernachtet. Die Route führt am sagenumwobenen smaragdgrünen Karersee vorbei und führt uns über Obereggen hinauf zum Jochgrimm auf knapp 2000 Metern. Hier oben bietet sich eine Einkehr in einem der beiden Gasthäuser an, bevor es an die fast 1800 Höhenmeter lange Abfahrt bis nach Neumarkt geht. Sie führt streckenweise über die ehemalige Bahntrasse der Fleimstalbahn, die mittlerweile zum Radweg ausgebaut wurde: Durch urige Tunnel und über alte Viadukte geht es um den Naturpark Trudner Horn herum. Kurz nach Montan kommen wir an Neumarkt vorbei. Von Neumarkt ist es nur noch ein Katzensprung über die Autobahn und die Etsch. Wir fahren durch riesige Apfel- und Weinanbauplantagen unterhalb von Tramin an der Weinstraße und erreichen den Kalterer See, der als der wärmste Badesee der Alpen gilt. Wir suchen uns eine Übernachtung in Tramin und stoßen am Abend mit Gewürztraminer auf eine gelungene Tour an.

ROUTENBESCHREIBUNG

T11-E06-Nigerpass-Tramin.gpx

WP | km | Hm

0 | 0 | 1719 | Zurück zum Forstweg von gestern. Dort links auf dem Perlenweg Richtung Karerpass auf Schotterweg. Nach 1,1 km kommt man wieder an die Straße. Nun rechts in Fahrtrichtung weiter.

1 | 4,3 | 1778 | 1,3 km weiter kommt von rechts ein Schotterweg herauf. An diesem vorbei und nach weiteren 100 m links auf dem Forstweg etwas bergauf und dann auf Pfad parallel zur Nigerstraße weiter. Nach 1 km wieder auf Schotter immer auf dem Perlenweg Richtung Karerpass. Nach 1,3 km nach links auf Pfad weiter. Zum Schluss wurzlig und steil bergab zur Straße.

2 | 7,8 | 1753 | An der Straße SS 241 rechts und kurz darauf zum Karerpass. Nun bergab der SS 241 Richtung Bozen folgen, vorbei am Grand Hotel Carezza.

3 | 11,8 | 1558 | Am Ende des Karersees links auf den Wanderpfad Nr. 8 bzw. den Perlenweg Richtung Obereggen. Kurz darauf auf Schotterweg weiter. Nach 700 m an der Gabelung rechts halten und weiter auf Wanderweg Nr. 8 Richtung Obereggen.

4 | 17,0 | 1488 | An der Obereggen Landstraße links und auf dieser weiter bergauf. In Obereggen links auf kleinem Sträßchen steil bergauf Richtung Epircher Laner und Reiterjoch.

5 | 20,6 | 1822 | Am Gasthof Epircher Laner rechts auf Schotterweg weiter auf Weg Nr. 10 Richtung Eggen. An der T-Kreuzung kurz vor der Seilbahnstation rechts weiter auf Schotterweg bergab. Dann rechts halten und nicht zur Seilbahn.

6 | 23,5 | 1574 | An der SS 620 links und auf dieser bergauf Richtung Lavazèjoch (Passo di Lavazè).

7 | 27,6 | 1812 | Am Lavazèjoch rechts Richtung Passo Oclini.

8 | 31,2 | 1996 | Ab Jochgrimm (vorbei am gleichnamigen Berghotel) auf Schotterweg Richtung Radein weiter. Nun fast 1800 Hm bergab bis Neumarkt. Der Schotterweg ist teilweise relativ steil.

9 | 43,5 | 539 | Am Ortseingangsschild von Radein mündet der Schotterweg auf Teerstraße. Nun links bergab auf Nebenstraße weiter bis zur SS 48. Dort rechts Richtung Auer.

10 | 44,5 | 1009 | In Kaltenbrunn nach 600 m links Richtung Truden. Nach 150 m rechts auf rotbraunem, leicht grobem Schotterweg der Wanderbeschilderung Nr. 3 Richtung Montan folgen. Nun auf separatem Radweg am Bergrücken entlang leicht bergab oberhalb der SS 48, meist im Wald. Zwischendurch zwei beleuchtete, ca. 100 m lange Tunnel.

11 | 50,9 | 778 | Der Schotterweg mündet in ein Teersträßchen. Nun rechts und gleich wieder rechts halten. Der Beschilderung Bahnweg folgen. Nach einem 300 m langen schnurgeraden Stück bergab scharf links Richtung Birbamhof Appartements abbiegen. 800 m weiter, dann rechts dem Bahnweg folgen, kurz darauf wieder rechts.

12 | 52,5 | 625 | An der nächsten Gabelung eher links halten und auf dem Bahnweg auf Schotter weiter. Dieser überquert nach 1,5 km schräg die Straße und führt dann in Fahrtrichtung weiter. Kurz darauf 360-Grad-Schleife.

13 | 56,3 | 467 | Der Bahnweg mündet in Montan in ein Teersträßchen, biegt dort rechts ab und dann gleich wieder links. Am Ende der Straße dann links auf der SP 59 weiter. Kurz darauf an der T-Kreuzung nach links auf die SP 17 Richtung Neumarkt.

14 | 59,7 | 246 | 2,8 km später an der T-Kreuzung in Vill links nach Neumarkt und auf dem Radweg neben der Straße weiter. Nach 500 m rechts dem beschilderten Radweg in die Kahnstraße (Sackgasse) folgen. Am Ende der Kahnstraße auf dem Radweg geradeaus weiter in die Marienstraße.

15 | 60,9 | 232 | Am Ende der Marienstraße nach rechts und kurz danach noch mal rechts Richtung Tramin. Weiter über die Etsch und die Autobahn. Am 1. Kreisverkehr rechts und am 2. Kreisverkehr links Richtung Tramin.

16 | 62,2 | 222 | 1 km weiter am 3. Kreisverkehr rechts Richtung Kaltern. 2,5 km weiter am 4. Kreisverkehr geradeaus der Beschilderung »Radroute Kaltern« folgen.

17 | 66,6 | 224 | Nicht nach rechts der Beschilderung Radroute Kaltern folgen, da diese am Ostufer des Sees vorbeigeht, sondern noch 100 m bis zur Hauptstraße weiterfahren und dann rechts Richtung Kaltern. 600 m weiter kann man, statt dem Rechtsbogen der Straße zu folgen, auch geradeaus dem Seerundwanderweg folgen. Nach 400 m kommt man wieder zur Hauptstraße. Kurz danach vor der Kirche auf der rechten Seite rechts und auf Sträßchen rechts an der Kirche vorbei. Nun der Straße nach, hinter dem Campingplatz rechts und am Ende des Parkplatzes noch mal rechts bis hinunter zum Seebad Lido am See.

18 | 69,4 | 227 | Ankunft Seebad Lido.

Weiter nach Tramin (66 Hm, 5,3 km):

Zurück wie hergekommen, aber bei Kilometer 2,6 nach Start vom Lido an der Einmündung der Straße von Neumarkt geradeaus weiter der Beschilderung »Radroute Tramin« nach. Nach 1,1 km geradeaus weiter auf Nebenstraße Richtung Söll abbiegen. Nun noch mal ein kleines Stück bergauf und dann geradeaus nach Tramin hinein.

Von Tramin zum Bahnhof Tramin-Neumarkt (9 Hm, 4 km):

Von der Parkstraße hinunter zur Weinstraße. Nach 1 km kurz vor dem Ortsausgang links Richtung Autobahn der Beschilderung »Radroute Neumarkt« folgen. Nun immer der Hauptstraße nach, am 2. Kreisverkehr rechts, am 3. Kreisverkehr ist rechts der Bahnhof Tramin-Neumarkt.

Grandiose Aussicht: der Naturpark Schlern-Rosengarten von der Seiser Alm aus gesehen

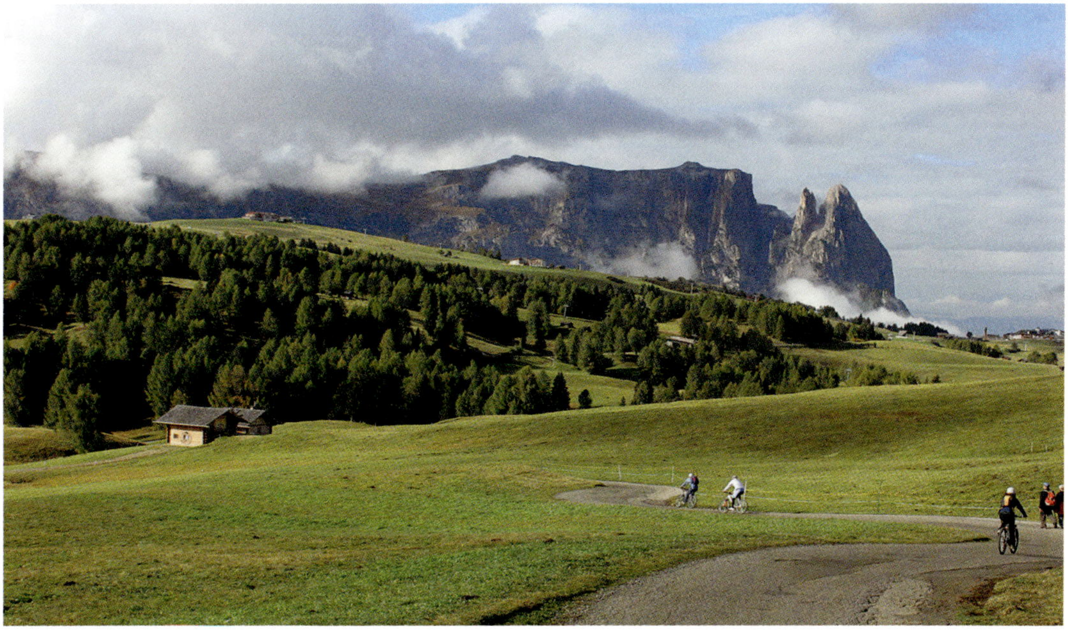

Zum Abfrischen gut geeignet: der Walchsee unter dem Zahmen Kaiser kurz vor Kössen

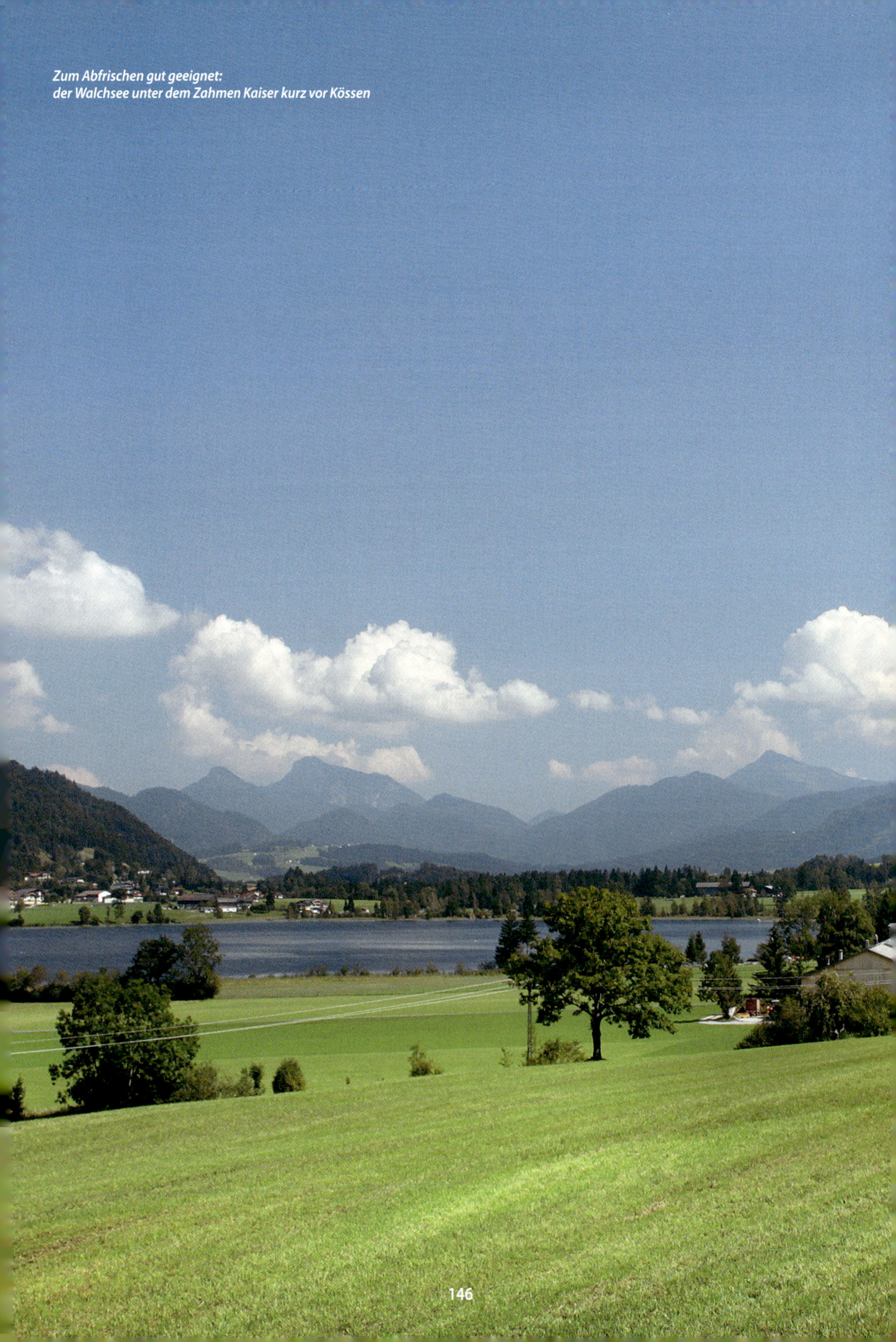

12 Kiefersfelden – Krimml – Kiefersfelden

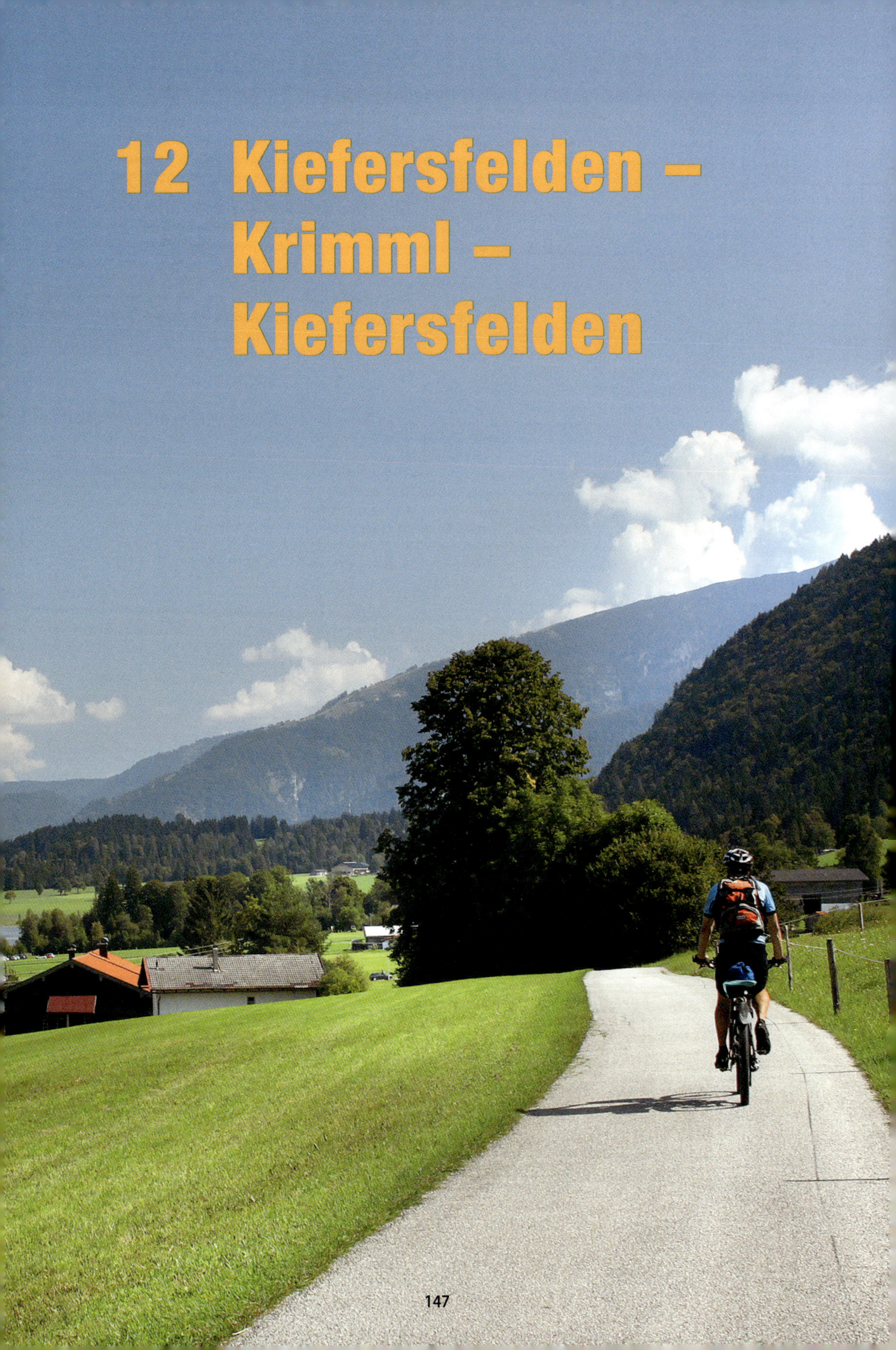

12 Kiefersfelden – Krimml – Kiefersfelden

Um den Kaiser, die Kitzbüheler Alpen und den Rofan: Kitzbüheler Alpen Ronda

Schwierigkeit	Erlebniswert	Höhenmeter (in m)	Streckenlänge (in km)	Zeit (in Tagen)
3	✪✪✪✪✪	Mit Rad: *3991* Gesamt: *4627*	Mit Rad: *316* Gesamt: *318*	*5*

TOURENCHARAKTER

AUSGANGSPUNKT
Kiefersfelden

ENDPUNKT
Kiefersfelden

ANFAHRT
Bahn: Von München über Rosenheim. Von Bregenz über München oder über Innsbruck und Kufstein.
Auto: Von München über A 8 und A 93. Von Bregenz über München oder über Innsbruck und Kufstein. Wanderparkplatz am Wachtl-Express beim Hechtsee in der Thierseestraße.

RÜCKFAHRT
–

KONDITION
✪✪✪✪✪

FAHRTECHNIK
✪✪✪✪✪

ERLEBNISWERT
Fahrspaß: ✪✪✪✪✪ – Ausgedehnte schöne Abfahrten auf Schotterwegen zwischen Isskogelbahn und Gerlosberg sowie zwischen Steinberg und Pinegg. Leichte Pfade am Speicher Durlaßboden. Schöne Forstwege im Leukental, zwischen Achenkirch und Steinberg sowie zwischen Kaiserhaus und Hinterthiersee. Rasante Abfahrten zwischen Gerlosberg und Zell am Ziller.
Landschaft: ✪✪✪✪✪ – Traumhaftes Panorama zwischen Isskogelbahn und Kreuzwiesenalm. Wilde Wasserfälle in Krimml. Tolle Lage von Zeller See und Achensee. Idyllisches Alpenvorland. Malerische Kulisse von Leoganger und Loferer Steinbergen, Steinernem Meer und Hohen Tauern.
Kultur und Geschichte: ✪✪✪✪✪ – Ritterspiele in Kiefersfelden, historisches Kössen, Bauernherbst im Salzburger Land, Goldschaubergwerk und Schaukäserei im Zillertal, Dampflokbetrieb im Pinzgau, Zillertal und bei Achenseebahn, Wachtl-Express, Innfähre, Passionsspiele in Thiersee.

STRECKENPROFIL
Asphalt: 234 km
Schotter-/Forstweg: 79 km
Pfad: 3,1 km
Seilbahn: 2 km, 636 Hm

Mittelschwere Tour mit hohem Anteil an Schotterwegen. Teilweise relativ steile Schotterabfahrten von der Kreuzwiesenalm, zwischen Steinberg und Pinegg. Steile Schotterabfahrt nach Vorderthiersee (Vorsicht geboten!). Steile Schotterauffahrt zum Achensee. Lange Auffahrt zum Speicher Durlaßboden. Ausgedehnte und teils rasante Abfahrt von der Kreuzwiesenalm bis Zell am See. Lange Schotterpassagen im Leukental sowie zwischen Achenkirch und Kiefersfelden. Schön angelegte separate Radwege: Radwanderweg Kaiserwinkl, Skulpturen-Radweg Steinbergrunde, Tauernradweg, Zillertal-Radweg und Via Bavarica Tyrolensis.

HÖCHSTE PUNKTE
2005 m, Abzweig zum Isskogel
1888 m, Kreuzwiesenalm

NIEDRIGSTER PUNKT
490 m, Kiefersfelden

ALLGEMEINE INFOS
www.kiefersfelden.de, www.koessen.at, www.fieberbrunn.at, www.zellamsee.at, www.pinzgauer-lokalbahn.info, www.mittersill.at, www.wasserfaelle-krimml.at, www.gemeinde-zell.at, www.zillertalarena.com, www.zillertal-bahn.at, www.freizeitparkzell.at, www.goldschaubergwerk.com, www.achensee.info.
Innfähre Kiefersfelden: 1. Mai bis Mitte Okt. (tgl. 10.00–17.00 Uhr), Info unter Tel. +49/(0)8033/97 65 27 oder Tel. +49/(0)173/579 39 52.
Isskogelbahn Gerlos: ca. 14. Juni bis 5. Okt. (tgl. 9.00–17.00 Uhr).
Bus von Wiesing-Dorf nach Maurach: Linie 8332 (tgl. 14.10, 15.10, 16.10, 17.10, 18.10 Uhr).
Dampfbahn Jenbach zum Achensee: www.achenseebahn.at.
Schifffahrt Achensee: www.tirol-schiffahrt.at.

LANDKARTEN
Kompass Wanderkarten Blatt 9, 28, 29, 30, 38 in Papier oder digital zum Selbstausdrucken.

GPS/ROADBOOK
T12-E01-Kiefersfelden-Fieberbrunn.gpx
T12-E02-Fieberbrunn-Mittersill.gpx
T12-E03-Mittersill-Gerlos.gpx
T12-E04-Gerlos-Maurach.gpx
T12-E05-Maurach-Kiefersfelden.gpx

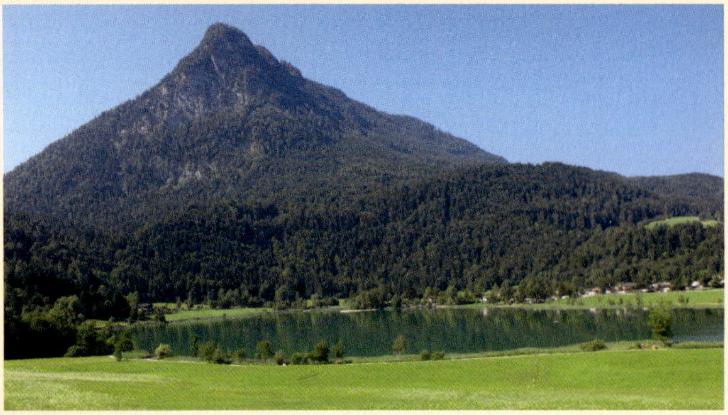

Der Thiersee am Fuß des Pendling bei Kufstein

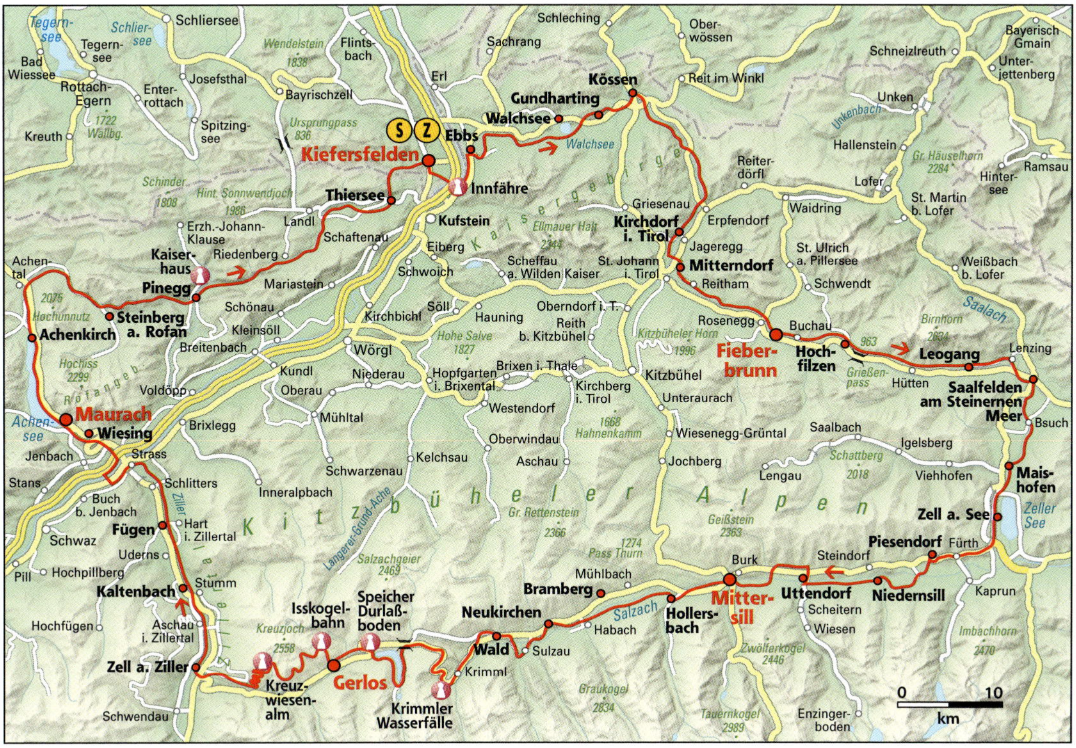

Man muss nicht immer über den Alpenhauptkamm radeln, um eine gute Tour durch die Alpen zu machen. Und die Reise muss nicht immer von A nach B führen. Diese Tour umrundet die heimischen Bergwelten von Kaisergebirge, Kitzbüheler und Brandenberger Alpen und endet dort, wo sie gestartet ist – eine runde Sache!

Tag 1
Vom Inntal ums Kaisergebirge

ÜBERNACHTUNG

Kiefersfelden: Gasthof Hotel Zur Post, www.hotel-kiefersfelden.de. Traditionell, freundlich, reichhaltiges Frühstück, Biergarten, Radlgarage.
Fieberbrunn: Hotel Obermair, www.obermair-fieberbrunn.at. Schöne komfortable Zimmer, gutes Frühstücksbuffet, leckere gutbürgerliche Küche, Wellnessbereich, Außenpool, Radlkeller.

TEILSTRECKEN

Kiefersfelden–Kössen: 26 km, 333 Hm
Kössen–Fieberbrunn: 29 km, 307 Hm
55 Kilometer
640 Höhenmeter bergauf
377 Höhenmeter bergab
Ladestopp: Kössen (Pizzeria al Postiglione), Kirchdorf

Unsere erste Etappe startet an der deutsch-österreichischen Grenze in Kiefersfelden, dem »Tor zum Kaiser«. Mit der Fähre geht es über den breiten Inn mit einer herrlichen Aussicht auf die bayerischen Vorberge Kranzhorn und Wildbarren. Ein kurzer Abstecher nach Norden führt uns in das Haflingerdorf Ebbs. Von dort fahren wir durch den zwischen Chiemgauer Alpen im Norden und Zahmem Kaiser im Süden eingebetteten Kaiserwinkl. Kurz hinter Durchholzen erreichen wir den idyllischen Walchsee im Schatten der fast 2000 Meter hohen Pyramidenspitze. Hier stärken wir uns direkt am See mit schönem Ausblick auf den im Norden liegenden Geigelstein. Auf kleinen Sträßchen, über wellige Hügel und grüne Wiesen geht es weiter nach Kössen, das vor allem bei Gleitschirm- und Drachenfliegern bekannt ist. Entlang der renaturierten Großache passieren wir Erpfendorf und stärken uns in Kirchdorf in Tirol mit Käsespätzle für die Weiterfahrt nach St. Johann in Tirol. Schließlich erreichen wir Fieberbrunn, den größten Ort des Pillerseetals. Bei schönem Wetter lädt hier der Lauchsee zum Baden und Entspannen ein, und bei Regen lockt der Wellnessbereich des Erlebnisbads.

12 Kiefersfelden – Krimml – Kiefersfelden

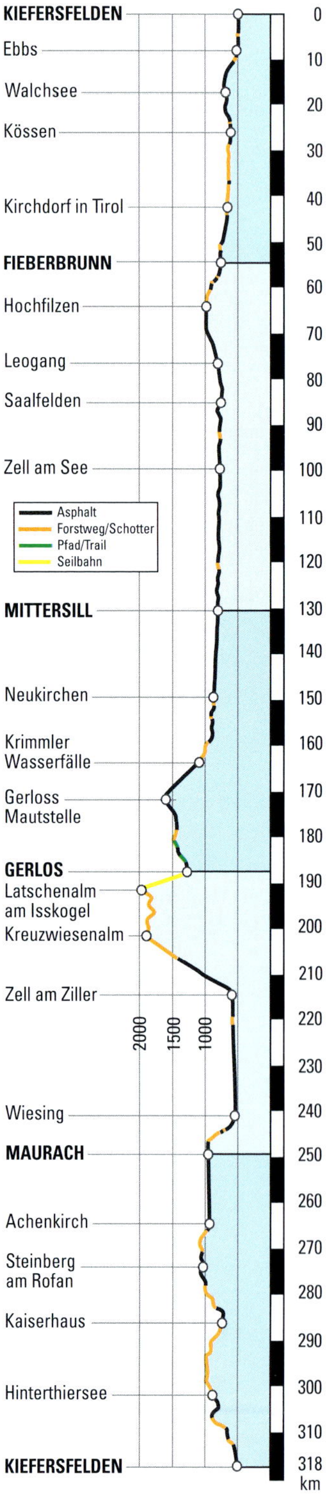

ROUTENBESCHREIBUNG

T12-E01-Kiefersfelden-Fieberbrunn.gpx

WP | km | Hm

0 | 0,0 | 479 | Vom Bahnhof Kiefersfelden links und dann links in die Innstraße. Nach der Bahnunterführung geradeaus weiter in den Unteren Römerweg. Dem Straßenverlauf folgen, 200 m weiter nach links und der Beschilderung Innfähre nach. Noch mal 200 m weiter rechts halten und nach 150 m rechts dem Holzschild Innfähre nach und unter der Autobahnbrücke durch.

1 | 1,2 | 480 | Innfähre. Nach dem Übersetzen links auf dem Innradweg weiter Richtung Erl. Nach 2 km nach rechts den Inndamm verlassen und Richtung Gasthaus Sattlerwirt fahren. In Oberndorf über die Hauptstraße und rechts am Sattlerhof vorbei Richtung Ritzaualm. Ein Stück weiter, auf freiem Feld, links der grünen Beschilderung Richtung Kössen mit rotem Punkt und Beschriftung Radwanderweg Kaiserwinkl Nr. 15 nach.

2 | 6,3 | 481 | Am Ortseingang von Ebbs links auf die Kaiserbergstraße, nach 100 m am Brunnen rechts und nach 100 m wieder rechts. Danach über Felder und durch ein Wäldchen. Dort links und an der Straße rechts. Weiter auf gut ausgeschilderter BR (= Bike-Route) über Wiesen, durch Dörfer und auf Forstweg durch ein Wäldchen. Dort an der Gabelung rechts Richtung Walchsee Südufer.

3 | 10,7 | 548 | An der T-Kreuzung rechts der Nebenstraße L 295 bergauf folgen und an den nächsten Häusern links. An der B 172 rechts und auf dem Fahrradstreifen bis nach Durchholzen. Im Ort auf der Hauptstraße nach links und am Ortsausgang wieder auf Radweg weiter. 500 m weiter am Gasthof Liftstüberl rechts und auf Sträßchen weiter bis zum Walchsee.

4 | 17,5 | 663 | An der Südspitze des Walchsees, am Campingplatz, Einkehrmöglichkeit. Der Straße bis zur B 172 folgen. Dort links und nach 100 m rechts ins Josefstal. Dann immer dem Sträßchen Richtung Ried geradeaus folgen.

5 | 22,1 | 666 | Erst am Bauernhof von Gundharting rechts und der Straße bergab bis zur B 172 folgen. Dann geradeaus über die B 172 und der Straße nach. 100 m nach dem Linksknick rechts auf kleinem Schotterweg am Golfplatz vorbei. An der nächsten Straße rechts und gleich wieder links in die Erlaustraße und unter der B 172 hindurch.

6 | 25,3 | 591 | Am Ende der Straße rechts über große Holzbrücke über die Kössener Ache und unter der B 176 hindurch. Dann rechts dem Mühlbachweg nach. Am Kreisverkehr die 4. Ausfahrt Richtung Kirche nehmen. Knapp 200 m weiter dem Rechtsknick nach in die Hüttefeldstraße. Über die Großache an der B 172 rechts und gleich wieder links Richtung Campingplatz und Seilbahnstation Hochkössen. An der nächsten Gabelung links halten Richtung Erpfendorf.

7 | 28,6 | 618 | An der Seilbahnstation zum Unterberghorn links und auf Forstweg weiter. Wir folgen nun nicht mehr dem Radwanderweg Kaiserwinkl Nr. 15 (quadratische grüne Schilder mit rotem Punkt), sondern den länglichen grünen Schildern mit weißem Radsymbol. Kurz darauf an der Gabelung links halten und auf dem Forstweg entlang der Großache durchs Leukental. Wir unterqueren die Erpfendorfer Landstraße und fahren weiterhin rechts der Großache auf guter Schotterpiste.

8 | 36,6 | 624 | Links über die Großache und dann linksseitig erst auf Teer und ab dem Klärwerk auf Forstweg weiter. Unter der L 39 hindurch. Auf Höhe des Gewerbegebiets geradeaus weiter Richtung Kirchdorf in Tirol.

9 | 42,5 | 643 | Möglichkeit zum Abstecher nach Kirchdorf in Tirol über die Brücke. Ansonsten weiter an der Großache. 1,6 km weiter und an der überdachten Brücke links Richtung Sankt Johann. Dann rechts, wieder links und über die B 178. Kurz darauf rechts in den Moosnerweg, dann links halten.

10 | 46,1 | 666 | Bei den Häusern von Mitterndorf rechts der grünen Radbeschilderung Richtung Fieberbrunn nach. Nun dieser Beschilderung und dem Straßenverlauf folgen, immer etwas versetzt oberhalb und parallel zu den Schienen und der B 164.

11 | 53,5 | 756 | Nach rechts unter den Schienen hindurch und die B 164 überqueren. Dann links und auf Forstweg am Bach entlang. Kurz darauf über kleine Brücke und hinter einem Firmengebäude vorbei. An der T-Kreuzung links und über Brücke zur Hauptstraße.

12 | 54,8 | 742 | Ankunft Fieberbrunn.

Tag 2
Über Zell am See durch den Pinzgau

ÜBERNACHTUNG

Mittersill: Landhotel Heitzmann, www.gasthof-heitzmann.at. Zentrale Lage, schattiger Biergarten, Steakhouse, komfortabel, gutes Frühstück, schöner Wellnessbereich, Radlgarage.

TEILSTRECKEN

Fieberbrunn–Zell am See: 45 km, 427 Hm
Zell am See–Mittersill: 31 km, 172 Hm
76 Kilometer
599 Höhenmeter bergauf
559 Höhenmeter bergab
Ladestopp: Saalfelden, Piesendorf

Von Fieberbrunn geht es hinauf nach Hochfilzen, wo sich uns traumhafte Blicke auf die Loferer und Leoganger Steinberge, das Steinerne Meer und die Kitzbüheler Alpen eröffnen. Hinter Hochfilzen fahren wir in den Pinzgau, vorbei am Grießensee und Grießenpass bis nach Leogang, das für sein Skigebiet und seinen Bikepark bekannt und berühmt ist. Kurz darauf erreichen wir Saalfelden, das eingebettet zwischen Steinernem Meer, Leoganger Steinbergen und Hochkönig in einem weitläufigen Talbecken liegt. Von dort folgen wir der Saalach nach Süden über Wiesen und Felder ins Zeller Becken – immer wieder mit schönen Ausblicken auf Kitzsteinhorn und die Glocknergruppe. Im Zeller See genießen wir eine kurze Abkühlung und den tollen Ausblick bei einer Einkehr am Seeufer. Von hier aus geht es zwischen Kitzbüheler Alpen und dem Nationalpark Hohe Tauern auf dem Tauern-

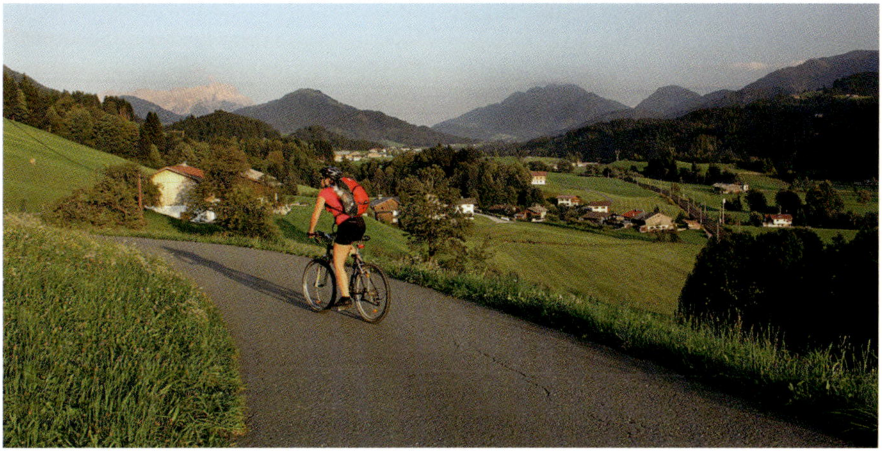

Durch grüne Wiesen und Wälder auf dem Weg nach Leogang

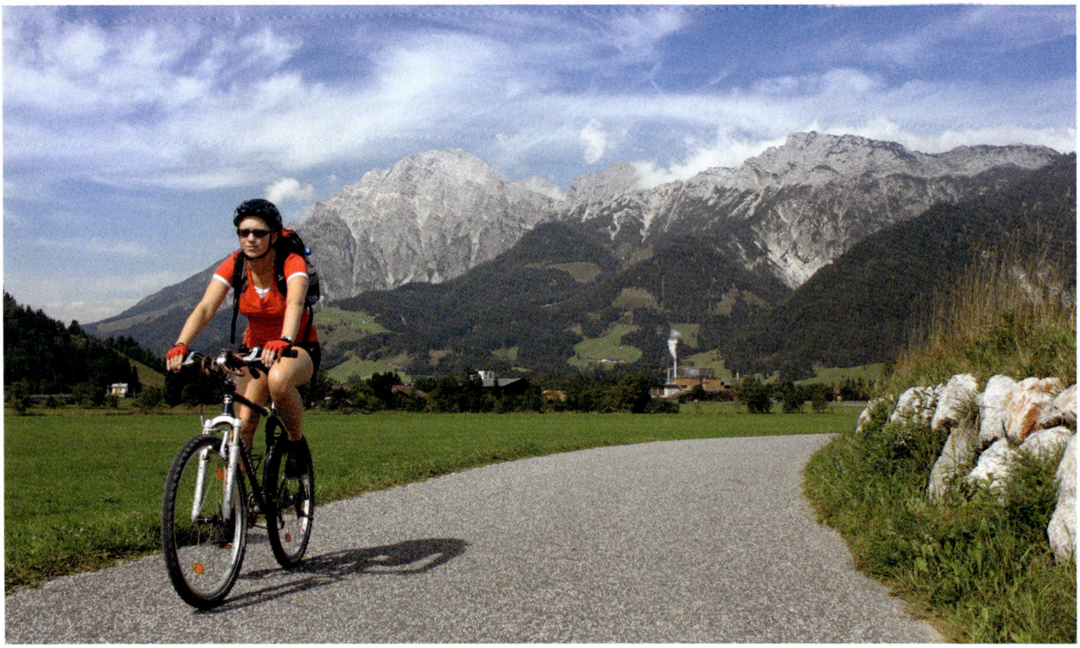

Die beeindruckende Kulisse der Leoganger Steinberge kurz vor Saalfelden

radweg durch das Salzachtal bis nach Mittersill. Hier befindet sich das Nationalparkzentrum Hohe Tauern, wo man die Dreitausender und die Gletscher des größten Schutzgebietes der Alpen unter einem Dach kennenlernen kann. Raum für Entspannung bietet das große Erlebnisfreibad in Mittersill.

ROUTENBESCHREIBUNG
T12-E02-Fieberbrunn-Mittersill.gpx

WP | km | Hm

0 | 0 | 742 | Zurück zum Bach und über die Brücke. Dann auf Forstweg rechtsseitig weiter. Nach der Unterquerung der B 164 über die Bachbrücke und dann linksseitig weiter auf dem Promenadenweg Richtung Hochfilzen. 1,3 km weiter kurz auf Forstweg und dann noch mal unter der B 164 durch. Am Bauhof vorbei. Nach dem Gasthof Dandler an der Kapelle links und steil bergauf, unter der B 164 durch und auf Forstweg steil bis zur Straße. Dort rechts und dann links unter den Schienen durch.

1 | 4,7 | 889 | In Buchau rechts weiter Richtung Hochfilzen und dem Radwanderweg Buchensteinwandrunde Nr. 17 folgen (grüne quadratische Schilder mit rotem Punkt). Immer den Schienen entlang, später auf Forstweg bergauf.

2 | 8,6 | 951 | In Oberwarming rechts und kurz darauf wieder rechts und weiter dem Radwanderweg Nr. 17 nach. In Hochfilzen an der T-Kreuzung links bergauf Richtung Leogang. 400 m weiter rechts und dann auf kleinem Sträßchen an der Seealm und am Grießensee vorbei. Der Radweg ist mittlerweile beschildert als Skulpturen-Radweg Steinbergrunde Richtung Leogang.

3 | 16,3 | 902 | Rechts unter der B 164 durch und rechtsseitig weiter. Nun immer parallel zur B 164, am Sägewerk links unter der B 164 durch und linksseitig weiter bis Leogang.

4 | 21,9 | 789 | In Leogang am Ende der Straße an den Tennisplätzen links und der Leoganger Ache linksseitig entlang der BR Skulpturen-Radweg Steinbergrunde Richtung Saalfelden. An der Straße links und kurz darauf wieder rechts auf Sträßchen nach Sinning und dann nach Otting.

5 | 26,6 | 733 | In Lenzing rechts der BR Tauernradweg Steinbergrunde Richtung Saalfelden Bahnhof folgen. Kurz an der B 164 entlang, dann rechts und am Bach weiter bis zur Ortsmitte von Saalfelden. Wegen Bauarbeiten musste ich in der Ortsmitte auf die B 164 ausweichen.

6 | 30,7 | 748 | Von der B 164 nach rechts über Bach Urslau und geradeaus dem Tauernradweg Richtung Maishofen/Ritzensee nach bergauf. Am Ritzensee rechts und an der T-Kreuzung wieder links. In Pfaffenhofen links und leicht bergauf bis ins Örtchen Gerling. Dort rechts auf Forstweg und bei den nächsten Häusern wieder rechts. Über die Saalach, dann links und rechts die Saalach entlang. In einem Bogen unter den Schienen durch und auf Nebenstraße in den Ort Maishofen.

7 | 40,8 | 767 | Am Ortsausgang unter den Schienen durch und dann rechts auf Nebenstraße dem Straßenverlauf folgen Richtung Zell am See. Am Nordufer des Zeller Sees rechts der Seepromenade nach. Entlang dieser bis Zell am See. Am Seebad vorbei und dem Tauernradweg nach Richtung Kaprun.

8 | 44,7 | 759 | Nach rechts unter den Schienen durch und links in die Saalfeldner Straße. Kurz vor dem Bahnhof links über die Gleise, dann rechts und hinter dem Bahnhof vorbei. Auf der Elisabethpromenade am Ufer entlang. Danach geradeaus weiter in die Seespitzstraße und auf dem Tauernradweg Richtung Bruck/Kaprun die Schienen entlang.

9 | 47,2 | 756 | Kurz nach dem Bahnhof Tischlerhäusl (bei dem man hinten vorbeifährt), auf Höhe des Jugendgästehauses Pecile, auf der anderen Schienenseite rechts über den Fußgänger- und Fahrrad-Übergang über die Schienen. Dann gleich links und auf dem Schüttbachweg links den Schienen Richtung Piesendorf nach. Am Bahnhof Kitzsteinhornstraße rechts die Gleise überqueren und rechtsseitig weiter. Ein Stück weiter unter der B 168 durch und kurz darauf durch den Ort Aufhausen dem Tauernradweg Richtung Piesendorf nach. Auf Radweg an der B 168 entlang.

10 | 54,2 | 786 | In der Ortsmitte von Piesendorf links und gleich darauf wieder links Richtung Niedernsill. Unter der B 168 durch, am Sportplatz vorbei, über die Gleise und auf Nebenstraße durch Wiesen. Über die Salzach und dann etwas versetzt weiter.

11 | 60,7 | 772 | In Niedernsill dem Tauernradweg an der Salzach linksseitig Richtung Uttendorf nach. Am Bahnhof Lengdorf vorbei, kurz rechts der Salzach weiter, dann zu den Häusern und in einem Bogen wieder zur Salzach zurück. Diese überqueren und links davon weiter. 2 km weiter geradeaus entlang der Salzach auf Forstweg.

12 | 67,3 | 783 | 2 km weiter rechts über die Salzach und nach Uttendorf in die Ortsmitte. 600 m weiter am Dorfplatz und Lindenplatz links auf die alte Bundesstraße auf Tauernradweg Richtung Stuhlfelden und parallel zur B 168 weiter. Durch Pirtendorf und nach Stuhlfelden. In der Ortsmitte links und zur B 168 der BR Richtung Mittersill nach. Diese überqueren und dann über die Schienen und die Salzach. Dann rechts halten. Etwas weiter auf der Felberstraße bis zur Ortsmitte von Mittersill.

13 | 76,0 | 790 | Ankunft Marktplatz Mittersill.

Tag 3
Über die Krimmlfälle nach Gerlos

ÜBERNACHTUNG

Gerlos: Hotel Andrea, www.hotelandreagerlos.at. Modernes und gepflegtes Ambiente, großes Frühstücksbuffet, familiäre Atmosphäre, radlerfreundlich, feine Küche.

TEILSTRECKEN

Mittersill–Krimmler Wasserfälle: 33 km, 383 Hm
Krimmler Wasserfälle–Gerlos: 25 km, 663 Hm
58 Kilometer
1046 Höhenmeter bergauf
580 Höhenmeter bergab
Ladestopp: Krimml

Von Mittersill folgen wir weiter dem Tauernradweg vorbei an Hollersbach und dem Smaragddorf Bramberg am Wildkogel, der einzigen Smaragd-Fundstelle Europas. Kurz darauf erreichen wir Neukirchen am Großvenediger, eine der 29 »Alpine Pearls«, die sich für umweltfreundlichen Tourismus einsetzen. Hier legen wir eine Pause ein, bevor wir die letzten Kilometer zu den Krimmler Wasserfällen in Angriff nehmen. Mit einer beeindruckenden Fallhöhe von 380 Metern über drei Stufen sind sie die höchsten Wasserfälle Europas. Seit 2013 bietet das Wasserfallzentrum »WasserWunderWelten Krimml« Erlebnisse rund um das Thema Wasser. Über die Gerlos Alpenstraße (Mautstraße) gilt es dann, fast 600 Höhenmeter und acht Kilometer bis zur Hochfläche bei Hochkrimml zu überwinden. Von dort geht es entspannt zum Speicher Durlaßboden, der mit seinen Bade- und Einkehrmöglichkeiten im Sommer ein beliebtes Ausflugsziel ist. Mitten durch den See verläuft die Landes-

Beim traditionellen Bauernherbst im Salzburger Land feiern Einheimische zusammen mit Besuchern Erntedank.

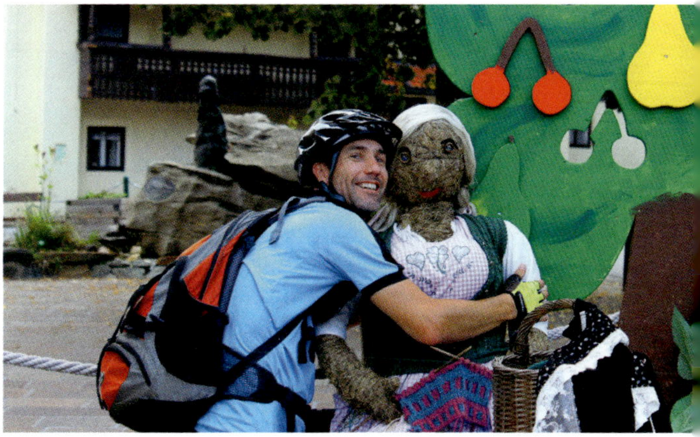

grenze zwischen Tirol und Salzburg: Wir verlassen den Pinzgau und kommen ins Zillertal, wo wir uns in Gerlos eine Unterkunft suchen.

ROUTENBESCHREIBUNG
T12-E03-Mittersill-Gerlos.gpx

WP | km | Hm

0 | 0 | 792 | Am Stadtplatz an der B 165 am Rathaus vorbei in die Rathausgasse abbiegen und bis zur Salzach. Dort links und auf dem Kürsingerdamm der BR Richtung Hollersbach entlang der Salzach nach. Zum Schluss einem Seitenarm nach.

Fast wie im Märchenwald: am Speicher Durlaßboden

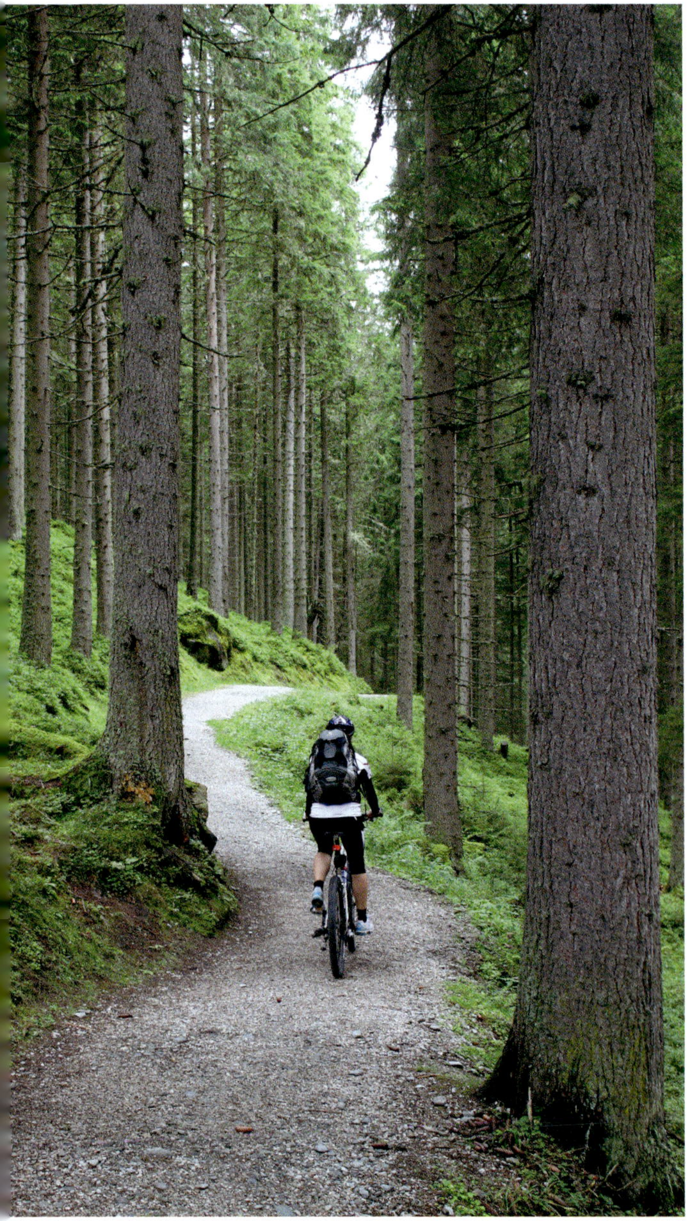

1 | 5,3 | 823 | Kurz nach Hollersbach hinein. Dann links über den Bach, nach knapp 400 m wieder links und im Rechtsbogen zur Salzach. Nun links davon weiter auf BR Richtung Bramberg.

2 | 8,2 | 816 | Geradeaus weiter an der Salzach und südlich an Bramberg vorbei nach Neukirchen. Am Tennisplatz und Beachvolleyball vorbei und dann links in die Bahnhofstraße. Unter der B 165 durch und in die Ortsmitte auf der Marktstraße weiter.

3 | 19,1 | 870 | Nach der Hauptschule am Posthof links in die Kreuzschiedstraße. Unter der B 165 durch und der BR Richtung Wald folgen. Bei den nächsten Häusern rechts, später über die Gleise und die Salzach nach Sulzau. Rechts über den Obersulzbach.

4 | 25,7 | 888 | In Wald an der Touristinformation links und kurz darauf wieder links über den Tunnelausgang der B 165 der BR Richtung Krimml folgen. Nach 500 m an der B 165 auf der linken Seite links, zwischen einigen Häusern hindurch und wieder zurück zur Hauptstraße. Auf Radweg neben der Hauptstraße weiter.

5 | 29,0 | 924 | Nach dem Bahnhof Krimml links über die Krimmler Ache und dann rechts auf Forstweg relativ steil bergauf. Nach zwei Serpentinen immer geradeaus durch den Wald auf der BR Richtung Krimmler Wasserfälle. Nach dem Wasserreservoir links und in einer S-Kurve zur Krimmler Ache zurück.

6 | 32,9 | 1063 | Die schmale Holzbrücke ist der Ausgangpunkt des Tauernradwegs. Danach links weiter bergauf zum asphaltierten Zugangsweg zu den Wasserfällen. Nach den Wasserfällen auf dem Zugangsweg zur Hauptstraße, unter dieser hindurch und an der Straße rechts. Nun auf der Gerlos-Mautstraße bergauf. Nach der Mautstelle am höchsten Punkt wieder bergab.

7 | 44,1 | 1508 | Beim Abzweig nach Königsleiten rechts, dann gleich wieder rechts, unter der Straße durch und bergab zum Stausee Speicher Durlaßboden. Auf Sträßchen am Ostufer entlang Richtung Wildgerlostal. Ein Stück unterhalb der Seespitze rechts über den Bach und auf der anderen Seite auf Forstweg wieder zurück und am Westufer nach Norden. Nach der Bärschlagalm 1,5 km auf Pfad und schmalem Schotterweg weiter. Dann nach rechts über die Staumauer.

8 | 52,9 | 1419 | Am Ende der Staumauer links zur B 165 und dort in Fahrtrichtung weiter bergab. Nach 300 m rechts und an den zwei Hütten links dem Pfad und schmalen Schotterweg nach Richtung Gerlos. Nach 1,5 km an der Straße links weiter.

9 | 57,6 | 1260 | Ankunft Gerlos.

Tag 4
Durchs Gerlostal und Zillertal

ÜBERNACHTUNG

Maurach am Achensee: Hotel Klingler, www.hotel-klingler.at. Persönlich, entspannt, familiär, zentral, alpin-gemütliches Design, gute Küche, hausgemachtes Eis.

TEILSTRECKEN

Gerlos–Kaltenbach: 33 km, 379 Hm (ohne Seilbahn)
Kaltenbach–Maurach: 27 km, 477 Hm
60 Kilometer
856 Höhenmeter bergauf
1810 Höhenmeter bergab
636 Höhenmeter mit Seilbahn
Ladestopp: Kaltenbach

Die heutige Etappe steht im Zeichen der Abfahrt und startet ganz entspannt: Mit der Isskogelbahn fahren wir auf 1900 Meter und folgen der Panoramatour 2000 durch das Skigebiet Zillertal Arena bis zur Kreuzwiesenalm. Mit Germknödeln gestärkt, machen wir uns an die 1300-Höhenmeter-Abfahrt, die uns in Serpentinen durch Gerlosberg bis nach Zell am Ziller führt. Zell ist einer der Etappenorte der »Zillertal Bike Challenge«, bei der sich im Juli Profis und Hobby-Biker die hochprozentigen Steigungen hinaufkämpfen. Sie gilt als härtestes Mountainbike-Rennen der Alpen. Kulturellen Ausgleich bietet eine Führung durch das Goldschaubergwerk und die Schaukäserei. Von Zell am Ziller geht es für weitere 30 Kilometer auf dem Zillertal-Radweg durch den ebenen und sonnigen Talgrund. Müde Radler können auch einige Kilometer mit der Zillertalbahn zurücklegen, die zwischen Mayrhofen und Jenbach verkehrt. Am Ende des Zillertals folgen wir dem Innradweg bis Jenbach und von dort der Via Bavarica Tyrolensis die letzten schweißtreibenden 450 Höhenmeter hinauf nach Maurach am Achensee. Wer sein Pulver für die letzte Auffahrt bereits verschossen hat, fährt bequem mit dem Postbus ab Jenbach oder Wiesing oder mit der nostalgischen Achenseebahn, Europas ältester dampfbetriebener Zahnradbahn.

ROUTENBESCHREIBUNG
T12-E04-Gerlos-Maurach.gpx

WP | km | Hm

0 | 0 | 1260 | Von Gerlos zur Isskogelbahn am Ortseingang neben der B 165 im Ortsteil Oberhof.

1 | 1,0 | 1257 | Talstation der Isskogelbahn.

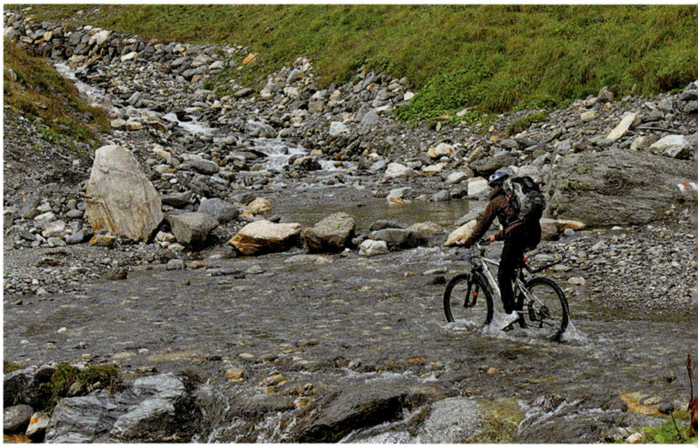

Schnell durch: auf dem Panoramaweg 2000 Richtung Kreuzwiesenalm oberhalb Gerlos

2 | 1,1 | 1893 | Bergstation der Isskogelbahn. Links auf der ausgeschilderten Arena Panorama Tour 2 (unterwegs manchmal auch als Tour 2000 oder Tour Nr. 443) auf Schotterweg bergauf. Kurz darauf rechts halten und dann nach links an der Latschenalm vorbei. Letzte Einkehrmöglichkeit bis zur Kreuzwiesenalm. An der nächsten Gabelung links halten in Fahrtrichtung.

3 | 2,1 | 2005 | Dort ist der höchste Punkt erreicht. Rechts geht es zum Isskogel hinauf. Nun flott bergab auf dem Schotterweg vorbei an der Innerertensalm. Dort links auf der Panoramatour 2 über den Bach leicht bergauf Richtung Kreuzwiesenalm. Bis zur Kreuzwiesenalm nun leicht wellig dahin. Achtung, bei den Gerlostalalmen nicht versehentlich geradeaus, sondern links leicht bergab und unterhalb daran vorbei. 1,3 km nach der Außerertensalm nach rechts zur Kreuzwiesenalm.

4 | 12,0 | 1888 | Kreuzwiesenalm. Danach nicht weiter auf der Panorama Tour 2000, sondern auf Schotterweg Nr. 441 bergab Richtung Gerlosberg. Nach drei langen Kehren und knapp 5 km auf Asphalt weiter flott bergab.

5 | 18,1 | 1256 | In Gerlosberg an der Hauptstraße links und dann auf dieser weiter bergab durch den Ort. Nochmals mehrere Serpentinen, dann kommen wir wieder an die B 165. Dort rechts und nach 300 m links in die Gerlosstraße in den Ort Zell am Ziller.

6 | 24,9 | 577 | In der Ortsmitte über die Schienen und kurz darauf rechts halten bis an den Fluss Ziller. Nun rechts und dem gut ausgeschilderten Zillertal-Radweg Richtung Strass folgen. Nach Aschau rechts zum Ziller und dann links 1,5 km auf Forstweg weiter. Danach immer linksseitig am Ziller entlang auf Radweg oder Nebenstraße.

7 | 39,4 | 541 | Möglichkeit zum Abstecher nach

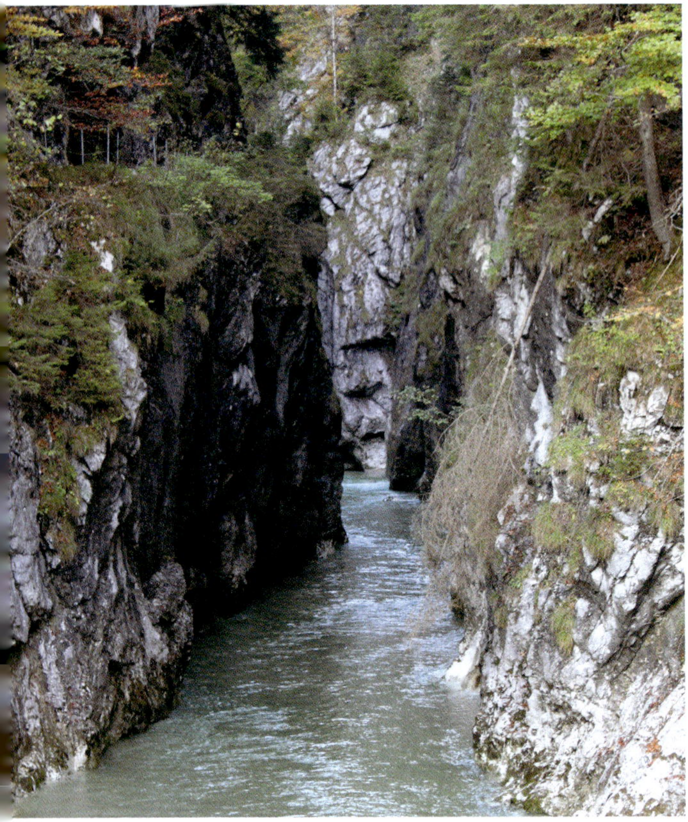

Durch die Kaiserklamm in der Nähe des Kaiserhauses wurde einst das Holz ins Tal getriftet. Heute kann man sie zu Fuß oder mit dem Kajak erkunden.

Fügen. Ansonsten geradeaus weiter. In Schlitters kommt man am Badesee vorbei.

8 | 46,9 | 526 | An der B 171 trifft der Zillertal-Radweg auf den Innradweg. Nun geradeaus weiter unter der B 171 durch, am Klärwerk vorbei und kurz danach links auf Radweg am Inn entlang. 4 km weiter, nach dem Unterqueren der Straßen- und Eisenbahnbrücke, nach rechts auf überdachter Brücke über den Inn. Danach rechts. Nach 1,3 km unterquert man die A 12 nach links und fährt in den Ort Wiesing. Der ausgeschilderten Via Bavarica Tyrolensis Richtung Achensee bergauf folgen.

9 | 54,7 | 700 | Am Ortsausgang von Wiesing die B 181 unterqueren und dann ein Stück auf Forstweg weiter. Unter B 181 durch. Nun beginnt ein recht steiles Stück Schotterweg bis zum höchsten Punkt.

10 | 57,2 | 973 | In Eben links über die Gleise und auf Nebenstraße und Radweg bis Maurach. Ab dem Bahnhof Maurach auf Radweg neben Schienen weiter. 600 m weiter nach rechts die Schienen überqueren, 150 m zurück und am Kreisverkehr ins Zentrum.

11 | 60,0 | 938 | Ankunft Maurach.

Tag 5
Durch die Brandenberger Alpen

ÜBERNACHTUNG

Kiefersfelden: siehe Tag 1

TEILSTRECKEN

Maurach–Kaiserhaus: 36 km, 403 Hm
Kaiserhaus–Kiefersfelden: 32 km, 447 Hm
68 Kilometer
850 Höhenmeter bergauf
1304 Höhenmeter bergab
Ladestopp: Kaiserhaus

Wir starten am Ostufer des rund acht Kilometer langen Achensees und folgen weiter der Via Bavarica Tyrolensis. Alternativ kann man den See mit einem Schiff der Achenseeschifffahrt überqueren und – sofern Platz ist – das Fahrrad zum halben Preis mitnehmen. Durch den lang gezogenen Ort Achenkirch geht es unterhalb der drei Unnütze vorbei. Über den alten Steinbergweg gelangen wir zwischen Unnütz und Guffert bis nach Steinberg im Rofan. Von dort folgen wir dem Adlerweg, einem Weitwanderweg durch ganz Tirol, dessen Hauptroute im Verlauf einem Adler mit ausgebreiteten Schwingen gleicht. Wir fahren hinunter nach Pinegg und erreichen kurz darauf das Kaiserhaus an der Brandenberger Ache, das seine Gäste mit Tiroler Küche und hausgemachten Kuchen verwöhnt. In dem über 500 Jahre alten Forsthaus nächtigten einst schon Kaiser Franz und seine Sisi. Nach ihm benannt wurde auch die sehenswerte Kaiserklamm, an der unsere Route direkt vorbeiführt. Von hier aus fahren wir über Hinterthiersee nach Thiersee, wo der gleichnamige See zum Baden einlädt. Fast unbemerkt überqueren wir die Grenze zurück nach Deutschland und fahren entlang der Schienen der Wachtlbahn zurück ins Zentrum von Kiefersfelden.

ROUTENBESCHREIBUNG
T12-E05-Maurach-Kiefersfelden.gpx

WP | km | Hm

0 | 0 | 938 | Zurück zum Kreisverkehr und wieder über die Schienen wie am Vorabend. Dann nach rechts auf Radweg zum See.

1 | 1,6 | 947 | Am Südostende des Achensees nach rechts und nun auf der ausgeschilderten Via Bavarica Tyrolensis (grüne quadratische Schilder mit rotem Punkt) Richtung Achenkirch am Ostufer entlang.

2 | 11,8 | 942 | Am Nordufer auf Nebenstraße parallel zur B 181 durch Achenkirch.

3 | 15,4 | 910 | Kurz nach der Bushaltestelle, an der Gabelung vor dem roten Haus mit zwei großen Balkonen, rechts dem Weg 461 auf Sträßchen leicht bergauf folgen. Kurz darauf über die B 181 und weiter bergauf. 600 m weiter auf Forstweg auf dem Alten Steinbergweg Nr. 433 Richtung Steinberg bergauf. Nach 2,5 km, kurz nach dem höchsten Punkt, wieder bergab.

4 | 21,1 | 1031 | An der Straße nach Steinberg rechts, an der oberen Bergalm vorbei und auf der Straße weiter leicht bergauf.

5 | 24,6 | 1023 | In Steinberg am Rofan an der Gabelung kurz nach dem Waldhäusl links halten Richtung Kaiserhaus. Nun dem Adlerweg bzw. Weg 401 auf kleinem Sträßchen folgen. Nach 1,3 km erreicht man den höchsten Punkt. Nun bergab für 2 km, dann links halten und wieder bergauf. Kurz darauf auf Schotterweg weiter. Nun 4,5 km bergab auf Schotterweg.

6 | 34,1 | 719 | In Pinegg links. Ab hier erst eben weiter und dann wieder leicht bergauf Richtung Kaiserhaus und Kaiserklamm an der Brandenberger Ache entlang. Dann auf gutem Schotterweg weiter und an der Gabelung rechts halten. Am nahe gelegenen Kaiserhaus vorbei Richtung Kaiserklamm. Dort über die Brücke und nun immer der Schotterpiste bergauf Richtung Thiersee folgen, dem Adlerweg am Ellbach entlang.

7 | 43,1 | 893 | An der Gabelung, wo es geradeaus weiter, schräg rechts und schräg links geht, ein paar Meter vorher scharf rechts Richtung Hinterthiersee. Nun auf Forstweg ein Stück bergauf. Dann auf gleicher Höhe immer in Fahrtrichtung weiter. Nach 3,2 km an der ersten Gabelung links und kurz darauf rechts halten.

8 | 49,0 | 955 | An der Spitzkehre geradeaus weiter bergab. Nun in Fahrtrichtung auf dem Schotterweg weiter, zum Schluss auf der Straße. An der Hauptstraße rechts und durch den Ort Hinterthiersee. Danach weiter auf der Straße Richtung Thiersee.

9 | 55,4 | 789 | Nach den ersten Häusern des Ortes Thiersee rechts bergauf Richtung Pendling und Kala-Alm. 600 m weiter, im Ortsteil Schneeberg, links auf kleines Sträßchen Richtung Kufstein/Vorderthiersee. 900 m weiter auf Forstweg. Kurz darauf steil bergab (vorsichtig und langsam fahren!) bis zum Thiersee, zum Schluss auf Asphalt. Am See vorbei bis zur Hauptstraße. Dort rechts Richtung Kufstein und an den zu Vorderthiersee gehörenden Häusern vorbei.

10 | 60,6 | 657 | Am Ortsausgang von Vorderthiersee links auf kleinem Sträßchen der gelben Beschilderung Richtung Kiefersfelden nach. 800 m weiter, bei den letzten Häusern, rechts und gleich wieder links, weiterhin in Richtung Kiefersfelden. Kurz darauf auf Forstweg weiter, nun bergab. An der Gabelung links nach unten halten. Am Gasthof Wachtl vorbei, kurz bergab und über die Bachbrücke. Nun rechts und auf Straße am alten Bahnhof vorbei. Weiter auf der Thierseestraße am Kieferbach und den Schienen entlang bis zur Hauptstraße in Kiefersfelden. Rechts über die Brücke und nach 400 m links.

11 | 67,9 | 486 | Bahnhof Kiefersfelden.

Auf dem Weg nach Steinberg am Rofan: der Guffert

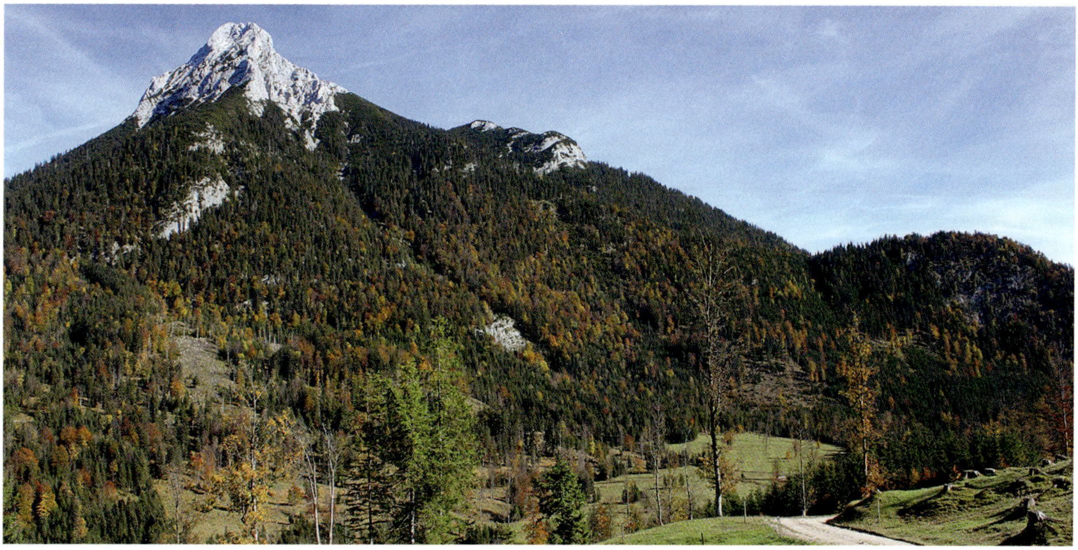

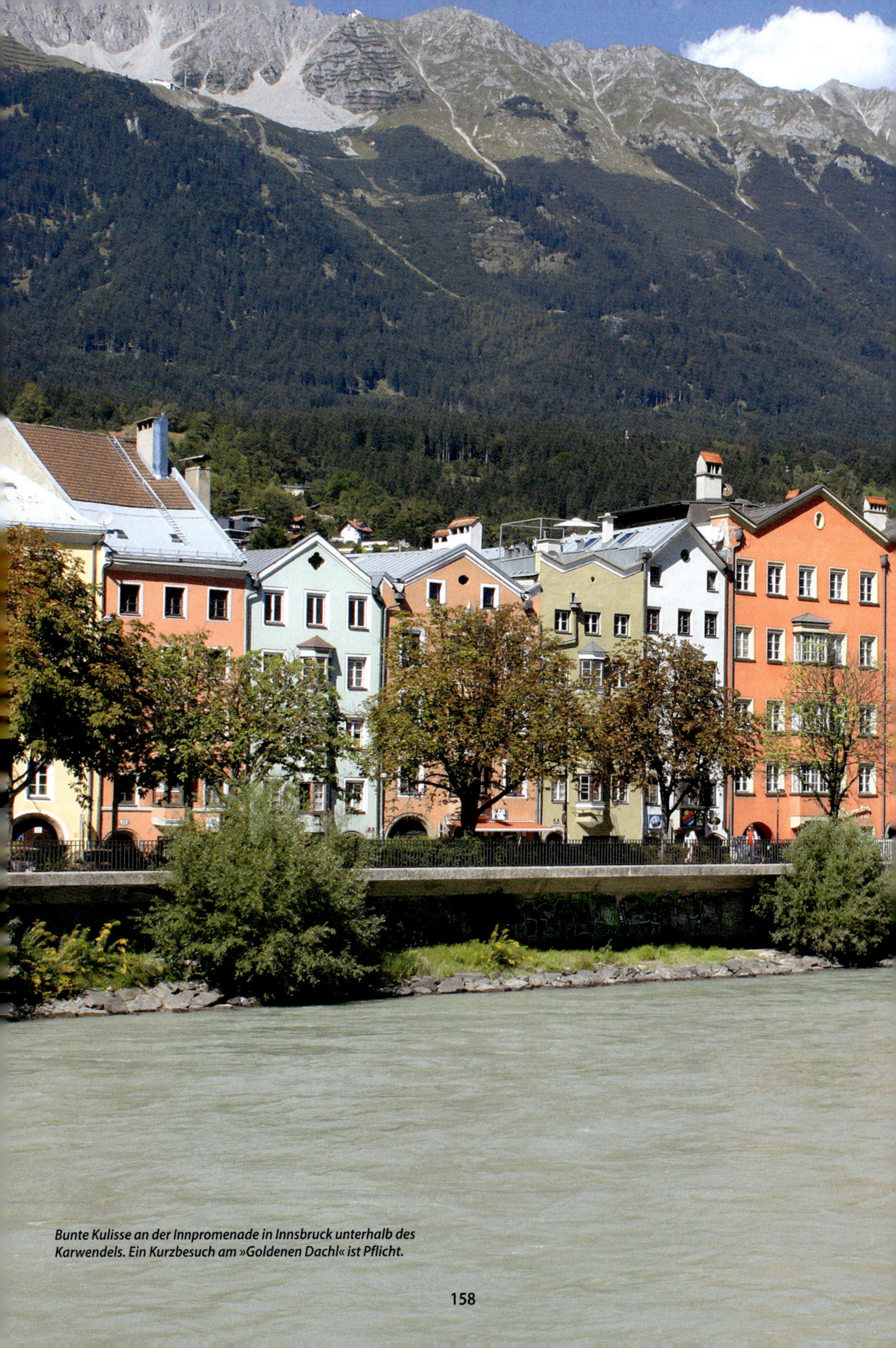

Bunte Kulisse an der Innpromenade in Innsbruck unterhalb des Karwendels. Ein Kurzbesuch am »Goldenen Dachl« ist Pflicht.

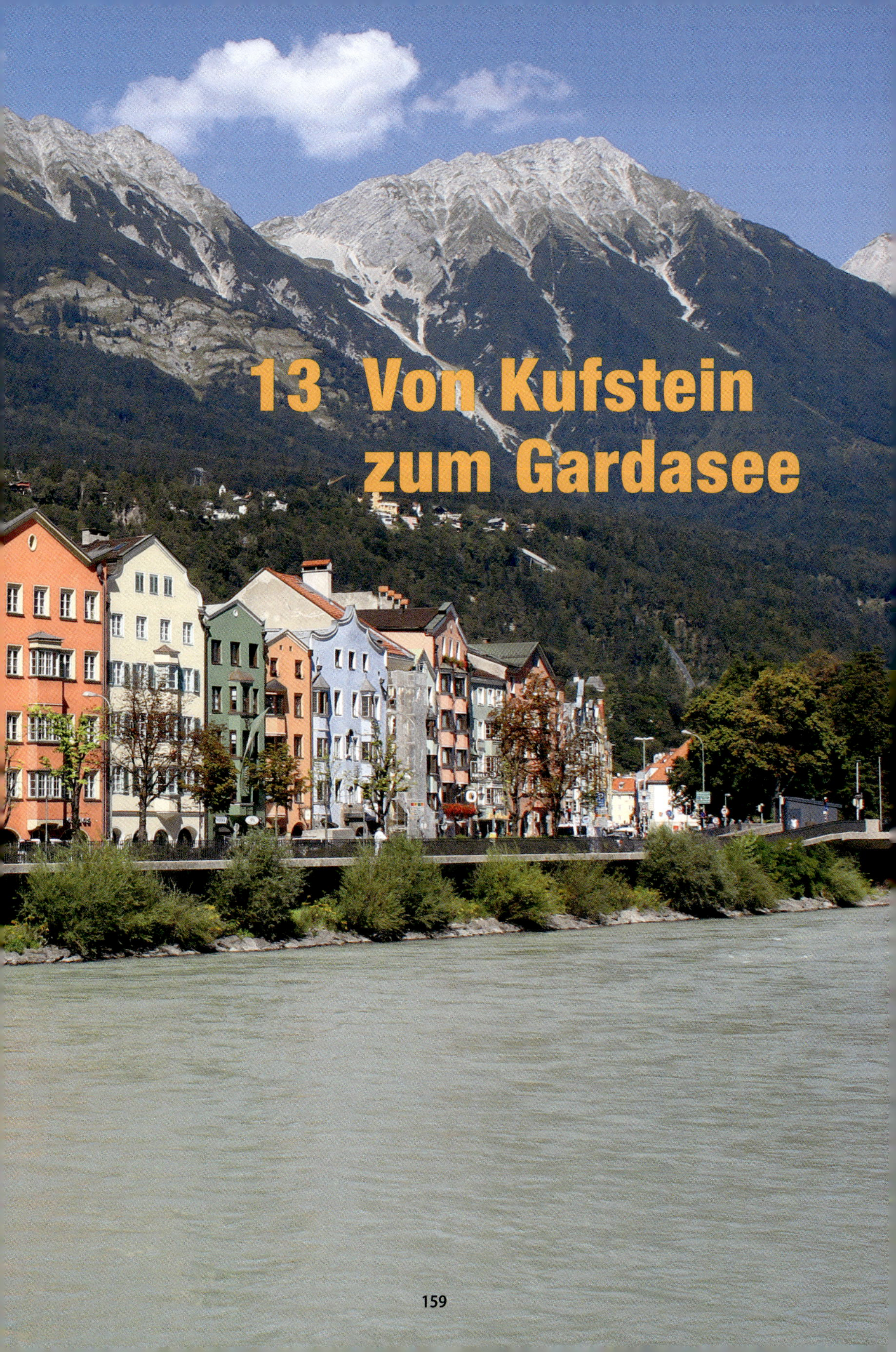

13 Von Kufstein zum Gardasee

13 Von Kufstein zum Gardasee

Durch Inntal, Wipptal, Eisacktal und Etschtal: die Cappuccino-Tour

Schwierigkeit	Erlebniswert	Höhenmeter (in m)	Streckenlänge (in km)	Zeit (in Tagen)
1	✪✪✪✪✪	Mit Rad: 1717 Gesamt: 1717	Mit Rad: 328 Gesamt: 328	4–5

TOURENCHARAKTER

AUSGANGSPUNKT
Bahnhof Kufstein

ENDPUNKT
Torbole am Gardasee

ANFAHRT
Bahn: Von Ulm über München und von Bregenz über Innsbruck gut erreichbar.
Auto: Von Ulm über München und von Bregenz über Innsbruck gut erreichbar. Parkplatz bei der Raiffeisenstraße unterhalb der B 171 am Südende des Bahnhofs.

RÜCKFAHRT
Von Torbole mit Rad oder Bus (Info im allg. Teil) nach Rovereto. Ab dort Verbindungen mit Regional- oder Fernzügen über Bozen und Brenner nach Innsbruck und von dort weiter nach Bregenz oder über Kufstein nach München.

KONDITION
✪✪✪✪✪

FAHRTECHNIK
✪✪✪✪✪

ERLEBNISWERT
Fahrspaß: ✪✪✪✪✪ – Es überwiegen gemütliche Strecken. Schöne lange Abfahrt vom Brenner bis Bozen.
Landschaft: ✪✪✪✪✪ – Grüner Inn, reizvolles Wipptal, enges Eisacktal, ausgedehnte Obstanbaugebiete im Etschtal.
Kultur und Geschichte: ✪✪✪✪✪ – Historisches Innsbruck, Kristallwelten Wattens, Silberbergwerk Schwaz, geschichtsträchtiges Sterzing und Trient. Landeshauptstadt Bozen.

STRECKENPROFIL
Asphalt: 311 km
Schotter-/Forstweg: 17 km
Leichte Tour, fast ausschließlich auf Asphalt. Relativ steile Auffahrt zwischen Innsbruck und Igls, mäßige Steigung zwischen Matrei und Brenner. Ansonsten fast keine Steigungen. Lange Abfahrt vom Brenner nach Bozen. Schön angelegte separate Radwege beim Innradweg, Eisacktal-Radweg und Etschtal-Radweg.

HÖCHSTE PUNKTE
1374 m, Brenner

NIEDRIGSTER PUNKT
70 m, Torbole

ALLGEMEINE INFOS
Tourismusinformation, Tel. +43/(0)5372/622 07, www.kufstein.com, Tourismusinformation, Tel. +43/(0)512/598 50, www.innsbruck.at, www.matrei-brenner.tirol.gv.at, www.hall-in-tirol.at, www.wattens.com, www.kristallwelten.at, www.wipptal.at, www.sterzing.de, www.bolzano-bozen.it, www.trient.de, www.torbole.com/de, www.gardasee.de.

LANDKARTEN
Kompass Wanderkarten Blatt 9, 28, 36, 44, 54, 56, 74, 75, 101 in Papier oder digital zum Selbstausdrucken.

GPS/ROADBOOK
T13-E01-Kufstein-Innsbruck.gpx
T13-E02-Innsbruck-Sterzing.gpx
T13-E03-Sterzing-Neumarkt.gpx
T13-E04-Neumarkt-Torbole.gpx

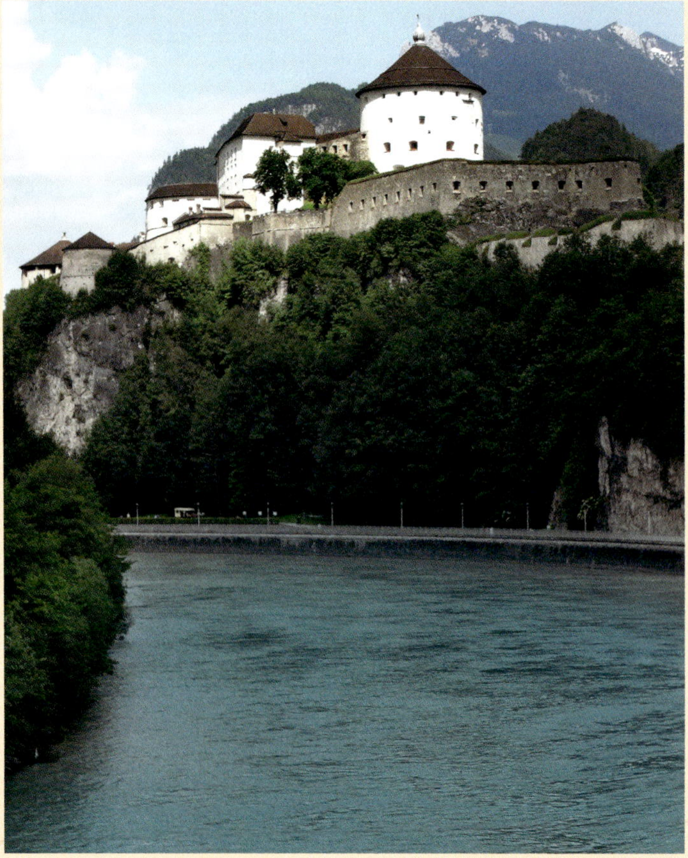

Die ehrwürdige Festung in Kufstein am Inn ist diesmal Start auf dem Weg zum Gardasee.

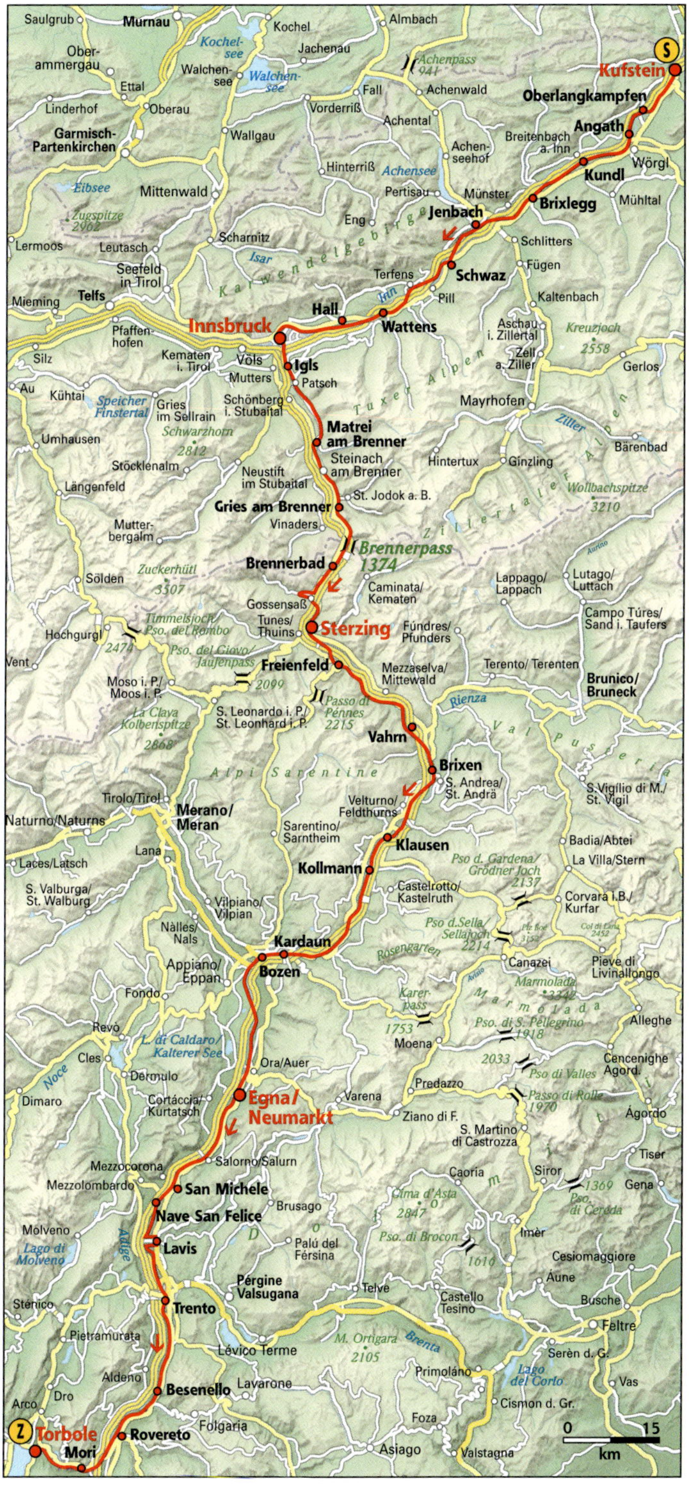

S
Kufstein
Oberlangkampfen
Angath
Kundl
Brixlegg
Jenbach
Schwaz
Wattens
Hall
Innsbruck
Igls
Matrei am Brenner
Gries am Brenner
Brennerpass 1374
Brennerbad
Sterzing
Freienfeld
Vahrn
Brixen
Klausen
Kollmann
Kardaun
Bozen
Egna/ Neumarkt
San Michele
Nave San Felice
Lavis
Trento
Besenello
Rovereto
Mori
Z
Torbole
0
15
km

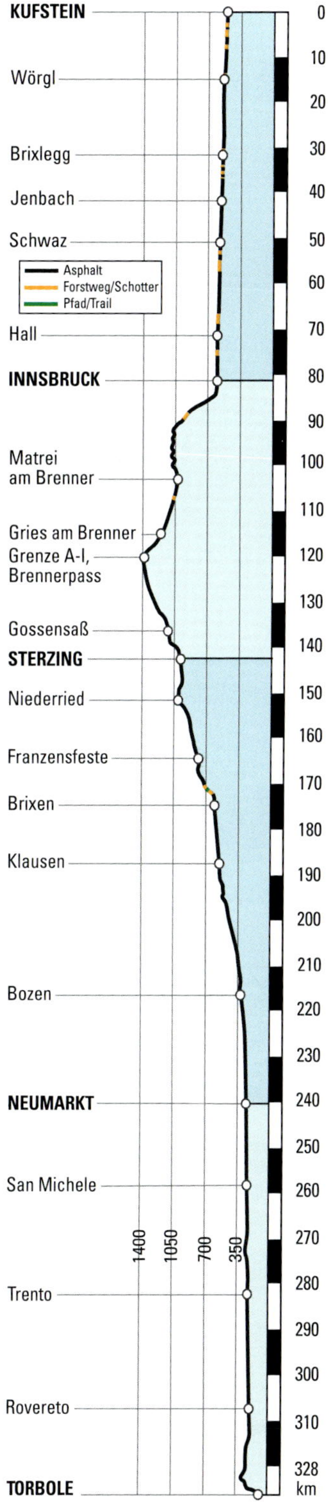

KUFSTEIN
Wörgl
Brixlegg
Jenbach
Schwaz
Asphalt
Forstweg/Schotter
Pfad/Trail
Hall
INNSBRUCK
Matrei am Brenner
Gries am Brenner
Grenze A-I, Brennerpass
Gossensaß
STERZING
Niederried
Franzensfeste
Brixen
Klausen
Bozen
NEUMARKT
San Michele
Trento
Rovereto
TORBOLE
1400
1050
700
350
0
10
20
30
40
50
60
70
80
90
100
110
120
130
140
150
160
170
180
190
200
210
220
230
240
250
260
270
280
290
300
310
328 km

Ist eine Alpenüberquerung nur etwas für durchtrainierte Biker? Nein, denn es geht auch anders. Mit nur einer relativ leichten Passüberquerung kommen bei dieser Tour nur wenige Höhenmeter zusammen. Und durch reizvolle Landschaften führt sie trotzdem – ein Bike-Vergnügen für die ganze Familie.

Tag 1
Von Kufstein nach Innsbruck

ÜBERNACHTUNG

Kufstein: Hotel Goldener Löwe, www.goldener-loewe.at. Zentral im Herzen der Stadt, gute traditionelle Küche, Fahrradkeller, Fahrradwaschmöglichkeit und -werkzeug.
Innsbruck: Hotel Tautermann, www.hotel-tautermann.at. Ruhig, zentrumsnah, entspannt, radlerfreundlich, herzlicher Empfang, abwechslungsreiches Frühstück, preiswert.

TEILSTRECKEN

Kufstein–Jenbach: 41,5 km, 98 Hm
Jenbach–Innsbruck: 40 km, 54 Hm
81,5 Kilometer
152 Höhenmeter bergauf
54 Höhenmeter bergab
Ladestopp: Rotholz (Rest. Esterhammer), Pill (Rest. Pension Klausen)

Unsere erste Etappe ist perfekt zum Einradeln, denn heute stehen die wenigsten Anstiege auf dem Plan. Wir starten in Kufstein, der zwischen Pendling und Kaisergebirge liegenden »Perle Tirols«. Schon von Weitem sehen wir das Wahrzeichen der Stadt, die majestätisch über dem grünen Inn thronende Festung. Von hier aus fahren wir entspannt über den Innradweg bis nach Innsbruck: vorbei an Wörgl am Eingang des Brixentals über Brixlegg am Eingang des Alpbachtals bis nach Wiesing und Jenbach am Eingang des Zillertals. Kurz darauf legen wir in der Silberstadt Schwaz eine Rast in der mittelalterlichen Altstadt ein. In der ehemals größten Bergbaumetropole Europas kann man heute noch im Silberbergwerk Schwaz den Spuren der Bergleute folgen. Eingerahmt vom Karwendelgebirge im Norden und den Tuxer Voralpen im Süden fahren wir weiter in die Stadt Wattens, die seit 1995 die Swarovski Kristallwelten beherbergt. Von dort führt uns der Innradweg direkt in die Innenstadt von Innsbruck, deren prunkvolle Bauten aus der Zeit Kaiser Maximilians I. uns auf eine kleine Reise in die Vergangenheit mitnehmen.

Gedeckte Holzbrücke über die Wildschönauer Ache in Kundl

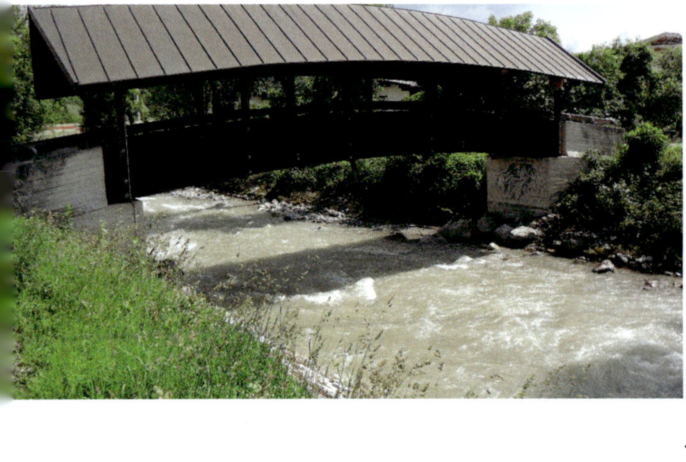

ROUTENBESCHREIBUNG

T13-E01-Kufstein-Innsbruck.gpx

WP | km | Hm

0 | 0,0 | 473 | Vom Bahnhof Kufstein über die Innbrücke. Am Ende der Brücke noch ein Stück geradeaus zur Fußgängerzone, dann links unter dem Gebäude durch und in einem Linksbogen auf den Innradweg nach links Richtung Innsbruck. An der übernächsten Brücke (nur für Fußgänger und Radler) wieder über den Inn und rechts davon weiter, teilweise auf Schotter.

1 | 8,9 | 489 | Auf Höhe von Kirchbichl macht der Inn eine Doppelschleife, die der Radweg jeweils abkürzt.

2 | 12,9 | 502 | In Angath an der ersten Kreuzung schräg rechts und durch den Ort. Danach am Inn weiter.

3 | 16,9 | 506 | An der nächsten Gabelung nach einer Linkskehre erst ein paar Meter zurück und dann über die A 12. Auf der anderen Seite eine Rechtskehre machen, gleich noch mal rechts und dann links am Gewerbepark vorbei. Kurz danach, 100 m vor dem Kreisverkehr, links durch den Gewerbepark an der Tankstelle vorbei und am Ende links halten. Unter der Straße durch und gleich rechts auf kleine Nebenstraße. Nun immer rechts an den Schienen entlang.

4 | 20,8 | 509 | Links unter den Gleisen durch und rechts weiter. Eine gedeckte Holzbrücke überqueren und kurz darauf an der T-Kreuzung rechts und unter den Schienen durch, dann links und den Schienen entlang. 500 m weiter nach rechts (auf Markierung auf der Straße achten) und nach einem Linksbogen unter der Straße durch und auf Radweg am Gießenbach entlang.

5 | 27,0 | 514 | Nun nach rechts vom Gießenbach abzweigen und erst nach Radfeld, dann weiter nach Rattenberg. An der Hauptstraße in Fahrtrichtung schräg rechts weiter auf der Dorfstraße bis zum Inn. Über die Brücke und links auf Forstweg den Inn entlang.

6 | 32,2 | 522 | 2 km weiter an Brixlegg vorbei, teilweise auf Forstweg. Nach 3,9 km, am Eingang des Zillertals, kommt von links der Fluss Ziller. Diesem nach links kurz folgen, auf der Straße über den Ziller nach rechts, unter der Straße durch und am Ziller kurz etwas zurück, bis der Radweg wieder auf den Inn trifft. Nun weiter links am Inn entlang.

7 | 41,6 | 533 | Kurz nach dem Unterqueren einer Brücke rechts über die überdachte Innbrücke und dann links an Jenbach vorbei.

8 | 53,7 | 550 | Nach links in den Ort Altmahd/Unterschick. Am Kreisverkehr links und gleich darauf wieder rechts. Auf der Bahnbrücke über den Vomper Bach, kurz auf die Straße und zu den Schienen zurück. An der Bahnhaltestelle Pill-Vomperbach vorbei und den Schienen linksseitig dem Forstweg folgen. In Terfens nach links über den Inn, unter der A 12 durch und gleich rechts weiter. Im Ort Kolsass erst links, dann scharf rechts und weiter Richtung Wattens.

9 | 62,4 | 555 | Kurz vor Wattens an der Kreuzung rechts und dann nach links an der A 12 entlang. Später erst links, dann rechts in die Linke Ufergasse. Geradeaus weiter in die Neubaugasse. An der T-Kreuzung rechts in die Bahnhofstraße und gleich darauf links in die Ritter-Waldauf-Straße. An den Tennisplätzen vorbei und an der nächsten T-Kreuzung links auf Nebenstraße.

10 | 66,0 | 561 | An der T-Kreuzung kurz vor dem Ortseingang von Volders rechts und gleich wieder rechts in die Bahnhofstraße. 350 m weiter rechts unter der A 12 durch und rechtsseitig auf Radweg, der dann zum Forstweg wird, an A 12 entlang.

11 | 71,0 | 568 | Rechts auf Holzbrücke über den Inn bis zu den Schienen und dann links der Straße Obere Lend immer geradeaus folgen.

12 | 73,0 | 569 | Nicht nach rechts der Nebenstraße folgen, sondern weiter den Schienen nach, dann den Inn entlang. 4,6 km weiter kommt der Radweg in Innsbruck an die B 171. Dem Radweg an der linken Straßenseite am Inn entlang weiter folgen. Danach an der B 171 nach links über die Mühlauer Innbrücke und gleich rechts auf die Franz-Greiter-Promenade am Inn weiter.

13 | 81,4 | 571 | Ankunft am Marktplatz Innsbruck. Nun nach links in den Marktgraben und wieder links in die Fußgängerzone.

Tag 2
Vom Inntal durchs Wipptal

ÜBERNACHTUNG

Matrei: Traditionshotel Krone, www.krone-matrei.at, Tel. +43/(0)5273/62 28. Gemütlich, schöne Zimmer, leckeres Frühstück, Wellnessbereich, Radlgarage.
Sterzing: Hotel Hubertushof, www.hotel-hubertushof.it. Günstig, freundlich, familiär, sauber, ruhige gute zentrale Lage, hauseigene Pizzeria.

TEILSTRECKEN

Innsbruck–Matrei: 21 km, 663 Hm
Matrei–Sterzing: 39 km, 450 Hm
60 Kilometer
1113 Höhenmeter bergauf
743 Höhenmeter bergab
Ladestopp: Matrei

Von Innsbruck aus geht es heute durchs Wipptal über den Brenner in die alte Fuggerstadt Sterzing. Das erste Stück zwischen Innsbruck und Brenner ist steiler und stärker befahren als der Rest der Route. Wer Höhenmeter sparen möchte, kann die 21 Kilometer und 660 Höhenmeter von Innsbruck nach Matrei auch mit dem Zug fahren. In Matrei befindet sich die erste Bahn-Haltestelle auf dem Weg zum Brenner. Wir wählen jedoch den Weg des größeren Widerstandes und kurbeln selbst über Igls und Patsch nach Matrei. Hinter Patsch haben wir einen tollen Blick auf die 190 Meter hohe und bei Bungee-Springern sehr beliebte Europabrücke. Nach einer deftigen Brotzeit in Matrei folgen wir der Sill nach Steinach und kommen kurz darauf an der Baustelle eines Erkundungsstollens des Brennerbasistunnels vorbei, der das vom Verkehr geplagte Wipptal entlasten soll. Wir folgen der Brennerstraße bis Gries am Brenner und erreichen nach einer kurzen

Von Innsbruck zum Brenner führt das weitläufige Wipptal.

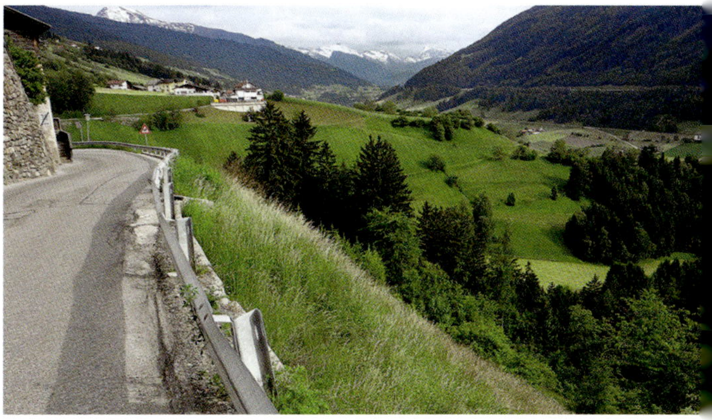

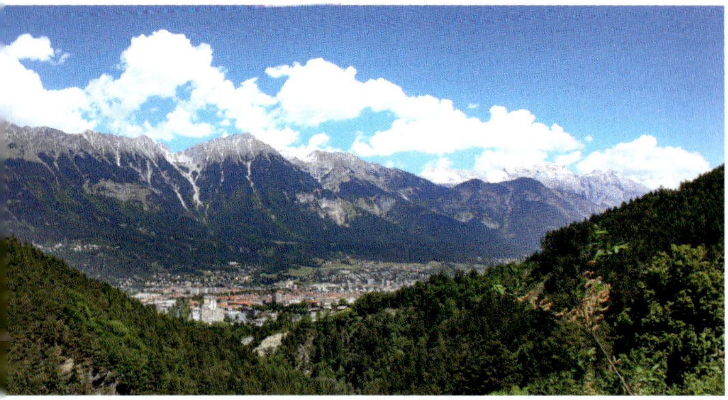

Herrlicher Blick auf Innsbruck und Karwendelgebirge auf der Strecke nach Matrei am Brenner

Steilstufe vor dem Brennersee die Passhöhe auf 1370 Metern. Hier – am niedrigsten Gebirgspass des östlichen Alpenhauptkamms – beginnt Italien. Und gleichzeitig auch der Eisacktal-Radweg, dem wir mit einer Schleife ins Pflerschtal bis nach Sterzing folgen.

ROUTENBESCHREIBUNG
T13-E02-Innsbruck-Sterzing.gpx

WP | km | Hm

0 | 0 | 575 | Vom Marktgraben in den Burggraben und rechts weiter in der Museumsstraße. Am Nordende vom Hauptbahnhof unter den Schienen durch und rechts in die Amraser Straße. Nach der Brücke über die Sill rechts in die Hunoldstraße die Sill entlang.

1 | 2,5 | 593 | Dort, wo die Sill unter der Straße weiterführt und die Straße in die Klostergasse neben der A 12 mündet, das Rad auf die Fußgängerüberführung schieben und über die A 12. Auf der anderen Seite links, unter der A 13 durch und bergauf bis zur Igler Straße. Nun rechts und dieser bergauf folgen.

2 | 5,9 | 862 | Kurz nach dem Ortseingang von Igls rechts in den Fernkreuzweg. 200 m weiter an der Gabelung links und über Felder weiter. Dann die Hauptstraße überqueren und auf der Dorfstraße in den Ort Patsch. Über Kirchstraße und Dorfstraße weiter. Dann rechts in den Zollerweg und diesem nach links folgen. Am Ende nach rechts auf die L 38 Richtung Brenner. Danach über Mühlbach, Ellbögen und Pfons nach Matrei am Brenner. Dort an der Brennerstraße B 182 links und durch den Ort Richtung Brenner.

3 | 21,1 | 990 | Nach 200 m links in kleine Straße und unter den Bahngleisen durch. Nun gleich wieder rechts und nach 80 m links auf kleinen Schotterweg. Dann über eine neue überdachte Holzbrücke über die Sill und danach rechts dem asphaltierten Radweg der Sill entlang folgen. 700 m nach der ersten Brücke kommt man an der zweiten Holzbrücke vorbei, überquert diese aber nicht.

4 | 22,6 | 1007 | Bei der T-Kreuzung rechts und über die dritte Brücke die Sill überqueren. Nach 100 m an der T-Kreuzung im Ortsteil Statz links und auf Nebenstraße parallel zur Hauptstraße, Sill und Schienen.

5 | 24,6 | 1031 | Links über die kleine Holzbrücke dem unauffälligen Schild »Steinach« folgen. Nach 100 m beginnt ein 1 km langes Schotterstück die Sill entlang. Am Ortseingang bei Steinach am Tennisplatz vorbei.

6 | 26,3 | 1058 | An der T-Kreuzung vor den Bahngleisen links und die Schienen entlang. Zuerst kurz direkt neben den Schienen, dann nach links etwas weg davon, an der nächsten Kreuzung rechts halten und wieder zu den Schienen hin. Vor der Unterführung links auf dem Promenadenweg die Schienen entlang und hinter dem Bahnhof vorbei. Nach Einmündung in den Padasterweg nach rechts und 200 m später in einer Rechtskurve nach links Richtung Wipptaler Wanderweg. An der nächsten Gabelung 200 m später rechts halten Richtung Schienen.

7 | 28,0 | 1084 | 200 m später im Ortsteil Siegreid rechts und unter der Unterführung durch. Dann der Straße nach links den Schienen weiter folgen. Nach 300 m rechts über die kleine Brücke und auf die B 182 nach links Richtung Brenner. Auf dieser nun durch Gries und weiter zum Brenner.

8 | 38,1 | 1371 | Am Brenner geradeaus halten, über die italienische Grenze und an den Einkaufszentren vorbei. Am Ortsausgang rechts auf den großen Parkplatz. An dessen Ende beginnt der asphaltierte Eisacktal-Radweg, der auch als BR (= Bike Route) Richtung Sterzing beschildert ist. Diesem folgen wir bis Franzensfeste.

9 | 42,1 | 1335 | Kurz vor Brennerbad kommt der Radweg auf die SS 12, um die Schienen zu überqueren, danach wieder separat weiter.

10 | 54,1 | 1082 | Der Radweg macht einen großen Bogen ins Pflerschtal und kommt nun bei WP 7 in Gossensaß wieder unterhalb zur Brennerautobahn raus. Nach dem Unterqueren der A 22 zweigt der Radweg von der SS 12 nach links ab und führt über einen kleinen Bach. Danach rechts und den Schienen folgen.

11 | 56,7 | 1076 | Im Ort Oberried rechts halten und auf Nebenstraße zu den Schienen. Nach der Rosskopfbahn in Sterzing kommt die BR zur SS 12, biegt nach rechts ab und führt geradeaus weiter an der Kitzbühlerstraße. 100 m weiter schräg links in die Altstadt.

12 | 60,3 | 945 | Am Ende der Fußgängerzone Ankunft am Untertorplatz.

Tag 3
Durchs Eisacktal nach Neumarkt

ÜBERNACHTUNG

Neumarkt: Hotel Andreas Hofer, www.hotelandreashofer.com. Familiengeführt, gemütlich, traditionell, historisches Gebäude, radlerfreundlich, sehr gute Küche.

TEILSTRECKEN

Sterzing–Brixen: 33 km, 199 Hm
Brixen–Bozen: 42 km, 67 Hm
Bozen–Neumarkt: 25 km, 3 Hm
100 Kilometer
269 Höhenmeter bergauf
964 Höhenmeter bergab
Ladestopp: Brixen, Klausen

Gemessen an den Kilometern ist diese Etappe die längste dieser Tour, aber nicht die anstrengendste, denn sie verläuft fast ganz auf Asphalt und es geht meist bergab. Von Sterzing folgen wir dem Eisacktal-Radweg bis nach Brixen. Er führt uns vorbei an der Festung Franzensfeste, die im 19. Jahrhundert die Verkehrsverbindung durch das Eisacktal über den Brenner nach Nordtirol und Bayern sichern sollte. Kurz nach Franzensfeste kommen wir in die Nähe des Vahrner Sees, der an heißen Tagen zu einem kurzen Abstecher einlädt. Nach wenigen Kilometern erreichen wir Brixen, das eingebettet in eine Talmulde zwischen Weinreben und Obstgärten am Fuße der Plose sommers wie winters Freunde des Bergsports anzieht. Im November trifft sich hier alljährlich die Alpin-Szene zum International Mountain Summit (IMS). Hinter dem Künstlerstädtchen Klausen verengt sich das Tal und zwängt sich förmlich zwischen den Sarntaler Alpen und den Dolomiten hindurch. Ab Bozen fahren wir auf dem Etschtal-Radweg bzw. der Via Claudia Augusta (Infos hierzu s. Tour 5, S. 62) durch das nun schlagartig weite und ebene Etschtal bis nach Neumarkt.

ROUTENBESCHREIBUNG
T13-E03-Sterzing-Neumarkt.gpx

WP | km | Hm

0 | 0 | 945 | Am Ende der Fußgängerzone rechts in die Frundsbergstraße und nach 100 m links in die Hochstraße. Rechts halten Richtung Bozen, weiter auf der Hochstraße. Am Ortsausgang an der Shell-Tankstelle und noch vor dem Kreisverkehr links über die Straße und auf dem Radweg Richtung Brixen weiter. 300 m weiter in einem Bogen erst nach links und dann nach rechts unter der SS 44 durch und auf dem Lentweg weiter.

1 | 1,9 | 942 | Kurz vor der A 22 nach links, dort der BR nach Brixen parallel zur A 22 und dem Eisack folgen.

2 | 5,8 | 939 | Auf Höhe von Freienfeld links über den Eisack, dann noch zweimal links und über Eisack und A 22 bergauf in den Ort Stilfes. Weiter auf Sträßchen am Waldrand parallel zur A 22.

3 | 9,0 | 981 | In Niederried links und durch Pfulters. An der A 22 der Nebenstraße folgen. Im weiteren Verlauf durch Grasstein.

4 | 17,9 | 811 | Während der Bauarbeiten am Brennerbasistunnel verläuft der Weg ab hier nicht, wie früher, einfach geradeaus und südlich von Schienen und Eisack entlang bis Franzensfeste, sondern entlang der SS 12. Daher nun nach links unter den Schienen und der A 22 durch, in den Ort Mittewald, über den Eisack und rechts Richtung Brixen.

5 | 19,0 | 804 | Alternativ gibt es ab hier auch einen befestigten Weg, teils auch Pfad, der links über die SS 12 führt und im weiteren Verlauf bis Franzensfeste, parallel zur Autobahn verläuft, aber manchmal wegen Bauarbeiten gesperrt ist. Wir bleiben daher lieber an der Straße.

6 | 21,3 | 760 | Am Ortseingang von Franzensfeste zweigt die BR nach rechts von der SS 12 ab, führt am Bahnhof vorbei, trifft wieder auf die SS 12 und führt parallel zum Stausee und die Straße entlang.

7 | 23,5 | 745 | Hier zweigt der Pustertal-Radweg vom Eisacktal-Radweg ab. Wir folgen dem Eisacktal-Radweg nach rechts unter den Schienen durch, kurz steil bergauf und weiter bergab Richtung Brixen, parallel zur Brennerautobahn und den Schienen.

8 | 26,1 | 708 | Nach rechts unter den Schienen durch Richtung Vahrner See. Gleich nach der Un-

Lohnenswerter Zwischenstopp: die Fußgängerzone von Sterzing mit dem Zwölferturm

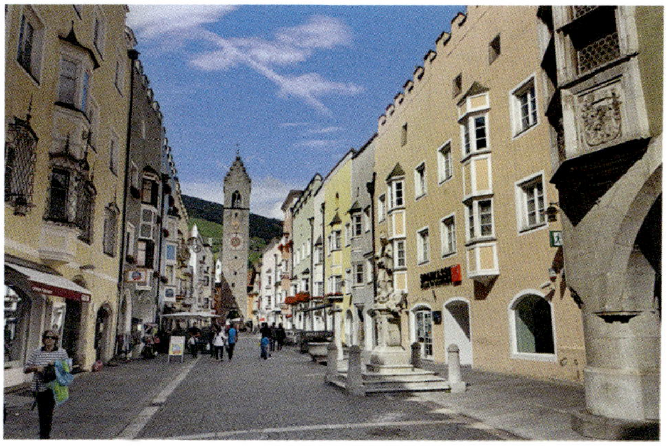

terführung nach links über den Parkplatz und auf dem Schotterweg am Waldrand und rechts die Schienen entlang. Der Weg wird vorübergehend zum Pfad und kommt kurz vor Vahrn aus dem Wald. 100 m vor den ersten Häusern links und nach 150 m rechts. Kurz nach dem Bauernhof auf Nebenstraße weiter.

9 | 28,5 | 681 | Kurz nach der kleinen Brücke biegt die BR nach links in den Rasittenweg ab. Am Ende des Weges nach links der BR über ein paar Felder folgen. An der Straße links und über die Schienen, die Autobahn und die Brennerstraße SS 12. Kurz vor Einmündung in die Brennerstraße auf Radweg an der linken Straßenseite weiter. Nun parallel zur SS 12 durch Obstgärten weiter.

10 | 30,8 | 601 | Am Eisack unter der SS 49 durch, dann links über den Eisack und rechts der ausgeschilderten BR auf Schotterweg dem Eisack entlang. Nach 600 m auf kleiner Brücke wieder über den Eisack und rechts davon weiter. Nach dem Hotel Goldener Adler, an der eisernen Adlerbrücke, rechts in die Fußgängerzone zum nah gelegenen Domplatz.

Dunkle Gewitterwolken brauen sich über der Franzensfeste zusammen.

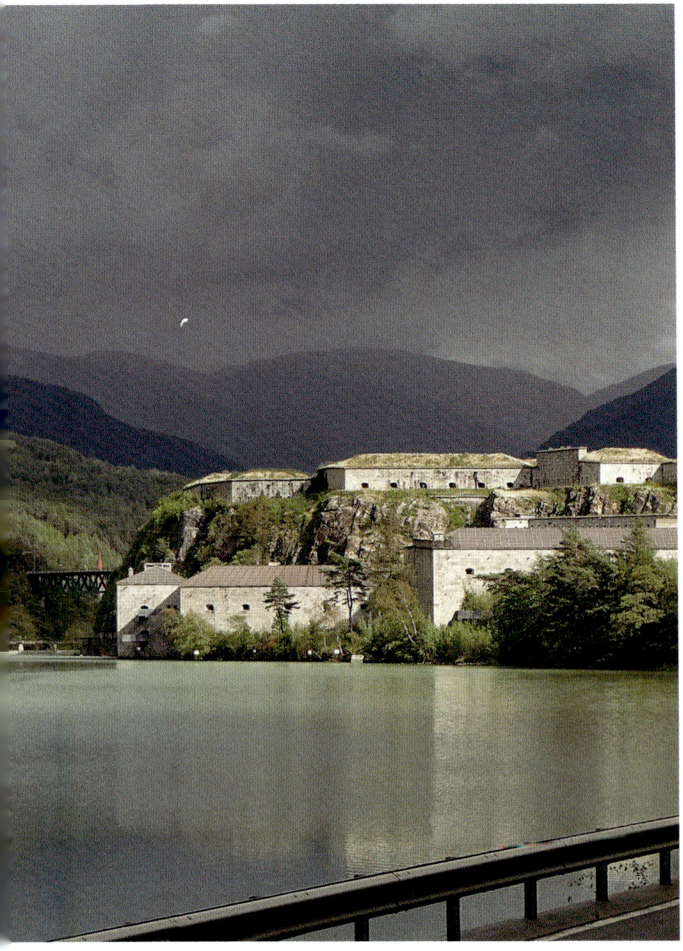

11 | 33,3 | 579 | Domplatz in Brixen. Danach zurück zur Adlerbrücke und rechts auf ausgeschilderter BR weiter immer am Eisack entlang.

12 | 44,9 | 521 | In Klausen am Fußballplatz rechts und dann links über den Parkplatz und am Freibad vorbei. Weiter auf Radweg auf der linken Straßenseite der SS 12. Am Ende eines langen Parkplatzes, vor der Einfahrt zur Schule, nach rechts und dann links durch das Stadttor. Nun durch die Fußgängerzone und kurz vor deren Ende an einem kleinen Platz links zwischen den Häusern hindurch, am Eisack rechts auf dem Radweg Richtung Bozen weiter.

13 | 54,0 | 476 | Kurz nach dem Ortsausgang von Kollmann macht der Radweg eine Linkskehre bergab, führt kurz zurück und dann über eine kleine Brücke über den Eisack. 700 m weiter führt eine Brücke wieder auf die andere Flussseite.

14 | 61,2 | 387 | Auf kleiner Brücke wieder über den Eisack. Nun kommen einige kurze beleuchtete Tunnel.

15 | 66,9 | 339 | In Karneid-Blumau kommt der Radweg kurz an die SS 12 und biegt noch vor dem Ortseingang nach unten rechts weg (neue Wegführung, vorher verlief die BR durch den Ort). Nun am Bahnhof vorbei und dann weiter den Schienen nach. Kurz durch einen beleuchteten Tunnel. Danach parallel zum Eisack weiter. In Kardaun führt die BR erst unter der A 22 und SS 12 durch, dann auf Radweg an der Brennerstraße weiter.

16 | 72,0 | 298 | Kurz nach der Q8-Tankstelle, direkt vor dem Holzschild Museum, der beschilderten BR nach rechts leicht bergab folgen und dann rechts unter der Straße und den Schienen durch. Auf der anderen Seite rechts auf verkehrsbeschränkter Straße weiter. Kurz darauf über die kleine Eisackbrücke und weiter bis Bozen.

17 | 75,2 | 298 | Nach der Eisenbahnbrücke kann man nach rechts auf den Verdiplatz und gleich wieder links in die Südtiroler Straße ins Zentrum einen Abstecher machen. Ansonsten weiter auf dem Radweg der Eisack-Promenade, über einen Bach, am Sportzentrum vorbei, dann immer dem Eisack entlang. Südlich von Bozen mündet der Eisack in die Etsch. Nun weiter auf dem Etschtal-Radweg. Ab Bozen verläuft er auch auf der Via Claudia Augusta. Weiter nach Süden an der Etsch entlang, vorbei an Leifers und Auer.

18 | 99,1 | 232 | Vom Etschtal-Radweg nach rechts auf die Straße abbiegen und immer geradeaus in den Ort Neumarkt hinein.

Tag 4
Durchs Etschtal zum Gardasee

ÜBERNACHTUNG

Torbole: Villa Alberta, www.hotelvillaalberta.it. Leckeres Frühstück, familiär, freundlich, ruhig, Radlraum + Waschplatz, gratis Trentino Guest Card.
Riva del Garda: Hotel Portici, www.hotelportici.it. Super Lage am Platz vor dem Hafen, abwechslungsreiches Frühstück (bei schönem Wetter draußen), stilvoll, Wellnessbereich, Radlgarage.

TEILSTRECKEN

Neumarkt–Trient: 41 km, 43 Hm
Trient–Torbole: 45 km, 140 Hm
86 Kilometer
183 Höhenmeter bergauf
341 Höhenmeter bergab
Ladestopp: Trient, Besenello

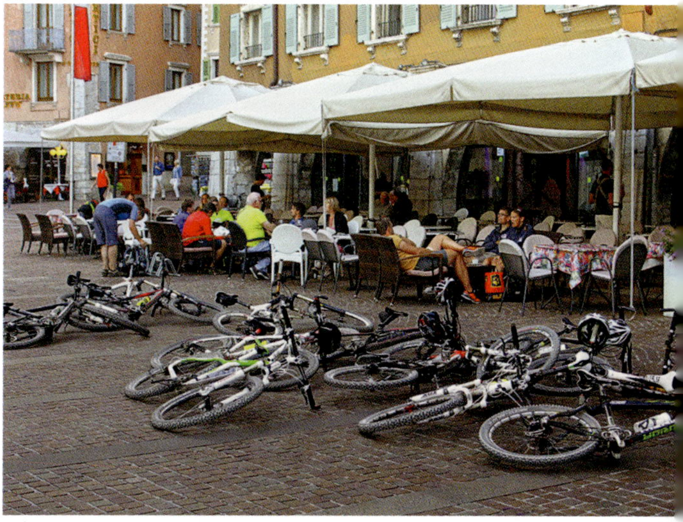

Erster Pflichthalt am Ziel für alle Alpencrosser: eines der Cafés an der Piazza III° Novembre am Hafen von Riva del Garda

Der Verlauf dieser Etappe ist identisch mit Etappe 5 von Tour 5 ab Neumarkt (s. Beschreibung auf S. 70).

ROUTENBESCHREIBUNG
T13-E04-Neumarkt-Torbole.gpx

WP | km | Hm

0 | 0 | 231 | Von Neumarkt zurück zum Etschtal-Radweg.

1 | 0,7 | 231 | An der Etsch links und nun am Etschtal-Radweg bzw. der Via Claudia Augusta entlang.

2 | 17,2 | 217 | Auf Höhe von Mezzocorona dann die Etsch überqueren und rechtsseitig weiter.

3 | 22,6 | 214 | Bei Nave San Felice die Etsch überqueren. Auf anderer Seite rechts dem Etsch-Radweg folgen und nicht der Via Claudia Augusta, die ab hier weiter nach Feltre geht.

4 | 28,3 | 210 | Auf Höhe von Lavis geht die BR weg von der Etsch, überquert den Bach Avisio und führt dann wieder zur Etsch zurück.

5 | 40,7 | 205 | Am Kreisverkehr an der Brücke San Lorenzo in Trento Abzweig nach links ins Zentrum. Nach dem Überqueren der Schienen an der T-Kreuzung rechts, dann die Via Torre Vanga überqueren und geradeaus in die Einbahnstraße Via Andrea Pozzo. Zum Domplatz weiter geradeaus, vorbei an der Kirche Santa Maria Maggiore und dann über die Via Camillo Benso Conte di Cavour. Zurück zur Etsch vom Domplatz wegen der Einbahnstraßen nicht auf gleichem Weg, sondern erst in die Via Rodolfo Belenzani bis zu einer T-Kreuzung, dann rechts und gleich wieder links. Man kommt an den Park Giardini di Piazza Dante. Zuerst noch die Via Torre Vanga überqueren, dann im Park gleich links und nach 100 m, parallel zur Via Torre Vanga, den Park wieder verlassen. Dazu das Radl erst über die Ampel geradeaus und dann über die nächste Ampel nach rechts schieben. Nun nach links wieder auf der Straße die Gleise überqueren und zurück zum Kreisverkehr an der Etsch. Nach links weiter die Etsch entlang.

6 | 45,1 | 207 | An der Brücke Ponte Ravina überquert die BR die Etsch und führt rechtsseitig weiter. 4 km weiter geht es wieder auf die andere Seite und linksseitig weiter Richtung Rovereto. Der Radweg nennt sich mitunter auch Pista ciclopedonale Adige oder auch Via Claudia Augusta ciclopista del Sole.

7 | 57,1 | 193 | Auf Höhe Besenello wechselt der Radweg wieder für 2,5 km die Uferseite.

8 | 68,4 | 180 | Bei Rovereto entfernt sich die BR 200 m von der Etsch, überquert ein Bachbett und führt wieder zur Etsch zurück. Der Radweg nennt sich zwischen Rovereto und Gardasee Pista ciclopedonale Garda.

9 | 72,1 | 175 | An einer Staustufe überquert die BR zuerst die Etsch und kurz danach den Kanal. 500 m weiter zweigt die BR vom Kanal ab, führt zur SS 240 und durch den Ort Mori.

10 | 75,7 | 207 | Die BR biegt in Mori nach links in die Via Paolo Orsi ab, unterquert die Umgehungsstraße und kommt nach 2,5 km wieder zur SS 240 und folgt dieser neben der Straße.

11 | 82,1 | 279 | 200 m nach dem unscheinbaren Passo San Giovanni unterquert die BR die SS 240 und führt in den Ort Nago.

12 | 84,4 | 209 | In einer Linkskurve in der Via Europa erster Blickkontakt mit dem Gardasee. Die BR geht steil nach unten, zum Schluss auf Kopfsteinpflaster und über die Piazza Vittorio Veneto.

13 | 86,2 | 73 | Ankunft an der Seepromenade in Torbole.

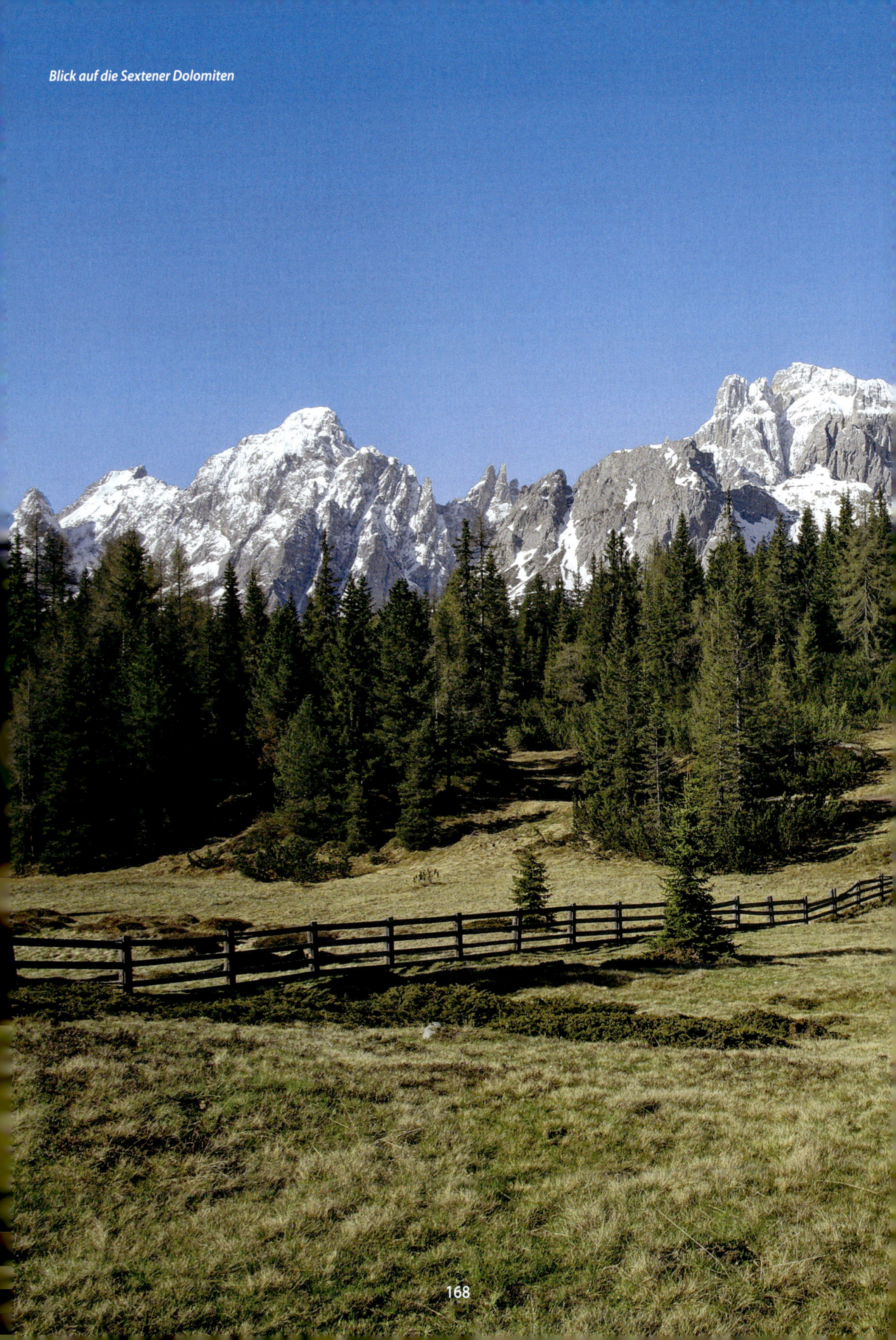

Blick auf die Sextener Dolomiten

14 Von Matrei zum Millstätter See

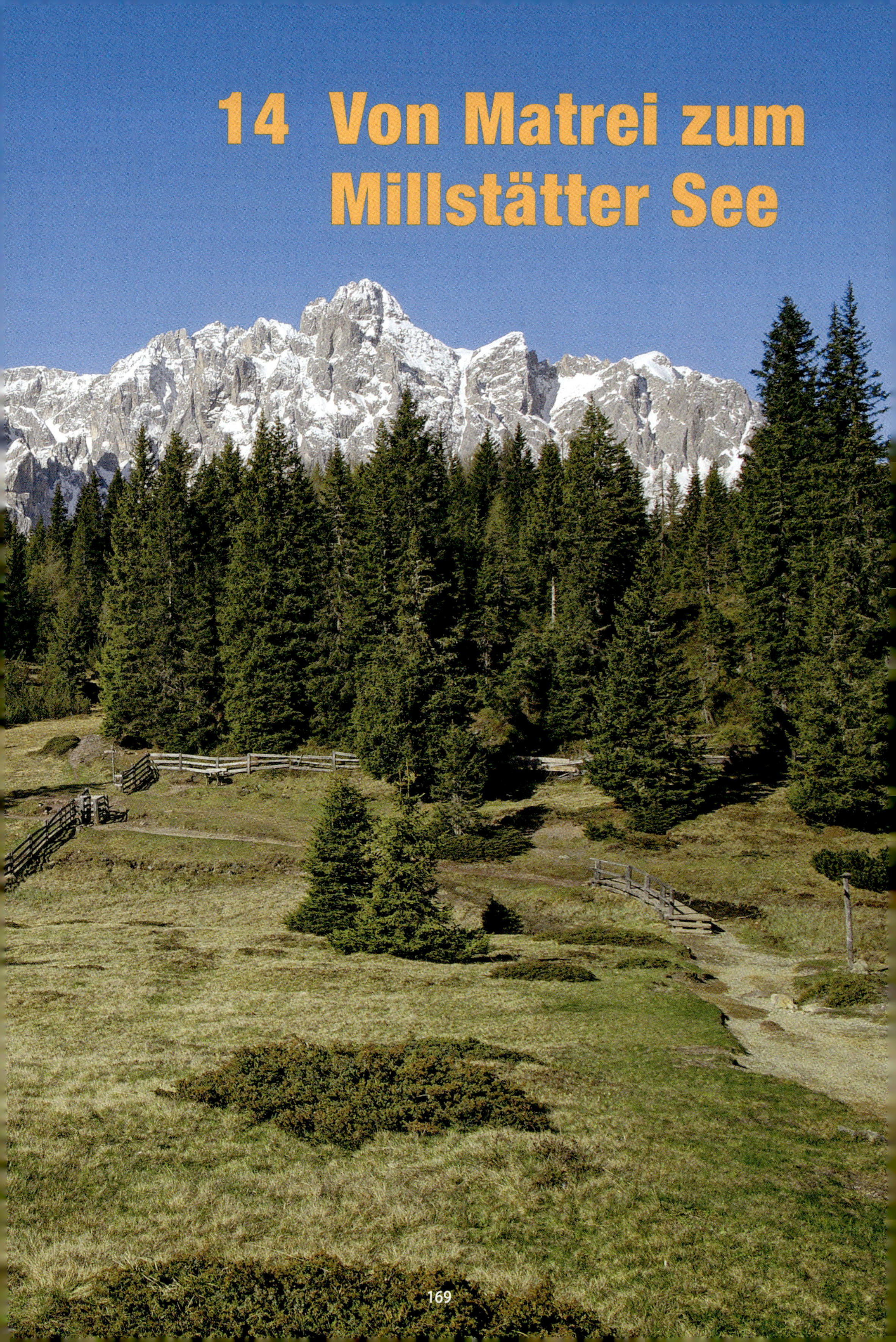

14 Von Matrei zum Millstätter See

Von Matrei am Brenner über Matrei in Osttirol nach Spittal: die West-Ost-Traverse

Schwierigkeit	Erlebniswert	Höhenmeter (in m)	Streckenlänge (in km)	Zeit (in Tagen)
1	★★★☆☆	Mit Rad: 2781 Gesamt: 2781	Mit Rad: 331 Gesamt: 331	4–5

TOURENCHARAKTER

AUSGANGSPUNKT
Bahnhof Matrei am Brenner

ENDPUNKT
Spittal an der Drau

ANFAHRT
Bahn: Von München über Kufstein und Innsbruck. Von Ulm über Lindau, Feldkirch und Innsbruck.
Auto: Von München über Kufstein und Innsbruck. Von Ulm über die A 7 und Fernpass. Von Bregenz über Feldkirch und Innsbruck. Parkplatz am Bahnhof Matrei am Brenner.

RÜCKFAHRT
Von Spittal mit der Drautalbahn des ÖBB bis Innichen und dann weiter mit der Pustertalbahn bis Franzensfeste. Ab dort Verbindungen mit Regionalzügen über Brenner nach Matrei oder weiter nach Innsbruck und von dort weiter nach München, Bregenz oder Ulm. Oder direkt mit Fernzug (reservierungspflichtig) von Spittal über Salzburg nach München. Alternativ steht auch www.bike-shuttle.at zur Verfügung.

KONDITION
★☆☆☆☆

FAHRTECHNIK
★☆☆☆☆

ERLEBNISWERT
Fahrspaß: ★☆☆☆☆ – Lange Abfahrt von Franzensfeste und vom Pragser Wildsee, gemütliche Strecken an Flüssen entlang.
Landschaft: ★★★★☆ – Malerisches Pustertal, idyllisches Oberdrautal, reizvolles Iseltal, romantischer Pragser Wildsee, Wilde Gaislochklamm.
Kultur und Geschichte: ★★★★☆ – Geschichtsträchtiges Sterzing, mittelalterliches Bruneck, historisches Lienz, Messner Mountain Museum Bruneck, zahlreiche Burgen und Festungsanlagen entlang der ganzen Strecke, Schloss Porcia in Spittal.

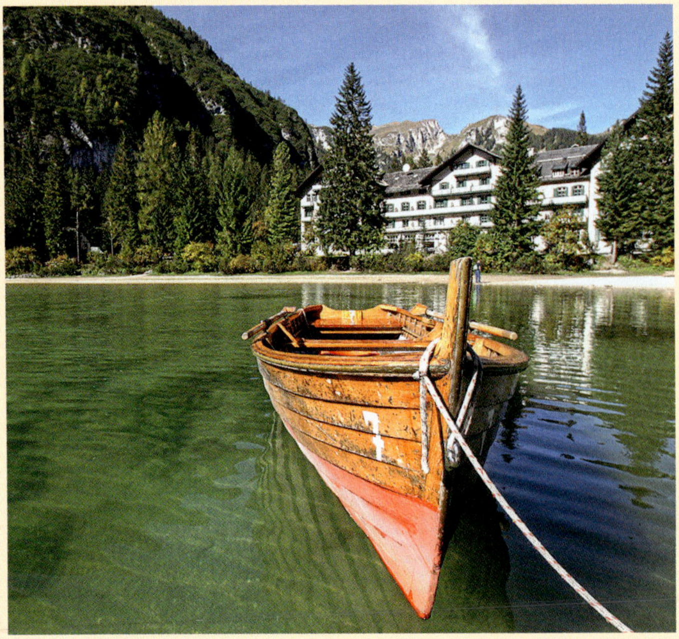

Lohnenswerter Abstecher: der Pragser Wildsee

STRECKENPROFIL
Asphalt: 300 km
Schotter-/Forstweg: 31 km
Leichte Tour, fast ausschließlich auf Asphalt. Relevante, aber mäßige Steigungen nur zum Brenner und zum Pragser Wildsee. Ansonsten fast keine Steigungen. Lange Abfahrt vom Brenner nach Franzensfeste. Schön angelegte und gut ausgebaute separate Radwege beim Eisacktal-Radweg, Pustertal-Radweg, Iseltal-Radweg und Drauradweg.

HÖCHSTE PUNKTE
1371 m, Brenner
1499 m, Pragser Wildsee

NIEDRIGSTER PUNKT
552 m, Spittal an der Drau

ALLGEMEINE INFOS
www.matrei-brenner.tirol.gv.at, www.sterzing.de, www.bruneck.com, www.messner-mountain-museum.it, www.drauradweg.com, www.lienz.at, www.matrei-ost.tirol.gv.at, www.spittal-drau.at.
Buslinie 442 von Niederdorf zum Pragser Wildsee (tgl. um 9 Min., von 27. 6. bis 18. 9. oft auch um 39 Min. nach der vollen Stunde vom Marktplatz)
Bahnverbindung von Spittal nach Innichen: Drautalbahn des ÖBB, www.oebb.at.
Bahnverbindung von Innichen nach Franzensfeste: Pustertalbahn, www.ferrovia-valvenosta.it.

LANDKARTEN
Kompass Wanderkarten Blatt 36, 44, 46, 47, 56, 57, 60, 66 in Papier oder digital zum Selbstausdrucken.

GPS/ROADBOOK
T14-E01-Matrei-Muehlbach.gpx
T14-E02-Muehlbach-Toblach.gpx
T14-E03-Toblach-Matrei.gpx
T14-E04-Matrei-Spittal.gpx

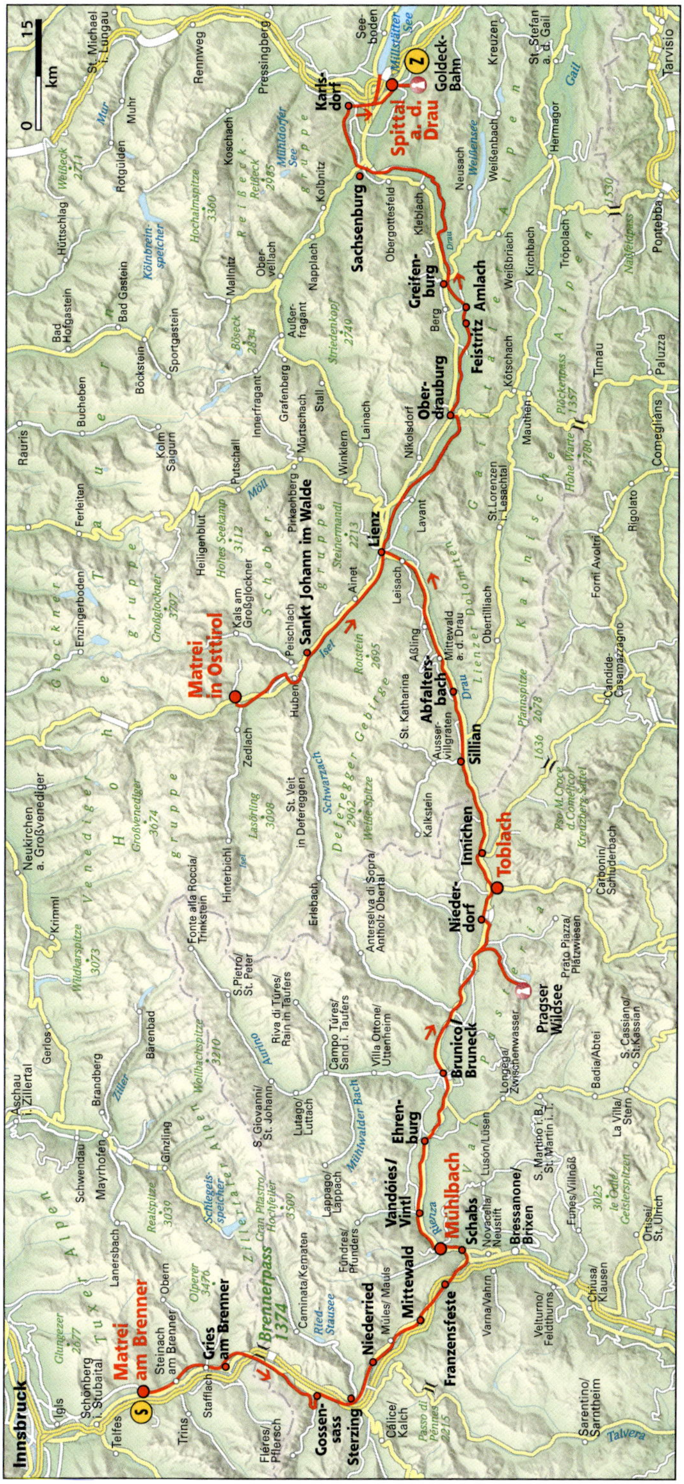

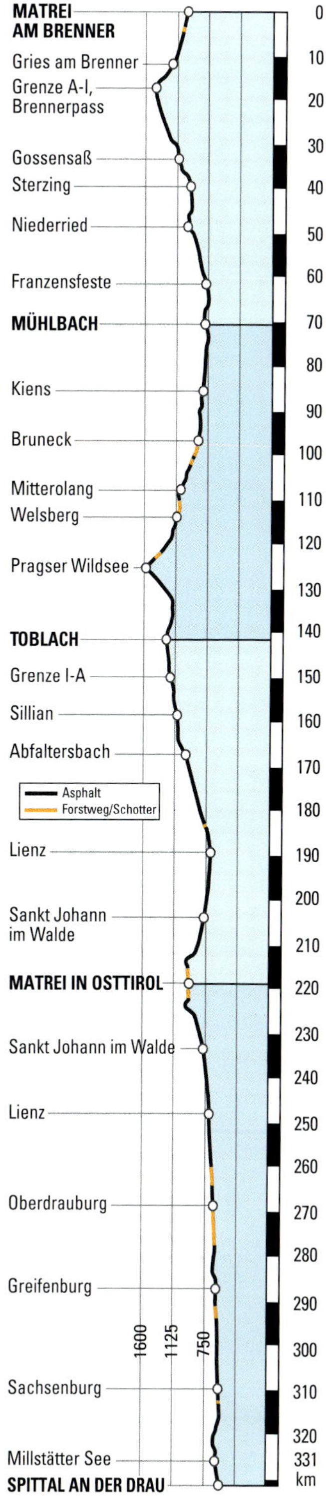

MATREI AM BRENNER
Gries am Brenner
Grenze A-I, Brennerpass
Gossensaß
Sterzing
Niederried
Franzensfeste
MÜHLBACH
Kiens
Bruneck
Mitterolang
Welsberg
Pragser Wildsee
TOBLACH
Grenze I-A
Sillian
Abfaltersbach
Asphalt
Forstweg/Schotter
Lienz
Sankt Johann im Walde
MATREI IN OSTTIROL
Sankt Johann im Walde
Lienz
Oberdrauburg
Greifenburg
Sachsenburg
Millstätter See
SPITTAL AN DER DRAU
1600
1125
750
0
10
20
30
40
50
60
70
80
90
100
110
120
130
140
150
160
170
180
190
200
210
220
230
240
250
260
270
280
290
300
310
320
331
km

Nicht alle Touren durch die Alpen enden in Italien. Warum nicht in Tirol beginnen, ein Stück lebendiges Südtirol mitnehmen und in Kärnten aufhören? Durch idyllische Täler wie Wipptal, Pustertal, Iseltal und Drautal, vorbei am romantischen Pragser Wildsee bis zum riesigen Millstätter See.

Tag 1
Von Matrei nach Mühlbach

ÜBERNACHTUNG

Matrei am Brenner: Traditionshotel Krone, www.krone-matrei.at. Gemütlich, leckeres Frühstück, Radlgarage.
Mühlbach: Hotel Gasthof Seppi, www.gasthof-seppi.it. Freundlich, umfangreiches Frühstücksbuffet, gutes Restaurant (hier kocht der Chef noch selbst), Wellnessbereich, Radlgarage.

TEILSTRECKEN

Matrei–Sterzing: 39,5 km, 450 Hm
Sterzing–Mühlbach: 31 km, 244 Hm
70,5 Kilometer
694 Höhenmeter bergauf
910 Höhenmeter bergab
Ladestopp: Sterzing

Der Verlauf dieser Etappe ist identisch mit Etappe 1 von Tour 10 (s. Beschreibung S. 122).

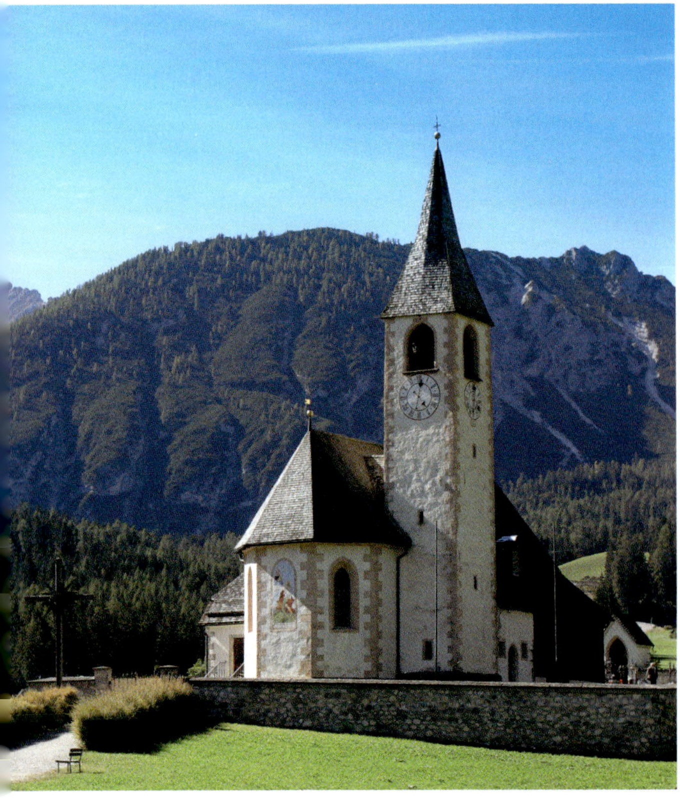

Auf dem Weg zum Pragser Wildsee: Steinkirche in Innerprags

Tag 2
Durchs Pustertal nach Toblach

ÜBERNACHTUNG

Toblach: Gästehaus des Euregio Kulturzentrums, www.kulturzentrum-toblach.eu/kulturzentrum/das-gaestehaus. Historisch, regional, nachhaltig, ehemaliges Grandhotel, Vollholz-Möbel, Rad-Depot

TEILSTRECKEN

Mühlbach–Bruneck: 26,5 km, 217 Hm
Bruneck–Abzweig Pragser Wildsee: 21 km, 452 Hm
Abstecher zum Pragser Wildsee: 15,5 km, 393 Hm
Abzweig Pragser Wildsee–Toblach: 8 km, 112 Hm
71 Kilometer
1174 Höhenmeter bergauf
738 Höhenmeter bergab
Ladestopp: Bruneck, Welsberg

Unsere heutige Etappe führt uns vom grünen Pustertal im Westen ins Hochpustertal im Osten – bis nach Toblach, dem »Tor zu den Dolomiten«. Das Pustertal liegt wie ein großer Graben zwischen Alpenhauptkamm und den hoch aufragenden Dolomiten. Ab Mühlbach folgen wir dem meist flachen und fast durchweg asphaltierten Pustertal-Radweg entlang der Rienz bis ins Zentrum des lebhaften Städtchens Bruneck. Über der Stadt thront auf einem Hügel Schloss Bruneck, das seit 2011 das fünfte Messner Mountain Museum von Bergsteigerlegende Reinhold Messner beherbergt. Bruneck liegt am Fuße des Skiberges Kronplatz, wo auch immer wieder der Giro d'Italia haltmacht. Östlich von Bruneck beginnt das Hochpustertal mit seinen schroffen Spitzen und den berühmten Drei Zinnen. Wir fahren zwischen Rieserfernergruppe und Pragser Dolomiten durch die Rodelhochburg Olang und am Olanger Stausee vorbei.
Kurz darauf umfahren wir Welsberg und erreichen den Abzweig zum Pragser Wildsee. Hier machen wir einen lohnenden Abstecher zur »Perle der Dolomitenseen« ins Pragsertal. Wer sich die zusätzlichen 400 Höhenmeter und 15 Kilometer sparen möchte, nimmt entweder den Bus oder fährt gleich weiter ins nahe gelegene Toblach, wo diese Etappe endet.

ROUTENBESCHREIBUNG

T14-E02-Muehlbach-Toblach.gpx

WP | km | Hm

0 | 0 | 779 | Die BR (= Bike Route) führt durch die verkehrsberuhigte Zone in der Altstadt und kommt dann an die SP 149 Pustertaler Straße. Sie folgt dieser nach links und führt kurz darauf separat daran entlang, vorbei am Mühlbacher Stausee. Kurz darauf umfährt sie einen Straßentunnel, unterquert ein Stück weiter die E 66 und führt hinter dem Klärwerk vorbei am Fluss Rienz entlang.

1 | 3,5 | 736 | Wir überqueren die Rienz auf einer kleinen Brücke und fahren rechts davon weiter. 3,5 km weiter kommen wir an die Schienen der Pustertalbahn. Die ausgeschilderte Radroute Richtung Bruneck verläuft nun immer mehr oder weniger parallel zu den Schienen und dem Fluss Rienz.

2 | 15,9 | 790 | Am Ortseingang von Ehrenburg die Ehrenburger Straße überqueren und weiter parallel zu den Schienen, am Bahnhof vorbei und durch ein kurzes Waldstück auf autofreiem Sträßchen.

3 | 20,3 | 827 | Über die SS 244 und auf kleiner Brücke über den Gaderbach. Diesem dann rechtsseitig folgen. 1,4 km weiter kommt die Route kurz an die Straße und führt dann nach rechts die Schienen entlang.

4 | 22,5 | 820 | Bei St. Lorenzen nach links unter den Schienen und durch St. Lorenzen hindurch. Erst am Kirchplatz vorbei, dann der Heilig-Kreuz-Straße nach rechts und parallel dem Fluss Rienz folgen. 300 m nach Unterquerung der E 66 führt der Radweg direkt am Flussufer entlang bis ins Zentrum von Bruneck.

5 | 26,3 | 840 | An der Brücke Dantestraße gegenüber dem Hotel Goldene Rose nach rechts abbiegen. Nach 100 m kann man sein Rad nach links durch ein Stadttor in die Fußgängerzone schieben. In der Stadtgasse links durch die Fußgängerzone. An der gelben Kirche links und bis zur Rienz, dann rechts auf dem Radstreifen weiter. Nach der Tennishalle geht die BR als Schotterweg weiter. Unter der hohen Brücke links halten und kurz darauf über gedeckte Holzbrücke der Rienz und linksseitig weiter. Danach durch zwei spärlich beleuchtete, ca. 200 m lange Radtunnel. Ein Stück weiter am Umspannwerk vorbei.

6 | 32,1 | 940 | Kurz nach dem Sportplatz von Unterwielenbach rechts über kleine Holzbrücke. 500 m weiter der Radmarkierung auf der Straße nach rechts folgen. Am Ortsschild von Neunhäusern rechts der BR Richtung Olang/Toblach über Brücke folgen. In Niederolang nach rechts in die Rienzstraße, danach unter den Schienen durch und links weiter.

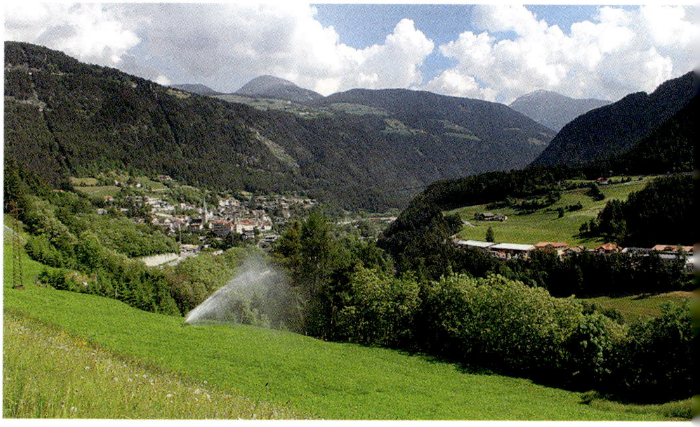

Der Beginn des gemählichen Pustertals bei Mühlbach

7 | 35,8 | 1028 | An der Kirche in Niederolang geradeaus weiter auf BR Richtung Toblach auf der Hauptroute des Pustertal-Radwegs und weiter nach Mitterolang. Im Ort beim Hotel Olaga links halten. Nach dem Tharerwirt auf der linken Seite rechts nach Oberolang. An der Gabelung 100 m nach der Unterführung der Gleise nach rechts der BR leicht bergauf folgen. Kurz darauf auf Schotterweg am Olanger Stausee vorbei.

8 | 43,6 | 1091 | In Welsberg kommt man im Industriegebiet an die Straße, dann rechts weiter. Nicht dem Straßenverlauf folgen, sondern rechts an Karosserie Oberhammer vorbei und ein Stückchen auf Forstweg weiter und an Schienen entlang.

9 | 47,5 | 1151 | Abzweig zum Pragser Wildsee. Auf BR rechts Richtung Prags. Bis zum Pragser Wildsee hinauf und wieder hierher zurück sind es 15 km und 400 Hm. Wer den Abstecher dorthin nicht machen will, zweigt hier nach links ab und folgt der BR Richtung Innichen. Ansonsten aber nach 200 m links über den Bach und der BR und den Markierungen auf der Straße folgen. Nach Schmieden geht die BR ein Stück an der Hauptstraße weiter.

10 | 51,5 | 1279 | Kurz nach dem kleinen Parkplatz auf der rechten Seite links auf den Forstweg. Das letzte Stück an der Straße bis zum See.

11 | 55,1 | 1499 | Pragser Wildsee. Zurück wie auf dem Hinweg oder das Stück Forstweg auf der Straße umfahren. Zurück am Pustertal-Radweg am Abzweig zum Pragser Wildsee geradeaus weiter auf BR Richtung Innichen und über eine Bogenbrücke.

12 | 65,4 | 1155 | Kurz vor Niederdorf unter den Gleisen durch. An der Hauptstraße rechts. Nach Niederdorf ein Stück die Schienen entlang. Am Ortsschild von Toblach rechts unter den Gleisen durch. Nun auf Sträßchen wechselseitig den Schienen folgen.

13 | 71,0 | 1216 | Ankunft Toblach.

Tag 3
Vom Hochpustertal ins Iseltal

ÜBERNACHTUNG

Matrei in Osttirol: Hotel Hohe Tauern, www.hotel-hohetauern.at. Urig, stilvoll, abwechslungsreiches Frühstück, gutes Restaurant (hier kocht der Chef noch selbst), Radlgarage.

TEILSTRECKEN

Toblach–Lienz: 48 km, 86 Hm
Lienz–Matrei in Osttirol: 29 km, 341 Hm
77 Kilometer
427 Höhenmeter bergauf
681 Höhenmeter bergab
Ladestopp: Lienz

Der Radweg im Oberdrautal verlangt weder große Kondition noch Fahrtechnik und ist daher auch gut für Familien geeignet.

Unsere heutige Route verläuft bis Lienz immer entlang der Drau auf dem vom ADFC als 4-Sterne-Qualitätsroute ausgezeichneten Drau-Radweg. Hier ist erst mal »Rollen lassen« angesagt, denn es geht bis Lienz meist kontinuierlich leicht bergab – eingebettet zwischen den Deferegger Alpen im Norden sowie den Karnischen Alpen und Lienzer Dolomiten im Süden. In der Sonnenstadt Lienz stärken wir uns in der schönen Altstadt mit einer leckeren Polenta und machen uns dann auf den Weg ins knapp 30 Kilometer entfernte Matrei in Osttirol. Ab hier folgen wir dem Iseltal-Radweg, der am Fuße von Schloss Bruck an der nördlichen Stadteinfahrt von Lienz beginnt. Er führt mit leichter Steigung bergauf nach Sankt Johann im Walde, vorbei an der sagenumwobenen Burg Kienburg, nach Huben und von dort nach Matrei, das direkt in der Nationalparkregion Hohe Tauern Osttirol liegt.

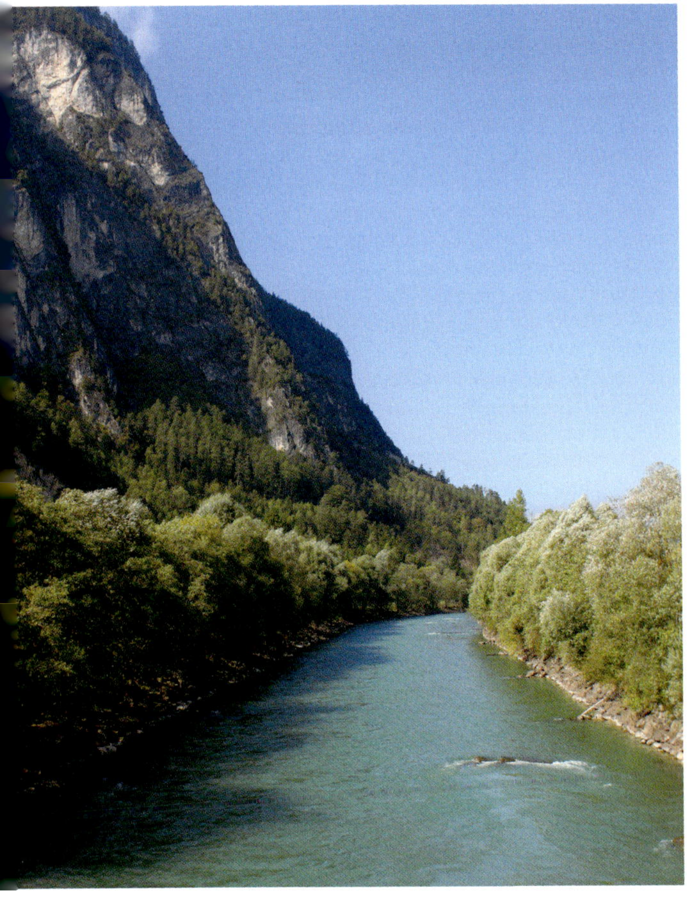

ROUTENBESCHREIBUNG
T14-E03-Toblach-Matrei.gpx

WP | km | Hm

0 | 0 | 1216 | Auf dem Radweg hinter dem Bahnhof Richtung Innichen die Gleise entlang. In Innichen hinter dem Bahnhof vorbei und geradeaus weiter. Durch die Fußgängerzone schieben. An der Kirche links vorbei und noch vor der zweiten Kirche links, bis man wieder zur Straße »In der Au« mit der roten Fahrbahnmarkierung kommt. Rechts weiter. Nach 350 m links unter den Gleisen durch, dann rechts an den Schienen, später am Bach entlang.

1 | 12,0 | 1134 | In Winnebach, 100 m nach Überqueren der Hauptstraße, rechts der BR Richtung Lienz nach. Kurz darauf über die Grenze zu Österreich. Kurz an der Drau entlang und rechts unter B 100 durch. Nun immer dem Drauradweg R 1 (grüne Beschilderung mit blauem Kreis) an der Drau entlang leicht bergab. Dieser wechselt mehrmals die Uferseite.

2 | 47,4 | 683 | In Lienz nach dem Sportzentrum links über die Drau, unter den Schienen durch und geradeaus über die B 100. Danach rechts in die Mühlgasse und kurz darauf rechts auf ihr weiter. 100 m weiter links in die Judengasse und bis zum Johannesplatz. Dort links und durch die Rosengasse, am Ende links und wieder rechts. Vor der Eisdiele rechts in die Alleestraße dem Radweg 22 Iseltal folgen. Vor der Iselbrücke links und auf BR die Isel entlang Richtung Matrei.

3 | 62,4 | 755 | In Sankt Johann im Walde wechselt die BR die Uferseite. In Huben wieder auf die andere Seite der Isel. Es folgt ein 1,5 km langer, etwas steilerer Anstieg, dann leicht bergab zur B 108. Dort links und nach 100 m an der Iselbrücke rechts und dann auf Forstweg weiter die Isel entlang. An der zweiten Brücke rechts in die Virgener Straße und bergauf in den Ort.

4 | 77,4 | 965 | Ankunft Matrei in Osttirol.

Tag 4
Durchs Oberdrautal zum Millstätter See

ÜBERNACHTUNG

Spittal an der Drau: Stadt-Hotel Ertl, www.hotel-ertl.at. Modern, große Gartenanlage, Swimmingpool, Radlgarage.

TEILSTRECKEN

Matrei–Lienz: 29 km, 61 Hm
Lienz–Greifenburg: 39 km, 134 Hm
Greifenburg–Spittal: 45 km, 291 Hm
113 Kilometer
486 Höhenmeter bergauf
895 Höhenmeter bergab
Ladestopp: Oberdrauburg, Greifenburg

Auf der Route des Vortages folgen wir zunächst der Isel zurück nach Lienz. Von dort geht es wieder auf den Drauradweg, der uns auch heute streckenweise schnurgerade durchs Oberdrautal bis nach Spittal führt. Die Route führt durch Oberdrauburg mit der Burgruine Hohenburg und vorbei am Kräuterdorf Irschen an den sonnigen Hängen der Kreuzeckgruppe. Zwischen dem ehemaligen Bergbauort Dellach und Berg liegt die Gaislochklamm, die mit ihren einzigartigen Kalksteinformationen auf jeden Fall einen Abstecher wert ist. Bei Greifenburg mit dem gleichnamigen Schloss weitet sich das Drautal dann auf doppelte Breite. Am Ausgang des oberen Drautals erreichen wir Sachsenburg und verlassen kurz darauf die Drau. Nach einem kurzen Anstieg geht es die letzten Kilometer entspannt abwärts zum Millstätter See, einem der wärmsten und größten Seen Kärntens. Von hier ist es nur noch ein Katzensprung ins nahe gelegene Spittal an der Drau. Die Fahrt mit der Seilbahn auf das 2142 Meter hohe Goldeck beschert uns als Sahnehäubchen noch einen traumhaften Panoramablick auf die Stadt und den Millstätter See.

ROUTENBESCHREIBUNG
T14-E04-Matrei-Spittal.gpx

WP | km | Hm

0 | 0 | 965 | Zurück nach Lienz auf dem Iseltal-Radweg wie am Vortag. In Lienz geradeaus über den Johannesplatz. An der B 100 links, am Bahnhof vorbei und über die Isel. Dann rechts und unter den Schienen durch. Nun diesen entlang, 800 m weiter nach rechts bis zur Drau. Nun links und immer auf BR der Drau entlang Richtung Kärnten.

1 | 44,7 | 640 | Bei Oberpirkach zweigt der Drauradweg nach rechts ab über einen Bach. Nun rechts den Bach entlang. An der Straße links und durch Unterpirkach. Am Waldrand entlang und wieder zur Drau zurück. In Waidach links, über die Drau und an Oberdrauburg vorbei. 4,5 km weiter führt der Radweg direkt an den Schienen entlang und etwas versetzt zur Drau.

2 | 59,0 | 613 | Bei Dellach auf der Straße über die Drau, dann rechts auf Nebenstraße weiter, ein Stück durch den Wald etwas auf und ab.

3 | 63,0 | 624 | Am Ortseingang von Feistritz rechts und auf Sträßchen durch den Wald. In Bruggen rechts auf die B 87 und nach 50 m links am Ort vorbei. In Pobersbach links halten und nach Waldstück wieder zur Drau und rechtsseitig entlang. Weiter auf der L 4 durch Fellbach und der BR Richtung Spittal nach.

4 | 83,6 | 579 | In der Linkskurve in Kleblach-Lind rechts der BR R1 Richtung Sachsenburg folgen. Danach am Waldrand weiter, später wieder zur Drau hin. In Sachsenburg auf Hauptstraße durch den Ort.

5 | 91,9 | 563 | Am Ortsausgang links auf die L 14 und über die Drau. Kurz nach dem Überqueren der Möll und kurz vor der B 106 rechts auf Nebenstraße und kurz darauf unter B 100 und Schienen durch.

6 | 97,5 | 552 | Da wir direkt zum Millstätter See möchten und nicht erst nach Spittal, fahren wir links nach Lendorf. Dort zur B 100 und links auf Radweg weiter. Nach 200 m links auf der L 9 bergauf weiter. 1,4 km weiter fahren wir auf der BR R 2B geradeaus weiter zum Millstätter See. Bei den GPS-Tracks ist auch die Variante direkt nach Spittal hinterlegt.

7 | 102,4 | 637 | Bei Karlsdorf zweigt die Radroute R 2B von der L 9 nach rechts ab. Nach 600 m links in den Loibenigweg und unter drei Straßen hindurch. Dann gleich rechts auf kleinem Weg bergab und an der B 99 Katschbergstraße rechts. An der nächsten großen Gabelung links Richtung Seeboden/Millstatt. 700 m weiter rechts halten auf Nebenstraße und nicht der Hauptstraße nach links folgen. Am Westende des Sees links und am Nordufer entlang. In einem Rechtsbogen zur Seepromenade.

8 | 107,1 | 600 | Ankunft Millstätter See.

WEITERFAHRT NACH SPITTAL

Danach zurück bis zur großen Gabelung. Nun links unter der hohen Autobahnbrücke durch auf der BR R 9 nach Spittal. In Spittal über die Hauptstraße und durch den Stadtpark.

9 | 112,6 | 554 | Ankunft Spittal an der Drau.

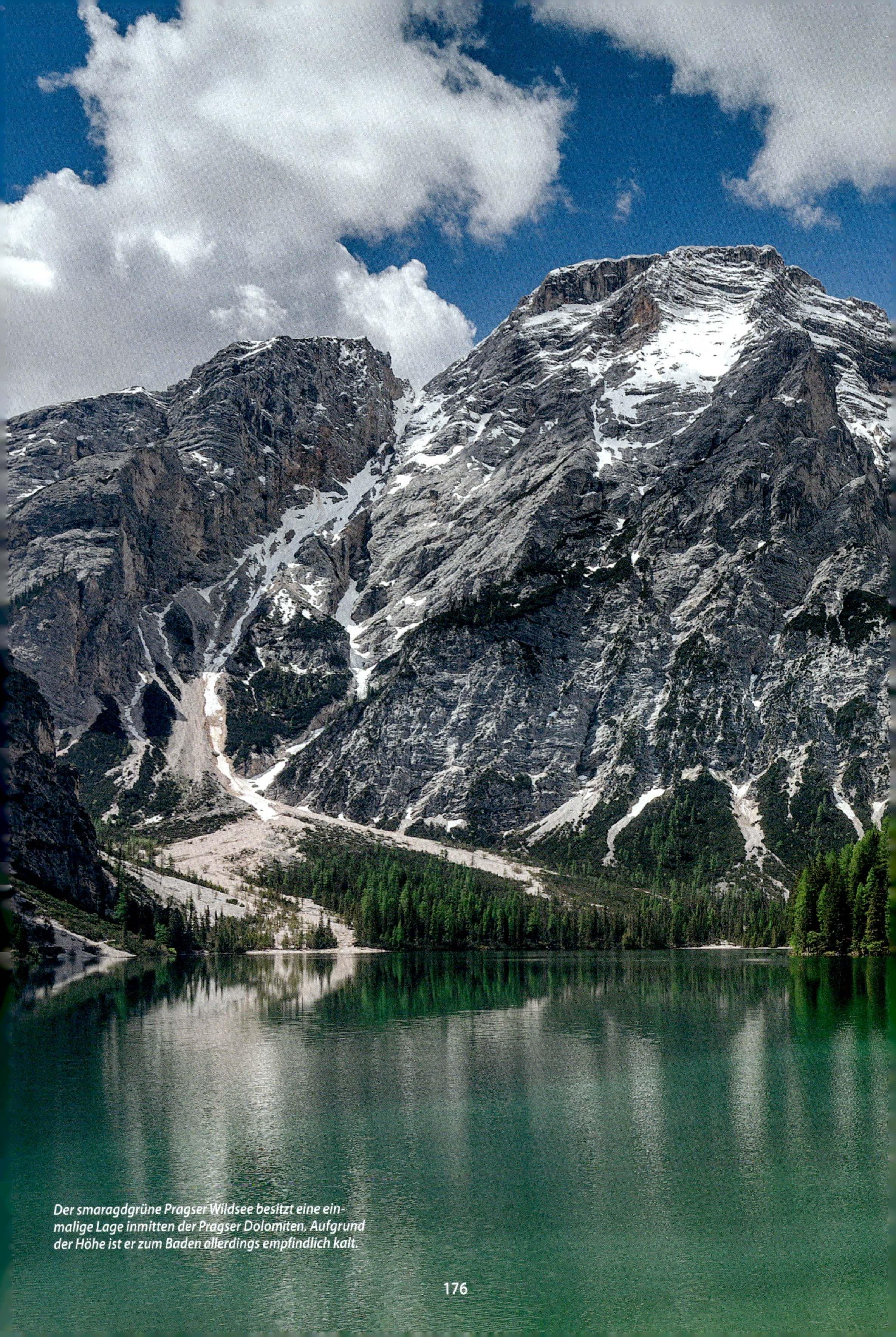

Der smaragdgrüne Pragser Wildsee besitzt eine einmalige Lage inmitten der Pragser Dolomiten. Aufgrund der Höhe ist er zum Baden allerdings empfindlich kalt.

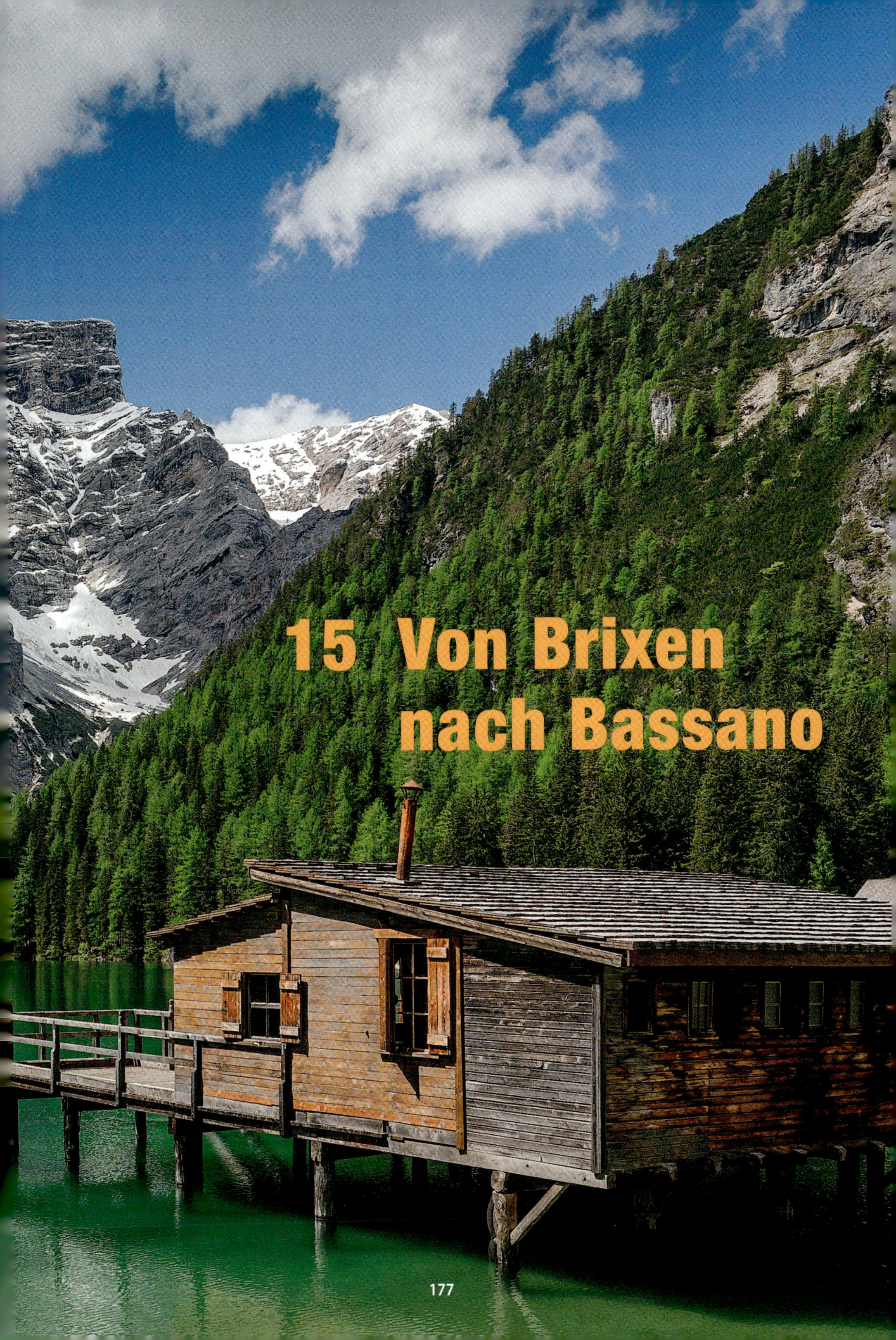

15 Von Brixen nach Bassano

15 Von Brixen nach Bassano

Über Cortina und Belluno: Berge und Kultur

Schwierigkeit	Erlebniswert	Höhenmeter (in m)	Streckenlänge (in km)	Zeit (in Tagen)
2	●●●○○	Mit Rad: *3529* Gesamt: *3529*	Mit Rad: *293* Gesamt: *293*	*5*

TOURENCHARAKTER

AUSGANGSPUNKT
Brixen

ENDPUNKT
Bassano del Grappa

ANFAHRT
Bahn: Von München über Kufstein, Innsbruck und Brenner. Von Ulm über Lindau, Feldkirch und Innsbruck.
Auto: Von München über Kufstein, Innsbruck und Brenner. Von Ulm über die A 7 und Fernpass und Innsbruck. Von Bregenz über Feldkirch und Innsbruck. Kostenloser Parkplatz an der Sportzone Süd im Fischzuchtweg.

RÜCKFAHRT
Mit Regionalzügen nach Trient und mit Fern- oder Regionalzügen über Bozen zurück nach Brixen oder weiter über Brenner nach Innsbruck und von dort weiter nach München, Bregenz oder nach Ulm.

KONDITION
●○○○○

FAHRTECHNIK
●○○○○

ERLEBNISWERT
Fahrspaß: ●●○○○ – Lange Abfahrt vom Pragser Wildsee und vom Passo Cimabanche bis ins Piavetal. Schön angelegte Schotterwege zwischen Toblach und Cortina. Abenteuerliche Abfahrt ins Valsugana. Viele Tunnel und Viadukte.
Landschaft: ●●●○○ – Malerisches Pustertal, wildes Höhlensteintal, reizvolles Piavetal, romantischer Pragser Wildsee, spektakuläre Dolomitenkulisse.
Kultur und Geschichte: ●●●○○ – Geschichtsträchtiges Sterzing, mittelalterliches Bruneck, historisches Belluno, Feltre und Bassano. Ehemalige Bahntrasse der Dolomitenbahn mit Bahnhäuschen. Messner Mountain Museum Bruneck.

STRECKENPROFIL
Asphalt: 254 km
Schotter-/Forstweg: 39 km
Relativ leichte Tour, meist auf Asphalt. Lange Schotterweg-Passage von Toblach nach Cortina. Relevante, aber mäßige Steigungen nur zum Pragser Wildsee und zum Passo Cimabanche. Lange Abfahrt vom Passo Cimabanche bis ins Piavetal hinunter. Schön angelegte und gut ausgebaute separate Radwege beim Pustertal-Radweg und beim Dolomiten-Radweg zwischen Toblach und Tai di Cadore. Viele Tunnel und Viadukte auf dem Dolomiten-Radweg. Hügeliges Gelände zwischen Belluno und Feltre.

HÖCHSTE PUNKTE
1499 m, Pragser Wildsee
1530 m, Passo Cimabanche

NIEDRIGSTER PUNKT
130 m, Bassano del Grappa

ALLGEMEINE INFOS
www.brixen.org, www.welsberg.com, www.bruneck.com, www.messner-mountain-museum.it, http://cortina.dolomiti.org, www.urlaub-belluno.com, www.reise-nach-italien.de/bassano-del-grappa.html.
Buslinie 442 von Niederdorf zum Pragser Wildsee (tgl. um 9 Min., von 27. 6. bis 18. 9. oft auch um 39 Min. nach der vollen Stunde vom Marktplatz)

LANDKARTEN
Kompass Wanderkarten Blatt 55, 56, 57, 76, 77, 78 in Papier oder digital zum Selbstausdrucken.

GPS/ROADBOOK
T15-E01-Brixen-Welsberg.gpx
T15-E02-Welsberg-Cortina.gpx
T15-E03-Cortina-Belluno.gpx
T15-E04-Belluno-Feltre.gpx
T15-E05-Feltre-Bassano.gpx

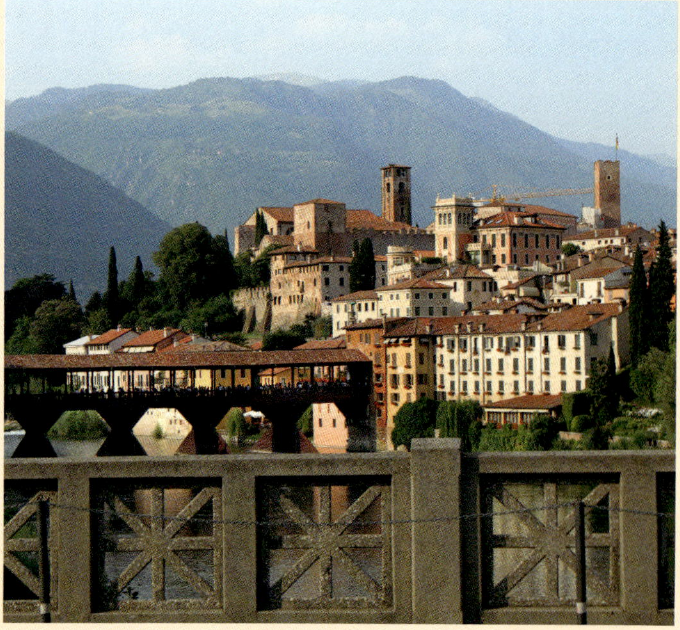

Die beeindruckende Altstadt von Bassano del Grappa mit der überdachten Holzbrücke Ponte degli Alpini

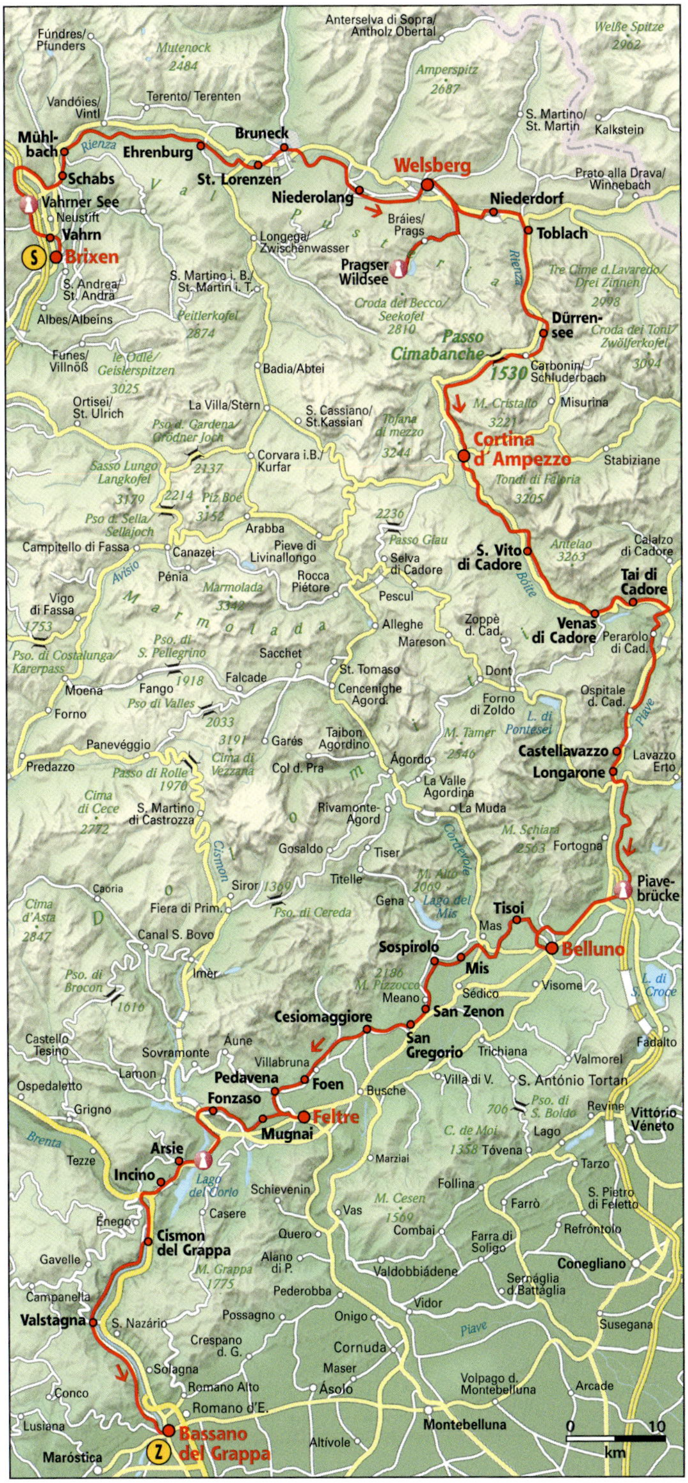
Mühlbach
Schabs
Vahrner See
Vahrn
Brixen
Ehrenburg
St. Lorenzen
Bruneck
Niederolang
Welsberg
Niederdorf
Toblach
Pragser Wildsee
Dürrensee
Passo Cimabanche
1530
Cortina d'Ampezzo
S. Vito di Cadore
Tai di Cadore
Venas di Cadore
Castellavazzo
Longarone
Piavebrücke
Tisoi
Belluno
Mis
Sospirolo
San Zenon
San Gregorio
Cesiomaggiore
Foen
Pedavena
Feltre
Fonzaso
Mugnai
Arsie
Incino
Cismon del Grappa
Valstagna
Bassano del Grappa
0
10
km

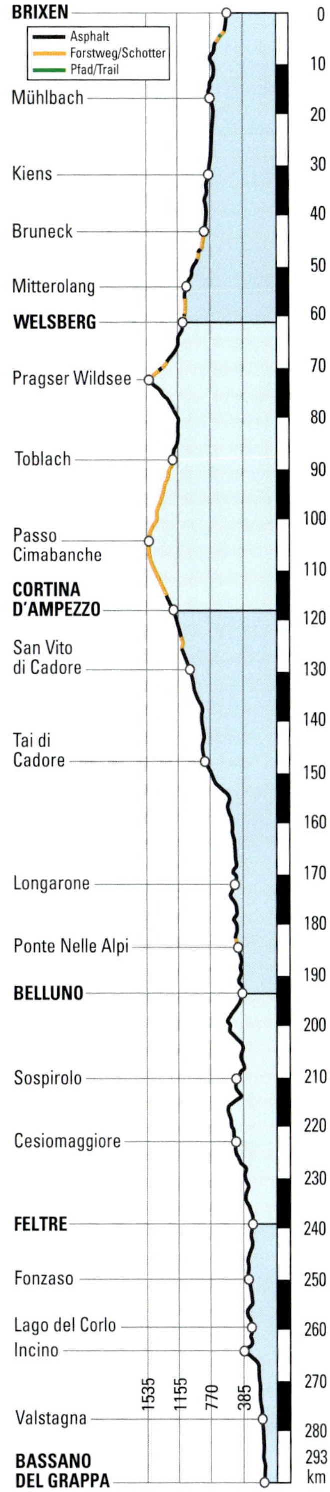
Asphalt
Forstweg/Schotter
Pfad/Trail
BRIXEN
Mühlbach
Kiens
Bruneck
Mitterolang
WELSBERG
Pragser Wildsee
Toblach
Passo Cimabanche
CORTINA D'AMPEZZO
San Vito di Cadore
Tai di Cadore
Longarone
Ponte Nelle Alpi
BELLUNO
Sospirolo
Cesiomaggiore
FELTRE
Fonzaso
Lago del Corlo
Incino
Valstagna
BASSANO DEL GRAPPA
1535
1155
770
385
0
10
20
30
40
50
60
70
80
90
100
110
120
130
140
150
160
170
180
190
200
210
220
230
240
250
260
270
280
293
km

Einer der ehemaligen Bahntunnel auf dem »Langer Weg der Dolomiten«-Radweg zwischen Toblach und Cortina d'Ampezzo

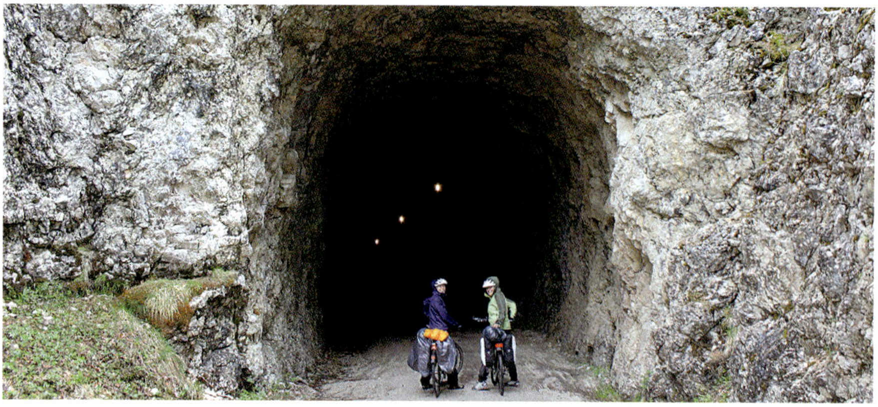

Diese Tour verbindet eine faszinierende Bergwelt mit beeindruckenden Kulturgütern: Vor der spektakulären Kulisse der Dolomiten geht es durch geschichtsträchtige Orte und entlang der architektonischen Überreste der ehemaligen Dolomitenbahn – Natur und Kultur bilden hier eine perfekte Symbiose.

Tag 1
Von Brixen nach Welsberg

ÜBERNACHTUNG

Brixen: Brixen: Hotel Jarolim, www.hotel-jarolim.it. Freundlich, zentrale Lage (800 m vom Domplatz), großes Frühstück mit regionalen Produkten, Garten mit Pool, Radlgarage.
Welsberg: Hotel Dolomiten, www.bikehotel.com. Gemütlich, familiär, radlerfreundlich, tolle Küche.

TEILSTRECKEN

Brixen–Bruneck: 44 km, 597 Hm
Bruneck–Welsberg: 18 km, 379 Hm
62 Kilometer
976 Höhenmeter bergauf
454 Höhenmeter bergab
Ladestopp: Bruneck

Wir starten unsere Tour im Herzen von Südtirol in Brixen im Eisacktal. Die historische Bischofsstadt liegt in einer Talmulde zwischen Weinreben und Obstgärten am Fuße der Plose und hält in ihren verwinkelten Gassen zahlreiche kulturelle Schätze versteckt. Wir fahren auf dem Eisacktal-Radweg Richtung Norden, vorbei am Kloster Neustift, einem der bedeutendsten Weingüter Südtirols. Kurz vor Franzensfeste kommen wir in die Nähe des Vahrner Sees, der an heißen Tagen zu einem kurzen Abstecher einlädt. Bald darauf geht es auf dem Pustertal-Radweg Richtung Osten unter der Franzensfeste hindurch. Das mächtige Bollwerk wurde im 19. Jahrhundert gebaut, um die Verkehrsverbindung durch das Eisacktal über den Brenner nach Nordtirol und Bayern zu sichern. Nach wenigen Kilometern erreichen wir Mühlbach am Eingang des Pustertals. Von hier aus folgen wir dem meist flachen und fast durchweg asphaltierten Pustertal-Radweg entlang der Rienz bis ins Zentrum von Bruneck. Über der Stadt thront auf einem Hügel Schloss Bruneck, das seit 2011 das fünfte Messner Mountain Museum von Bergsteigerlegende Reinhold Messner beherbergt. Wir fahren zwischen Rieserfernergruppe und Pragser Dolomiten durch die Rodelhochburg Olang und am grün schimmernden Olanger Stausee vorbei. Kurz darauf erreichen wir unser Etappenziel Welsberg, wo das Gsiesertal vom Pustertal abzweigt.

ROUTENBESCHREIBUNG
T15-E01-Brixen-Welsberg.gpx

WP | km | Hm

0 | 0,0 | 565 | Vom Bahnhof Brixen links und auf Radweg der Bahnhofstraße nach. Am Kreisverkehr schräg rechts Richtung Pustertal. 200 m weiter, kurz vor dem nächsten Kreisverkehr, unterquert der Radweg den Kreisverkehr. Geradeaus weiter auf Regensburger Allee. Weiter in eine verkehrsbeschränkte Zone mit Kopfsteinpflaster. 50 m weiter nach rechts durch einen Torbogen und auf der Domgasse etwas verwinkelt zum Domplatz. Von dort zur Ecke zwischen Rathausgebäude links und Kirchengebäude rechts, danach rechts über den Pfarrplatz und weiter durch die Adlerbrückengasse bis zum Eisack.

1 | 1,1 | 565 | Am Eisack links und linksseitig auf dem Eisacktal-Radweg entlang. Nach 1,5 km rechts über die kleine Brücke und rechtsseitig weiter. Nach 600 m wieder zurück auf die andere Seite, rechts unter der SS 49 durch und nach 200 m nach links vom Eisack weg. Dem Sträßchen folgen, an nächster Straße rechts und gleich wieder links. Kurz an der SS 12 Brennerstraße entlang und dann rechts Richtung Vahrn und BR (= Bike Route) Richtung Sterzing.

2 | 5,3 | 657 | Nach dem Überqueren der A 22 in der Linkskurve rechts der ausgeschilderten BR Richtung Sterzing über Forstweg folgen. Am Ende des Forstwegs, in Vahrn, rechts in den Rasittenweg, dann rechts in die Schutzengelgasse. Am Ortsausgang auf Forstweg weiter. 80 m nach dem Bauernhof links. Der Forstweg führt nun durch Wald und dann parallel zu den Schienen.

3 | 8,0 | 699 | Der Forstweg endet auf Asphalt. Nach links Möglichkeit zum Abstecher an den nahe gelegenen Vahrner See. Ansonsten rechts unter den Schienen durch und gleich wieder links der BR entlang der Schienen folgen.

4 | 10,6 | 750 | Hier zweigt der Pustertal-Radweg vom Eisacktal-Radweg ab. Wir folgen Ersterem Richtung Bruneck nach rechts unter der A 22 durch zur SS 12. Nach Unterquerung der Eisenbahnbrücke zweigt die BR auf der Straße nach links ins Pustertal ab. Auf Nebenstraße an Aicha vorbei und kurz vor Schabs unter der E 66 durch und parallel zu dieser weiter.

5 | 14,9 | 777 | Nahe Schabs biegt der Radweg nach links Richtung Spinges ab, führt über die Schienen und nach rechts die E 66 entlang.

6 | 17,9 | 774 | Die BR führt durch die Altstadt und dann an die SP 149 Pustertaler Straße, folgt dieser nach links, vorbei am Mühlbacher Stausee, unterquert ein Stück weiter die E 66 und führt hinter dem Klärwerk am Fluss Rienz entlang.

7 | 21,5 | 736 | Die BR überquert auf kleiner Brücke die Rienz und führt nun rechts davon weiter. Die gut ausgeschilderte BR Richtung Bruneck verläuft nun immer mehr oder weniger parallel zu den Schienen und dem Fluss Rienz.

8 | 33,8 | 790 | In Ehrenburg die Ehrenburger Straße überqueren, am Bahnhof vorbei und durch ein kurzes Waldstück.

9 | 38,2 | 827 | Über die SS 244 und auf kleiner Brücke über den Gaderbach. 1,4 km rechts die Schienen entlang.

10 | 40,4 | 820 | Bei St. Lorenzen links unter den Schienen durch und durch den Ort. Erst am Kirchplatz vorbei und dann der Heilig-Kreuz-Straße nach rechts und parallel der Rienz folgen. Direkt am Flussufer entlang bis ins Zentrum von Bruneck.

11 | 44,2 | 840 | An der Brücke Dantestraße gegenüber dem Hotel Goldene Rose nach rechts abbiegen. Nach 100 m kann man sein Rad nach links durch ein Stadttor in die Fußgängerzone schieben. In der Stadtgasse links durch die Fußgängerzone. An der gelben Kirche links und bis zur Rienz, dann rechts auf dem Radstreifen weiter. Nach der Tennishalle geht die BR als Schotterweg weiter. Unter der hohen Brücke links halten und kurz darauf über gedeckte Holzbrücke der Rienz und linksseitig weiter. Danach durch zwei spärlich beleuchtete, ca. 200 m lange Radtunnel. Ein Stück weiter am Umspannwerk vorbei.

12 | 50,0 | 940 | Kurz nach dem Sportplatz von Unterwielenbach rechts über kleine Holzbrücke. 500 m weiter der Radmarkierung auf der Straße nach rechts folgen. Am Ortsschild von Neunhäusern rechts der BR Richtung Olang/Toblach über Brücke folgen. In Niederolang nach rechts in die Rienzstraße, danach unter den Schienen durch und links weiter.

13 | 53,7 | 1028 | An der Kirche in Niederolang geradeaus weiter auf BR Richtung Toblach auf der Hauptroute des Pustertal7-Radwegs und weiter nach Mitterolang. Im Ort beim Hotel Olaga links halten. Nach dem Tharerwirt auf der linken Seite rechts nach Oberolang. An der Gabelung 100 m nach der Unterführung der Gleise nach rechts der BR leicht bergauf folgen. Kurz darauf auf Schotterweg am Olanger Stausee vorbei.

14 | 61,6 | 1091 | In Welsberg kommt man im Industriegebiet an die Straße, dann rechts weiter. Nicht dem Straßenverlauf folgen, sondern rechts an Karosserie Oberhammer vorbei und ein Stück auf Forstweg weiter. Erst an Bach und Wiese entlang, nach 250 m bei den ersten Gebäuden eines Bauernhofs nach links auf kleinem, 50 m langem Verbindungsweg zur Paul-Troger-Straße. Nun erst geradeaus, dann rechts halten und über die Pfarrgasse an der Kirche vorbei zur Hauptstraße.

Manches ehemalige Bahnwärterhäuschen wurde teilweise restauriert und bietet nun einen schönen Blickfang.

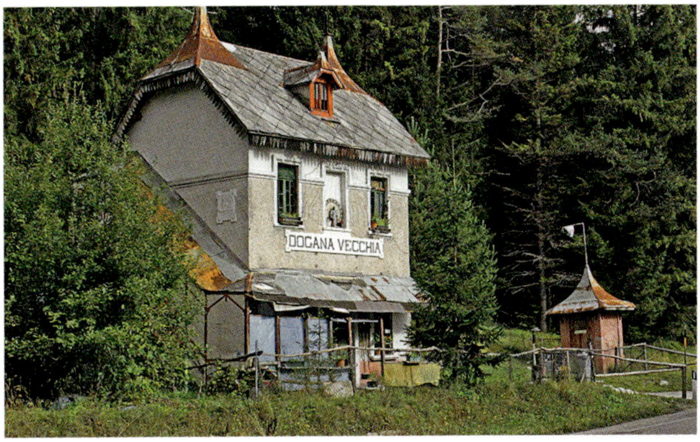

Tag 2
Vom Pustertal nach Cortina d'Ampezzo

ÜBERNACHTUNG

Toblach: Gästehaus des Euregio Kulturzentrums, www.kulturzentrum-toblach.eu/kulturzentrum/das-gaestehaus. Historisch, regional, nachhaltig, ehemaliges Grandhotel, Vollholz-Möbel, Rad-Depot.
Cortina: Hotel Royal, www.hotelroyalcortina.it. Gastfreundlich, historisches Gebäude, Fahrradraum, ruhige Lage in der Fußgängerzone.

TEILSTRECKEN

Welsberg–Toblach: 27 km, 580 Hm
Toblach–Cortina: 30 km, 319 Hm
57 Kilometer
899 Höhenmeter bergauf
788 Höhenmeter bergab
Ladestopp: Toblach

Kurz hinter Welsberg erreichen wir den Abzweig zum Pragser Wildsee. Hier machen wir einen lohnenden Abstecher zur »Perle der Dolomitenseen« ins Pragsertal. Wer sich die zusätzlichen 400 Höhenmeter und 15 Kilometer sparen möchte, nimmt entweder den Bus oder fährt gleich weiter ins nahe gelegene Toblach, das »Tor zu den Dolomiten«. Gleich hinter Toblach beginnt das Höhlensteintal, das wir bis nach Cortina durchfahren werden. Wir bewegen uns auf der »Lunga via delle Dolomiti«, dem »Langen Weg durch die Dolomiten«, einem Radweg auf der ehemaligen Trasse der stillgelegten Dolomitenbahn durch die spektakuläre Bergwelt der Dolomiten. Er verbindet die Regionen Südtirol und Venetien und führt durch zahlreiche Tunnel und über kleine Viadukte und Brücken. Die Fahrt hinauf zum 1530 Meter hohen Passo Cimabanche führt uns vorbei am kristallklaren Toblacher See, am berühmten »Drei Zinnen Blick« und am türkisfarbenen Dürrensee. Mit der Passhöhe erreichen wir Venetien und fahren dann durch Tunnel und Brücken hinunter nach Cortina d'Ampezzo, wo 1956 die Olympischen Winterspiele stattfanden. Hier erwartet uns eine phänomenale Aussicht auf die Dolomiten.

ROUTENBESCHREIBUNG
T15-E02-Welsberg-Cortina.gpx

WP | km | Hm

0 | 0 | 1087 | Zurück zum Pustertal-Radweg auf gleichem Weg wie am Vortag. Dann links weiter und an Schienen entlang.

1 | 3,7 | 1151 | Abzweig zum Pragser Wildsee. Auf BR rechts Richtung Prags. Bis zum Pragser Wildsee hinauf und wieder hierher zurück sind es

Cortina d'Ampezzo liegt malerisch vor der Cristallogruppe.

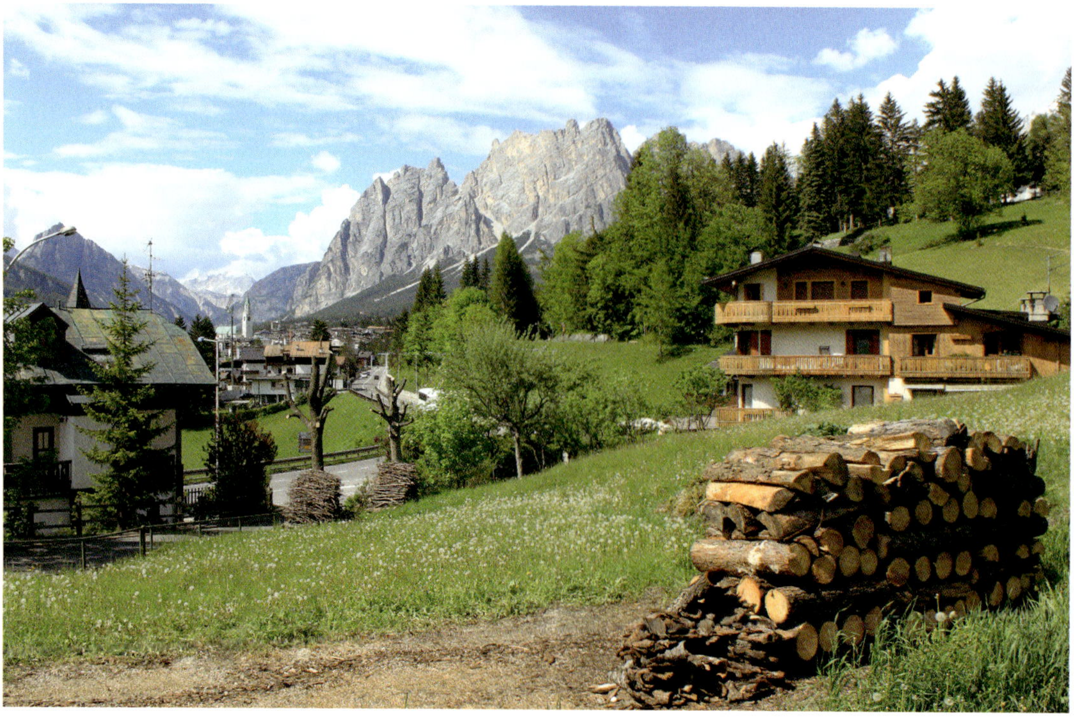

15 km und 400 Hm. Wer den Abstecher dorthin nicht machen will, zweigt hier nach links ab und folgt der BR Richtung Innichen. Ansonsten aber nach 200 m links über den Bach und der BR und den Markierungen auf der Straße folgen. Nach Schmieden geht die BR ein Stück an der Hauptstraße weiter.

2 | 7,7 | 1279 | Kurz nach dem kleinen Parkplatz auf der rechten Seite links auf den Forstweg. Das letzte Stück an der Straße bis zum See.

3 | 11,3 | 1499 | Pragser Wildsee. Zurück wie auf dem Hinweg oder das Stück Forstweg auf der Straße umfahren. Zurück am Pustertal-Radweg am Abzweig zum Pragser Wildsee geradeaus weiter auf der BR Richtung Innichen und über eine Bogenbrücke.

4 | 21,6 | 1155 | Kurz vor Niederdorf unter den Gleisen durch. An der Hauptstraße rechts. Nach Niederdorf ein Stück die Schienen entlang. Am Ortsschild von Toblach rechts unter den Gleisen durch. Nun auf Sträßchen wechselseitig den Schienen folgen.

5 | 27,1 | 1216 | Kurz nach dem Ortseingang von Toblach, nach der Unterführung der SS 51, nach rechts der BR Richtung Cortina auf Nebenstraße folgen. Nach dem Nordic-Zentrum nähert sich die BR der SS 51 und geht als Schotterweg weiter. Kurz darauf kommt man an den Toblacher See. Die BR verläuft auf Schotterpiste meist nah an der SS 51, teilweise etwas versetzt.

6 | 37,9 | 1421 | Am Dürrensee vorbei. 1,5 km weiter über die SP 49. Auf der anderen Seite den linken Schotterweg nehmen. Die BR verläuft weiterhin im Wald und mittlerweile ziemlich weit versetzt von der Straße. Ab und zu kurze, grobe Schotterpassagen.

7 | 43,1 | 1535 | Am Passo Cimabanche kommt die BR wieder an die Straße. Am Ende der Passebene, am roten Bahnwärterhäuschen, führt die BR links von der Straße weiter, nun leicht bergab. Knapp 4 km nach dem Pass kommt man unterhalb des Restaurants Rifugio Ospitale vorbei. Im weiteren Verlauf durch zwei ehemalige Bahntunnel und über eine hohe Brücke. Kurz vor Cortina d'Ampezzo geht die BR auf Asphalt weiter. Sie verläuft oberhalb der SS 51 und überquert dabei mehrere Straßen.

8 | 56,2 | 1227 | Die BR überquert die SR 48, die nach Misurina führt, und geht geradeaus weiter über einen Parkplatz. Nach 100 m rechts bei der großen Ausfahrt den Parkplatz verlassen, auf dem Zebrastreifen über die Straße und neben dem Ristorante al Passetto das Rad ein paar Stufen nach unten tragen. Danach dem Sträßchen auf Kopfsteinpflaster folgen. Am Hotel de la Posta links und durch die verkehrsbeschränkte Zone.

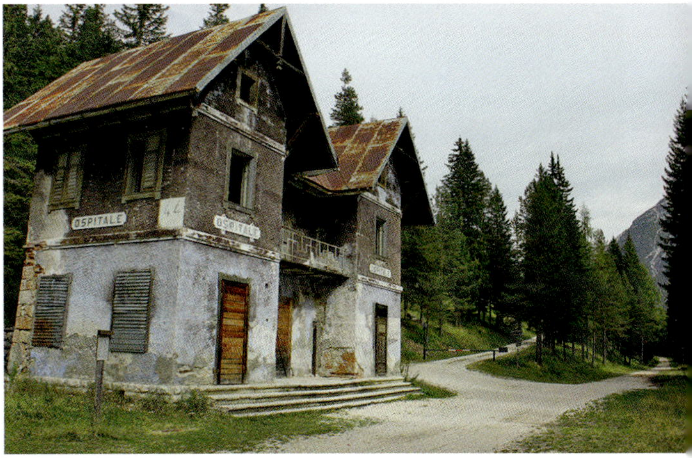

Eines der vielen verfallenes Bahnwärterhäuschen an der 1964 stillgelegten Strecke der Dolomitenbahn

Tag 3
Von Cortina nach Belluno

ÜBERNACHTUNG

Belluno: Albergo Cappello, www.albergocappello.com. Freundlich, sauber, gutes Frühstück (leckere Croissants).

TEILSTRECKEN

Cortina–Castellavazzo: 50 km, 220 Hm
Castellavazzo–Belluno: 25,5 km, 354 Hm
75,5 Kilometer
574 Höhenmeter bergauf
1397 Höhenmeter bergab
Ladestopp: Tai di Cadore, Longarone

Von Cortina fahren wir durch das von den Dolomiten umrahmte Cadore und folgen bis Tai di Cadore dem fast ausschließlich asphaltierten und gut ausgeschilderten Radweg. Er führt vorbei an zahlreichen ehemaligen und meist verfallenen Bahnhäuschen. Informationen über die ehemalige Bahntrasse finden wir im Museum im alten Bahnhof von San Vito. Immer wieder durchfahren wir kürzere und längere Tunnel, die unserer Strecke noch etwas Würze verleihen. Durch das enge und wilde Piavetal kommen wir nach Longarone, das im Jahre 1963 bei der »Katastrophe vom Vajont« durch einen Erdrutsch in den Stausee an der Vajont-Staumauer durch eine Flutwelle vollständig zerstört wurde. Rund 2000 Menschen starben bei einer der größten Katastrophen des Alpenraumes. Nach Longarone weitet sich das Tal, und bei Ponte Nelle Alpi enden die Gebirgsketten rechts und links. Durch eine weitläufige, flache und gemäßigte Hügellandschaft, einge-

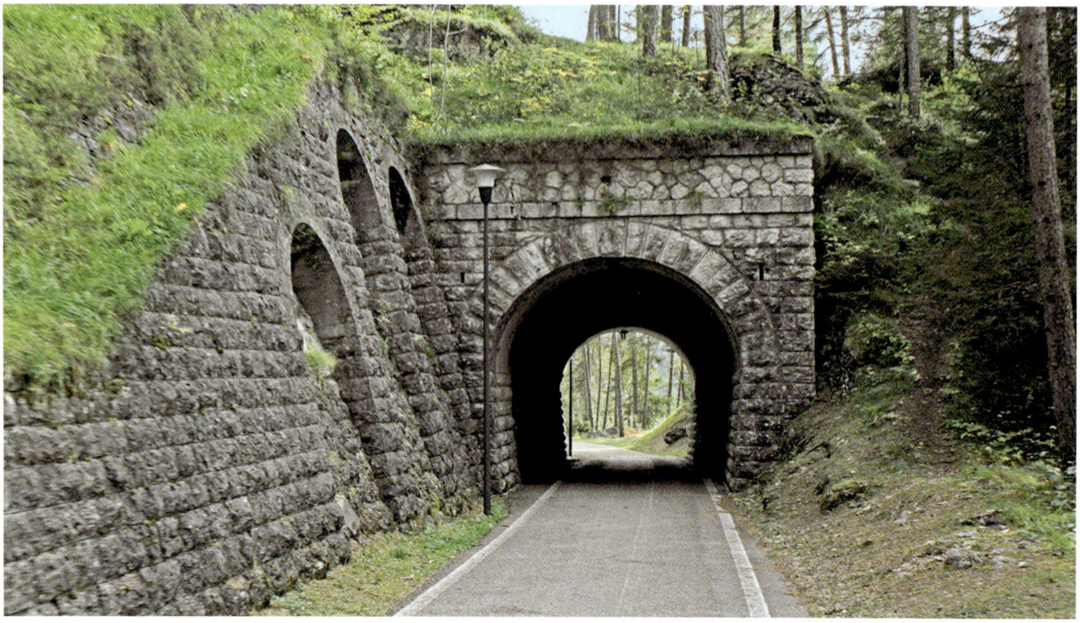

Einer der zahlreichen ehemaligen Bahntunnel zwischen Cortina und Tai di Cadore

rahmt von den Dolomiti Bellunese und den Alpi Venete, geht es nun bis in die alte Provinzhauptstadt Belluno, die 1999 zur Alpenstadt des Jahres gekürt wurde. Hier lassen wir den Tag in einem der zahlreichen Cafés an der grünen Piazza dei Martiri ausklingen.

ROUTENBESCHREIBUNG
T15-E03-Cortina-Belluno.gpx

WP | km | Hm

0 | 0 | 1211 | Am Hotel Cortina vorbei in die Via XXIX Maggio. An deren Ende links in die Einbahnstraße und gleich wieder rechts auf den großen Parkplatz von gestern. Nun rechts und auf dem Parkplatz gegen die Fahrtrichtung der Einbahnstraße daneben. Am Ende über kleine Brücke. Dem Radweg folgen, der ein Stück oberhalb der SS 51 verläuft. Ab Cortina ist die BR auch deutlich sichtbar als »Lunga via delle Dolomiti« ausgeschildert, die von Toblach über Calalzo di Cadore bis Belluno führt.

1 | 1,9 | 1194 | In Salieto überquert die BR die SS 51. 1,7 km weiter macht sie einen Bogen und kommt an die SS 51. Nach gut 1 km läuft die BR auf Schotterweg unterhalb der Straße weiter, knapp 2,5 km später wieder auf Asphalt neben der SS 51.

2 | 9,3 | 1071 | Ab Cava di Pietra geht die BR linksseitig weiter. 2 km weiter kommt die BR in San Vito di Cadore an die SS 51, führt 100 m an einem Platz vorbei und zweigt dann nach links auf Nebenstraße ab (noch vor der Kirche). Auf der gesamten Strecke zwischen San Vito und Tai di Cadore kommen mehrere kleine Tunnel-Durchfahrten. Nach Vodo di Cadore läuft die BR rechtsseitig weiter, macht einen kleinen Bogen im Örtchen Peiao und führt dann unterhalb der SS 51 entlang.

3 | 23,2 | 856 | Die BR führt am Ortsrand und unterhalb der Kirche von Venas di Cadore vorbei. Kurz nach dem Ort unterquert man die SS 51 und fährt nun etwas oberhalb weiter. Die BR verläuft dann durch den oberen Teil des Ortes Valle di Cadore.

4 | 28,9 | 849 | Am Ortsausgang von Valle di Cadore und kurz vor dem Ortseingang von Tai di Cadore kommt die BR an die SS 51. Auf der SS 51 durch Tai di Cadore. An der großen Gabelung rechts Richtung Belluno und gleich wieder links auf Nebenstraße Richtung Sottocastello. 800 m weiter an einer Viererkreuzung rechts halten. 600 m weiter an dem Stoppschild rechts Richtung Belluno auf Nebenstraße. Von links kommt der Dolomiten-Radweg von Pieve. Nun wieder der BR folgen.

5 | 32,8 | 756 | An der SS 51 links und auf ihr entlang. Nach 500 m rechts der BR Richtung Belluno auf Nebenstraße folgen. In zwei Kehren flott bergab nach Perarolo. 2 km nach dem Bahnhof die SS 51 unterqueren, ein Stück weiter überqueren und oberhalb von ihr entlang. Nach einem Kieswerk geht die SS 51 in einen Tunnel, und die Nebenstraße führt um den Hügel herum am Piave entlang. Danach durch Ospitale di Cadore und am Flusslauf des Piave weiter.

6 | 50,2 | 466 | 1 km vor Castellavazzo mündet die Nebenstraße in die SS 51. Links weiter. Nach 1 km rechts nach Castellavazzo. In der Ortsmitte links dem Sträßchen Richtung Codissago folgen. Kurz darauf über die SS 51. Die Nebenstraße macht erst einen Rechtsbogen, dann scharf links Richtung Codissago und kurz darauf über den Piave. Geradeaus durch Codissago. Am Ortsausgang an der T-Kreuzung auf der SP 251 links weiter.
7 | 54,2 | 483 | Möglichkeit nach rechts über den Piave zum Abstecher nach Longarone. Ansonsten geradeaus weiter. Auf der Nebenstraße bleiben, unterhalb an Provagna vorbei und in einem Rechtsbogen zur Piavebrücke.
8 | 57,6 | 481 | Noch vor der Brücke rechts und unter der Brücke durch. Am Piave entlang. An den zwei Kreisverkehren die erste Ausfahrt nehmen. Man kommt dann an die SP 11 und überquert auf ihr den Piave, danach unter der Autobahn durch. Am großen Kreisverkehr die dritte Ausfahrt Richtung Belluno nehmen. Unter der SS 51 durch und dann in einem Linksbogen leicht bergauf. Nun scharf rechts und etwas in die entgegengesetzte Fahrtrichtung. 250 m weiter links und über die Schienen, dann wieder links. Nun auf Sträßchen weiter die BR entlang, zwischendurch auf Forstweg. Oberhalb Ponte Nelle Alpi vorbei.
9 | 66,3 | 447 | Nach dem hellroten Haus auf der rechten Seite geradeaus. An der Kirche vorbei und geradeaus weiter. 800 m weiter schräg links und 150 m weiter rechts der BR auf Nebenstraße fahren, kurz darauf als Radweg weiter und den Schienen folgen.
10 | 68,8 | 417 | Nach links über die Gleise. 200 m weiter rechts und am roten Haus vorbei. Ein Stück weiter wieder über die Schienen. Immer auf der Hauptstraße geradeaus halten und etwas versetzt zu den Schienen weiter. Am Kreisverkehr geradeaus.
11 | 72,9 | 430 | Am gelben Haus dem Hauptstraßenverlauf nach links folgen. 600 m weiter nach rechts auf dem Schotterweg auf der linken Seite bergab. Wenn die Einbahnstraße daneben gerade freigeschaltet ist (ab 12 Uhr), kann man auch auf der Straße bleiben. Danach über kleine Brücke und geradeaus weiter in die Via Michele Cappellari leicht bergauf. Am Ende links in die Via Col di La und an der ESSO-Tankstelle vorbei. Über den Kreisverkehr und 300 m weiter nach dem Glas-Beton-Komplex und vor dem Albergo delle Alpi rechts. 150 m weiter an dem kleinen Obelisken schräg links und kurz darauf wieder links, dann schräg rechts am Bistro Bembo rechts vorbei. Auf Kopfsteinpflaster weiter. Am Ende links und zum Hauptplatz Piazza dei Martiri.
12 | 75,5 | 388 | Ankunft Belluno.

Tag 4
Entlang der Belluneser Dolomiten nach Feltre

ÜBERNACHTUNG

Feltre: Hotel Doriguzzi, www.hoteldoriguzzi.it. Radlerhotel, komfortabel, stilvoll, schöne Zimmer, leckeres Frühstück, Radlgarage.

TEILSTRECKEN

Belluno–San Gregorio: 24 km, 554 Hm
San Gregorio–Feltre: 22 km, 121 Hm
46 Kilometer
675 Höhenmeter bergauf
795 Höhenmeter bergab
Ladestopp: San Gregorio

Die heutige Etappe wird sehr hügelig: Auf verkehrsarmen Nebenstraßen geht es immer auf und ab durch kleine verschlafene Orte oberhalb des Piavetals. Wir folgen weiterhin der Lunga Via delle Dolomiti durch reizvolle Hügellandschaft über Cesiomaggiore am Fuße der Belluneser Dolomiten. Wer die Entwicklung des Fahrrades nachvollziehen möchte, legt hier einen Zwischenstopp ein und besucht das Museo di Bicicletta. Von dort geht es weiter in das Renaissancestädtchen Feltre. Die Stadt wurde 1510 von Kaiser Maximilian und seinen Truppen dem Erdboden gleichgemacht und sofort wieder aufgebaut. Mit ihren prächtigen Palästen, Laubengängen und großzügigen Plätzen ist sie ein sehenswertes Kleinod, von dem man zudem einen tollen Blick auf die Gipfel der Dolomiten hat.

ROUTENBESCHREIBUNG
T15-E04-Belluno-Feltre.gpx

WP | km | Hm
0 | 0 | 388 | Zurück wie am Vortag hergekommen. Aber nach der ESSO-Tankstelle auf der Via Col di Lana bleiben und an den roten Gebäuden vorbei. Ein Stück weiter, an einem Parkplatz auf der rechten Seite, nach rechts Richtung Vezzano und der BR Richtung Feltre folgen. Nun bergauf dem Straßenverlauf folgen. Durch den Ort Vezzano. In Bolzano links Richtung Tisoi.
1 | 5,7 | 562 | In Tisoi vor der Kirche links der ausgeschilderten BR folgen. 150 m weiter nach links Richtung Mas. An der T-Kreuzung in Libano links Richtung Bolago. Nun weiter bergab.
2 | 9,1 | 457 | An der Gabelung nicht der Hauptstraße nach links folgen, sondern schräg rechts halten und auf Sträßchen weiter. 600 m weiter an der Gabelung links. Am Ende der Straße in Mas

am Supermarkt links, dann rechts der weißen Beschilderung Langer Weg der Dolomiten folgen. Knapp 100 m weiter links Richtung Sospirolo und in den Ort Ponte Mas, gleich nach der Brücke rechts.

3 | 14,6 | 367 | In Mis über die Steinbrücke und an der Gabelung rechts Richtung Sospirolo bergauf. In Sospirolo rechts Richtung Feltre.

4 | 19,8 | 425 | Nach San Zenon rechts Richtung San Gregorio. Kurz darauf in mehreren Serpentinen relativ steil bergauf. Nach Carazzai wieder leicht bergab. In San Gregorio an der bemalten Grundschule geradeaus. Am Ende der Straße in Fahrtrichtung weiter der Hauptstraße nach Richtung Cesiomaggiore.

5 | 27,7 | 492 | Nach dem Ort Cergna an der nächsten Gabelung rechts Richtung Morzanch. In Cesiomaggiore an der ersten Kreuzung links halten und der Straße folgen. An der nächsten T-Kreuzung links zum Kreisverkehr.

6 | 29,5 | 471 | Am Kreisverkehr die zweite Ausfahrt Richtung Feltre nehmen. Nun dem Straßenverlauf der SP 12 folgen.

7 | 38,0 | 340 | Kurz vor Foen zweigt die BR an einer Gabelung von der SP 12 nach rechts ab. Nun dem Straßenverlauf durch den Ort folgen, bis die Straße wieder in die SP 12 mündet. Nun nicht nach links Richtung Feltre, sondern rechts weiter.

8 | 40,7 | 362 | In Pedavena dem Verlauf der Hauptstraße nach links Richtung Feltre folgen. 250 m weiter vor der Brücke links. Nun dem Radweg am Bach entlang linksseitig folgen. 500 m weiter mündet dieser in eine Straße. Gleich darauf rechts über kleine Brücke und dann links weiter.

9 | 42,7 | 305 | 1,1 km später nach links der Beschilderung Via Claudia Augusta Richtung Feltre nach in die Via Fusina. Am Ende der Straße links in die Via Giuseppe Segusini, über den kleinen Bach und an der nächsten Kreuzung rechts der Via Claudia Augusta folgen. 400 m weiter über die große Straße drüber und auf Nebenstraße, dann den Radweg am Bach entlang.

10 | 44,5 | 277 | Der Radweg endet an einer Brücke. Nun links über die Brücke und rechts in die Altstadt.

11 | 46,1 | 268 | Ankunft Unterkunft Feltre.

Tag 5
Von Feltre nach Bassano del Grappa

ÜBERNACHTUNG

Bassano: Herberge Ostello Don Cremona, www.ostellobassanodelgrappa.it, zweckmäßig, günstig, zentral.

TEILSTRECKEN

Feltre–Cismon del Grappa: 28,5 km, 301 Hm
Cismon del Grappa–Bassano del Grappa: 24 km, 104 Hm
52,5 Kilometer
405 Höhenmeter bergauf
541 Höhenmeter bergab
Ladestopp: Cismon del Grappa

Heute geht es zunächst über Nebenstraßen Richtung Lago di Corlo. Wir kommen durch verschlafene Orte mit zum Teil prächtig mit Blumen geschmückten Häusern. In Fonzaso ist die Covolo di San Michele kulturell interessant, eine Aushöhlung im Felsen hoch über dem Dorf. In Arsiè verlassen wir den Lunga Via delle Dolomiti und nehmen den Weg über den Lago di Corlo, der malerisch in die Berge von Belluno eingebettet ist. Er entstand durch Aufstauen des Flusses Cismon und erstreckt sich südlich von Arsiè bis zur 1954 überschwemmten Siedlung Rocca, von der nur noch wenige Häusergruppen übrig geblieben sind. Von dort geht es steil bergauf bis Incino, gefolgt von einer spektakulären Abfahrt auf Asphalt ins Valsugana. Unten angekommen, geht es dann bis Bassano eher gemütlich weiter. Wir folgen dem Brenta-Radweg durch viele kleine und unscheinbare Orte. Von Valstagna führt eine der größten Freitreppen Europas bis zur Hochebene von Asiago: die Calà del Sasso. Mit 4444 Stufen überwindet sie einen Höhenunterschied von rund 750 Metern. Kurz vor dem Ziel verschwinden die Berge, und wir erreichen die Ausläufer der venezianischen Tiefebene. Bassano del Grappa ist vor allem durch seine zahlreichen Grappa-Destillerien bekannt, namensgebend ist jedoch der benachbarte Berg Monte Grappa. Wahrzeichen der Stadt ist die überdachte Holzbrücke Ponte degli Alpini, die die beiden Ufer der Brenta miteinander verbindet.

ROUTENBESCHREIBUNG
T15-E05-Feltre-Bassano.gpx

WP | km | Hm

0 | 0 | 268 | Zurück wie am Vortag hergekommen am Bach entlang, dann links über den Bach bis in die Via Giuseppe Segusini. Am Ende der Straße geradeaus drüber in die Einbahnstraße Via Molino, den Halbkreis nach links ausfahren und am Ende links. Am Ende der Straße links in den Viale Farra und gleich wieder rechts der Via Claudia Augusta Richtung Fonzaso.

1 | 4,2 | 286 | In Mugnai an der Gabelung bei dem kleinen Zeitschriftenladen rechts und weiterhin der Via Claudia Augusta folgen. Die Nebenstraße mündet ein Stück weiter in die SR 50. Nun in Fahrtrichtung weiter. Auf der Hauptstraße (nun SP 12) bleiben, durch den Ort Arten und weiter bis Fonzaso.

2 | 10,5 | 325 | In Fonzaso fünf Meter nach dem Abzweig nach links Richtung Arsiè (rechts befindet sich etwas versetzt das Gebäude Locanda alle Alpi) schräg links der BR auf kleinem Sträßchen folgen. Direkt vor dem Kreisverkehr links und gleich wieder rechts in der Unterführung unter dem Kreisverkehr durch. Auf der anderen Seite links weiter dem Straßenverlauf nach.

3 | 15,4 | 277 | Am Ende der Nebenstraße an der Brücke über den Cismon am Beginn des Lago del Corlo, nun rechts und am Kreisverkehr geradeaus bergauf Richtung Arsiè. In Arsiè durch den Ort.

4 | 17,9 | 324 | Kurz vor Ortsende nicht geradeaus auf Hauptstraße weiter, sondern Spitzkehre nach links Richtung Rocca bergab. Am Kreisverkehr geradeaus, unter der SS 50bis durch und rechts Richtung Rocca. Nun ein Stück rechts am See entlang, durch Rocca und am schmalen Teil des Sees weiter. Nun relativ steil bergauf nach Incino. Am Ortseingang links halten.

5 | 24,8 | 369 | Am Ende des Parkplatzes beginnt die steile Abfahrt auf schmalem Sträßchen ins Valsugana. Nach mehreren Serpentinen ist sie nur noch für Radler befahrbar. Unten im Valsugana links Richtung Bassano der ausgeschilderten BR »Ciclopiste del Brenta« folgen. Im nahe gelegenen Cismon del Grappa 50 m nach dem Hotel de la Posta und noch vor der kleinen Brücke nach rechts der BR nach. Unter der SS 47 durch und geradeaus weiter bis zum Fluss Brenta. Über schmale Hängebrücke und auf der anderen Seite links. Dem Straßenverlauf entlang der Brenta folgen, etwas wellig, aber tendenziell leicht bergab.

6 | 38,3 | 156 | In Valstagna direkt an der Brenta entlang. Am Café Rialto nicht links über die Brücke, sondern geradeaus weiter. Nun weiter dem Straßenverlauf der SP 73 entlang der Brenta folgen. In Bassano del Grappa der langen Gerade der Via Scalabrini folgen. An der Ampelkreuzung (rechts ein rosa Haus, links ein großer Garten) links in die Via Angarano. Zum Schluss auf Kopfsteinpflaster und über die Brücke Ponte degli Alpini in die Fußgängerzone.

7 | 52,5 | 130 | Der GPS-Track führt durch die Altstadt und endet am Bahnhof.

Der Lago del Corlo ist umrahmt von bewaldeten Hügeln. Danach geht es noch etwas bergauf bis Incino, bevor sich der Weg eindrucksvoll ins Valsugana hinunterschlängelt.

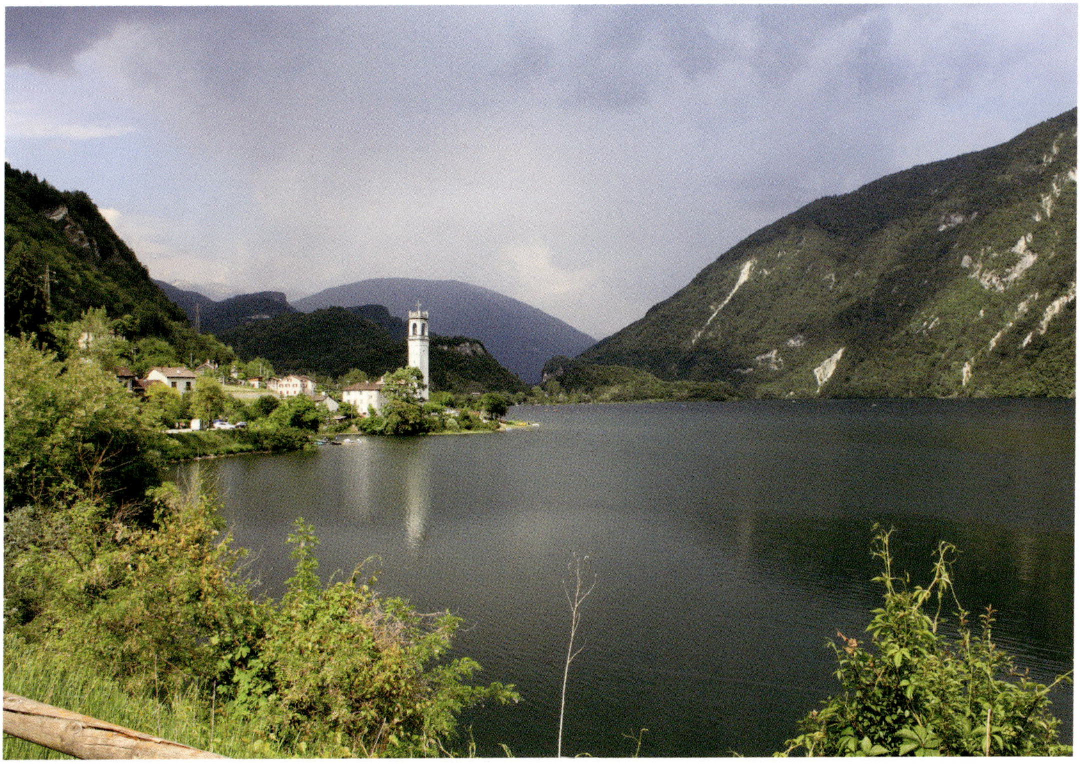

Der Baukasten

Mithilfe des Baukastensystems kann man sich aus den hier vorgestellten 15 Touren seine eigene Alpenüberquerung individuell zusammenstellen. Am besten nutzt man dazu eine GPS-Software wie das kostenlose Programm BaseCamp von Garmin. Kostenlose digitale Landkarten gibt es z. B. bei http://openmtbmap.org. Über BaseCamp kann man sich die Tracks auch in Google Earth darstellen lassen. Ein Erwerb von digitalen Landkarten ist somit nicht erforderlich.

ALPENCROSS-BAUKASTEN				
Ausgangsorte			**Zielorte**	
GPS-WPT			**GPS-WPT**	
A1 - ⚑	Lindau am Bodensee		E1 - ⚑	Locarno am Lago Maggiore
A2 - ⚑	Bregenz am Bodensee		E2 - ⚑	Colico am Comer See
A3 - ⚑	Füssen		E3 - ⚑	Ledrosee
A4 - ⚑	Garmisch-Partenkirchen		E4 - ⚑	Riva am Gardasee
A5 - ⚑	Mittenwald		E5 - ⚑	Torbole am Gardasee
A6 - ⚑	Landeck		E6 - ⚑	Bozen
A7 - ⚑	Matrei am Brenner		E7 - ⚑	Kalterer See
A8 - ⚑	Tegernsee		E8 - ⚑	Tegernsee
A9 - ⚑	Kiefersfelden		E9 - ⚑	Kiefersfelden
A10- ⚑	Kufstein		E10 - ⚑	Millstätter See
A11 - ⚑	Brixen		E11 - ⚑	Bassano del Grappa

Die 15 Touren sind in 125 Streckenabschnitte mit einer eindeutigen Nummer aufgeteilt. Somit lässt sich das gesamte hier vorgestellte Streckennetz individuell kombinieren. Ein Streckenabschnitt kennzeichnet sich dadurch aus, dass es keine anderen Routenmöglichkeiten innerhalb dieser Etappe gibt. Sobald es einen Punkt gibt, an dem man zwei verschiedene Möglichkeiten der Weiterfahrt hat, endet diese Etappe und es führen zwei eigene Streckenabschnitte weiter. Dies führt dazu, dass manche Streckenabschnitte nur wenige Kilometer lang sind und andere über mehrere Tage gehen – je nachdem, ob es eine Abzweig-Gelegenheit gibt oder nicht.

Dies bezieht sich jedoch nur auf die hier vorgestellten 15 Routen. Darüber hinaus gibt es natürlich noch unzählige andere Tour-Varianten. Eine sehr umfassende Zusammenstellung bietet z. B. »Alpencross Ostalpen« von Achim Zahn im Bruckmann Verlag. Mithilfe der GPS-Programme lassen sich somit die individuelle Tour Schritt für Schritt aufbauen, anhand der Karten grafisch darstellen und Etappeneigenschaften wie Entfernungen und Höhenmeter ermitteln.

Zusätzlich sind alle Ausgangs- und Endpunkte der 15 Touren sowie alle Alpenübergänge, die mit dem Rad gemeistert werden, darin enthalten und in der GPS-Datei »Baukasten« markiert. Pässe und Übergänge, die mit Seilbahn oder Bus erreicht werden, sind nicht erfasst.

Darüber hinaus sind die o. g. Infos zu Ausgangs- und Endpunkten oder Übergängen nachfolgend tabellarisch dargestellt und mit Zusatzinformationen versehen. Diese Übersicht bietet u. a. eine Schwierigkeitsbewertung, den

Übergänge am Alpenhauptkamm						
GPS-WPT	**Nr.**	**Name**	**Höhe (m)**	**Gebirge/Region**	**Charakter**	**Erlebnisw**
▲ (blau)	1	San-Bernardino-Pass	2065	Hinterrhein/Graubünden	leicht, / A, lange \ auf A	★★
▲ (blau)	2	Malojapass	1815	Bergell	leicht, / A, lange \ auf A	★★
▲ (rot)	33	Berninapass	2328	Bernina	mittel, / SO, teils P, 3 x 5 Min. S, lange \ auf A	★★★★
▲ (rot)	4	Pass da Costainas	2251	Engadiner Alpen	mittel, / erst etwas A, Rest SO, etwas P, lange /, \ kurz steil auf SO, später A, lange \	★★★
▲ (blau)	5	Reschenpass	1507	Ötztaler Alpen	leicht, A	★★
▲ (rot)	6	Timmelsjoch	2509	Ötztaler Alpen	mittel, / meist A, teils SO, etwas P, 3 x 5 Min. S, \ auf A, lange / + \	★★★
▲ (blau)	7	Brennerpass	1371	Zillertaler Alpen	leicht, A	★
▲ (rot)	8	Pfitscher Joch	2246	Zillertaler Alpen	mittel bis schwer, / bis Schlegeis meist A, dann P, teils SO, 1 Std. S, lange \ auf SO+A	★★★★

Übergänge auf der Alpennord- und Alpensüdseite						
GPS-WPT	**Nr.**	**Name**	**Höhe (m)**	**Gebirge/Region**	**Charakter**	**Erlebnisw**
● (blau)	9	Kunkelspass	1357	Glarner Alpen	leicht, / A, \ erst SO, dann A	★★★
● (blau)	10	Albulapass	2312	Albula Alpen	leicht, lange /, fast nur A	★★
● (rot)	11	Passo di Verva	2301	Livigno Alpen	mittel bis schwer, / teils grober SO, lange \ erst auf grobem SO, dann A	★★★
● (rot)	12	Döss Radond	2234	Val Müstair	mittel bis schwer, lange und teils steile / auf SO, lange \ auf SO + P	★★★★
● (blau)	13	Gaviapass	2652	Ortler	bis Sta. Catarina: mittel, / SO, ab Sta. Catarina: leicht, lange / + \ auf A	★★
● (blau)	14	Hahntennjoch	1894	Lechtaler Alpen	leicht bis mittel, lange / + \ auf A	★
● (rot)	15	Fernpass	1273	Lechtaler Alpen	mittel, SO, / + \ kurz, etwas steil und je 10 Min. S	★★
● (blau)	16	Bielerhöhe	2037	Montafon	leicht, A	★★
● (rot)	17	Passo Croce Domini	1892	Adamello	leicht bis mittel, lange / + \ auf A	★★
● (blau)	18	Passo Ballino	763	Gardaseeberge	leicht, A, lange \	★
● (blau)	19	Jochgrimm	1989	Latemar	leicht, meist A, nach E. Laner \ auf SO, dann wieder / A, lange \ auf SO + A	★★★
● (rot)	20	Nigerpass	1688	Rosengarten	mittel, / SO teils steil, zw. Niger- u. Karerpass SO + P, 5 Min. S	★★
● (rot)	21	Karerpass	1745	Rosengarten	mittel, / SO teils steil, zw. Niger- u. Karerpass SO + P, 5 Min. S, lange \, erst auf SO, dann A	★★★
● (rot)	22	Mahlknechtjoch/Passo Duron	2188	Rosengarten	mittel, teils grober SO	★★★
● (blau)	23	Passo Cimabanche	1530	Pragser Dolomiten	leicht bis mittel, SO	★★★
● (blau)	24	Gerlospass Mautstelle	1630	Kitzbüheler Alpen	leicht, A	★

Nummer des Übergangs Sowohl in der Baukastentabelle als auch in der Übersichtskarte. Die Nummer entspricht auch der GPS-Wegpunkt-Nummer des Baukasten-GPS-Tracks und kann auf digitalen Landkarten angezeigt werden.

Kurzcharakter des Übergangs und eine Erlebnisbewertung. Die Angaben zu Gebirge, Talort und nächstem Ziel sowie entsprechende Höhenangaben und Karteninfos erleichtern die Orientierung und Einschätzung auch ohne GPS-Software. Dazu wird auf die entsprechende Tour und die Tagesetappe im Buch verwiesen.

Die Übersicht des Streckennetzes in der Umschlagvorderseite zeigt alle nummerierten Ausgangs- und Endpunkte, Übergänge und 125 Streckenabschnitte. In der Tabelle mit diesen 125 Streckenabschnitten kann man ablesen, in welchen Touren und Tagesetappen die jeweiligen Abschnitte im Buch beschrieben werden. Angaben zu Entfernungen und Höhenmetern der jeweiligen Streckenabschnitte lassen sich aber nur mit einem GPS-Programm auslesen und dann entsprechend aufaddieren. Auf diese Weise kann man relativ einfach die Gesamtentfernung, Gesamthöhenmeter und Zusatzinfos der individuellen Alpenüberquerung ermitteln.

Beim GPS-Programm ist darauf zu achten, in welche Richtung der gespeicherte Track führt. Es gibt ein paar Streckenabschnitte, die sowohl von Nord nach Süd bzw. Ost nach West als auch in die Gegenrichtung abgefahren wurden. Für die Verwendung und Weiterverarbeitung z. B. beim Zusammenfügen von Streckenabschnitten muss gegebenenfalls der Track erst umgekehrt werden. Leider behält BaseCamp die Höhenangaben der ursprünglichen Richtung bei und tauscht die Angaben von Anstieg und Abstieg nicht aus. Dies muss man entsprechend selbst korrigieren.

Legende	
Nr.	Nummer des Übergangs
(rote Flagge)	Ausgangspunkt der Alpenüberquerung
(grüne Flagge)	Endpunkt der Alpenüberquerung
(blaues Dreieck)	Übergang am Alpenhauptkamm, leicht, meist Asphalt
(rotes Dreieck)	Übergang am Alpenhauptkamm, mittel, meist unbefestigte Wege und/oder lange bzw. steile Anstiege
(blauer Kreis)	Übergang auf der Alpennord- oder Alpensüdseite, Bewertung wie bei Alpenhauptkamm
(roter Kreis)	Übergang auf der Alpennord- oder Alpensüdseite, Bewertung wie bei Alpenhauptkamm
A	Überwiegend Asphalt
SO	Überwiegend Schotter- und Forstwege
P	Überwiegend Pfad
S	Schiebepassage mit Zeitangabe
/	Auffahrt
\	Abfahrt
K	Kompass Wanderkarten
KF	Kümmerly + Frey Wanderkarten Schweiz

Tal	Höhe (m)	Route	Ziel	Höhe (m)	Karte	Beschrieben in Tour/Tag
Splügen	1457	Passstraße, Mesocco	Bellinzona	238	KF 27	1/3
Samedan	1721	Innradweg, Val Bregaglia	Chiavenna	333	K 99, KF 28	7/4
Samedan	1721	Val Bernina, Val Poschiavo	Tirano	441	KF 28	2/5
Scuol	1250	S-charl, Lü	Sta. Maria Val Müstair	1375	K 99, KF 14	9/3
Martinsbruck	1035	Martinsbrucker Straße, Via Claudia Augusta	Glurns	894	K 42, 52	3/3, 5/3, 6/3
Oetz	812	Ötztaltrail, Ötztal Straße, Passeiertal	Meran	263	K 43	8/3
Matrei am Brenner	992	Brenner Straße, Eisacktal-Radweg	Sterzing	935	K 44	10/1, 13/2, 14/1
Mayrhofen	633	Schlegeisstausee, Pfitschtal	Sterzing	935	K 44	11/3

Tal	Höhe (m)	Route	Ziel	Höhe (m)	Karte	Beschrieben in Tour/Tag
Bad Ragaz	516	Taminatal	Tamins	662	KF 13, 20	1/2, 2/2
Tiefencastel	859	Bergün, Passstraße	La Punt	1687	KF 28	2/4
Arnoga	1892	Val Verva, Val Grosina	Grosio	656	K 96	9/5
Sta. Maria Val Müstair	1375	Val Vau, Val Mora	Lago di Cancano	1884	K 96	9/4
Bormio	1225	Sta. Catarina, Passstraße	Ponte di Legno	1258	K 072	6/5
Elmen	978	Passstraße über Pfafflar	Imst	827	K 24	6/1
Biberwier	989	Via Claudia Augusta	Nassereith	838	K 25	5/1, 7/1
Vermuntstollen	1732	Silvretta-Hochalpenstraße	Ischgl	1376	K 41	3/2, 4/2
Breno (Val Camonica)	343	Passstraße	Idrosee	400	K 103	9/7
Ponte Arche	400	Fiave, Tennosee	Riva del Garda	68	K 071	8/5
Obereggen	1568	Epircher Laner, Lavazèjoch, Kaltenbrunn	Neumarkt	218	K 74	11/6
St. Zyprian	1071	Purgametschtal	Karerpass	1745	K 74	10/5, 11/5
Moena	1148	Nigerpass, Schillerhof, Eggental	Bozen	232	K 74	10/4, 11/6
Saltria	1690	Almgasthof Tirler, Val Duron	Campitello di Fassa	1448	K 54	10/4
Toblach	1220	Höhlensteintal, Dolomiten-Radweg	Cortina d'Ampezzo	1211	K 57	15/2
Krimml	1067	Mautstraße	Gerlos	1247	K 37	12/3

Charakter	Beschreibt die Geländebeschaffenheit, Untergrund und bestimmte Eigenheiten der Strecke
Leicht	Für jeden durchschnittlichen Mountainbiker geeignet. Meist auf Asphalt. Keine langen und steilen Anstiege. Praktisch keine Schiebepassagen.
Mittel	Für fortgeschrittene Mountainbiker geeignet. Oft unbefestigte Wege. Teilweise lange und steile Anstiege. Kurze Schiebepassagen möglich.

Register

A
Abtei 126
Achenpass 58, 136
Achensee 56, 58, 136, 148, 155 f.
Adda 34 f., 93, 114 f.
Adlerweg 156 f.
Albula 29 ff.
Albulapass 29 ff.
Alp Mora 113
Altfinstermünz 67, 90
Andrian 47, 70
Aprica 114 f.
Arco 83, 130 f.
Arnoga 113 f.
Arsio 104
Äußeres Viderjoch 38, 44, 46

B
Bad Ragaz 14, 16 ff.
Bassano del Grappa 178, 186 f.
Bellinzona 14, 19, 22 f.
Belluno 178, 183-186
Benni Raich-Brücke 54
Bergell 92
Bergstation Idalp 44 f., 111
Bergün 26, 29 ff.
Bernina 26, 28 f., 32 f., 86
Bielerhöhe 38, 42 f., 50
Bike-Route Dolomiti di Brenta BIKE 74, 82, 96
Bludenz 38 f., 50
Bodensee 16, 21, 58
Bormio 79 f., 113
Bozen 49, 120, 123, 129 f., 160, 165 f.
Bregenz 14, 16, 26, 38 ff., 50
Brenner 7, 120, 122 f., 160, 163, 165, 180
Breno 114 ff.
Brenta-Radweg 186
Brixen 134, 139, 141, 165, 178, 180
Bruneck 120, 124, 172, 178
Burgenwelt Ehrenberg 64

C
Campolaro 116
Campolongopass 125
Castel Latermar 128
Cesiomaggiore 185
Chiavenna 92
Col Rodella 126
Colico 86, 93
Comer See 34, 87, 93
Cortina d'Ampezzo 178, 182 ff.
Costainas-Pass 112

D
Dimaro 96, 103 f.
Doss Radond 108, 113
Drauradweg 170, 174 f.
Drautal 175

E
Edolo 114 f.
Ehrwald 87 f.
Eisacktal-Radweg 122, 134, 139ff., 165
Engadin 30 ff., 90 f.
Etsch 70, 129 f., 144
Etsch-Radweg 44, 47, 68, 129 f., 165
Europabrücke 163
Europatreppe 42

F
Feldkirch 38 f., 50
Feltre 185
Fernpass 64 ff., 77, 86, 88
Fernsteinsee 65 f., 88 f.
Fieberbrunn 148 ff.
Filmjochbahn 44 f., 111
Fischteich Brugg 46
Flavon 74, 80 ff.
Franzensfeste 122, 139, 165, 170, 180
Füssen 62, 64 f., 74, 76

G
Gaislochklamm 175
Galtür 38, 42, 50, 53
Gampenpass 103
Garmisch-Partenkirchen 86, 88
Gaviapass 80
Ginzling 134, 138
Glurns 38, 44, 74
Graubünden Route 6 14, 26
Grazianihütte 125
Grießensee 151
Grosio 108, 114
Gufidaun 141
Gurgler Ache 98, 101

H
Hahntennjoch 74, 76
Haiming 54, 96, 98, 100
Hall in Tirol 50, 56, 160
Hinterrhein 19 f.
Hochgurgl 101
Höhlensteintal 178, 182

I
Imst 66, 50, 54, 62, 64 f., 74, 76 f., 86, 88
Inn-Radweg 54, 56, 66, 77, 88, 90, 92, 98, 111, 155, 162
Innsbruck 56, 122, 160, 162 ff.
Inntal 66, 77, 88, 98, 136 f.
Ischgl 38, 42, 50, 52, 74, 77, 108, 110 f.
Iseltal-Radweg 174

J
Jochgrimm 134, 144

K
Kaiserwinkl 149
Kalterer See 69, 144
Kaltern 62, 69
Kappl 52, 77
Karerpass 120, 127, 142, 144
Karersee 144
Karwendel 56, 98, 162
Kiefersfelden 148 f., 156
Klausen 141, 165
Kössen 149
Krimmler Wasserfälle 153
Kronplatz 120, 124, 172
Kufstein 160, 162
Kunkelspass 14, 18 f., 26, 28

L
La Punt 31
Laas 46
Lago Bianco 32
Lago di Corlo 186
Lago Maggiore 22
Lana 47, 69, 103
Landeck 50, 54, 62, 66, 74, 77, 86 ff., 90, 108, 110
Längenfeld 96, 100
Lech 64, 76
Lech-Radweg 76
Ledrosee 80, 108, 116 f.
Lej Nair 32
Leoganger Steinberge 151
Liechtenstein 16
Lienz 170, 174 f.
Lindau 14, 16, 26
Locarno 14, 22
Lombardei 34, 92
Longarone 183
Lottensee 98
Lunga via delle Dolomiti 182, 185 f.

M
Malé 80
Malojapass 86, 89, 92
Mals 44
Matrei 120, 122, 160, 172, 174
Matrei in Osttirol 174
Maurach 56, 136 f., 148, 155
Mayrhofen 138, 155
Meran 38, 46, 62, 103
Mesocco 22
Messner Mountain Museum 124, 172, 180
Mezzocorona 120, 129
Mezzolasee 93
Millstätter See 175
Mittenwald 98
Mittersill 148, 152 f.
Moesolasee 20
Molvenosee 82
Montafon 38 f., 41 f., 50
Montan 144
Monte Brione 70, 104
Monte Grappa 186
Morteratsch 32
Mostizzolo-Brücke 103
Mühlbach 122, 124, 172, 180

N
Nassereith 64 f., 87 f.
Naturns 46
Nauders 38, 44, 62, 66, 74, 79
Neukirchen am Großvenediger 153
Neumarkt 70, 129, 134, 144, 160, 165
Nigerpass 129, 134, 142
Niselas-Stausee 29
Norbertshöhe 44, 66
Nufenen 20

O
Obergurgl 101
Oetz 96, 98, 100
Ossana 80
Ötztal-Trail 96, 100 f.

P
Palpuognasee 31
Partenen 42, 50
Passeiertal 96, 102 f.
Passer 103
Passo Ballino 104
Passo Cimabanche 178, 182
Passo Croce Domini 80, 108, 115 f.
Passo del Tonale 80
Passo di Verva 114
Passo Duron 126 f.
Passo San Giovanni 70
Paznaun 44, 50, 52, 54, 77
Perlenweg 144
Pfafflar-Boden 76
Pfitscher Joch 134, 139
Pfunds 66, 86, 90
Piavetal 178, 183, 185
Pista ciclopedonale Adige 70
Pista ciclopedonale Garda 70
Pista ciclopedonale Ledro 116
Pista ciclopedonale Sarca 83
Pista ciclopedonale Sole 103
Piz de Plaies 120, 124
Piz Sorega 120, 125
Ponte Arche 74, 82 f., 104
Ponte di Legno 80
Pontlatzer Brücke 66, 90
Pordoijoch 126
Porta Vescovo 126
Poschach 101
Poschiavosee 32
Prad 38, 44, 46, 68, 74, 79
Pragser Wildsee 174, 182
Pustertal 170, 172, 182
Pustertal-Radweg 122, 124, 172, 180

R
Radwanderweg Walgau-Rheintal 39
Reichenau 18 f., 28
Reschenpass 44, 46, 62
Reschensee 44
Rhein-Radroute Nr. 2 39
Riva 70, 83, 96, 104, 117, 130
Rofangebirge 58
Rothenbrunnen 19

S
S-charl 112
Saalfelden 151
Sachsenburg 175
Saltria 125 ff., 142
Samedan 26, 31 f., 86, 91 f.
Samnaun 38, 44, 52, 79
San Bernardino 14, 20 ff.
Sanna 52, 77
Sarca 83, 104
Sarche 130
Sardagna 130
Scharnitz 128
Schillerhof 129
Schlegeisspeicher 138
Schlern 134, 142
Schloss Juval 46
Schloss Sigmundskron 47
Schnaggenkreuz 142
Schruns 39
Schwaz 56
Scuol 86, 90 ff., 111
See 52, 77
Seefeld 99
Seis am Schlern 142
Seiser Alm 142
Sellarunde 125
Sentiero Valtellina 34
Silsersee 92
Silvaplanersee 92
Silvretta-Seilbahn 44, 111
Silvretta-Stausee 42, 53
Silvretta-Hochalpenstraße 39, 42 f., 52
Sölden 96, 100
Solistunnel 29
Sondrio 34
Speicher Durlaßboden 153
Spittal an der Drau 175
Splügen 20
St. Kassian 126
St. Leonhard 102
St. Moritz 29, 86, 92
St. Ulrich 141
St. Zyprian 142
Sta. Catarina 89
Sta. Maria Val Müstair 112
Sterzing 122, 164
Stilfser Joch 79
Storo 116
Stuibenfall 100

T
Tai di Cadore 183
Tauernradweg 151, 153
Tegernsee 50, 58 f., 134, 136
Telfs 50, 98
Thiersee 148, 156
Thusis 14, 18 f., 20, 26, 28 f.
Tiefencastel 29
Timmelsjoch 101 f.
Tione 105
Tirano 32, 114
Toblach 172, 182
Torbole 70, 83
Torri di Fraéle 113
Tramin 69, 144
Trient 62, 70, 120, 130, 160, 167
Trisanna 53

V
Vaduz 14, 16, 26
Val Camonica 115
Val di Sole 80
Val Mora 113
Val Verva 114
Valsugana 186
Vandans 41
Vättis 18
Vautel 113
Veltlin 34
Via Bavarica Tyrolensis 57 f., 136, 156
Via Claudia Augusta 38, 47, 54, 64, 70, 129, 165
Via Spluga 20
Viamala 14, 20 f.
Vinschgau 38, 44, 46, 66
Völs am Schlern 142

W
Waalwege 46
Walchsee 149
Wattens 50, 56, 160, 162
Weißensee 64
Welsberg 180
Wildbad Kreuth 58, 136
Wipptal 120, 122, 163
Wörgl 162

Z
Zammer Lochputz 54
Zams 54
Zell am See 151
Zell am Ziller 137, 155
Zernez 91
Zillertal 134, 137, 138 f.
Zillertal-Radweg 137, 155
Zillis 20
Zirl 50, 54, 56
Zwieselstein 98, 100 f.

Impressum

Danke!
Ich danke allen, die mich auf den Touren begleitet haben und für deren Geduld beim Fotografieren: Andrea, Thorsten, Alicia, Ralph sowie Ramona und Sebastian, besonders auch Thorsten für die Unterstützung bei der Planung der Dolomitentour. Speziell bedanken möchte ich mich bei Andrea, die auf mich so viele Stunden verzichten musste und bei meinen Eltern, die mich immer unterstützt haben.
Mario Stürzl

Verantwortlich: Dr. Johannes Abdullahi
Redaktion: Eva Hammächer, Andreas Kubin
Layout: BUCHFLINK Rüdiger Wagner, Andreas Kubin
Umschlaggestaltung: ZERO Werbeagentur
Repro: LUDWIG:media
Kartografie: Huber Kartographie
Herstellung: Anna Katavic, Stephanie Schlemmer
Printed in Slovenia by Florjancic

★★★★★

Sind Sie mit diesem Titel zufrieden? Dann würden wir uns über Ihre Weiterempfehlung freuen.
Erzählen Sie es im Freundeskreis, berichten Sie Ihrem Buchhändler, oder bewerten Sie beim Onlinekauf. Und wenn Sie Kritik, Korrekturen, Aktualisierungen haben, freuen wir uns über Ihre Nachricht an Bruckmann Verlag, Postfach 40 02 09, D-80702 München oder per E-Mail an lektorat@verlagshaus.de.

Unser komplettes Programm finden Sie unter www.bruckmann.de

In diesem Buch wird aus Gründen der besseren Lesbarkeit das generische Maskulinum verwendet. Weibliche und anderweitige Geschlechteridentitäten sind dabei ausdrücklich mitgemeint, soweit es für die Aussage erforderlich ist.

Empfehlung der Redaktion
Sie sind auf der Suche nach weiterführender Literatur? Dann empfehlen wir Ihnen den Titel »Alpencross mit dem Mountainbike« von Achim Zahn. Hier werden Sie bestimmt fündig.

Bildnachweis:
Alle Bilder im Innenteil stammen vom Autor, außer: shutterstock/wims-eye-d, S. 60/61; shutterstock/moreimages, S. 72/73; shutterstock/Jules_Kitano, S. 84/85; picture alliance/blickwinkel, S. 168/169; shutterstock/Rene Hartmann, S. 176/177
Umschlagvorderseite: Oberhalb von Bormio auf dem Weg ins Val di Viola
Umschlagrückseite: Durchs Berninatal; links der Piz Alv (Tour 2)

Die Deutsche Nationalbibliothek verzeichnet diese Publikation in der Deutschen Nationalbibliografie; detaillierte bibliografische Daten sind im Internet über http://dnb.d-nb.de abrufbar.

aktualisierte Neuauflage

ISBN 978-3-7654-5969-6